돌,
영원을 기록하다

- 고대 중국인의 삶과 죽음

돌,
영원을 기록하다
– 고대 중국인의 삶과 죽음

홍승현 · 양진성 · 소현숙 지음

경북대학교출판부

홍승현 | **제1부 집필**

서강대학교 문학박사(중국 고대사 전공)
한성대학교 연구교수, 서강대학교 대우교수, 숙명여자대학교 연구원 역임
현재 창원대학교 사학과 부교수
대표 논문: 「三國~南朝 買地券의 특징과 성격」, 「前漢 買地券의 분류와 역사적·지역적 특징」, 「六朝 買地券의 계통과 매지권문화의 동아시아적 전개」, 「北魏時期 墓誌의 定型化와 流行」

양진성 | **제2부 집필**

연세대학교 문학박사(중국 정치제도·문화사 전공)
현재 충북대학교 역사교육과 조교수
대표 저서: 『돌의 문화사: 돌에 새긴 동아시아 고대의 풍경』(공저, 신서원)

소현숙 | **제3, 4부 집필**

중국사회과학원 역사학박사(동아시아 고고미술사 전공)
서울신문사 기자, 이화여자대학교 객원교수 등 역임
현재 덕성여대 연구교수
대표 저서: 『東魏北齊莊嚴紋樣研究－以佛教石造像及墓葬壁畫爲中心』(文物出版社), 『지대물박(地大物博): 중국의 문물과 미술문화』(홍연재), 『돌의 문화사: 돌에 새긴 동아시아 고대의 풍경』(공저, 신서원)

돌, 영원을 기록하다
- 고대 중국인의 삶과 죽음

초판 1쇄 2018년 7월 30일 • **초판 2쇄** 2019년 12월 5일
지은이 홍승현·양진성·소현숙 • **펴낸이** 김상동 • **펴낸 곳** 경북대학교출판부
출판등록 1973년 10월 10일 ㉣97호 • **주소** 대구광역시 북구 대학로 80
전화 053-950-6741~3 • **팩스** 053-953-4692 • **이메일** press@knu.ac.kr
홈페이지 http://knupress.com
ISBN 978-89-7180-492-6 93820

정가는 뒤표지에 있습니다.
파본은 바꾸어 드립니다.

책머리에

Ⅰ. 돌 이전

자국사가 아닌 타국사를 공부하는 것은 쉽지 않다. 누구라도 쉽게 추측할 수 있고 인정하는 이유는 바로 언어 문제다. 타국어를 모국어처럼 구사하지 못하는 한 자국인보다 그 나라의 역사를 잘하기란 쉽지 않다. 대체로 특정 민족·특정 국가의 역사가 그들 고유의 언어로 기록되어 있기에 언어에 대한 부담은 덜기 힘들다. 물론 한국인이 중국사를 공부할 경우 한국어에는 한자어가 많이 포함되어 있어 상대적으로 용이할 수 있을 것이다. 그러나 이러니저러니 해도 중국인이 가진 자국어에 대한 감각은 타국어를 구사하는 사람들이 따라가기 어렵다. 특히 그것이 일반적인 서사(敍事)의 글이 아닌 함축적이고 압축적인 운문(韻文)의 글이거나, 은유와 상징으로 가득 찬 글이라면 더욱 힘들다. 더구나 그것이 글이 아닌 그림이나 문양일 경우는 말할 나위가 없을 것이다. 고대 중국인들은 시기마다 다양한 재료와 방식을 이용하여 자신들의 이야기를 남겼다. 그래서 중국 고대인과의 대화는 여간 어려운 것이 아니다.

이 책에서 세 사람의 지은이가 다루는 역사의 자료는 '돌[石석]'로서, 독자들에게는 다소 생소한 것이다. 흔히 우리는 역사 연구의 자료라고 하면 고대인들이 남긴 '사료(史料)'를 떠올리고, 으레 그것은 '책'의 형태를 띠고 있다고 생각한다. 그러나 고대 중국인들은 종이라는 재료보다 더 긴 시간 동안 옥(玉)이나 청동(靑銅), 죽간(竹簡), 돌을 이용하여 자신을 표현하고 이야기를 전했다. 우리 모두가 알고 있듯이 고대인들이 최초로 남긴 이야기는 대부분 동굴 안 벽 표면, 돌 위에 남아 있다. 지금 사람들이 보면 단조롭기 짝이 없는 일상 — 사냥을 하거나 물고기를 잡는 — 이 그려져 있거나 의미도 확실하지 않은 산 위에 떠 있는 해나 지구의 자전과 공전에 의해 그 모습이 주기적으로 변화하는, 그러나 신기할 것 없는 달의 모습이 대단한 것인 양 그려져 있기도 하다. 심지어는 누구의 것인지 모를 손바닥과 발바닥 자국이 찍혀 있기도 하다.

그러나 이것을 재료의 발견이라고 부를 수는 없을 것이다. 이것은 의도적으로 선택한 것이 아니라 주변에서 쉽게 접할 수 있는 것을 이용한 것에 불과하기 때문이다. 고대인들이 자신의 의도를 드러내기 위해 고의적으로 선택한 첫 번째 재료는 아마도 옥일 것 같다. 돌보다 다루기 어렵지만 특별한 기술 없이도 시간만 투여한다면 가공이 가능한 옥은 기술이 발달하지 않았던 먼 과거의 사람들에게는 자신을 드러내는 안성맞춤의 재료였을 것이다. 게다가 그것은 무늬와 광택을 가지고 있어 특별한 느낌을 주었다. 갈면 갈수록 광택이 나는 옥은 아름다움은 물론 신비감마저 자아냈을 것이다.

지금도 박물관에 가면 과연 용도가 무엇이었을까 하고 고개를 갸웃하게 하는 원형의 커다란 옥벽(玉璧)과 옥으로 만든 도끼들은 긴 시간 아무 의미 없이 옥을 가는 행동을 할 수 있을 정도로 경제력을 갖췄다고 강변하는 원시의 실력자들의 존재를 말해 준다. 중국계 미국 학자 우훙(巫鴻)이 말한 것처럼 초기 실력자들은 노동을, 시간을 낭비함으로써 타인과 자신을 구분하였다. 중국 초기 대부분의 문명에서 옥벽과 옥도끼가 발견되는 것은 비록 그 문명들이 각자의 독자성과 다양성을 갖는다 해도, 모든 문명 안에서 시간이 지나면서 빈부의 차가 발생하고 그것을 기반으로 권력이 등장하였다는 일반적인 법칙을 설명해 준다.

아무 문양도 없는 옥벽의 시대가 가고, 인지와 기술의 발달에 따라 크기는 작아졌지만 더 오랜 시간과 노력이 필요한 문양을 가진 옥 제품들이 등장하였다. 사람들은 커다란 옥을 깨뜨리고 쪼고, 구멍을 뚫어 문양을 새겼다. 목걸이처럼 보이는, 혹은 부착하는 장식품이 분명해 보이는 옥 제품들의 문양은 하나같이 착용한 사람이 아닌 타인의 시야에서 볼 때 완전하게 이해되었다. 자신을 주장하기 위한 기물들이 표지가 되어 남과 나를 구별하고, 내가 타인에 비해 우월하다는 것을 보증해 주었다. 옥은 이 외에도 신들을 위해 바쳐졌다. '예(禮)'라는 글자의 초기 모습이 그릇에 두 개의 옥 꾸러미를 올려놓고 신에게 제사 지내는 모습이었다는 것은 옥의 용도가 무엇이었는지를 알려 준다. 그러나 옥은 영원토록 변치 않는 물건은 아니었고, 따라서 인간은 옥을 이용하여 영원함을 약속하지도 않았다.

옥 다음으로 권력자가 심벌로 삼은 청동은 옥과 비교할 수 없을 정도로 많은 노동력을 필요로 했다. 청동을 만들어 내기 위해 우선 구리와 주석을 광산에서 캐 와야 했고, 이것을 1,100°C의 고온에서 녹여 섞어야만 했다. 이뿐 아니라 녹인 청동 물을 받아들여 문양이 있는 기물로 만들어 낼 황토 틀도 필요했다. 하나의 틀에서 하나의 청동만을 만들어 낼 수 있었기에 청동기를 만들기 위해서는 지난날 개인이 쉼 없이 반복을 통해 옥을 다듬던 것과는 다른 차원의 노동이 필요했다. 대규모의 노동력이 필요했고, 그 노동력을 동원하고 작업을 배분하고 감독할 권력이 있어야 했다. 엄청난 노동력을 동원할 수 있는 권력자의 등장 이후에나 청동기의 대량 생산이 가능했던 것은 이러한 사정에 기인한다.

권력자는 그렇게 제작된 청동기에 왕조의 위대함과 자신의 업적을 적었다. 그리고 그 청동기를 이용하여 신에게 제사 지냈다. 청동으로 만든 제기(祭器)를 이용하여 매일같이 신들에게 제사 지내며 상(商) 왕조의 왕들은 자신만이 신의 목소리를 들을 수 있음을 사람들에게 과시하였다. 주(周)의 천자(天子)는 상 왕조의 왕들처럼 사제로서의 역할은 하지 않았지만 대신 일족과 복수의 협력자들에게 각자의 영지에서 제사를 지낼 수 있는 권리를 나누어 주며 자신이 종주(宗主)임을 인식시켰다. 제사를 지낼 수 있는 권리의 분급(分給)과 수수(授受)를 통해 주 천자를 비롯한 복수의 권력자들은 유사 혈연관계로 맺어졌고, 왕조는 안정될 수 있었다. 제사를 지낼 수 있는 권리를 나누는 것은 흔히 청동 제기를 나눠 주는 행위로 표현되었다. 청동 제기에는 제기를 받는 제후(諸侯)의 공적과 그 공적에 의해 획득된 권리가 기술되었다. 그 청동 제기는 종묘(宗廟)에 안치되어 후세로 전해지며 그 국가 또는 가문의 표상이 되었다.

청동 제기는 지배와 복종의 약속으로도 기능하였다. 고질적인 황하(黃河)의 범람을 막고 치수(治水)에 성공했다는 전설상의 우(禹)임금이 천하의 왕이 되어 중국을 9개의 주(州)로 구분하자, 우임금의 위대함에 복종한 9주에서 각기 정(鼎)이라는 청동기를 바쳤다. 우임금은 그 9개의 정을 이용하여 하늘에 제사 지내며 자신이 하늘의 뜻을 대행할 천명(天命)의 집행자임을 선언하였다. 이후로 구정은 천자의 표상이 되었고 통치의 정당성을 보장하는 기물이 되었다. 천자의 표상이 신에게 제사 지낼 때 사용되는 정이라는 청동기였다는 점은 초기 왕권의 성격이 무엇인지를 말해 준다.

II. 돌의 발견

돌의 발견은 옥과 청동에 비해 한참의 시간을 더 필요로 했다. 사람들이 목재 대신 돌을 건축에 이용하여 영구함을 추구하게 된 것은 후한(後漢) 시기지만, 돌은 이미 그전에 영원을 기록하는 도구로서 사용되었다. 중국 역사상 첫 번째 황제인 진시황(秦始皇)은 통일 중국의 황제가 된 후 여섯 차례에 걸쳐 자신의 제국을 순행(巡行)하였고, 그 순행 길의 중요한 장소마다 돌을 세우고 그 위에 자신의 업적과 제국의 영역을 기록하였다. 중국 통일이라는 자신의 업적을 당시 중국인이 가장 위대하다고 생각했던 세 신인 삼황(三皇)의 덕(德)보다도 크고, 가장 뛰어나다고 여겼던 다섯 임금인 오제(五帝)의 공(功)보다도 높다고 여긴 진시황은 자신이 세운 불멸의 업적을 기록할 도구로서 돌을 선택하였다. 그는 돌이 가진 평평하며 내구성이 강한 성질을 영원을 기록할 만한 성질로 이해했던 것이다.

왜 진시황은 옥이나 청동이 아닌 돌을 선택하였을까. 천하 통일이라는 미증유의 상황을 만들어 낸 진시황은 자신이 세운 업적의 영광을 신에게 돌리지 않았다. 태산(泰山)에 올라 하늘에 봉선(封禪)의 예(禮)를 올리며 자신이 새로운 왕조를 세웠음을 고하기는 했지만, 그것이 하늘의 뜻 혹은 하늘의 의지라고 생각하지는 않았다. 최초의 천하 통일은 신이 아닌 인간, 즉 자신이 이룬 공적이었다. 따라서 진시황은 불멸의 업적을 신을 섬기는 제기에 새기지 않았다. 오히려 제국의 모든 백성들이 볼 수 있는 곳에 돌을 세워 자신의 제국과 업적이 영원할 것을 기원하고 기념하였다. 이제 돌은 지난날 신에게 바쳐졌던 옥이나 청동과는 달리 영원을 기록하는 제일의 도구가 되었다. 이것은 썩지 않고 변형되지 않았으며, 색이 퇴색하거나 변색되지 않았다. 시간이 지나면 옥의 빛이 퇴색하고 청동의 색이 변색되는 것과는 달리.

영구히 변치 않는 도구를 중국 고대인들은 어디에 사용하였을까. 진시황의 사례에서 볼 수 있는 것처럼 우선은 기념물을 제작하는 데 사용하였다. 절대권력의 상징인 궁궐이 돌로 만들어졌다. 지금은 자취를 찾을 길 없지만 진나라가 멸망시킨 국가의 성벽을 허물어 만들었다고 하는 화려한 궁전 '아방궁'은 모든 사람들에게 전설로서 회자되었다. 깎아지른 듯한 절벽에 세워진 순수비(巡狩碑)의 또 다른 역할은 제국의 경계를 표시하는 것이었다. 돌은 만세(萬世)토록 영원할 제국과 황제를 기념하는 데에 이용되었다.

한편, 민간에서 돌은 표지의 기능을 담당하는 데 쓰였다. 위대한 황제 진시황은 만세 후에도 자신의 위대함을 증명할 수 있도록 엄청난 규모의 황릉(皇陵)을 건설하고자 하였다. 전국에서 역사(役事)에 동원된 사람들이 여산(驪山)으로 모여들었다. 진시황의 무덤을 조영하기 위해 동원된 이들은 운 좋게 노역의 기간을 마치고 귀향하기도 하였지만 행운은 모든 사람에게 허락되지 않았다. 누구는 고향으로 돌아가지 못한 채 사망하였고, 노역 장소에 매장되었다. 벽돌에 그들의 죽음이 매우 간단하게 기록되었다. 그렇다고 이 기록이 죽은 자를 위한 기록은 아니었다. 이것은 훗날 가족이 묻힌 장소를 찾는 데 도움을 줄 요량으로 만든 산 자를 위한 기록이었다. 언제가 될지 모를 그날을 위해 내구성 강한 돌을 이용하여야 했으나 황릉을 건설하기 위해 동원된 이들이 크고 견고한 돌을 찾고 사용하기란 쉽지 않았다. 사람들은 쉽게 구할 수 있고 만들 수 있었던 벽돌을 이용하여, 죽은 이를 찾으러 올 가족을 위해 가장 간단한 형태로 시신의 소재를 기록하였다.

죽은 자의 소재를 알리려는 표지는 무덤 속에만 있었던 것은 아니다. 전한(前漢) 시대가 끝나 갈 무렵 지상에도 표지가 등장하였다. 처음에는 눈에 잘 띄는 곳에 죽은 자에 대한 간단한 정보가 새겨진 돌이 세워졌다. 긴 시간 동안 표지로서 사용하기 위해 벽돌보다 단단한 돌이 사용되었다. 그러다 시간이 가며 사람들은 묘주(墓主)에 대한 간단한 정보에 더해 살아생전의 그를 추억하고 그의 공덕(功德)을 찬미하기 위한 운문의 명사(銘辭)를 지어 넣었다. 이제 표지의 역할만이 아니라 죽은 자를 기념하는 기념비의 역할도 담당하게 된 것이다. 묘비(墓碑)의 등장이었다.

묘비가 기념비가 되면서 그것을 세우는 이들도 다양해졌다. 처음에는 가족이 먼저 간 가족을 기념하기 위해 묘비를 세웠으나, 차츰 묘주와 공적(公的)인 관계를 맺었던 이들에 의해 건립되었다. 그의 제자들인 문생(門生), 그의 옛 하부 관리들인 고리(故吏)가 스승을 위해, 옛 상관을 위해 묘비를 세웠다. 이런 입비(立碑) 행위는 가족들에게는 효성을 드러내는 효과적인 방법이었으며, 문생과 고리에게는 의리를 표현하는 효과적인 방법이었다. 이 행위가 묘비를 세운 이들에게 명성을 보장해 준 것은 자명하다. 명성에 의해 관계(官界) 진출이 결정되는 명성주의 시대를 산 이들에게 입비 행위는 중요한 정치적 행위였다. 돌은 죽은 자를 영원히 기억하는 한편 산 자들의 욕망을 충실히 반영하였던 것이다. 욕망도 영원한 것이라면 그 역시 돌에 새길 수밖에 없었을지도 모르겠다.

Ⅲ. 돌과 영원

돌이 영원을 보장한다는 인식은 주로 이것을 죽은 자들과 관련하여 사용하게 하였다. 이것은 고대 중국인의 영혼관과 밀접한 관련이 있다. 고대 중국인은 인간이 죽으면 혼(魂)은 불사의 세계로 날아가지만 백(魄)은 지하 세계에 남아 삶을 지속한다고 이해하였다. 따라서 지하에서 생활할 백을 위한 모종의 조치가 필요하였다. 우선 그들의 마지막 안식처인 무덤이 돌로 만들어졌다. 지하를 흐르는 습기에 취약한 목제의 관(棺: 시체를 넣는 속 널)을 또 다른 목제의 곽(槨: 관을 넣는 덧널)으로 감싸는 목곽묘를 돌무덤이 대신하였다. 죽은 자가 영원히 머무를 집을 돌로 지은 것이다.

돌무덤은 마치 살아 있는 자들의 집처럼 꾸며졌는데 침실, 부엌, 창고, 심지어 화장실까지 구비되었다. 뿐만 아니라 돌무덤 안쪽 벽에는 다양한 인간 활동들이 그려졌다. 그 활동의 주인공인 묘주의 그림이 그려진 것은 물론이다. 묘주는 그곳에서 손님을 맞고 연회를 즐기고 때로는 말을 타고 야외로 나가 사냥을 즐기기도 하였다. 그는 살아 있을 때와 마찬가지로 높은 관(冠)을 쓰고 부귀를 누릴 수 있었다. 지하에서도 삶은 계속되었고, 그 계속되는 삶을 돌은 묵묵히 지켜보았던 것이다.

한편, 죽음이 끝이 아니라 지하에 남은 백의 또 다른 삶의 시작이라는 인식은 돌을 이용한 특별한 물건을 만들어 냈다. 죽은 자가 죽어서도 살아

갈 수 있게 토지를 사고 그 토지에 대한 소유권을 돌에 새겨 무덤에 시신과 함께 묻었다. 매지권(買地券)으로 불리는 이것은 돌에 새긴 계약서였다. 또한 죽은 자가 지하에서 안락한 삶을 영위할 수 있도록 온갖 부정한 것으로부터 죽은 자를 보호하기 위한 진혼(鎭魂)의 문서도 함께 무덤에 묻었다. 이는 진묘문(鎭墓文)이다. 이들 매지권과 진묘문은 민간에 존재하고 있던 편안한 사후 생활을 향한 종교적 열망을 담은 석물(石物)이다.

영원을 매개했던 돌이 종교적 열망을 담은 것은 어떤 면에서 자연스럽다. 중국에 불교가 전래된 초기, 석가(釋迦)는 중국의 여러 신들과 함께 도력(道力)이 영험한 신에 불과하였다. 그러나 경전이 번역되고 불교에 대한 이해가 깊어지며 중국인의 신앙 활동은 다양한 불교 건축, 조각들을 만들어 냈다. 자신이 살고 있는 시대를 경전(經典)이 파괴되고 불법이 사라지는 말법(末法)의 시대로 본 당시인들은 불법이 영원하기를 기원하며 돌에 주목했다. 돌에 불상이 조각되고 경전이 새겨졌다.

6세기 초가 되면 불교의 전파에 따라 돌로 만든 불상들이 급증하게 된다. 이러한 석상은 사찰에 안치되기도 하였지만 사람들의 왕래가 많은 중요 교통로나 눈에 잘 띄는 고지대에 세워졌다. 한편 승려들은 수행을 위해 석굴을 만들고 그곳에 석상을 안치하였다. 차츰 석굴이 사찰의 기능을 하게 되면서 석굴 또한 사람들이 많이 오가는 교통로 위에 만들어졌고, 많은 승려가 거주하는 공간으로 변화하였다. 그러자 최고 권력자인 황제는 자신의 권력과 정통성을 드러내기 위해 석굴 조성에 힘을 쏟았고, 이에 편승한 승려들은 불교의 보호를 위해 석굴의 조성에 힘을 쏟았다. 또한 석굴의 조영을 공덕을 쌓는 것이라 생각한 귀족이나 민중들도 자신의 재력이 허용하는 한에서 크고 작은 석굴을 만들었다. 중국 북방 곳곳에 산재하는 운강석굴(雲崗石窟), 용문석굴(龍門石窟), 막고굴(莫高窟), 향당산석굴(響堂山石窟) 등 대형 석굴의 수많은 굴과 불감(佛龕)은 이와 같은 인간들의 욕망과 기원이 만들어 낸 산물이었다.

또한 중국인들은 자신들의 고유한 석비문화를 불교문화와 결합해 불상의 모습을 비석에 담아냈다. 조상비(造像碑)의 탄생이다. 조상비는 대부분 많은 사람들이 의읍(義邑)이라는 신앙 결사단체를 만들어 함께 조성하였는데, 조상비를 세운 사람들은 자신들의 이름과 모습을 비석에 빼곡히 적어 놓거나 묘사해 넣었다. 사람들은 무상(無常)의 도를 얻고자 하는 바람을 돌에 새겼던 것이다.

Ⅳ. 돌의 대체물

'돌'을 이야기한다고 하였지만, 본문을 읽다 보면 일반적인 돌만이 아닌 다양한 재료들이 등장한다. 돌이라 해도 가공된 돌만도 아니다. 가공을 하지 않은 자연석이 있는가 하면, 자연물 상태의 암벽도 포함되어 있다. 물론 책에서 언급하는 대부분의 대상이 말끔하게 인공적으로 가공된 것이기는 하다. 세 명의 지은이들은 돌에 새겨진 글과 문양을 이야기하다가 옥을 이야기하기도 할 것이다. 이것은 고대인들이 옥을 넓은 의미에서 심미적인 '석재(石材)'로 이해했던 것에서 기인한다. 우리는 이렇게 돌은 아니지만 고대인들이 돌과 같이 생각했던 것들을 '유사 석각'이라는 이름으로 함께 다루고자 하였다.

때로는 흙을 빚어 만든 벽돌을 마치 돌처럼 언급하기도 할 것이다. 흔히 중국에서 '전(磚)'이라 불리는 벽돌은 무덤의 재료로 사용되기도 하였지만, 단단한 돌이 흔치 않은 곳에서는 벽돌을 이용하여 무덤의 표지인 묘지(墓誌)를 만들거나 사후 세계에서 사용될 계약서, 즉 매지권을 제작하였다. 특히 강남(江南)으로 불리는 장강(長江) 이남에서는 단단한 돌을 발견하기 어려웠다.

또한 제작하고자 하는 기념물의 성격에 의해서 돌이 아닌 벽돌이 선택되기도 하였다. 북중국이 유목을 주로 하는 이적(夷狄)들에게 장악되자 한족(漢族)은 장강을 건너 강남으로 피난하여 동진(東晉)이라는 왕조를 건설한다. 피난정권 동진에서 국시(國是)는 북벌(北伐)이자 중원 회복이었다. 따라서 강남에서 사망한 이들의 무덤은 고향으로 이장(移葬)을 꿈꾸며 임시적으로 만든 가묘(假墓)였다. 자연히 무덤의 표지인 묘지도 임시적으로 만들면 될 뿐이었다. 돌보다 쉽게 글자를 새길 수 있는 무른 벽돌이 선호되었다. 글자 역시 온 힘을 기울여 새길 필요가 없었다. 몇몇 동진 묘지에서 발견되는 무성의함은 강렬한 귀향의 표현이라 할 수 있다.

그런데 납까지 유사 석각으로 포함하는 것은 왜일까. 몇몇 기념물은 죽은 자는 물론이고 산 자까지 모든 사특한 기운으로부터 보호할 필요에 직면하였다. 전국(戰國) 시기 이후 전란으로 피폐해진 백성들의 삶은 기존 신(또는 귀신)에 대한 감정을 변화시켰다. 사람들은 귀신이 자신들을 돌봐주기도 하지만 자신들을 괴롭히고 벌주는 존재일 수도 있다고 생각하였다. 무덤을 만들면서 토지신을 노하게 했다면 그 죄를 해소하기 위해 노력해야 했다. 죽은 자가 산 자에게 해코지하지 못하게 해야 했다. 산 사람과 죽은 사람을 분리하고 서로 관여하면 안 된다는 인식은 이로부터 생겨났다.

이런 관념들은 돌 대신 사특한 기운을 막는다는 벽사(辟邪)의 기능을 가진 납을 이용하여 진혼의 기념물을 만들게 하였고, 진묘(鎭墓)의 약속을 기록하게 하였다. 이것들에는 죽은 자를 무사히 저세상으로 인도해 달라는 염원이 기록되었다. 이들 진혼과 진묘의 기록들은 다른 기념물들이 주로 산 사람을 대상으로 하는 것과는 달리 죽은 자를 위한 기록이라는 특징을 지닌다. 그 결과 이 기록들은 '명계 문서(冥界文書)'라는 이름으로 불리기도 한다.

마지막으로 흙으로 만든 그릇에 대해 덧붙이고자 한다. 이 책의 일부분에서는 흙으로 만든 도기(陶器)에 대해 이야기한다. 도기 또한 유사 석각 범주에 넣을 수 있을까. 이 문제에 대해서는 오랫동안 답을 내리지 못하였다.

단단함을 속성으로 하는 돌과는 달리 도기에서 견고함을 떠올리기는 쉽지 않기 때문이다. 오히려 도기는 깨지기 쉽다는 인상을 준다. 그럼에도 문자가 기록된 도기의 대부분이 벽사의 필요에 의해 의도적으로 선택된 도구라는 점을 주목하기로 하였다. 죽은 자가 산 자에게 해코지를 할 수 없게 하고 안전히 저승으로 가는 것을 목적으로 하는 명계 문서의 대부분은 벽사의 기능을 담당해야 했기 때문이다. 그래서 우리는 영원한 안식을 위해 선택된 도기 역시 영원을 담는 도구라고 판단하였고, 유사 석각의 범주에서 함께 다루고자 하였다.

V. 돌 이야기의 구성

이 책을 공동으로 지은 세 사람은 우선 돌과 관련된 것들 중 문자가 기록된 문자 석각으로 이야기의 대상을 압축하였다. 그리고 다시 이것을 크게 종교 석각과 비종교 석각으로 나누었다. 편의상 비종교 석각이라고 구분하기는 하였지만 그 안에는 재래 신앙의 미신적 요소를 가득 품은 것들이 다수 포함되어 있다. 그 과정에서 문자가 아닌 그림이 그려진 것들도 포함하고자 하였다.

첫 번째 지은이 홍승현은 제1부(제1, 2장)를 집필하였다. 그는 죽은 자를 위한 '명계 문서'로 분류되는 매지권과 진묘문을 소개한다. 죽은 자의 백이 사후에 생활할 지하의 세계를 조성하기 위해 필요한 것은 무엇보다 토지였다. 따라서 현실과 마찬가지로 죽은 이를 위해 토지를 매입하고 그 매입한 토지의 소유권을 명기하였으며, 토지에 대한 주인의 권리를 보증한 문언(文言)을 서술하였다. 백이 영구히 지하에서 살아갈 수 있도록, 죽은 자를 위한 산 자들의 배려가 매지권이라는 것을 만들었던 것이다. 매지권에는 매입자, 매도자, 토지의 위치, 그것의 가격, 매입자의 권리를 보장하는 약속의 글귀가 새겨졌다. 그렇다고 매지권이 일률적인 형식과 구성으로 이루어지지는 않았다. 시기와 장소에 따라, 사회적 분위기를 반영하며 독특한 형식을 유지, 발전시켰다. 특히 후한 말 재래 신앙의 발전에 따라 매지권은 미신적 요소를 포함하게 되었다.

미신적 요소로 말하자면 진묘문이 매지권보다 한층 더하다. 매지권이 죽은 이의 사후 세계를 위한 토지 매매의 증명서라면 진묘문은 망자(亡者)가 사후 생활 속에서 마주치게 되는 악령과의 관계 속에서 영구한 안식을 보장받게 하려는 진혼문이기 때문이다. 또한 망자가 악령이 되는 것을 방지하려는 산 자들의 두려움의 표현이기도 하였다. 사람들은 무덤 속에 진묘문은 물론이고 사특함을 막을 수 있는 벽사의 기물들을 함께 집어넣었다. 대부분 망자를 위한 기물들을 집어넣었지만 때로는 산 자들의 행복을 위해 집어넣기도 하였다. 죽은 자의 살아서의 죄를 해소하고 산 자에게 미칠 재앙을 없애고자 한 것이다. 산 자의 것이든 죽은 자의 것이든 영원한 안식은 쉽게 얻을 수 있는 것은 아니었나 보다.

두 번째 지은이 양진성은 제2부(제3, 4장)를 집필하였다. 그는 설치된 장소는 지상과 지하라는 구분이 있기는 하지만 모두 산 자들을 위해 작성된 묘비와 묘지를 담당하였다. 고대 중국에서 묘비는 후한 시대에 처음 등장하여 유행하였다. 고인의 후손들과 문생·고리들은 고인의 행적을 추모하고, 그의 공덕을 기리기 위해 묘비를 세웠다. 묘비의 제작이 활발해짐에 따라 묘비가 정형화되는데, 고인의 이력을 서술한 문장과 덕행을 찬미한 운문의 명사 두 부분으로 구성되었다. 그러나 후한 시대에 활발했던 묘비의 건립 관행은 삼국 시대를 분기로 퇴조하게 된다. 그것은 화북을 장악한 조조(曹操)가 내린 금비령(禁碑令) 때문이었다. 조조와 그의 계승자들은 사치스러운 장례를 금지한다고 하였지만 실은 사대부가 유력 인사와의 학연, 지연을 매개로 결집하여 정치 세력화하는 것을 엄금하고자 했던 것이다. 이후 사람들은 금비령을 피해 지상에 세웠던 묘비를 지하에 세우기 시작했다. 묘지의 등장이 멀지 않았다.

오래지 않아 사람들은 지상에 세운 묘비와 지하에 묻힌 묘비가 기능상 결코 동일할 수 없음을 알게 되었다. 지하에 세워진 묘비들의 표제에서 '비(碑)'라는 표기는 삭제된다. 그리고 마침내 남조(南朝) 유송(劉宋)에 들어서 이러한 석각에 대한 공식적인 명칭으로 '묘지'가 사용되기 시작하였다. 묘지 역시 고인의 생애를 소개한 문장과 그의 공덕을 찬미하는 명사로 구성되어 묘비와 동일한 구성을 취한다. 남조 양대(梁代)가 되면 고인의 이력 소개 부분은 '서(序)', 명사는 '묘지명(墓誌銘)'으로 정의되었다. 정형화된 묘지는 호족(胡族) 정권인 북조(北朝)에 영향을 미쳤으며 당(唐)에 답습되었다. 따라서 남북조의 묘지는 고대 중국 묘지의 정형화라는 관점에서 그 역사적 의의를 확인할 수 있다.

마지막 지은이 소현숙은 제3부(제5장)와 제4부(제6, 7, 8장)를 집필하였다. 제3부는 한대 화상석(畫像石)에 대하여 서술하였고, 제4부는 불교 석각인 탑, 석굴 사원(石窟寺院)과 마애 각경(磨崖刻經), 조상비(造像碑)에 대해 이야기하였다. 후한인들은 죽어서도 영원히 살고자 하였고 고인을 위해 무덤을 돌로 만들기 시작하였다. "죽은 자를 산 자 섬기듯 한다."고 생각한 그들은 영원히 썩지 않는 돌집을 만들어 죽은 자가 어둠의 세계에서도 영원히 살기를 기원하였다. 그 결과 죽은 자의 공간은 산 자의 공간처럼 꾸며졌다. 무덤이나 사당 안에는 하늘과 신의 세계, 삶의 영광과 즐거움, 그리고 죽은 자가 가고자 했던 이상세계 등이 그려졌다. 이런 그림을 우리는 '화상석'이라 부른다. 화상석의 가장 중요한 그림은 무덤과 사당의 주인공을 그린 '묘주도(墓主圖)'였다. 묘주는 중요한 공간에 가장 크게 속세의 영광을 드러내기 위해 손님을 맞는 모습으로 표현되었다.

탑은 원래 석가와 그 제자들의 무덤으로 만들어졌다. 인도에서는 둥글게 흙을 쌓고 그 바깥을 벽돌로 둘렀다. 최초의 불교예술은 탑 주위에 둘러쳐진 돌담과 돌기둥에 새겨졌다. 인도의 탑은 중국에 전래되자 외형이 변화하였다. 당시 중국인들은 석가를 신선과 같은 존재라 여겨 그를 위해 나무로 높은 누각을 짓고 탑이라 불렀다. 그런데 고층의 목조탑은 불에 매우 취약했다. 타지 않는 영원의 기념비가 필요했다. 석탑과 벽돌탑이 출현했다. 석탑을 작게 만들어 사찰에 공양하기도 했으며, 여기에 불경을 새겨 말법의 세상에 태어난 자신들의 죄를 제거해 주기를 기원하였다. 소형 석탑은 불국토(佛國土)의 상징물이기도 했다. 이제 승려들은 돌을 사용해 자신들의 무덤을 탑의 형태로 만들기 시작하였다. 나아가 산 중턱의 암벽에 단층 탑을 새겨 시신을 태운 재를 안치하기도 했다. 석가의 무덤에서 시작된 탑은 중국에서 이처럼 다양한 의미와 형태로 발전해 갔다.

고대 중국의 석굴 사원은 불교가 전래되는 교통로를 따라 만들어졌다. 그리고 시간이 경과하면서 그곳은 민중들의 꿈과 염원을 담은 암벽 속 불국정토로 인식되었다. 황제들도 석굴을 파는 데 적극적이었다. '황제가 곧 부처'라는 관념 아래 황제는 왕조의 기념비를 만들고자 하였다. 석굴은 무덤이기도 하였다. 황제는 물론 민중들도 암벽을 파서 불상을 봉안한 다음 여기에 시신이나 태운 재를 안치하여 무덤으로 사용했다. 6세기의 중국인들은 자신들이 불교가 쇠퇴하는 말법의 시대에 산다고 생각했다. 그러므로 사람들은 불법의 영원한 전승(傳承)을 꿈꾸며 나무나 종이가 아닌, 영원을 상징하는 돌에 불교 경전을 가득 새겨 넣기 시작했다. 마애 각경이다.

한편, 6세기가 되면 중국인들은 불상을 중국의 전통적인 물질문화 속에 담고자 했다. 중국 전통의 문화인 비석에 불상을 조각하기 시작한 것이다. 이른바 '조상비'의 탄생이다. 공덕이란 혼자보다 여럿이 쌓았을 때 더 컸다. 향촌의 촌민들은 결사단체인 의읍(義邑)을 만들어 지방 공공사업을 일으키기도 하고, 힘을 모아 조상비나 경전을 새긴 경당(經幢)을 만들어 사람들이 많이 오가는 교통로나 우물가에 안치했다. 불교의 빛이 충만한 세상에서 더 많은 사람들이 부처의 은덕 입기를 꿈꾸며.

Ⅵ. 또 다른 돌 이야기를 꿈꾸며

이 책은 세 사람의 지은이가 함께 작업한 결과물이다. 4년 전 석각 자료를 이용한 작은 공부 모임을 시작하면서부터 다양한 역사 자료 중 하나인 석각 자료와 관련한 글을 쓰고자 마음은 먹고 있었지만 선뜻 시작하지 못하고 있다가, 더 늦기 전에 책으로 내자는 데 세 사람이 뜻을 모았다.

처음 해 보는 공동 작업이라 여러 가지 어려움이 있었다. 작게는 서로 선호하는 한자 병기 방법부터 주를 작성하는 방법까지. 크게는 본문 구성 방식과 즐겨 사용하는 어투까지. 처음 생각은 마치 한 사람이 쓴 것처럼 통일된 문체로 완성하는 것이었으나, 원고를 모으고 형식을 통일하면서 그것이 얼마나 교만한 생각이었는지 절감하였다. 핑계 없는 무덤 없다고 지금은 각기 다른 주제가 개성 강한 세 사람의 글로 구성된 것을 독자가 더 흥미로워할 것이라 애써 위안하고 있다. 미숙한 공동 작업에도 불구하고 이 책이 세상에 나와 제 몫을 하게 된다면 이는 모두 경북대학교출판부의 덕이다.

여기서 이 책의 숨은 지은이들을 소개해야 할 것 같다. 4년 전 〈동아시아석각연구회〉의 이름으로 모여 지금까지 함께 석각 자료를 읽고 있는 여러 회원들이 그들이다. 막연하게 석각 자료를 함께 읽어 보자는 지은이의 제안에 흔쾌히 동참해 주었다. 긴 시간은 아니지만 서로의 인간적인 매력을 드러내며 공부 모임의 새로운 상을 만들고자 하였다. 각자의 시대와 주제에 대해 아낌없이 조언해 주었고 서로를 이끄는 데 게으르지 않았다. 매번의 독회마다 꼼꼼히 서로의 발표를 읽어 준 그 시간들이 없었다면 이 책은 없었을 것이다.

마지막으로 음으로 양으로 〈동아시아석각연구회〉를 응원해 주시는 모든 선생님들께도 감사드린다. 많은 선생님들이 연구회 활동에 관심을 가지고 격려해 주셨다. 특히 연구회 발족 때부터 많은 도움을 주신 〈당대공

식령독회〉 팀에 감사드린다. 보내 주시는 기대에 부응하지 못할까 두려움도 있지만 꾸준한 독회 활동으로 도움과 관심에 답하고자 한다.

자그마한 개인적 바람 하나. 이 책으로 더 많은 사람들이 '인류 이전 시대 강력한 대지의 신비로운 힘의 구현(D. H. 로렌스)'인 돌에 관심을 갖기를…….

지은이를 대표하여, 정병산 아래서

홍승현 씀

차례

제 4 부 불국정토(佛國淨土)의 꿈을 돌에 담다

◎ 제1부

산 자는 장안(長安)으로
죽은 자는 호리(蒿里)로

제 1 장

죽은 자를 위한 토지 문서 매지권(買地券)

'매지권(買地券)'이란

1971년 공주 송산리 백제(百濟) 무덤군 주변의 배수로 공사를 하던 인부들은 생각지도 못했던 무덤 하나를 발견한다. 흔히 세기의 발견이라고 하는 '무령왕릉(武寧王陵)'의 발견이다. 세기의 발견이라는 표현이 무색하지 않은 것은 '무령왕릉'의 발견이 한국 고고학사의 획기적인 사건이기 때문이다. 그 이유는 이곳에서 백제 무덤 가운데 유일하게 무덤의 주인, 즉 묘주(墓主)가 누구인지를 알려 주는 유물이 출토되었고, 묘주가 다름 아닌 왕이라는 점 때문이었다.

두 개의 석판으로 이루어진 유물은 〈무령왕지석(武寧王誌石)〉으로 불리는데, 석판 중 하나에는 묘주의 이름·나이·사망 연도 등이 기록되어 묘주가 누구인지를 알려 주고 있다. 이 부분은 흔히 묘지(墓誌)로 불린다. 또 다른 하나는 무령왕의 무덤 조성을 위해 토지신들로부터 무덤 터를 매입하였다는 토지 매매 문서였다.

그 내용을 잠시 살펴보면 다음과 같다.

> [가격] 전(錢) 1만 문(文)의 [토지 계약서]. 다음과 같은 한 건. 을사년(乙巳年: 523) 8월 12일. 영동대장군(寧東大將軍)·백제사마왕(百濟斯麻王)이 앞에 [기술한] 돈으로 토왕(土王)·토백(土伯)·토부모(土父母)·[토묘(土墓)]상(上)[토묘]하(下)·중관(衆官)〔지하(地下)〕이천석(二千石)에게 가서 남서쪽 토지를 매입하여 묘를 만들었다. 이에 문서를 세워 명백한 [증거로 삼으니,] [이 문서에서 정한 것은] 율령(律令)에 구애받지 않는다.[1]

토왕, 토백 등의 토지신들로부터 토지를 매입하여 무덤을 조영한다는 토지 매매의 기록이 적힌 이 석판은 한국사에서는 유례가 없는 매우 특이한 것이었다. 따라서 당시 발굴자들을 비롯하여 많은 연구자들은 이 유물에 대해 관심을 기울였고, 곧 이것이 고대 중국에서 유행한 장례 풍습 중 하나인 매지권(買地券)임을 알게 되었다.

매지권은 흔히 죽은 이가 사후 생활의 장소로서 무덤 터, 즉 묘지(墓地)를 과거의 죽은 이 또는 토지신으로부터 구입할 때 사용하는 관념적·의제적(擬制的) 매매 문서로 알려져 있다. 주로 돌에 새겨져 있지만 때로는 옥(玉), 벽돌, 납 등을 이용해서 만든 것도 있다. 옥과 벽돌, 납

---

1 "錢一万文, 右一件. 乙巳年八月十二日. 寧東大將軍 · 百濟斯麻王, 以前件錢詣土王 · 土伯 · 土父母 · 上下 · 衆官二千石, 買申地爲墓. 故立券爲明, 不從律令." 원문에는 '衆官'으로 되어 있으나 문맥상 '地下'의 잘못된 표기라고 생각하여 해석에서는 〔 〕를 사용하여 표기하였다.

은 돌이 아니지만 여기서는 유사 석각(類似石刻)이란 범주로 함께 이야기하고자 한다.

죽은 이가 먼저 죽은 이에게 자신의 무덤 터를 구입할 때 사용했다는 독특한 이 유물은 사람이 죽는 것을 육체로부터 혼(魂)과 백(魄)이 분리되는 것으로 이해하고, 그중 불사의 세계로 날아가는 혼과는 달리 백은 지하에 남아 살아 있을 때와 같은 삶을 영위한다는 고대 중국인의 영혼 불멸관이 남긴 결과물이다. 현재 출토된 매지권 중 가장 이른 제작 연도를 가지고 있는 것은 중국 후한(後漢, 25년~220년) 시대의 것으로, 고대 중국인이 가진 영혼 불멸관과 더불어 후한 시기 경제 발전에 따른 토지 매매의 활성화가 낳은 유물이다.

후한 시기 장례 관습으로 시작된 매지권은 이후 명(明, 1368년~1644년)·청(清, 1636년~1911년) 시기까지 이어지며 이용되었다. 주로 민간에서 사용된 매지권의 강한 생명력을 엿볼 수 있다. 물론 매지권의 구성과 내용은 시기마다, 지역마다 차이를 보인다. 그러나 죽은 자를 위해 산 자들이 사후 세계의 편리를 제공한다는 관념은 변치 않았다. 그렇다면 고대 한국에서도 장례를 치르고 무덤을 조영할 때 매지권을 사용했을까.

한국에서 장례 관습으로서 매지권을 지하에 묻는 풍습이 있었는가는 현재로서 단정할 수 없다. 다만 발견된 매지권이 〈무령왕매지권(武寧王買地券)〉 한 건이라는 점에서 매지권의 사용은 한국의 풍습이 아닌 중국의 풍습으로, 바다 건너 한반도에 전래된 것으로 보는 것이 합당할 것 같다. 중국인들은 왜 매지권을 사용한 것일까. 그들에게 매지권은 어떤 의미를 가지고 있었을까. 중국 매지권의 세계로 떠나 보자.

토지의 매매와 묘지(墓地)의 매매

> 후한 건초(建初) 6년(81) 11월 16일 을유(乙酉). 무맹자(武孟子)의 아들 미영(靡嬰)이 마희의(馬熙宜)의 주(朱)의 큰 동생 소경(小卿)으로부터 무덤 터를 매입하였다. 남으로 너비가 94보, 서로 길이가 68보, 북으로 너비가 65보, 동으로 길이가 79보로 총 23무(畝)와 나머지 164보다. 가격은 10만 2천 전이다. 동으로는 진(陳)씨의 땅과 경계를 맞대고 있으며, 북·서·남으로는 주소(朱少)의 땅과 경계를 맞대고 있다. 당시 계약을 알고 있는 이는 조만(趙滿)과 하비(何非)다. 각기 2두(斗)의 술을 사서 [함께] 마신다.[2]

위의 매지권은 현재 출토된 매지권 중 비교적 이른 시기에 제작된 초기 매지권의 하나로 〈후한 건초 6년(81) 미영매지권(後漢建初六年靡嬰買地券)〉(이하 〈미영매지권〉으로 표기. 매지권의 이름이 반복될 경우 동일한 방법으로 표기)으로 불린다. 무맹자의 아들 미영이 주씨 성을 가진 이의 큰 동생 주소경으로부터 무덤을 만들 땅을 구입한 것을 기록하고 있다. 그 땅은 남쪽과 동쪽의 너비가 넓고 북쪽과 서쪽의 너비가 좁은 사다리꼴 모양을 하고 있는데, 토지의 경계는 진씨와 주소의 땅과 맞닿아 있다. 토지의 가격은 10만 2천 전이고 조만과 하비라는 이가 매매의 증인으로 입회하였다. 계약이 체결된 후에는 토지를 구입한 자와 판매한 자가 반씩 돈을 내서 술을 사 입회인들과 함께 마심으로써 계약 체결의 절차

---

2 "建初六年十一月十六日乙酉. 武孟子男靡嬰買馬熙宜朱大弟小卿冢田. 南廣九十四步, 西長六十八步, 北廣六十五, 東長七十九步, 爲田二十三畝奇百六十四步. 直錢十萬二千. 東陳田比介, 北西南朱少比介. 時知券約趙滿·何非. 沽酒各二斗."

를 마쳤다.

언뜻 보기에는 현실의 토지 매매 문서와 다를 바가 없다. 실제로 비슷한 시기 토지 매매에 사용된 토지 문서를 살펴보면 위의 내용과 큰 차이가 없다. 예를 들어 후한 시기 거연(居延)이라는 지역에서 출토된 토지 문서에는 토지 매입자의 이름은 보이지 않지만 장락리(長樂里)에 사는 악노(樂奴)라는 토지 매도자와 35반(㚘)이라는 크기의 토지, 9백 전이라는 토지 가격, 순우차(淳于次)·유왕충(孺王充)·정소경(鄭少卿)이라는 증인이 등장한다. 계약 후 증인들을 위해 토지 구매자와 판매자가 술을 내어 마셨다는 내용 역시 동일하게 기술되어 있다.[3]

일반적으로 토지 문서에는 ① 매입자, ② 매도자, ③ 토지의 면적, ④ 토지의 가격과 대금 지불일, ⑤ 입회인, ⑥ 계약 체결 뒤 계약 체결을 확인하는 음주 행위 등이 기록되는데, 〈미영매지권〉에는 그와 같은 내용이 모두 포함되어 있다. 그래서 혹자는 〈미영매지권〉을 현실의 토지 문서로 파악하기도 하였다. 특히 남·북·서쪽의 땅이 주씨 성을 가진 주소라는 사람의 토지라는 내용은 주소경이라는 매도자가 실제의 인물이라는 증거로 이용되었다. 동일 성씨가 모여 사는, 요즘의 개념에 따른다면 집성촌(集姓村)의 토지 일부를 미영이라는 성씨가 다른 이가 구매하는 것처럼 보이기 때문이다.

그러나 이것이 실제의 토지 문서라면 산 땅이 일반 경작지가 아닌 무덤 터(원문에서는 冢田총전으로 표현)라는 것을 어떻게 해석해야 할까. 또한

---

3 "□置長樂里樂奴田卅五㚘. 賈錢九百, 錢畢已. 丈田卽不足, 計㚘數環錢. 旁人淳于次·孺王充·鄭少卿. 古酒旁二升, 皆飮之[……장락리 악노로부터 토지 35반을 매입하였다. 가격은 9백 전으로 대금은 이미 지불하였다. 토지를 측량하여 계약상 약속한 토지의 면적보다 부족하면 반수를 계산하여 돈을 돌려받는다. 입회인은 순우차·유왕충·정소경이다. 입회인을 위해 술 2승을 내어 함께 마셨다]."

자손 대대로 소유해야 하는 토지의 매매 문서라면 이 증명을 죽은 이의 무덤 안에 묻어야 할 이유는 어디에 있었을까. 고대 중국 사회에서 토지의 소유와 그것에 대한 증명이 소중했을 것임은 상식이다. 그런 토지 소유의 기록을 죽은 이의 무덤에 집어넣었다는 것은 상상하기 힘들다. 또한 23무 남짓의 무덤 터 가격으로 10만 2천 전은 당시 토지 가격에 비해 터무니없이 비싸 현실의 토지 가격으로 볼 수 없다. 따라서 앞의 문서를 실제 토지 문서로 보기는 힘들다.

비현실적인 매지권의 출현

초기 매지권을 실제의 토지 문서로 이해하는 연구자들은 매지권 안에 죽은 자와 관련된 비현실적인 내용이 전혀 등장하지 않는 것을 이유로 든다. 죽은 자를 위한 물품이라면 죽은 이와 사후 세계와 관련된 내용이 기술되었어야 한다는 것이다. 이로 인해 초기 매지권의 성격을 둘러싼 논쟁이 전개되었다. 그러나 이 논쟁은 길게 가지 않았다. 지하에 묻은 토지 매매의 기록인 매지권이 현실의 토지 문서와 확연하게 구별되는 데까지는 긴 시간이 필요하지 않았기 때문이다.

171년에 제작된 〈후한 건녕 4년 손성매지권(後漢建寧四年孫成買地券)〉을 살펴보자. 〈손성매지권〉은 궁중의 수레와 말을 관리하던 좌준구(左駿廐)라는 관부의 노비 손성이 낙양(洛陽)에 거주하는 남자 장백시(張伯始)로부터 토지를 매입한 것을 기록하고 있다. 그런데 여기에는 흥미로운 구절이 첨부되어 있다. 우선 토지의 사방 경계에 대해 서술한 후 "그 땅의 곡물과 토지 위 식물은 모두 손성의 것이다. 만일 토지에서 시체가 나오면 남자라면 노(奴)로 삼고 여자라면 비(婢)로 하여 손성을 위해 열심히 일하게 할 것이다."[4]라는 문구가 적혀 있다.

현실의 토지 매매 문서를 답습하면서도 다른 한편 구입한 땅에서 시체가 나온다면 구매자의 노비로 삼겠다는 미신적인 내용을 포함하고 있는 것이다. 이러한 비현실성은 매지권이 현실의 토지 문서 형식을 차용하였지만, 궁극적으로는 죽은 자를 위한 부장품인 명기(明器)임을 말해 주는 것이다. 이러한 구절은 흔히 '수약(守約)의 문언(文言)'으로 일컬어진다. 계약 이행에 있어 구매자의 권리를 보호하고 보장해 주는 약속의 말이라는 뜻이다. 요컨대 토지를 산 손성이 토지와 토지에 부속된 모든 것에 대해 소유권을 갖는다는 권리 보장의 약속이다. 물론 여기에는 사람이 죽은 뒤에도 지하에서 생전과 같이 노비에게 시중을 받으며 생활한다는 관념이 투영된 것은 말할 필요도 없다.

이와 같은 미신적 내용을 담은 〈손성매지권〉은 가장 전형적인 매지권으로 평가받는다. 그 이유는 〈손성매지권〉을 그대로 모방한 위작(僞作)들이 제작되었기 때문이다. 예를 들어 〈손성매지권〉보다 빠른 기년(紀年)을 가지고 있는 〈전한 건무중원 원년(기원전 56) 서승매지권(前漢建武中元元年徐勝買地券)〉과 〈전한 황룡 원년(기원전 49) 제갈경매지권(前漢黃龍元年諸葛敬買地券)〉이 있는데, 이들은 모두 위작, 가짜로 밝혀졌다.

그중 〈서승매지권〉은 간지(干支)와 날짜가 부합하지 않으며 토지 소재지로 기록된 곳이 당시에 존재하지 않는 행정구역이었다. 〈제갈경매지권〉은 기년이 기원전 49년이라는 점 자체가 문제로 지적된다. 현존하는 최초의 매지권은 영평(永平) 16년(73)에 제작된 〈요효경매지권(姚孝

4 "根生·土著毛物, 皆孫成. 田中若有尸死, 男卽當爲奴, 女卽當爲婢, 皆當爲孫成趨走給使."

經買地券)〉으로 요효경이 고위(稿偉)라는 자에게 토지를 구매했음을 서술하고 있다.[5] 그런데 〈요효경매지권〉은 구매자와 매입자, 그리고 증인으로 추정할 수 있는 이들만 등장하여 초기 매지권에 보이는 구성 요소들조차 아직 구비하지 못한 상태다. 즉, 후한 시기에 제작된 매지권도 매지권의 전형적인 요소들을 구비하지 못한 상태인 것이다. 따라서 기원전 49년, 전한(前漢, 기원전 206년~기원후 8년) 시기의 기년을 가진 미신적 내용을 담은 매지권은 제작되기 어려웠을 것이다. 그럼에도 전한 시기라는 이른 기년을 가진 위작 매지권이 출현한 것은 기년이 이를수록 높은 값을 받을 수 있는 골동품 시장 사정에 기인한 것이다.

현실의 토지 문서와 차이가 없었던 초기 매지권에 비해서 〈손성매지권〉은 미신적인 요소가 첨가되면서 매지권이 죽은 자를 위한 부장품임을 유감없이 보여 준다. 그러나 〈손성매지권〉에서 보이는 미신적 요소는 아직은 그 정도가 심하지 않다고 할 수 있다. 곧 등장하는 매지권의 특징은 비현실성을 넘는 주술성이기 때문이다. 광화(光和) 연간의 매지권을 들여다보자.

진묘매지권(鎭墓買地券)

'광화'는 후한 영제(靈帝, 재위 168년~189년)의 세 번째 연호로 178년~184년에 해당한다. 그중 광화 7년인 184년에는 유명한 황건적(黃巾賊)의 난이 일어났다. 알려진 것처럼 황건적은 황색 두건을 쓴 것으로부터 유

---

5 "永平十六年四月卄二日, 姚孝經買稿偉冢地約亩, 出地有名者, 以卷書從事, 历□中□弟□周文功."

래한 이름이다. 이들은 당시 '치병(治病: 병을 낫게 하는 것)'을 교리로 하는 태평도(太平道) 휘하의 무력 부대로 대지(大地)를 숭상하여 땅을 상징하는 황색의 두건을 머리에 둘렀다. 이전에도 황건의 약탈 행위는 빈번했지만, 184년을 기점으로 "창천은 이미 죽었으니 황천이 설 것이다."[6] 라는 구호 아래, 창천 즉 후한을 대신하는 새로운 세상의 건설을 목표로 전면적인 반란을 일으켰다.

반란의 여파는 북중국 대부분 지역에 미쳤다. 반란의 영향권을 살펴보면 현재의 하북성(河北省) 남부에 해당하는 기주(冀州) 전역이 황건의 난에 휩쓸렸으며, 동으로는 지금의 산동반도(山東半島)에 해당하는 청주(靑州)까지, 북으로는 지금의 북경(北京)을 포함하는 유주(幽州), 남으로는 현재의 호북(湖北)·호남성(湖南省)에 해당하는 형주(荊州), 지금의 안휘(安徽)·절강(浙江)·강서(江西)·복건성(福建省)에 해당하는 양주(楊州)가 전란으로 피폐해졌다. 그런데 짧은 시간 안에 황건이 이렇게 넓은 지역을 장악할 수 있었던 것은 황건 자체의 기동력도 한몫했지만 백성들의 호응도 중요한 역할을 하였다. 기록에 따르면 청주·서주(徐州: 지금의 산동 동남부)·유주·기주·형주·양주·연주(兗州: 지금의 산동 중부)·예주(豫州: 지금의 河南省하남성) 등 8주의 백성들 중 호응하지 않은 자가 없었다고 하니,[7] 황건의 난을 일부 종교집단의 반란으로 치부할 수만은 없다. 오히려 후한 정부의 무능력에 실망한 백성들의 분노가 폭발한 것으로 봐야 할 것이다.

한편, 이것은 많은 백성들에게 태평도의 신비주의적 사상이 영향을

6 『後漢書』 卷71, 「皇甫嵩傳」, "蒼天已死, 黃天當立."
7 『後漢書』 卷71, 「皇甫嵩傳」, "自青 · 徐 · 幽 · 冀 · 荊 · 楊 · 兗 · 豫八州之人, 莫不畢應."

미쳤음을 의미하기도 한다. 당시 북중국에서는 태평도를 비롯하여 오두미도(五斗米道) 역시 유행하고 있었는데, 신비주의적 사상이 사회적으로 맹위를 떨쳤음을 알 수 있다. 이렇게 신비주의 사상이 맹위를 떨친다는 것은 그만큼 그 사회가 약하고 가진 것 없는 자들에게는 외면하고 도피하고 싶은 현실이었음을 말해 주는 것이리라.

당시 신비주의적 사상이 사회적으로 유행하고 있었음은 기록에 잘 나타나 있다. 『후한서(後漢書)』에는 황건의 난 50여 년 전인 순제(順帝, 재위 125년~144년) 시기 무속인에 의해 음양오행(陰陽五行)과 무속을 기록한 태평도의 경전인 『태평청령서(太平清領書)』가 바쳐졌음이 기록되어 있다.[8] 한편 『삼국지(三國志)·위서(魏書)』에는 후한 말 동방에는 장각(張角: 태평도의 교주), 한중(漢中)에는 장수(張脩: 오두미도의 교주)가 있어 태평도와 오두미도를 행하였다고 하여[9] 중국 전역에서 신비주의 사상이 대두하였음을 기록하고 있다. 이들 집단은 공통적으로 '치병'을 교리로 내세우며 교도들을 모았는데 그 치병의 방법은 대부분 주술적인 것이었다.

대표적으로 오두미도는 병이 난 것을 인간의 잘못에 대한 귀신의 징벌로 이해하여 병을 고치기 위해서는 우선 자신의 죄를 반성하고, 다음으로 귀신에게 축원(祝願)해야 한다고 신도들을 현혹하였다. 이들은 또한 질병 외에도 재액(災厄) 역시 귀신들이 일으킨다고 여겨 악귀를 퇴치하기 위한 여러 방법들을 고안하였다. 후한 시기에 역병이 만연하면서 죽은 이는 물론이고 살아 있는 자들에게도 해를 끼칠 수 있는 강력

8 『後漢書』 卷30下, 「襄楷傳」, "初, 順帝時, 琅邪宮崇詣闕, 上其師干吉於曲陽泉水上所得神書百七十卷, 皆縹白素朱介青首朱目, 號太平清領書."
9 『三國志·魏書』 卷8, 「張魯傳」, "光和中, 東方有張角, 漢中有張脩……角爲太平道, 脩爲五斗米道."

한 힘을 가진 귀신들에 대한 믿음이 커지면서, 그들로부터 자신들을 지킬 방법들이 고안되었던 것이다.

이와 관련한 특별한 풍속이 바로 진묘문(鎭墓文)이다. 진묘문에 대해서는 다음 장에서 상세히 살펴보기로 하고, 여기서는 간단히 죽은 자를 위해 진혼(鎭魂)하고 죽은 자가 묻힐 땅의 사악한 기운을 누르는 진묘(鎭墓) 행위에 사용한 주술적인 문서라고만 언급하고자 한다. 이 진묘문은 오두미도가 창궐한 파촉(巴蜀: 지금의 四川省사천성)과 그와 가까운 관중(關中: 지금의 陝西省섬서성) 지역에서 주로 사용되었는데, 태평도와 오두미도의 영향력이 커지는 후한 말이 되면 동쪽으로 전파되어 지금의 하남성과 낙양 지역에서도 사용되었다. 뿐만 아니라 진묘문은 당시 낙양을 중심으로 유행하고 있던 매지권에도 영향을 미쳐 진묘문의 내용이 대거 포함된 이른바 '진묘매지권'이라는 특별한 매지권을 출현시켰다.

주술성이 농후한 '진묘매지권'은 광화 시기에 본격적으로 출현하는데, 대표적인 것으로는 〈후한 광화 2년(179) 왕당등매지권(後漢光和二年王當等買地券)〉이 있다.

> 광화(光和) 2년 초하루가 신미일(辛未日)인 10월 3일 계유(癸酉). ① 묘상(墓上)·묘하(墓下)·중앙주토(中央主土)에게 고하여, 감히 ② 묘백(墓伯)·혼문정장(魂門亭長)·묘주(墓主)·묘황(墓皇)·묘함(墓臽)에게 고하게 한다. 청골사인(青骨死人) 왕당(王當), 그의 동생 기(伎)와 윤(倫), 그리고 부친 원흥(元興) 등이 하남윤(河南尹) □□현(縣) 좌중경(左仲敬)의 자손 등으로부터 곡겹정부(穀郟亭部)의 삼맥(三陌) 서쪽의 전답 10무(畝)를 매입하여 집을 삼았다. 토지의 가격은 일만 전이고, 대금은

그날 모두 지불하였다. 토지의 장(丈) 척(尺)은 문서에 명백하게 기록되어 있다. 따라서 네 모서리에 봉(封)을 세워 경계를 지었는데, 경계는 구천(九天) 위까지 이르고, 아래로는 구지(九地) 아래까지 이르렀다. ③ 죽은 자는 호리(蒿里)로 돌아가니, 지하의 관리는 제지할 수 없고 다른 성씨의 사람은 이 땅을 자신들의 이름으로 점유할 수 없다. ④ 남은 자를 부귀하게 하고 자손을 이롭게 보우하며, 왕당·왕당의 동생 기(伎)와 윤(倫) 및 부친 원흥 등을……[10] 왕씨 가의 후손들이 죽어 매장되면 수고로움과 꾸짖음을 듣고 금지당하는 것이 없으며, 또한 부역에 종사함이 없을 것이다. 살아 있는 부모·형제·처자·가족에게는 책임이 없다. 산 자에게는 책임이 없고 각기 죽은 자는 처벌받지 않게 하라. 만약 죽은 자가 산 자에게 무엇인가 하고자 한다면 익힌 콩에서 싹이 돋고 연권(鉛券)에 꽃이 피며 달걀이 우는 것을 기다려, 이에 여러 신들이 그 뜻을 서로 허락할 것이다. 무엇으로 진실의 신표를 삼는가? 1척 6촌의 연권으로 진실의 신표를 삼는다. ⑤ 천추만세(千秋萬歲)토록 후세 중엔 죽는 자가 없을 것이다. ⑥ 율령과 같이 행하라. 계약의 문서가 완성되었다. 전본조(田本曹)는 조전(祖田)을 들어 좌중경 등에게 팔았고, 중경이 왕당·왕당의 동생 기와 윤·부친 원흥에게 다시 팔았다. 약속의 문언은…… 이때 계약의 내용을 아는 이는 황유(黃唯)와 유등승(留登勝)이다.[11]

---

10 원문에 따르면 글자가 결락된 것은 아니다. 그러나 왕당·왕당의 동생 왕기·왕륜 및 부친 왕원흥 등에 대한 술어가 보이지 않는 상태다. 혹 애초에 매지권을 작성하면서 누락한 것이 아닐까 한다. 따라서 결락된 글자가 없어도 말줄임표를 사용하여 해석하였다

11 "光和二年十月辛未朔三日癸酉. 告墓上·墓下·中央主土, 敢告墓伯·魂門亭長·墓主·墓皇·墓臽. 青骨死人王當·弟伎·倫及父元興等, 從河南□□左仲敬子孫等, 買穀郟亭部三佰西袁田

매지권의 내용 중 줄친 부분은 매지권이 아닌 주로 진묘문에서 사용된 표현들이다. 그중 ①의 묘상·묘하·중앙주토는 한눈에도 죽은 이가 묻힌 묘역(墓域)을 관장하는 토지신임을 알 수 있다. 이들은 본래 매지권의 등장인물이 아니다. 진묘문에서 주로 나타나는 이들은 망자(亡者)가 묘역에 들어갈 때 이들을 위해 묘지의 사악한 기운을 진압하는 역할을 담당하거나 혹은 망자가 이승에서 저승으로 옮겨갈 때 그 이동을 허가해 주기도 한다. 다음으로는 이들 묘역의 토지신보다 상급의 신들이 다시 등장하는데, ②의 묘백·혼문정장·묘주·묘황·묘함 등이 그들이다. 이들 역시 진묘문의 등장인물로 명계(冥界)의 관리 혹은 신들로 파악된다. 묘역의 토지신들과 함께 진묘를 담당한다고 알려져 있다.

이상과 같은 묘역과 명계의 신들이 등장하는 것은 진묘문의 특징인데, 진묘문이 매지권에 영향을 미치면서 차츰 매지권의 구성 요소가 되었다. 이들은 지하 세계의 최고신인 천제(天帝)의 명령을 받아 죽은 자의 저승으로의 입문을 관장하며, 지하 세계에서 그들이 편안히 살아갈 수 있게 혼을 위로하고 무덤이 들어서는 땅을 정돈하는 일들을 하였다. 그렇다면 죽은 자를 위한 진혼과 진묘는 왜 필요했던 것일까.

十畝, 以爲宅. 買直錢萬, 錢卽日畢. 田有丈尺, 卷書明白. 故立四角封界, 界至九天上, 九地下. 死人歸蒿里, 地下不得何止, 他姓不得名. 佑富貴, 利子孫, 王當 · 王弟伎 · 倫及父元興等. 當来人臧, 無得勞苦苛止, 易勿繇使. 無責生人父母 · 兄弟 · 妻子 · 家室. 生人無責, 各令死者無適負. 卽欲有所爲, 待焦大豆生, 鉛卷華榮, 鷄子之鳴, 乃與諸神相聽. 何以爲眞, 鉛卷尺六爲眞. 千秋萬歲, 後無死者. 如律令. 卷成. 田本曹奉祖田, 賣與左仲敬等. 仲敬轉與王當弟伎 · 倫 · 父元興. 約文□□, 時知黃唯 · 留登勝."

귀신의 악령화(惡靈化)와 생사이로(生死異路)

앞선 연구에 따르면 춘추(春秋, 기원전 770년~기원전 453년) 시기 이전 중국에는 지하 세계, 즉 명계에 대한 두려움이 없었다고 한다. 그 증거로 춘추 시기 이전 중국에는 지하 세계를 관장하는 신이 없었음을 들고 있다.[12] 지하 세계가 두려운 곳이 아니기에 죽은 이를 보호할 신의 존재를 상정할 필요가 없었다는 해석이다.

그러다 전국(戰國, 기원전 453년~기원전 221년) 시기에 들어오면 죽은 자를 보호해 줄 것을 희구하는 대상으로서 신들이 등장하게 된다. 남아 있는 기록들에서 지하 세계는 종종 누런 물이 흐르는 황천(黃泉)으로 묘사되고, 그곳은 깊고 어두우며 쓸쓸한 곳으로 묘사된다. 지하 세계에 대한 두려움이 그곳을 어둡고 고독한 곳으로 묘사하게 한 것이다.

이와 관련한 또 다른 연구에 따르면 전국 시기에 나타난 특별한 종교 관념 중 하나가 신과 귀신의 권위 실추와 악귀화(惡鬼化)다. 주천자(周天子)의 권위가 하락하며 이에 동반하여 최고신이었던 천(天)의 권위가 상대화되었다고 한다. 또한 신화적 세계관의 후퇴와 함께 신과 인간이 대립·충돌하면서 종래 제사를 흠향(歆饗)한 대가로 후손이나 국가에 은혜를 베풀던 귀신들이 아무런 이유도 없이 재앙을 가져다주는 악귀로 변질되었다고 한다. 여기에 전쟁이 격화되며 많은 수의 전사자가 발생한 것도 억울한 죽음에 의한 악령의 출현을 부추겼다고 보았다.[13] 게다가 후한 말, 호족(豪族)들의 대토지 소유에 따른 자경농의 몰락과

---

12 Wu Hung, *The Art of the Yellow Spring: Understanding Chinese Tombs*, London, Reaktion Books, 2010, p. 32.

13 李成九,「漢代의 死後世界觀」,『中國古中世史研究』38(2016), 134-135쪽.

후한 경내에 들어와 살고 있던 이민족들의 반란에 따른 농민 생활의 파탄, 질병과 역병의 만연 또한 악령의 존재를 믿게 하였을 것이다.

죽은 가족이 인간을 보호하고 복을 주는 존재가 아닌, 죽은 자는 물론 살아 있는 이들에게까지 해를 끼치는 악령이 될 수도 있는 상황에서 악령과 인간의 분리, 그리고 그것의 퇴치는 매우 중요한 문제였을 것이다. 〈왕당등매지권〉 밑줄 ③의 '죽은 자는 호리로 돌아가니……'라는 표현은 인간과 귀신의 분리에 관한 당시의 관념을 잘 보여 준다. 이것은 '생사이로(生死異路)' 관념으로 불리는데, 살아 있는 자와 죽은 자를 분리하고 양자의 거처를 구분하여 서로 간섭할 수 없다는 의미를 가진다.

매지권을 비롯하여 진묘문에서 죽은 자의 거처로 주로 등장하는 '호리'는 본래 산 이름이었다. 태산(泰山) 남쪽에 위치하여 죽은 자를 장례 지내는 곳이었다. 이곳은 흔히 산 자들의 공간인 장안(長安: 지금의 西安서안으로 전한 왕조의 수도였다.)의 상대어로 등장하여, 죽은 자들의 도시 혹은 향리(鄉里)로 인식되었다. '호리' 외에도 죽은 자들의 거처는 '음(陰)', '자장(自藏: 스스로 감춘다는 의미)', '태산' 등으로 표현되며, 살아 있는 자의 거처를 의미하는 '양(陽)', '고대(高臺: 높은 누각이라는 의미)', '장안', '성(城: 사람들이 거주하는 鄉市향시의 의미)'과 대비된다.

이렇듯 분리되어 살아야 하는 죽은 자와 산 자가 그 구분을 넘어 섞이게 되면 문제가 발생할 것임은 분명하다. 따라서 진혼과 진묘를 행하여 산 자와 죽은 자를 명확히 구분하고, 죽은 자로부터 산 자를 보호해야 할 필요가 생긴 것이다. 〈왕당등매지권〉 밑줄 ④의 "만약 죽은 자가 산 자에게 무엇인가 하고자 한다면 익힌 콩에서 싹이 돋고 연권에 꽃이 피며 달걀이 우는 것을 기다려, 이에 여러 신들이 그 뜻을 서로 허락할 것이다."라는 표현은 불가능한 일을 열거함으로써 죽은 자가 산 자에게 해코지하는 것이 불가능함을 말하고 있다.

산 자들에 대해서는 "천추만세토록 후세 중엔 죽는 자가 없을 것이다."(밑줄 ⑤)라고 하여, 산 자에게 닥칠 재앙을 제거해 주고 있다. 이렇게 산 자에게 닥칠 재앙을 제거하는 것을 '제앙(除殃)'이라고 하는데, 재앙을 제거한다는 소극적인 의미 외에도 '남은 자를 부귀하게 하고 자손을 이롭게 보우하며……'와 같이 자손의 번영을 희구하는 것 역시 넓은 의미의 '제앙'에 속한다.

한편 산 자의 재앙을 제거하는 것과 더불어 죽은 자가 처벌받지 않게도 하는데, 밑줄 ④의 "죽은 자는 처벌받지 않게 하라."는 구절은 죽은 자의 죄를 용서한다는 의미다. 이것은 '해적(解謫)'으로 불리는데, 여기서 '적(謫)'은 '죄(罪)'를 의미하여 '해적'이라 함은 죄를 해소해 주는 것을 말한다. 이와 같은 '제앙'과 '해적' 관념은 전형적인 '진혼' 행위로, 초기 매지권에서는 찾아 볼 수 없는 진묘문의 영향을 받아 비로소 나타난 것이다.

죽음의 보고자

'진묘매지권'에는 죽은 이가 명계로 들어가는 것을 묘역의 신들과 명계의 신에게 보고하여 진혼과 진묘가 이뤄질 수 있도록 하는 보고자가 출현한다. 앞의 〈왕당등매지권〉에서는 구체적으로 그가 누구인지 분명하지 않지만, "묘상·묘하·중앙주토에게 고하여, 감히 묘백·혼문정장·묘주·묘황·묘함에게 고하게 한다."고 하여 망자의 저승으로의 옮겨

감을 보고하는 자가 있었음을 알려준다. 이는 누구일까.

이 보고자는 대부분의 매지권에서 생략되거나 감춰져 있어 실체를 파악하기 어려운데, 다행히도 〈후한 광화 5년(182) 유공칙매지권(後漢光和五年劉公則買地券)〉에 보고자가 등장하여 단서를 주고 있다. 〈유공칙매지권〉 역시 광화 연간의 다른 매지권과 마찬가지로 진묘문의 영향을 받은 '진묘매지권'의 성격을 띠고 있다. 따라서 묘역의 토지신과 명계의 관리나 신들에게 망자가 저승으로 들어감을 고하며 진묘를 부탁하는 구조를 가지고 있다. 이때 신들에게 고하는 보고자로 '천제신사(天帝神師)'라는 천제의 사자(使者)가 등장한다.

진묘문에서 천제는 지하 세계의 최고신으로 알려져 있다. 완비된 진묘문에서 진묘의 절차는 천제가 자신의 사자를 통해 묘역의 토지신에게 명령을 전하고, 묘역의 토지신은 이것을 다시 명계의 관리 혹은 신들에게 전하는 순서로 진행된다.[14] 그러나 모든 진묘매지권에 기술된 진묘 절차가 이처럼 완비된 형태는 아니다. 묘역의 토지신 혹은 명계의 관리 중 한쪽만 등장하거나 혹은 묘역의 신과 명계의 관리가 혼재된 탓에 천제의 사자가 묘역의 토지신 혹은 명계의 관리나 신에게 죽음을 보고하곤 한다. 천제의 명령을 전하는 보고자, 즉 천제의 사자는 진묘문에서는 다양한 이름으로 등장한다. '천제신사' 외에도 '천제사자(天帝使者)', '천제신사사자(天帝神師使者)', '황제(黃帝)', '황신(黃神)', '황신북두(黃神北斗)'라는 이름을 확인할 수 있다. 이들 중 황신은 종종 지하 세계의 최고신인 천제와 동일한 역할을 담당하는 신으로도 등장한다. 예컨대,

14 尹在碩, 「중국 고대 『死者의 書』와 漢代人의 來世觀 – 鎭墓文을 중심으로」, 『中國史硏究』 90(2014), 33쪽.

후한 시기 한 진묘문에서는 '황신사자(黃神使者)'라는 보고자가 등장하여 천제가 아닌 황신으로부터 진묘를 명령받고 그 명령을 집행하는 것이 기술되어 있다.

이들 천제 혹은 또 다른 이름의 지하 세계 신의 명령을 전달하는 보고자는 진묘를 담당하거나 보증하고 죽은 이의 명적(名籍: 곧 鬼籍귀적)을 관장하는 신으로 이해되었다. 그러나 〈후한 영평 3년(60) 진묘문(後漢永平三年鎭墓文)〉의 "황신의 사자가 토지를 매입하여 무덤 터를 조영하니……"와 같은 표현은 보고자가 신이 아닌 상(喪)을 당한 상가(喪家)의 가족들을 위해 장례 의식 전반을 책임지는 특정 종교인일 가능성을 말해 준다.

고대 중국의 장례 절차와 관련하여 전해지는 묘지 및 묘지 입구 방향의 선정, 시체를 넣는 속 널[棺관]과 겉 널[郭곽]의 규정 등은 장례를 진행하는 데 특별한 지식을 필요로 했음을 알려 준다. 고대 문헌 안에는 이러한 일을 담당했던 특정인들에 대한 기록이 남아 있는데, 이들이 무속인, 즉 무자(巫者)였을 것임은 쉽게 추정할 수 있다. 아마도 이들이 매지권이나 진묘문의 실질적인 작성자였을 것이다.

삼국 시기 손오(孫吳, 222년~280년)에서 제작된 〈손오 오봉 원년(254) 황보매지권(孫吳五鳳元年黃甫買地券)〉에는 토지 대금이 아닌 무덤 조영을 위해 고용된 이에게 대금이 지불되었음을 뜻하는 용어가 등장한다. 바로 '고전삼백(雇錢三百)'이라는 표현이다. 여기서 '고(雇)'는 '고용하다'라는 뜻으로 '고전(雇錢)'이라 함은 고용에 대한 대가를 지불하는 것이다. 즉, 특정 상가에서 무자를 고용하여 장례를 주관하게 하고 그에게 대가를 지불한 사실을 기록한 것으로 볼 수 있다.

거래의 당사자들

현재 출토된 중국 고대 매지권은 후한 시기 것이 17건, 삼국 손오(孫吳) 시기 것이 12건, 양진(兩晉: 西晉서진과 東晉동진) 시기 것이 8건, 남조(南朝: 長江장강 이남에서 건국한 宋송·齊제·梁양·陳진의 네 왕조를 말한다.) 시기 것이 17건으로 알려져 있다. 북조(北朝: 북중국에서 건국한 北魏북위·北齊북제·北周북주·隋수의 네 왕조를 말한다.)의 매지권도 7개가 있으나 그중에는 위각(僞刻)으로 의심되는 것도 있고, 전반부는 묘지, 후반부는 매지권이라는 형태상 특이한 것도 있다. 또한 7개 중 3개는 연구자에 따라 실제 토지 문서로 파악되기도 한다. 따라서 북조 매지권은 좀 더 면밀한 검토가 진행되어야 할 필요가 있기에 여기서는 제외하고 이야기하고자 한다. 후한에서 남북조 시기까지 5백여 년이란 시간 중 54건만이 출토된 상태라 매지권의 시기별·지역별 특성에 대해서는 앞으로의 출토 상황을 좀 더 기다려 봐야 하지만, 대략적인 시기별·지역별 경향을 살펴보는 것은 가능하다.

매지권이 관념적이고 의제적이기는 하지만 매매에 사용된 실제 문서의 형식을 차용했다는 점에서 문서의 필수적인 요소는 토지, 즉 묘지를 구매하고 판매하는 매매의 당사자들이다. 따라서 매지권에는 반드시 매입자와 매도자가 기록되어 있다. 그런데 흥미로운 것은 시간이 지날수록 매입자와 매도자가 사람이 아니라는 점이다. 후한 매지권에는 매입자의 경우 모두 사람이다. '형제 6인' 혹은 '형제 9'인과 '남자 □□□' 등으로 비록 구체적인 이름이 등장하지 않거나 이름이 마멸되어 확인이 불가능하기는 하지만 사람임을 의심할 정황은 없다. 물론 매도자 중에는 〈왕당등매지권〉에서와 같이 유사 토지신으로 추측할 수 있는 '전본조(田本曹)'와 같은 이가 등장하기도 한다. 하지만 최소한 사람의 이름을 사용하였다는 점에서 후한 시기까지 매지권의 세계는 비록 죽은 자들이기는 하지만 인간과 인간의 세계였다.

단 하나의 예외가 있다면 절강성(浙江省) 소산현(蕭山縣)에서 발견된 〈후한 건녕 원년(168) 마형장매지별(後漢建寧元年馬衡將買地莂)〉로서, 여기에는 매도자가 산공(山公)이라 하여 사람이 아닌 신으로 등장한다. 이는 후한 시기에 제작된 17건의 매지권 중 유일한 사례로, 여타의 매지권이 출토된 하남성과 낙양과는 다른 절강 지역의 지역적 특성이 반영된 것으로 생각된다. 그런데 계약의 당사자 중 매도자가 사람이 아닌 신으로 등장하는 것은 손오 시기가 되면 일반적인 상황이 된다.

삼국 시기 매지권 중에서 북중국에서 출토된 매지권은 찾아 볼 수 없다. 앞으로의 출토 상황을 주목해야 하겠지만, 이 시기 북중국에서 매지권의 유행이 종결된 것은 아닐지 조심스럽게 추측해 본다. 이 시기 북중국에서 매지권이 더 이상 제작되지 않았을 것으로 추정할 만한 이유는 있다. 우선 184년부터 북중국을 휩쓴 황건의 난과 같은 전란이 정상적인 장례 의식의 거행을 불가능하게 했을 것이다. 그리고 205년 조조(曹操)에 의해 내려진 금비령(禁碑令: 묘비를 세우지 못하게 하는 법령. 실제로는 묘비 건립을 비롯하여 장례를 화려하게 치르는 것을 금지하였다.)의 영향도 컸을 것 같다. 마지막으로 북중국에 건립된 조위(曹魏, 220년~265년) 정부가 민간의 사사로운 제사 행위를 모두 '음사(淫祀)'로 규정하고, 민간의 종교 행위를 금지한 것을 이유로 들 수 있을 것이다. 이러한 까닭인지는 몰라도 현재 삼국 시기 매지권은 장강(長江) 아래 강남에서만 발견되고, 모두 손오의 연호가 기록되어 있다.

손오 시기 매지권 12건을 살펴보면, 매입자는 모두 사람이지만 매도자는 대부분 신이다. 신이라 해서 동일한 신이 출현하는 것은 아니다. 여기에는 모종의 법칙성이 발견되는데, 절강성에서 발견된 매지권에는 토공(土公)이 매도자로 등장하여 후한 시기 절강성 매지권의 매도자인 산공(山公)과의 관련성을 생각하게 한다. 한편 강소성(江蘇省)과 강소성의 성도(省都)인 남경(南京)에서 출현한 매지권에는 하늘[天천]과 땅[地지]이 매도자로 등장한다. 또한 강서성 남창(南昌)에서는 장생(長生)의 신인 서왕모(西王母)와 그의 배우자로 알려져 있는 동왕공(東王公)이 출현한다. 이것은 북쪽 장례 풍습이 강남에 전해져 각 지역의 재래 신앙과 결합하는 과정에서 나타난 지역색일 것이다.

매도자가 서왕모와 동왕공으로 나타나는 매지권으로는 〈손오 황무 4년(225) 호종매지권(孫吳黃武四年浩宗買地券)〉이 있다.

> 황무(黃武) 4년 초하루가 계묘(癸卯)인 11월 28일 경오(庚午). 구강군(九江郡) 남자 호종(浩宗)이 □월에 예장군(豫章郡)에서 객사하였다. 동왕공과 서왕모로부터 남창현(南昌縣) 동쪽 교외의 무덤 터 한 곳을 매입하였다. 가격은 5천 전이다. 동으로는 갑을(甲乙)에, 서로는 경신(庚申)에, 남으로는 병정(丙丁)에, 북으로는 임계(壬癸)에 다다랐다. 해를 주(主)로 삼고 달을 부(副)로 삼아 약속하였다. 이때 문서의 내용을 보증하고 아는 자는 낙양(洛陽)의 김동자(金僮子)와 학(鶴)과 물고기[魚어]인데, 학은 위의 하늘로 날아가고 물고기는 아래의 못으로 들어간다. 이 외 입회인으로 곽사(郭師)와 오□(吳□)이(가) 있다. □문서로써 증명을 삼으니, 율령과 같이 행하라.[15]

---

15 "黃武四年十一月癸卯朔廿八庚午. 九江男子浩宗, 以□月客死豫章. 從東王公·西王母買南昌

이 매지권은 구강군에 사는 남자 호종이 동왕공과 서왕모에게 남창현 교외에 위치한 무덤 터를 구입한 것을 적고 있다. 후한 시기 매지권과 비교하면 죽은 자의 죄를 해소한다는 해적 관념과 살아 있는 가족들을 위해 재앙을 제거한다는 제앙 관념이 보이지 않을뿐더러 무덤의 사방 경계는 구체성이 사라지고 사방이 간지(干支)로 표현되고 있다. 내용은 간결해졌을지 몰라도 허구성은 더욱 농후해진 것이다.

그런데 왜 토지의 매도자가 동왕공과 서왕모가 되었을까? 앞서 본 것처럼 무덤 터를 토지신에게 구입한 것은 구입과 매도의 대상이 토지라는 점에서 납득할 만하다. 그러나 동왕공과 서왕모는 토지와는 관련 없는 장생의 표상이라는 점에서 토지 매매의 당사자가 된 것은 의아하다. 이와 관련해서는 매지권이 출토된 구강군이라는 곳에 주의를 기울일 필요가 있다. 기록에 따르면 구강군은 무속이 발달된 곳인데, 그중에서도 장생사상이 큰 영향력을 발휘하고 있던 곳이다. 즉, 이 지역의 독특한 장생사상이 북중국으로부터 수입된 매지권과 결합하면서, 이 지역 매지권에는 장생을 대표하고 모든 이에게 복과 후손을 내려 주는 서민의 구제신(救濟神)인 동왕공과 서왕모가 거래의 당사자로 등장했을 것이다.

증인과 분쟁의 해결

거래에는 매입자와 매도자라는 주체도 필요하지만 거래 후 분쟁이

東郭一丘. 賈[直][錢]五千. 東邸甲乙, 西邸庚辛, 南邸丙丁, 北邸壬癸, 以日[主]月副. 時任知卷者, 雒陽金僮子 · 鷗與魚, 鷗飛上[天], 魚下入淵. 郭師 · 吳□. □卷書爲明, 如律令."

발생할 것에 대비한 입회자, 즉 증인이 필요하다. 초기 매지권의 매입자와 매도자가 사람이었던 것처럼 계약에 입회한 증인들 역시 사람들이었다. 그러나 매도자가 신이 되면서 계약의 증인들 역시 변화하였다.

우선 장생을 상징하는 존재들의 등장이다. 동왕공과 서왕모가 그들인데, 삼국 시기 주로 강소성 지역에서 출토된 매지권에서 입회자로 등장한다. 동왕공과 서왕모가 토지 매매의 입회자로 등장하는 것과 관련하여 혹자는 삼국 시기 손오 지역 매지권이 이미 도교(道教)의 영향을 받은 것이라고 주장하기도 한다. 이것은 서왕모가 도교의 여신으로 알려져 있기 때문이다. 그러나 서왕모의 신격이 도교의 여신으로 변화하는 것은 진대(晉代) 이후로, 삼국 시기 매지권에 등장하는 서왕모는 장생과 자손의 번영과 출세, 재산 증식을 돕는 민간 생활에 밀착된 서민의 신으로 봐야 할 것이다.

장생을 상징하는 존재로는 동왕공과 서왕모 외에도 장견고(張堅固)·이정도(李定度)·왕자교(王子僑) 등이 있다. 이 중 왕자교는 후한 시기 세간에 알려져 있던 선인(仙人) 즉 신선(神仙)이었고, 장견고 역시 신선으로 알려져 있다. 장견고의 경우에는 훗날 신강(新疆) 위구르자치구 투르판 지역의 출토물에서도 발견된다. 이정도 역시 신선인데, 장견고와 이정도는 오직 매지권에만 등장하여 토지 매매와 결합된 전문적 신선의 성격을 갖고 있는 것으로 생각된다. 특히 이 두 신선은 후한 시기와 삼국 시기, 양진 시기에는 등장하지 않고, 오직 남조 시기 매지권에만 등장하여 강남에서 신봉하던 신들로 알려져 있다. 매지권에 신선사상이 결합되어 나타난 현상일 것이다.

또 다른 입회자로는 일(日)·월(月)·사시(四時)를 들 수 있는데, 삼국 시기와 양진 시기 절강 지역에서 출토된 매지권에서 입회자로 등장한다.

특히 일·월의 경우는 '증(證)'이라 하여 증인으로, 사시는 '임(任)'이라 하여 보증인으로 그 역할이 다소 구분되어 등장한다. 사실 절강 지역 매지권의 경우 형태나 내용 면에서 다른 지역 매지권과는 분명한 차이가 있다. 우선 그 이름부터 '매지별(買地莂)'이라 해서 문서 가운데 글자를 쓰고 계약의 당사자들이 나눠 갖는 형식의 계약 문서를 차용하여 제작되었다. 절강 지역을 중심으로 하나의 매지권 계통이 존재했음이 분명하다. 그러나 현재로서는 절강 지역의 어떤 관습이 해와 달, 사시를 입회자로 삼게 했는지는 알 수 없어 관련 매지권이 좀 더 출토되기를 기다려 봐야 할 것 같다.

삼국 시기 강소성 지역의 매지권에는 특별한 문구가 포함되어 있다. 바로 계약과 관련하여 분쟁이 발생할 경우 어떻게 처리할 것인가에 관한 내용이다. "만일 땅에 대해 다툼이 생긴다면 천제에게 갈 것이며, 집에 대해 다툼이 생긴다면 토백(土伯)에게 갈 것이다[若有爭地, 當詣天帝, 若有爭宅, 當詣土伯]."란 구절이 그것이다. 강소성 지역 매지권의 토지 매도자는 천(天)과 지(地), 곧 하늘과 땅인데, 이들로부터 구입한 토지와 집에 문제가 생기면 분쟁의 해결을 위해 천제와 토백에게 간다는 것이다. 강소성에서 출토된 매지권 중 일부는 천제와 토백에게 간다[詣예]는 표현 대신, 천제와 토백에게 묻는다[詢순]고 하여 차이를 보이기도 하지만, 천제와 토백에게 분쟁을 중재해 줄 것을 요청한다는 큰 뜻에는 차이가 없다.

이들 천제와 토백은 매지권 안에서 증인이나 보증인이라고 명시되어 있지는 않아도 분쟁 해결의 주체라는 점에서 증인 혹은 보증인의 역할을 담당하는 이들로 파악하는 것이 타당할 것 같다. 물론 천제와 토백을 매도자인 하늘이나 땅과 동일하게 파악할 수도 있겠으나, 일반적인 매지권의 관습상 매도자와 증인 혹은 보증인이 구분된다는 점에서 이들을 증인이나 보증인으로 파악하는 것이 적절할 것 같다.

도교매지권(道教買地券)

삼국 시기 장강(長江)을 넘어 강남으로 내려온 매지권은 후한의 그것보다 한층 허구적이고 관념화되기는 하였지만 진묘문의 영향은 찾아볼 수 없다. 진묘문이 재래 민간신앙, 그중에서도 오두미도의 영향을 크게 받았기에, 지리적으로 멀리 떨어져 있던 손오의 통치 지역에 진묘문은 아직 전해지지 않았던 것 같다. 당시 오두미도의 영향권은 사천과 섬서(陝西) 일대로 손오의 영역인 양주와는 매우 멀리 떨어져 있었다. 그래서 손오 지역에서 출토된 매지권들은 진묘문의 영향이 아닌 각 지역별 재래 신앙의 영향을 받아 각기 독특한 지역색을 띠고 있었다.

그러나 시간이 지나 북중국의 전란(당시 북중국은 五胡오호의 침입으로 16국이 난립하는 오호십육국 시기로 들어섰다.)을 피해 많은 사람들이 강을 넘어 강남으로 이주하면서, 북중국의 풍습은 독특한 지역색을 띠고 있던 매지권을 융합시켰다. 지역마다의 독특한 특징은 사라지고 한 매지권 안에서 모든 지역 매지권의 특징을 찾아볼 수 있게 되었다. 또한 진묘문에서 볼 수 있었던 묘역의 토지신과 지하 세계의 관리(혹은 신)가 등장했으며, '제앙'과 '해적'의 명확한 표현은 아니지만 "모든 신은 망자가 가는 길을 막을 수 없다."는 진혼의 구절이 나타났다. 북중국에서 활동하던 재래 신앙의 신도 혹은 종사자의 강남으로의 이주를 추측하는 것은 어려운 일이 아니다.

이렇게 북중국의 재래 신앙이 강남으로 넘어오면서 태평도와 오두미도는 천사도(天師道)로 조직을 재편하게 되고, 이들은 훗날 '도교(道教)'라는 이름의 종교집단으로 성장한다. 이들은 무너진 교단을 재건하고 경전을 편찬하는 한편, 다른 도파의 경전을 흡수하여 정리하고 계통화하였다. 이들이 교단 재건과 경전 편찬과 더불어 민간으로 교세를 확대하는 노력을 기울였을 것임을 추측하기는 어렵지 않다. 아마도 그 과정에서 민간의 풍습을 적극적으로 이용하였을 것인데, 이때 천사도의 색채가 가득한 매지권이 등장한다.

> 유송(劉宋) 목성(木星)이 계유(癸酉)에 머무르는 원가(元嘉) 10년 초하루가 병신(丙申)인 11월 27일 임술(壬戌) 진시(辰時). ❶**신출태상로군(新出太上老君)**이 부칙(符勅)을 내려 천(天)·지(地), 사계(四季)의 신, 황신(黃神)·후토(后土), 토황(土皇)·토조(土祖), 토영(土營)·토부(土府), 토문(土文)·토무(土武), 토묘상·토묘하(土墓上·土墓下), 묘좌(墓左)·묘우(墓右)·묘중앙오묘주자(墓中央五墓主者), 구승(丘丞)·묘백(墓伯), 총중이천석(冢中二千石), 좌·우총후(左·右冢侯), 구묘연사(丘墓掾史), 영토장군(營土將軍), 토중독우(土中督郵), 안도승(安都丞), 무이왕(武夷王), 도상유라장군(道上游邏將軍)·도좌장군(道左將軍)·도우장군(道右將軍), 삼도장군(三道將軍), 호리부로(蒿里父老), 도집백장(都集伯伥), 영역정장(營域亭長), 묘문정장(墓門亭長), 천강(天罡)·태일(太一)·등명(登明)·공조(功曹)·전송(傳送)……수두십이신(隨斗十二神)[16] 등에게 명한다. 형주(荊州) 장사군

16 '십이신'은 '십이월장(十二月將)'으로도 불리는데 길흉을 점치는 데 사용하는 해와 달이 만나는 열두 곳을 이르는 말이다. 등명(登明), 천괴(天魁), 종괴(從魁), 전송(傳送), 승선(勝先), 소길(小吉), 태일(太一), 천강(天罡), 태충(太衝), 공조(功曹), 대길(大吉), 신후(新後)가 그것이다. 원문에서는 '십이신'이라고 하였지만, 일부만 서술되었기에 말줄임표를 이용하여 번역하였다.

(長沙郡) 임상현(臨湘縣) 북향(北鄕) 백석리(白石里)의 **❷ 남관좨주(男官祭酒)·대원치(代元治) 황서계령(黃書契令)** 서부(徐副)가 59세의 나이로 지난 원가 9년 임신년 12월 26일 사망하였다. 사람이 죽으면 혼은 삼천(三天)으로 돌아가고 몸은 삼천(三泉)으로 돌아가니, 영구히 호리(蒿里)에서 편안하리라. 서부 선조의 무덤은 □묘로 삼하(三河) 중에 있어 땅과 집이 비좁아 새롭게 이곳에 세운다. 본 군(郡)·현(縣)·향(鄕)·리(里)에 무덤을 세우니 이 산등성이 안에 있다. **❸ 태상제군(太上諸君)과 태상장인(太上丈人)의 도법(道法)을 받들어 감히 길한 시간과 날짜를 선택하지 않고 땅의 금기(禁忌)를 피하지 않았으며, 정진(正眞)의 도(道)를 수행하여 귀갑(龜甲)과 시초(蓍草)를 이용하여 점을 쳐 묻지 않고** 지금 이 산등성에 서부를 위해 무덤을 만들었다. 무덤의 영역은 동으로는 갑을(甲乙)에 이르고 남으로는 병정(丙丁)에 이르렀으며, 서로는 경신(庚辛)에 접했고 북으로는 임계(壬癸)에 이르렀다. 위로는 청천(青天)에 이르렀고 아래로는 황천(黃泉)에 자리 잡았다. 동쪽의 천맥(阡陌)은 각기 크기가 있으니 동서남북의 땅 모두가 서부에게 속한다. 해와 달이 증명하고 별들이 명백히 하니, 당일 장사 지내 떠나보낸다. 문서가 도착하는 날 무덤의 신과 지하 금기의 관(官)은 망자를 꾸짖어 제지하거나 금지할 수 없고, 무덤을 소란케 할 수 없다. **❹ 무덤을 획정하여 망자의 혼백(魂魄)을 가두고, 도리(道理)를 준수하게 하라.** 무덤의 신들은 모두 문서를 받들어 망자가 가야 할 길을 뚜렷이 밝히고 **시체를 편안히 하며 깨끗이 씻기고 의복을 갖추게 하라.** 망자가 도리를 준수하면 **산 자는 우환이 없고 이로움과 보호를 받게 된다. 삼회(三會)의 길일**(吉日)에 이르면 구승(丘丞)을 비롯한 모든 신들이 공(功)을 논하여

하늘에 천거함에 따라 각기 그 질록(秩祿)을 더하면 장차 천조(天曹)에서 과비(科比)할 것이다. 만일 망자를 꾸짖어 제지하여 천법(天法)을 받들지 않으며, 무덤을 보호하지 않아 망자를 불안하게 한다면 ❺**『현도귀율(玄都鬼律)』**에 따라 죄를 다스릴 것이다. 각기 천헌(天憲)을 삼가 받들어 밝고 영구히 봉행하라. 마치 ❻ **태청현원상삼천무극대도(太淸玄元上三天無極大道), 태상로군(太上老君)**, 그리고 **지하여청(地下女靑)의 조령(詔令)**과 같이 행하라."[17]

이 매지권은 〈유송 원가 10년(433) 서부매지권(劉宋元嘉十年徐副買地券)〉으로 호남성 장사(長沙)에서 출토되었다. 매지권의 내용 중 굵은 글씨로 표시된 부분들이 천사도의 영향을 받은 것으로, 이렇게 천사도의 영향을 강하게 받은 매지권을 여기서는 편의적으로 '도교매지권'이라 부르고자 한다. 이 〈서부매지권〉을 천사도의 영향을 받은 '도교매지권'으로 부르는 가장 확실한 근거는 ❶의 '신출태상로군'과 ❷의 '남관좨주·대원치 황서계령'이다.

---

17 "宋元嘉十年太歲癸酉十一月丙申朔廿七日壬戌辰時. 新出太上老君符勅. 天一·地二, 孟仲四季, 黃神·后土, 土皇·土祖, 土營·土府, 土文·土武, 土墓上·墓下, 墓左·墓右·墓中央五墓主者, 丘丞·墓伯, 冢中二千石, 左右冢侯, 丘墓掾史, 營土將軍, 土中督郵, 安都丞, 武夷王, 道上游邏將軍, 道左將軍, 道右將軍, 三道將軍, 蒿里父老, 都集伯倀, 營域亭長, 墓門亭長, 天罡·太一·登明·功曹·傳送隨斗十二神等. 荊州長沙郡臨湘縣北鄕白石里男官祭酒代元治黃書契令徐副, 年五十九歲, 以去壬申十二月廿六日, 醉酒壽終. 神歸三天, 身歸三泉, 長安蒿里. 副先人丘者□墓乃在三河之中, 地宅俠迮, 新創立此. 本郡縣鄕里立作丘冢, 在此山堽中. 遵奉太上諸君·丈人道法, 不敢選時擇日, 不避地下禁忌, 道行正眞, 不問龜筮, 今已於此山堽爲副立作宅兆. 丘墓營域, 東極甲乙, 南至丙丁, 西接庚辛, 北至壬癸, 上極靑天, 下座黃泉. 東仟佰, 各有丈尺, 東西南北地皆屬副. 日月爲證, 星宿爲明, 卽日葬送. 板到之日, 丘墓之神, 地下禁忌, 不得禁呵, 誌訶墳墓宅兆. 營域冢郭, 閉繫亡者魂魄, 使道理開通. 丘墓諸神咸當奉板, 開示亡人道地, 安其尸形, 沐浴冠帶. 亡者開通道理, 使無憂患, 利護生人. 至三會吉日, 當爲丘丞諸神言功擧遷, 各加其秩祿, 如天曹科比. 若有禁呵, 不承天法, 誌訶冢宅, 不安亡人, 依玄都鬼律治罪. 各愼天憲, 明永奉行. 一如太淸玄元上三天無極大道太上老君地下女靑詔書律令."

'신출태상로군'은 오두미도의 창시자인 장릉(張陵)이 자신의 종교집단을 다른 교단 조직과 구별하여 노자(老子)를 신격화하면서 사용한 것으로 알려져 있다. 즉, '신출태상로군'은 천사도가 노자를 신성화하면서 사용한 용어이기에 이 용어가 사용되었다는 것은 묘주가 천사도의 신도라는 증표라 할 수 있다. 또한 '좨주'는 오두미도의 초기부터 설치된 교단의 직책으로 오두미도를 학습하여 신봉하게 된 자를 의미하는데, 여러 신도들을 통솔하는 역할을 담당한다. 오두미도는 별도의 관리자를 설치하지 않고 이들 좨주들을 이용하여 교단을 통솔하고 신도들을 다스린 것으로 알려져 있다. 이들은 귀신과 교류할 수 있는 주술적·종교적 능력을 가진 사제(司祭) 또는 신관(神官)을 의미하는데, 이들이 책임지는 교구를 '치(治)'라고 부른다. 오두미도 초기에는 모두 24개의 치가 있어 신도들을 관할하였다.

천사도의 전파와 매지권

'도교매지권' 안에는 후한 광화 시기 매지권의 특징인 '제앙'과 '해적' 관념이 다시 등장한다. 그러나 해제(解除) 관념과 방법은 한층 복잡하고 구체적인 모습을 띤다. 그것은 유송(劉宋, 420년~479년) 매지권의 '해적'과 '제앙' 행위가 천사도의 '상장의례(上章儀禮)'에 기초했기 때문이다. '상장'이란 본래 천사도의 치병법(治病法)의 하나다. 천사도 역시 사람이 병에 걸린 것을 잘못에 대한 신의 징벌로 이해한다. 따라서 병을 치료하기 위해서는 우선 자신의 죄를 고백해야 한다. 이것을 '수과(首過)'라고 한다. 다음은 '부수(符水)'라 하여 무속인들이 부적을 태우거나 주문을 외운 신령한 물을 마신다. 마지막으로는 귀신들에게 자신의 죄를 용서해 주고 병을 낫게 해 달라고 청원하고 기도한다. 이때 귀신에게 기도하고 요청하는 문서를 작성하는데, 현실 세계의 상주문(上奏文)과 비슷하다. 현재 도교 경전 안에는 이러한 기도문들의 샘플이 실려 있다.

자신의 죄를 반성하는 것과 더불어 귀신에게 죄를 용서해 줄 것을 비는 이 행위는 처음에는 천신(天神), 지신(地神), 수신(水神)에게 손으로 쓴 서신을 봉헌하는 방식이었다. 그러다 동진(東晉, 317년~420년) 시기 이후로는 천이백관(千二百官)이라 하여 인간 몸 속 장기(臟器)를 관장하는 신들에게 죄를 고백한 서신을 바치는 것으로 변화하였다. 이것은 병을 낫게 하는 '치병법'이면서 동시에 죄를 제거하는 '멸죄법(滅罪法)'이며, 인간에게 닥친 액을 제거하는 '제액법(除厄法)'이라고 할 수 있다.

〈서부매지권〉 중 ❹의 무덤을 획정하여 망자의 혼백을 가두는 것, 망자로 하여금 도리를 준수하게 하는 것, 시체를 편안히 하며 깨끗이 씻기고 의복을 갖추게 하는 것 등이 모두 제액의 방법이라 할 것이다. 이렇게 액이 제거되면 산 자는 우환이 없고 이로움과 보호를 받게 된다. 이상의 내용들은 모두 도교의 상장 의식이 가장 풍부하게 기록되어 있는 『적송자장력(赤松子長曆)』이라는 도경(道經)의 일부를 변형하거나 그대로 인용한 것이다.

〈서부매지권〉 안에는 『적송자장력』 외의 도경의 내용도 발견된다. 예를 들어 ❸의 '태상제군과 태상장인'은 『태상정일주귀경(太上正一呪鬼經)』에 등장하는 도교의 신들이며, ❻의 '태청현원상삼천무극대도'는 『상청황서과도의(上淸黃書過度儀)』에 등장하는 도교의 최고신이다. ❺의 '『현도귀율』에 따라 죄를 다스'린다는 것은 『여청귀율(女靑鬼律)』에 나오는 구절이다. 또한 무덤 터를 선택할 때 '감히 길한 시간과 날짜를 선택하지 않고 땅의 금기를 피하지 않'는다는 구절은 『육선생도문과략(陸先生道門科略)』이라는 도경에서 찾을 수 있다. 특히 『육선생도문과략』의 구절은 이 시기 천사도가 다른 종교집단보다 높은 도덕적 규율을 가진 집단으로 성립되어 가고 있었음을 보여 준다.

이러한 천사도의 영향을 받은 매지권은 유송 시기에 처음 등장하여 남제(南齊, 479년~502년)·양(梁, 502년~557년) 시기를 거치며 강남 지역으로 전파된다. 현재 발견된 남조 시기 매지권은 모두 17건으로 구성 요소에 따라 크게 세 부류로 구분할 수 있다. 하나는 매지권의 기본 요소를 포함하면서 천사도 관련 내용을 포함하는 것이다. 즉, 구입자·매도자·입회자·대금(지불일) 등의 토지 매매와 관련한 요소를 포함하면서도 천사도의 종교적 내용이 기술된 것이다. 다른 하나는 천사도 관련 내용만을 포함하고 매지권의 구성 요소는 갖추지 못한 것이다. 예를 들어 〈서부매지권〉은 구입자도 매도자도 입회자도 등장하지 않고, 대금 관련 사항도 찾아볼 수 없다. 매지권의 구성 요소를 갖추지 못한 것이다. 마지막으로 남은 하나는 매지권의 요소만을 가진 것이다.

여기서 우린 하나의 가정을 할 수 있을 것 같다. 남조 매지권의 세 유형 중 첫 번째와 두 번째 유형이 출현하였다면 그 지역은 천사도의 영향권 내 지역이라고 할 수 있지 않을까. 이를 지역별로 잠시 살펴보면 유송 시기 천사도의 매지권은 광동(廣東)의 광주(廣州)까지 전파되었다. 예를 들어 원가 27년(450)의 기년을 가진 〈유송 원가 27년 공도매지권(劉宋元嘉二十七年龔韜買地券)〉은 천사도의 내용을 포함하고 있는데, 광주시에서 2000년에 출토되었다. 그러나 광서(廣西) 계림(桂林)에서 발견된 470년의 기년을 가진 〈유송 태시 6년(470) 구양경희매지권(劉宋泰始六年歐陽景熙買地券)〉에는 천사도의 교리가 등장하지 않는다. 따라서 유송 시기 천사도의 영향권은 광동의 광주까지로 볼 수 있을 것이다.

이후 시간이 지나며 천사도의 매지권은 광주를 지나 횡으로 방향을 틀어 서쪽으로 깊이 광서 지역으로 들어간다. 유송 시기 천사도의 매지권이 강소→호북·호남→광동→광주로 종으로 남하하였다면, 양 왕조 시기에 들어 천사도의 매지권은 광서 중에서도 계림→영천(靈川)→융안(融安)→녹채(鹿寨)로 횡으로 깊숙이 들어가는 모습을 보인다. 조직을 재건하고 경전의 정리와 편찬을 통해 교세를 확대해 가는 과정에서 천사도는 강남 매지권의 세계를 석권해 갔던 것이다.

매지권의 향유자들

사람이 죽어서도 이승과 같은 삶을 지하 세계에서 영위한다는 믿음은 죽은 이를 위한 다양한 상장(喪葬) 풍속을 만들어 냈다. 전·후한 시기 내내 사회적 문제가 되었던 호화스런 장례는 물론이고 지금껏 살펴본 매지권과 진묘문도 그러한 믿음의 소산일 것이다. 그런데 이들 외에도 묘비(墓碑)와 묘지(墓誌)라는 돌로 만든 기념물들이 상장 풍속의 하나로 같은 시기에 이용되었다. 이들 묘비와 묘지는 묘주에 대한 간략한 정보 및 고인의 살아서의 공적을 기리는 운문(韻文)의 송사(頌辭)를 새겨 무덤 앞에 세우거나 무덤 안에 묻은 것이다.

묘비와 묘지는 비록 설치 장소가 지상과 지하라는 차이는 있지만 모두 살아 있는 자들을 위해 제작된 것이라는 점에서 매지권이나 진묘문과는 다르다. 매지권과 진묘문이 죽은 자를 위한 증명과 진혼의 역할을 담당했다면 묘비는 선조나 스승 혹은 모시던 상관의 공덕을 칭송하고, 그 칭송의 행위에 의해 명성을 획득하고 자신의 이름을 알리고자 하는 욕망의 산물이었다. 한편 묘지는 지하에 설치되어 불특정 다수를 독자로 삼지 못하기에 사회적으로 명성을 획득하는 도구가 되지는 못하였다. 대신 그것은 가족법·종족법을 기록하는 기록물의 성격을 가졌다.

비록 같은 시대에 유행한 동일한 상장 풍속이라고 해도 묘비와 묘지는 산 자들을 위한 기록물이고 매지권·진묘문은 죽은 자들을 위한 문서였다. 그래서 흔히 매지권과 진묘문은 명계(冥界) 문서로 불린다. 서로 다른 목적에 의해 제작된 이들 석각 자료들은 목적이 달랐기에 그 향유자들도 차이를 보인다. 지금까지의 연구는 매지권이나 진묘문은 명성 획득과는 무관한, 지식인들이 아닌 낮은 계층의 믿음을 반영하고 있다고 보았다. 그러나 제후(諸侯)의 가족묘로 알려진 전한 시기 무덤인 호남성 장사시 마왕퇴(馬王堆) 1·3호 묘에서 명계 문서가 발견된 것은 엘리트와 평민의 종교적 믿음이 다르지 않았음을 말해 주는 것이다.

그런 의미에서 봉록이 2천 석(石)에 해당하는 군태수(郡太守)의 매지권은 당시 매지권의 향유자가 누구인가를 밝히는 데 중요한 역할을 할 것이다. 한대 2천 석의 봉록은 군태수와 중앙의 구경(九卿)이라는 아홉 관부의 장관급에 해당하여 상당한 고위직이다. 따라서 태수가 매지권을 사용했다는 것이 증명된다면 매지권이 사회적으로 낮은 계층의 전유물이 아니라는 유력한 근거가 될 수 있다.

> □□ □년 3월 7일 술오(戌午). 동군태수(東郡太守) 마영(馬榮)은 남양군(南陽郡) 소릉현(召陵縣) 사람으로 성(姓)은 □다. 박학(博學)하여 당시인들이 항상 그를 추앙하고 중히 여겼다. 처음에 군공조(郡功曹)

> 가 되었다 효렴(孝廉)으로 천거되었다. 다시 옮겨 교현장(交縣長)으로 제수되었다. 후에 동군태수가 되었다. 원년 12월에 관직에서 사망하였다. 낙양(洛陽) 동쪽의 땅을 매입하니 모두 24장(丈) 5척(尺)이다. □□□성(姓)이다. 만일 땅속에서 시체가 나와 남자면 노(奴)로 삼고, 여자면 비(婢)로 삼는다. 이 문서가 신표다. 나이는 57세였다.[18]

결락으로 인해 기년을 알 수 없는 이 매지권은 묘주가 2천 석 고관인 동군태수라는 점에서 연구자들의 주목을 받았다. 그런데 이 매지권에는 역사적 사실과 부합하지 않는 몇 가지 문제가 있다. 우선 묘주인 마영의 관적(貫籍), 즉 본적지 문제다. 매지권에는 마영이 남양군 소릉현 출신이라고 기술되어 있다. 그런데 한대 소릉현은 남양군 소속의 현이 아니었다. 전한 시기에 설치된 소릉현은 남양군이 아닌 여남군(汝南郡)에 소속되어 있는 현이었다.

다음은 그의 이력과 관련된 문제다. 묘주인 마영은 처음 군의 하급 관리인 공조로 관직에 나왔다가 이후 관리 선발 덕목 중 '효렴(부모에게 효성스럽고 청렴한 것)'에 선발되어 중앙 정계에 들어가게 된다. 이후 그는 교현의 장으로 부임하게 되는데, 아마도 교현은 호구 수(戶口數) 1만이 되지 않는 현이었을 것이다. 한대에는 호구 수가 1만이 넘으면 현령(縣令)이 설치되고, 1만이 되지 않으면 현장(縣長)이 설치되었기 때문이다. 그런데 문제는 이 교현이 한대에 설치된 흔적이 없다는 점이다. 즉, 행정구역상 찾을 수 없는 허구의 지명이다.

---

18 "□□□年三月初七日戊午. 東郡太守馬榮, 南陽召陵人, 姓□. 爲博學, 時人常推重之. 初爲郡功曹, 擧孝廉, 再遷除交長. 後爲東郡太守. 元年十二月卒于官. 買地於雒陽東地, 計廿四丈五尺. □□□姓. 如地中伏尸, 男爲奴, 女爲碑. 此券. 卒年五十有七."

이상의 이유는 이 매지권이 위조임을 증명해 준다. 사실 이 두 가지 결정적인 이유 외에도 이 매지권은 일반 매지권과는 다소 차이가 있다. 이 매지권은 구성 요소 면에서 여타 매지권보다는 묘비 혹은 묘지와 더 흡사하다. 일반적으로 매지권은 ① 토지 매매일(실제 장례일), ② 매입자(묘주), ③ 매도자(먼저 사망한 이), ④ 토지의 위치와 크기, ⑤ 토지 가격과 대금 지불일, ⑥ 토지의 사방 경계, ⑦ 매입자의 권한을 명시한 수약의 문언, ⑧ 입회인(증인), ⑨ 계약 체결의 증거 행위로서의 음주 등으로 구성된다. 이에 반해 묘비나 묘지는 ❶ 비액(碑額: 묘비의 제목), ❷ 묘주의 이름, ❸ 본적, ❹ 가계(家系), ❺ 품행, ❻ 이력, ❼ 사망일과 나이, ❽ 장례일과 장지, ❾ 묘주의 공덕을 칭송하는 운문의 명사(銘辭) 등의 구성을 보인다.

그럼, 앞에서 살펴본 동군태수 마영의 매지권의 구성을 살펴보자. 이 매지권은 [1] 장례일(토지 매매일), [2] 묘주의 이름, [3] 본적, [4] 이력, [5] 토지의 위치와 크기, [6] 매도자(?), [7] 매입자의 권한을 명시한 수약의 문언, [8] 나이로 이루어져 있다. [1]~[4], 그리고 [8]은 전형적인 묘비 혹은 묘지의 구성 요소다. [5]~[7]이 매지권의 요소인데, 그나마 [6]은 '□□□성이다'라고 하여 매도자로 추정할 뿐이다. 전반적으로 묘비에 매지권의 요소가 삽입된 듯한 모습이다. 아마도 당시 지식인층, 지배층이 매지권보다는 묘비를 더 많이 사용했기에 위조 매지권을 만들면서 지식인층과 지배층이 사용했던 묘비의 구성 요소를 모방하여 매지권을 조작한 것이 아닐까 생각해 본다.

고급 지방관이 묘주, 즉 매입자인 매지권은 이 외에도 더 있다. 〈후한 연광 4년(125) 이덕매지권(後漢延光四年李德買地券)〉, 〈후한 중평 5년(188) 성대랑매지권(後漢中平五年性待郎買地券)〉 등이다. 모두 2천 석 태수의 매지권들이다. 그러나 아쉽게도 모두 위작으로 판명되었는데, 흥미로운 것은 이들 모두 관직이 동군태수라는 점이다. 이들 고급 지방관의 매지권이 모두 위조로 판명됨에 따라 현재로서는 지식인층 또는 지배층이 매지권을 이용했다는 증거는 없는 셈이다.

물론 그렇다고 지식인층이나 지배층이 일반 백성들과 다른 내세관이나 전혀 다른 종교적 태도를 가지고 있었다는 것은 아니다. 양한 시기에 사회 문제가 되었던 화려한 장례로 인한 고통이 일부 계층만의 문제가 아니었던 것은 사람이 죽은 후에도 지하에서 삶을 지속한다는 인식이 계층을 초월하여 존재하고 있었음을 말해 주기 때문이다. 그러나 후한 중기 이후 지나치게 비용을 들이는 장례가 영혼 불멸의 내세관이나 특별한 종교적 믿음 외에도 사회적 명성의 획득이라는 사회적 필요에 의해 행해졌다는 사실을 기억할 필요가 있을 것이다. 즉, 동일한 내세관이나 종교적 신념을 가지고 있었다고 해도 사회적 필요, 계층적 필요에 의해 각기 다른 표현 방식이 선택되었을 가능성이 있기 때문이다.

사회적으로 유교(儒教)가 통치 이념으로 뿌리내리면서 특정 계층에서는 종교적 신념을 노골적으로 드러내기보다는 공적(公的) 이미지를 만들어 내기 위해 고심했을 수 있다. 선거(選擧)에 유리한 명성을 획득하기 위해서 지식인과 지배층은 지하에 묻은 명계로 보내는 문서보다는 지상에 세워져 불특정 다수의 독자에게 보일 수 있는 묘비와 같은 기념비를 건립하는 데 관심을 기울였을지도 모른다.

이와는 달리 하층 계층의 경우 공적인 이미지를 만들어 낼 현실적인 필요는 없었을 것이다. 아니 점점 팍팍해지는 현실의 고통과 그로 인해 발생하는 질병으로부터 벗어나는 것이 주된 관심이었을 것이다. 더하여 이 고통이 사후 세계로까지 연장되는 것을 막아야 할 필요도 있었을 것이다. 매지권에서 죽은 자의 고통을 덜어 주고 편안한 사후 세계를 보장받으려는 백성들의 염원은 시공을 초월한 소박한 소망의 표현일 것이다.

제 2 장

죽은 자는 죄가 없고, 산 자는 행복하길

진묘문(鎭墓文)

사후 세계

중국 고대인들에게 죽음이란 어떤 것이었을까. 그들에게 죽은 후의 세계라는 것은 어떤 모습이었을까. 고대 중국인들은 사람이 죽은 후 혼(魂)은 불사의 세계로 날아가고 백(魄)은 지하 세계에 남아 살아서와 마찬가지로 삶을 지속한다고 믿었다.[19] 따라서 살아 있는 자들은 혼과 백을 위해 정성을 다할 필요가 있었는데, 출토된 관 위에 희미하게 남아 있는 장식된 깃털은 불사의 세계로 날아가는 혼을 돕기 위한 장치였다. 그럼 지하에 남아 삶을 지속하게 되는 백을 위해서는 어떤 것이 준비되었을까.

19 『禮記』, 「郊特生」, "魂氣歸于天, 形魄歸于地."

호남성(湖南省) 장사시(長沙市) 마왕퇴(馬王堆)에서 발견된 3기(基)의 한묘(漢墓) 중 신씨(辛氏) 부인의 무덤에서 나온 부장품들은 고대 중국인들이 가진 사후 세계에 대한 관념을 이해하는 데 도움을 준다. 다양한 역할을 담당하는 많은 수의 시종(侍從) 목용(木俑)과 생활 도구들은 물론이고 1,400여 점이 넘는 부장품 명세서와 요리법이 기술된 목간(木簡)은 죽은 후에도 지하 세계에서 살아가는 백에 대한 살아 있는 자들의 최대한의 배려를 잘 보여 준다.[20] 그 밖에도 잘 차려놓은 잔치상, 음악을 담당하는 악대(樂隊)와 노래하는 가수의 목용들이 부장되었다. 살아 있는 자들의 배려에 의해 지하 세계에서 백은 살아서와 마찬가지로 친지를 초대하여 연회를 베풀고 시종들이 만든 맛있는 요리를 먹으며 생활했던 것이다. 악대가 연주하는 음악과 가수의 노래를 향유하며 고급 비단옷을 입는 것도 마찬가지다. 가지런한 화장갑은 곱게 화장을 하고 친지를 맞이하는 신씨 부인을 상상하게 한다.

그러나 백이 죽어서의 삶을 지속하는 지하 세계는 지상과 같이 행복한 곳만은 아니었다. 백이 살아가는 지하 세계는 흔히 황천(黃泉)이라고 불리는 곳이다. 누런 물이 흐른다는 글자 그대로의 뜻과는 달리 처음에 황천은 두려움의 대상은 아니었다. 춘추(春秋) 시기 이전 중국에는 지하 세계를 관장하는 신이 없었다는 지적은 당시인들이 죽은 후의 세계를 두려워하지 않았다는 반증일 것이다. 그러나 전한(前漢) 시기 무덤 속에 안치된 관의 뚜껑에 죽은 자를 보호한다고 믿는 신령(神靈)의 이름이 기록된 것은 당시인들이 죽은 후의 세계를 즐거운 곳으로만 받아들이지는 않았다는 점을 말해 준다.

---

20 何介鈞 · 張維明 編寫, 『馬王堆漢墓』(北京: 文物出版社, 1982), 28쪽.

중국 고대 문헌 속 황천은 '아득히 어둡고 깊은 곳[幽沈, 冥冥]' 또는 '오랫동안 해가 뜨지 않아 추운 곳[長無曉期]'으로 등장한다. 자연히 그곳은 무서운 공포의 공간이다. 혹은 깊은 암흑의 공간까지는 아니라 해도 그곳은 이승에서와 같이 호적(戶籍)에 기재되어 세금과 노역을 담당해야 하는 고단한 곳이었다. 그래서 혹자는 무덤 속 벽화나 함께 묻은 부장품에서 보이는 낙관적인 사후 세계에 관한 관념은 실제 사람들이 가지고 있던 지하 세계에 대한 비관적·회의적 태도의 역설적 표출이라고도 하였다.[21]

자연히 이런 세계로의 입문은 누구에게도 유쾌한 것은 아니었을 것이다. 아니 인간이라면 그곳으로의 이전을 싫어했을 것이다.[22] 그렇다고 망자(亡者)가 저승으로 들어가지 않고 이승을 떠돌게 둘 수는 없는 노릇이다. 특히 죽은 혼이 악령이 된다는 의식이 사회적으로 퍼지면서 이들을 이승에 방치하는 것은 있을 수 없는 일이었다. 죽은 자를 안전하게 이승에서 저승으로 인도할 필요가 있었다. 또 다른 한편 저승에 도착한 사자가 이승에서처럼 힘겨운 노역에 종사하는 것을 막기 위해 대책을 세울 필요도 있었다. 고된 노동으로 이승의 산 사람에게 해코지를 하거나 산 사람을 지하로 불러들여 대신 노역을 시키면 곤란했기 때문이다.

또한 산 자들을 악령화된 귀신으로부터 보호하기도 해야 했다. 당시 사람들은 악령화된 귀신이 산 사람에게 질병이나 재앙을 가져다줄 수 있다고 생각했으며, 심지어 악귀에 의해 산 사람이 죽을 수도 있다고

---

21 蒲慕州, 『墓葬與生死』(臺北: 聯經出版社, 1989), 224-225쪽.
22 『論衡』, 「別通」, "穿壙穴臥, 造黃泉之際, 人之所惡也."

여겼다. 요컨대 죽은 자를 안전하게 지하 세계로 인도함과 동시에 그들의 죄과(罪過)를 덜어 저승에서의 노역에서 해방시켜야 하였고, 더하여 살아 있는 자들에게 미칠 재앙을 제거하는 장치가 필요해진 것이다.

'진묘문(鎭墓文)'이란

죽은 이들의 혼백을 달래고[鎭魂진혼] 악령화된 귀신들의 힘을 억압하기 위해, 혹은 악귀로부터 산 사람들을 보호하기 위해 사람들은 특별한 문서를 작성하여 무덤에 묻기 시작하였다. 이것을 우리는 '진묘문'이라고 하는데, 주로 지하 세계의 최고신인 천제(天帝)의 사자(使者)가 묘역(墓域)을 지키는 신, 그리고 지하의 신 혹은 관리에게 죽은 자가 무덤으로 들어감을 알리고 산 자들에게 해가 미치지 않게 하라는 명령의 형식을 채용하고 있다. 즉, 진묘문은 무덤을 진안(鎭安)하는 한편 산 자들의 안전을 희구하기 위해 천제의 사자가 지하의 신이나 관리(혹은 묘역의 신이나 관리)에게 죽은 자의 무덤으로의 입문을 알리는 형식의 진혼문(鎭魂文)이라고 정의할 수 있을 것이다.

> 후한(後漢) 영평(永平) 3년(60) 10월 9일 병신(丙申). 황신(黃神)의 사자(使者)가 토지를 매입하여 무덤 터를 조영하니 살아 있는 이들을 위해 [그] 선조의 무덤을 만든 것이다. [이로써] 재앙을 제거하고 후손을 이롭게 하고자 한다. 죽은 자에게는 죄가 없게 하고 산 자에게는 우환이 없게 하라. 대진(大鎭)을 세우고 자(慈)·각(礐)·웅황(雄黃)·증청(曾靑)·단사(丹沙) 오석(五石)에서 정기를 모아 [약을 만들라.]

> 신약(神藥)으로 신(神)을 보좌하여 무덤이 안녕하게 하고, 解□풀과 □□를 맹서의 [증거로] 삼으라. 율령과 같이 하라.[23]

후한 명제(明帝, 재위 57년~75년) 영평 3년(60)에 제작된 이 진묘문은 제작 연대를 알 수 있는 진묘문 중 가장 먼저 제작된 것으로 알려져 있다. 이 진묘문은 크게 두 가지 목적을 가지고 제작되었다. 바로 죽은 자의 죄를 없애 주고, 살아 있는 자에게 우환이 없게 하는 것이다. 흔히 진묘문에서 죽은 자의 죄를 없애 주는 것을 '해적(解謫)'이라고 하고, 살아 있는 자를 위해 재앙을 없애 주는 것을 '제앙(除殃)'이라고 한다. 그런데 위의 진묘문을 잘 살펴보면 '해적'과 '제앙'이라는 두 가지 목적이 기술되어 있기는 하지만 진묘문 제작의 궁극적인 목적이 살아 있는 자에게 미칠 재앙을 제거하는 것에 더 중점을 두고 있다는 것을 알 수 있다. 이것은 "살아 있는 이들을 위해 그 선조의 무덤을 만든 것이다."라는 구절에서도 알 수 있다. 진묘문에서는 무덤을 조영함으로써 재앙을 제거하고 후손을 이롭게 하고자 한다고 하였다. 어째서 무덤을 만드는 것이 살아 있는 자들을 위한 행위일까.

이와 관련하여 중국 고대인들을 괴롭혔던 악령에 대한 이야기는 앞장에서 서술하였다. 전국(戰國) 시기부터 뚜렷해지는 귀신의 악령화는 사람들로 하여금 악령의 해코지로부터 벗어나고자 하는 노력을 하게 하였다. 우선 죽은 자를 산 자와 분리하는 것이 필요하였다. 죽은 자는 이승을 떠나 안전하게 저승으로 들어가야 했다. 그를 위해서는 무

23 "永平初三年十月九日丙申. 黃神使者□地置根, 爲人立先. 除央去咎, 利後子孫. 令死人无適, 生人无患. 建立大鎭, 慈·礜·雄黃·曾靑·丹沙, 五石會精. 辰藥輔神, 冢墓安寧, 解□草, □□爲盟, 如律令."

덤을 만들어 그들이 무덤 속 지하 세계에서 편히 쉴 수 있게 해 주어야만 했다. 이것이 무덤을 조영하는 것이 곧 살아 있는 자를 위한 행위가 될 수 있는 이유다.

그렇다고 무덤만 조영한다고 문제가 해결되는 것은 아니다. 망자들이 무덤을 통해 지하 세계로 입문한다면 무덤을 지키는 신과 지하 세계의 신들에게 이들의 입문을 신고하고 허락받아야 한다. 더하여 무덤을 만들기 위해 땅을 파는 과정에서 토지신이나 지하의 신들에게 노여움을 일으켰을 가능성이 있다. '토구(土咎)'라는 이름으로 불리는 토지신이 내리는 재앙은 집을 짓거나 땅을 파는 과정에서 생기는 것으로, 이 재앙을 피하기 위해서는 공사가 끝난 후 반드시 토지신의 노여움을 풀고 감사드리는 행위를 해야만 했다. 이것이 바로 '해토(解土)' 행위다. 이를 위한 조치, 흔히 말하는 땅의 나쁜 기운을 누를 수 있는 특수한 물건이 필요하다. 압진물(壓鎭物)이 준비될 차례다.

위에서 거론한 〈후한 영평 3년(60) 진묘문〉에는 두 종류의 압진물이 등장하는데 그중 하나가 '대진(大鎭)'이다. '대진'이 무엇인지 정확하게 알 수는 없는데, 글자 그대로 '큰 압진물'로 해석할 수 있을 것이다. 이에 대해 혹자는 초기 도교의 담당자였던 방사(方士)들이 사용했던 신물(信物)로 추정하기도 한다. 그러나 진묘문 안에서 '만들어 세운다[建立건립]'라는 표현을 사용하였기에, 당시 무덤 속에 놓여 있던 도병(陶甁)이 아닐까 한다. 도병은 흙으로 만든 항아리라 할 수 있는데, 그렇다면 무덤 속에 흙으로 만든 항아리는 왜 세워져 있었을까.

진묘관(鎭墓罐)과 진묘병(鎭墓甁)

이제 〈후한 영평 3년(60) 진묘문〉이 어디에 기록되어 있었는지를 설명해야 할 차례다. 매지권이 석판 혹은 옥이나 납으로 만든 판에 기록되어 있는 것과는 달리 대부분의 진묘문은 흙으로 만든 항아리에 기록되어 있다. 현재 출토된 진묘문은 돌기둥, 석판, 벽돌에 기록된 것, 돌로 만든 석양(石羊)의 표면, 납으로 만든 얇은 판, 죽간(竹簡)에 기록된 것도 있지만 흙으로 만든 항아리 표면에 기록된 것이 압도적이다. 이 역시 유사 석각이란 범주에서 함께 다루고자 한다. 〈후한 영평 3년(60) 진묘문〉 역시 흙으로 만든 항아리 표면에 기록되어 있었다.

항아리의 모양에 따라 관(罐) 또는 병(甁)으로 불리는데, 관은 병에 비해 아가리가 크고 몸통이 원통형이다. 흙으로 만든 도관(陶罐)이나 도병(陶甁)의 몸통에 붉은색 글씨로 진묘문이 쓰여 있기 때문에 흔히 '진묘관', '진묘병'으로 불린다. 혹은 큰 술그릇 같다고 하여 '두병(斗甁)'이라고도 불리고, 붉은색 글씨가 쓰여 있다고 하여 '주서도기(朱書陶器)'라고도 한다. 또한 죽은 자의 사특한 기운[邪氣사기]이 산 사람의 몸에 들어가 죽음을 초래한다는 '주(注)'를 해소한다고 하여 '해주병(解注甁)'이라고도 한다. 여기서는 진묘병이란 이름으로 통일하여 부르고자 한다. 이들 진묘병은 주로 하남성(河南省), 섬서성(陝西省), 산서성(山西省)에 위치한 후한 시기 무덤에서 출토되는데, 특히 현재 섬서성 보계(寶鷄)에서 하남성 낙양(洛陽)에 이르는 황하(黃河)의 선을 따라 집중되어 있다. 후한 이후 양진(兩晉)·십육국(十六國) 시기에는 대부분 감숙성(甘肅省) 지역에서 출토되었다.

왜 진묘 행위에 항아리를 사용했는가를 알려 주는 확실한 근거는 없다. 병(甁)의 발음이 평(平)과 같아 — 두 글자의 발음은 모두 'ping'이다 — 장례 후 평안을 얻고 재앙을 막을 수 있다고 생각한 결과라는 주장이 있지만[24] 얼마나 정확한 분석인지는 잘 모르겠다. 또한 진묘병을 고대 중국의 무축(巫祝)들이 사용한 법기(法器)의 하나라고 파악하거나[25] 병을 이용한 진묘 행위가 도교 무술(巫術)의 한 방법이라고 하기도 하지만[26] 역시 왜 항아리인가에 대해서는 만족할 만한 답을 주지는 못한다. 한편, 병이 신선의 세계와 관련 있다는 중국 고대인의 인식이 병을 죽은 이의 혼을 이동시키는 통로로 이해했을 것이라는 의견도 있고[27] 사자의 영혼이 우주를 상징하는 도기, 곧 도병 또는 도관을 통해서만 진안된다는 사고의 발현이라는 의견도 있어[28] 하나로 의견이 모아지지는 않은 상태다.

여기서는 진묘병 안에 압진물이 들어 있었던 것에 주의를 기울여 보고자 한다. 현재 출토된 진묘병은 몸통 부분에 진묘문이 쓰여 있거나 혹은 진묘를 위한 부호 및 그림이 그려져 있는 것과 아무런 글이나 그림 없이 내부에 오석(五石)이나 운모(雲母), 석영(石英), 납으로 만든 사람[鉛人연인], 조가비[貝殼패각], 양의 뿔[羊角양각] 등이 들어 있는 것으로 나뉜다. 진묘문이 쓰여 있지 않다 해도 이와 같은 물건들이 병에 들어 있을 경우 진묘병으로 보는 이유는 나열된 물건들이 흔히 말하는 압진물이기 때문이다. 요컨대 이것들은 모두 나쁜 기운을 누르는 벽사(辟

---

24 黃景春, 「早期買地券 · 鎭墓文整理與硏究」, 華東師範大學 박사학위논문(2004), 14쪽.
25 方詩銘, 「黃巾起義先驅與巫及原始道教的關係」, 『歷史硏究』 1993-3, 5쪽.
26 王德剛, 「漢代道教與"買地券" · "鎭墓甁"」, 『文獻』 1991-2, 269쪽.
27 小南一郎, 「壺型の宇宙」, 『東方學報』 61(1989), 186쪽.
28 尹在碩, 「중국 고대 『死者의 書』와 漢代人의 來世觀 - 鎭墓文을 중심으로」, 『中國史硏究』 90(2014), 53쪽.

邪)의 기능을 하는 물건들이다. 우리는 여기서 글자를 통해 진묘가 이루어지기도 하지만 압진물을 통해서도 행해짐을 알 수 있다. 그래서 이 압진물을 집어넣을 도구가 필요했을 것이고, 그 결과 항아리를 사용하게 되었을 것 같다.

진묘병 안에 오곡(五穀)이 들어 있는 사례를 통해서도 진묘 행위의 적당한 도구로서 항아리를 생각할 수 있다. 1935년 산서성 흔주시(忻州市)에서 출토된 후한 영제(靈帝, 재위 168년~189년) 희평(熹平) 3년(173)에 제작된 〈장숙경진묘문(張叔敬鎭墓文)〉에는 "누른색 콩과 오이로써 죽은 자는 지하의 부세를 지급하라[黃豆·瓜子, 死人持給地下賦]."는 구절이 나온다. 이에 따른다면 오곡은 죽은 자가 지하 세계에서 세금으로 내야 하는 곡식이다. 사람들은 오곡을 무덤에 넣어 줌으로써 죽은 이가 처벌받는 것을 면하게 하고, 그 결과 죽은 이의 해코지로부터 자신들이 안전할 수 있을 것이라 믿었던 것이다. 이러한 곡식을 담는 도구로 항아리는 매우 적당했을 것 같다.

죽어서 지하 세계에 가면 살아서와 마찬가지로 세금을 내야 한다는 관념은 이미 전한 시기부터 보인다. 진묘문은 아니지만 망자가 저승으로 들어갈 때 지하의 관리나 신에게 보고하는 문서로 '고지책(告地策)'이라는 것이 있다. 고지책에도 일정한 형식이 있는데, ① 장례일, ② 전문 관리의 보고, ③ '감히 말씀드립니다[敢言之감언지]'라는 상부 보고에 사용하는 용어, ④ 보고를 받는 '지하승(地下丞)'이나 '안도승(安都丞)'과 같은 지하 세계의 관리, ⑤ 망자 및 함께 매장하는 매장품의 목록, ⑥ 접수 문서에서 사용하는 용어[受數수수·書到爲報서도위보], ⑦ 문서 기록자의 서명 등으로 이루어진다.[29] 이 역시 사람이 죽은 후에도 지하 세계에서 삶을 지속한다는 의식에서 만든 것인데, 고지책 안에는 "낭중 오대부

창의 모친의 가속들은 마땅히 부세(賦稅)가 면제되어야 합니다[郎中五大夫昌母家屬當復毋有所與]."라거나 "이 집안은 요역(徭役)과 부세가 면제되었으니 산부(算賦)와 요역을 과하지 않는다[家復不算不徭]."와 같은 표현이 등장한다. 이와 같이 부세가 면제되는 것과 관련된 기술이 등장하는 것은 근본적으로 죽은 자가 지하 세계에서 이승과 같이 요역과 부세를 담당해야 함을 의미한다. 따라서 산 자들은 죽은 자들이 지하에서 힘든 노역에 종사하지 않도록 세금으로 낼 곡식을 항아리에 담아 죽은 자들의 영혼을 달랬던 것이다.

납으로 만든 사람[鉛人연인]: 압진물 1

이승에서와 마찬가지로 지하에서 부담해야 하는 노역과 부세의 고통 때문에 죽은 자들의 영혼이 산 자들을 괴롭힐 수 있다는 생각은 진묘병 안에 세금으로 낼 오곡을 집어넣게 하였다. 죽은 자들의 영혼을 달래고 죽은 자의 영혼 때문에 발생할 저주인 앙화(殃禍)를 제거한다는 뜻에서 오곡 역시 넓은 의미의 압진물로 볼 수 있을 것이다. 그런데 진묘병 안에는 죽은 자를 노역과 부세의 고통에서 벗어나게 하기 위해 집어넣은 또 다른 압진물이 있다. 바로 납[鉛연]으로 만든 사람, 연인(鉛人)이다.

납은 흔히 도교에서 숭배하는 금속으로 알려져 있는데, 이것이 '황백지술(黃白之術)' 즉 금과 은을 만드는 이른바 연금술의 기본 재료이기 때

---

29 陳松長, 「告地策的行文格式與相關問題」, 『湖南大學學報(社科版)』 22(2008), 21-22쪽.

문이다. 연(鉛)은 '연(鈆)'으로도 쓰는데 연금술을 행한 신선가(神仙家) 혹은 도사(道士)들은 글자를 해체하여 납을 '금공(金公)'이라고 부르기도 하였다. 고대 중국에서는 납이나 금과 같은 금속류가 사특함을 제거하는 벽사의 역할을 담당한다고 여겼기에 납으로 만든 사람, 즉 연인을 만들어 무덤 안에 부장했던 것 같다. 그렇다면 이 연인들은 어떤 역할을 담당했을까.

1957년 섬서성 장안현(長安縣) 삼리촌(三里村)에서 발굴된 후한 시기 무덤 안에서는 글자가 쓰인 진묘병 7개가 출토되었다. 이 중 6개의 진묘병에서는 곡식이, 나머지 한 개의 진묘병에서는 납으로 만든 연인이 출토되었다. 그 진묘병 표면에 쓰인 진묘문 중에는 "죽은 자를 대신하는 연인[自代鉛人]"이란 표현이 등장한다. 또한 앞서 살펴본 〈장숙경진묘문〉에도 "연인은 죽은 자를 대신한다[鉛人, 持代死人]."란 표현이 나온다. 납으로 만든 사람은 죽은 자를 대신하여 지하에서 부역(賦役)을 담당하는 대리자였던 것이다. 한편 삼리촌에서 발견된 진묘문에는 연인이 "능히 절구질을 하고 능히 밥 지으며 수레를 몰고 붓을 잡고 능히 글을 쓴다[能舂能炊, 上車能御, 把笔能書]."는 구절이 나온다. 이는 연인이 단순히 죽은 이의 대리자일 뿐 아니라, 죽은 이의 지하 생활을 보조하는 존재기도 함을 말해 주는 것이다.

납으로 만든 사람들은 죽은 자가 저승에서 고통스러운 노역을 참지 못하고 이승의 살아 있는 가족들을 지하로 불러 노역을 담당하게 할지도 모른다는 두려움 때문에 만들어졌을 것이다. 요컨대 오곡과 마찬가지로 연인 역시 궁극적으로는 죽은 자의 혼을 달래 산 자에게 미칠 해코지를 미연에 방지한다는 의미를 가진 압진물이다. 따라서 후한 〈영보장만양씨진묘문(靈寶張灣楊氏鎭墓文)〉에는 연인의 역할을 "죽은 자를 위해 죄를 없애 주고 산 자를 위해 죄를 제거해 준다[爲死者解讁, 生人除罪過]."라고 적었다.

이들 납으로 만든 사람들은 두 종류로 구분할 수 있는데, 하나는 박편형(薄片型)으로 납을 두들겨 얇고 평평하게 만든 후 사람 형상으로 오린 것이다. 크기는 대략 5~6.5cm지만 작은 것은 0.2~0.6cm인 것도 있다. 다른 하나는 원주형(圓鑄型)으로 입체적인 인형의 형태를 띠고 있다. 한 사람씩 만든 것과 몸을 연결하여 복수의 연인이 연결된 형식이 있다. 복수의 연인은 보통 두 사람이 연결되어 있으나 많은 것은 다섯 사람이 연속된 것도 있다. 크기는 박편형보다 다소 큰데, 큰 것은 13.5cm에 이르기도 한다.

진묘병 안에 납으로 만든 사람들을 집어넣는 방식은 일찍부터 시작되었던 것 같다. 현재 출토된 연인 중 가장 오래된 것은 앞서 살펴본 〈후한 영평 3년(60) 진묘문〉이 출토된 후한 시기 무덤에서 함께 출토되었다. 진묘병 안에 연인을 집어넣은 경우, 예외도 있지만 대부분 진묘병 표면에 쓰인 진묘문에서 연인에 대해 언급한다. 그리고 이것이 서진(西晉, 266년~316년) 시기 이후에는 "지금 두병(진묘병)과 오곡, 연인을 묻고, 이것들을 이용하여 지상의 살아 있는 사람들에게 미칠 재앙을 제거한다[今下斗瓶·五穀·鉛人, 用當復地上生人]."는 구절이 반복적으로 등장하여 진묘병, 오곡, 연인이 하나의 세트가 되어 진묘에 사용되었음을 알 수 있다.

무덤 속에 묻은 것들 중 사람 형상을 하고 있는 또 다른 압진물이 있다. 바로 인삼(人蔘)이다. 〈장숙경진묘문(張叔敬鎭墓文)〉에는 '상당(上黨)의 인삼'이라는 구절이 등장한다. 『본초강목(本草綱目)』에 따르면 상당은 유명한 인삼의 산지로 알려져 있는데, 그 뿌리가 사람의 형상을 닮은 것은 신묘한 힘이 있다고 하였다.[30] 그렇다면 사람의 형상을 한 인삼을 무덤에 매장한 이유는 무엇일까? 현재 진묘문 안에는 인삼의 역할을 두 가지로 설명하고 있다. 우선 〈장숙경진묘문〉에서는 "살아 있는 자를 대신하길[欲持代生人]" 바라면서 인삼을 묻었다고 적고 있다. 연인이 죽은 자를 대신하였다면 인삼으로는 살아 있는 자를 대신하고자 했다는 것이다. 다만 무덤에 왜 산 자를 대신하는 대체물이 들어가야 하는지에 대해서는 명확하지 않다. 죽은 자가 지상의 산 자를 부를 경우를 대신한 압진물이라고 추측할 뿐이다.

한편 하남성 밀현(密縣) 후토곽(後土郭)에서 발견된 후한 시기 진묘문에는 "인삼을 이용하여 죽은 자와 산 자를 분리한다[人蔘解離]."고 하여 인삼이 산 사람의 대리인이 아닌 진혼과 압진의 역할을 담당하는 것으로 나온다. 이와는 달리 섬서성 장안현(長安縣) 남이왕촌(南李王村)에서 출토된 후한 시기 진묘문에는 인삼이 웅황(雄黃)과 함께 나열되어 있어 그 자체로 압진물임과 동시에 또 다른 압진물인 신약(神藥)을 만드는 재료로 사용된 것처럼 보인다.

오색 돌[五石오석]: 압진물 2

진묘병 표면에 적힌 진묘문과 그 진묘문에서 언급한 압진물이 함께 기능하며 진묘가 이루어지는 것은 가장 일반적인 진묘 방법 중의 하나였던 것 같다. 오곡이나 연인처럼 다섯 가지 돌인 오석(五石) 또한 대표

30 『本草綱目』,「草部一人參」, "人參, 生上黨山谷及遼東……根與人形者, 有神."

적 압진물로서 진묘문에 자주 등장한다. 앞의 〈후한 영평 3년(60) 진묘문〉에 "자(慈)·각(礐)·웅황(雄黃)·증청(曾靑)·단사(丹沙) 오석(五石)에서 정기를 모아 약을 만들라."라는 구절이 있었던 것을 기억해 보자. 이들 다섯 가지 광석은 신선가나 도사들이 불로불사의 환약을 만들 때 흔히 사용하던 것인데, 이것들은 모두 그 자체로도 사악한 기운을 물리치는 벽사의 기능을 가지고 있는 것으로 알려져 있다.

자(慈)는 자황(雌黃)을 가리키는 것으로 오행(五行)에 따르면 방위로는 북쪽, 색으로는 흑색에 상응한다. 맛은 맵고 독이 있으며 습사(濕邪: 습기가 병의 원인으로 작용한 것)를 없애고 벌레를 죽이며 해독하는 데 사용된다. 약재로 쓰일 때는 옴, 악성 종기, 뱀에 물린 상처, 한센병 등에 사용된다. 경우에 따라서는 자황 대신 자석(磁石)이 오석에 포함되기도 한다. 각(礐)은 각석(礐石) 또는 백각(白礐)으로 불리는 것으로 비소 성분이 들어 있는 돌이다. 각석은 방위로는 서쪽에 해당되고 색으로는 흰색에 상응한다. 다음 웅황은 석웅황(石雄黃)으로도 불리는데, 산의 양지에서 캔 것을 웅황이라 하고 음지에서 캔 것을 자황이라 한다. 차가운 성질을 가지고 있으며, 맛은 달고 쓰며 독이 있다. 약재로 쓰일 때는 가래를 삭이고 복통이나 부스럼, 뱀에 물렸을 때, 또 악창이나 큰 종기, 치질, 굳은 살, 버짐 등에 사용된다. 방위로는 중앙, 색으로는 황색에 상응한다. 증청은 남동석(藍銅石)이 층을 이룬 것을 말하는데, 시력을 좋게 하고 놀라서 가슴이 두근거리거나 불안해하는 병증인 경계(驚悸)에 효력이 있다. 또한 기생충을 구제하는 데도 사용된다. 방위로는 동쪽, 색으로는 청색에 상응한다. 단사는 광택이 나는 붉은 광물을 말하는데, 정신을 안정시키고 해독 효과가 있는 것으로 알려져 있다. 약재로 쓰일 때는 심열(心熱)을 내리고 혈(血)의 순행을 도우며 비위(脾胃)를 조절하고 기(氣)를 아래로 내려 막힌 것을 풀어 내려 주는 효능이 있다. 방위로는 남쪽, 색으로는 붉은색에 상응한다. 이 단사는 붉은색 염료를 추출하는 데도 사용되어 부적의 글씨를 쓰는 물감으로도 사용되었다.

이 돌들은 살펴본 것처럼 모두 오색 및 오방, 즉 오행(五行)의 성질에 배당되어 우주의 질서를 대표하고 있음을 알 수 있다. 또한 약재로 사용되기도 하는데, 벌레를 죽이거나 해독의 효능을 가진 것으로 알려져 있다. 그런데 그 자체의 성분에도 독이 포함되어 있어 약재로 사용할 경우 독으로 독을 다스리는 '이독제독(以毒制毒)'의 방법에 의해 병을 치료하는 방식임을 알 수 있다. 그래서 이 돌들의 특징과 효능을 살펴보면 이것들이 사악한 기운을 누르는 벽사의 역할을 담당했던 것은 매우 자연스러운 현상이었을 것임을 알 수 있다.

이 다섯 가지 돌들은 진묘병 안에 들어 있는데 하나의 진묘병 속에 다섯 가지 돌이 모두 들어 있는 경우가 있는가 하면, 한 종류의 돌만 들어 있는 경우도 있다. 또한 복수의 진묘병 속에 각기 한 종류의 돌이 들어 있는 경우도 있다. 진묘문 역시 오석 모두를 거론하기도 하지만 특정 돌만을 언급한 것도 있다. 예를 들어 〈후한 연희 9년(166) 한복흥 진묘문(後漢延熹九年韓袱興鎮墓文)〉에는 "웅황으로 무덤을 진안한다[鎮塚雄黃]."는 구절이 있고, 〈후한 광화 2년(179) 단씨진묘문(後漢光和二年段氏鎮墓文)〉에는 "각석으로 압진한다[磐石壓鎮]."는 구절이 나온다. 특정 돌만을 언급할 경우 가장 많이 거론되는 것은 오석의 대표격인 단사인데, 단사는 일정(日精)으로도 표현된다. 일정은 '태양[日일]의 정기[精정]'라는 의미다.

이들은 원석의 형태로 진묘에 사용되기도 하지만 합쳐져 약으로 만들어지기도 하였다. 진묘문 안에서 이것은 신약(神藥)으로 지칭되어 진묘에 사용되는 것으로 등장하는데, 〈후한 양가 2년(133) 조백로진묘문(後漢陽嘉二年曹伯魯鎭墓文)〉과 〈후한 원가 2년(152) 구씨진묘문(後漢元嘉二年緱氏鎭墓文)〉의 "신약으로 압진한다[神藥壓鎭]."라는 구절이 대표적이다.

커다란 복숭아나무[大桃대도]: 압진물 3

진묘에 사용되는 압진물로 오곡, 납으로 만든 사람, 오석 등을 살펴보았는데, 진묘문에 등장하는 또 다른 압진물로는 복숭아나무와 돌로 만든 양(羊)인 석양 등이 있다. 이들의 역할에 대해 알아보기 전에 우선 다음 진묘문을 살펴보자.

> 양가(陽嘉) 2년(133) 초하루가 기사일(己巳日)인 8월 6일 갑술(甲戌) 제일(除日). 천제(天帝)의 사자(使者)가 삼가 조백로(曹伯魯)의 가(家)를 위하여 재앙을 옮기고 근심을 제거하여 멀리 천 리 떨어진 곳으로 보냈다. [재앙은] 커다란 복숭아나무로 인해 머물 수 없다. …… 이 귀소(鬼所)에 이르러 ……을 제거하였다. 산 사람은 아홉을 얻고, 죽은 이는 다섯을 얻으니 생사는 다른 길로 서로 만 리가 떨어져 있다. 지금 이후로 길게 손자를 보살피니 금석(金石)과 같이 장수할 것이며 끝내 재앙이 없을 것이다. 무엇으로써 신표를 삼을 수 있는가? 신약으로써 총묘(冢墓)를 압진(壓鎭)하고 황신월장(黃神鉞章)의 도장으로 봉(封)하라. 율령과 같이 행하라.[31]

31 "陽嘉二年八月己巳朔六日甲戌徐[除]. 天帝使者, 謹爲曹伯魯之家, 移央去咎, 遠之千里. 咎□

이 진묘문은 후한 순제(順帝, 재위 125년~144년) 양가 2년(133)에 제작된 〈조백로진묘문〉이다. 여기에는 커다란 복숭아나무가 재앙을 물리치는 압진물로 등장하고 있다. 이는 복숭아나무가 벽사의 기능을 하기 때문인데, 복숭아나무에 벽사의 기능이 있는 것을 잘 모르는 사람이라 해도 복숭아를 제사상에 올리지 않는 것은 알 것이다. 제사상에는 왜 복숭아를 올리지 않는 것일까.

고대 중국의 신화집인 『산해경(山海經)』에 따르면 아주 옛날 이 세상에는 열 개의 태양이 있었다. 이들은 천제의 아들로 정해진 순서에 따라 번갈아 하늘에 나오기로 되어 있는데, 어느 날 장난기가 동한 이들이 한꺼번에 하늘에 나와 버렸다. 세상은 열 개의 태양으로 인해 대재앙을 맞게 되었다. 풀과 꽃은 물론이고 나무들이 타들어 갔고 뜨거운 태양빛에 동물과 사람들도 도저히 살 수 없는 지경이 되었다. 이를 본 요(堯)임금은 천제에게 제사를 지내 고통을 호소했다. 천제는 신궁(神弓)으로 소문난 예(羿)를 불러 장난꾸러기 아들들을 혼내 줄 것을 명했다. 그러나 인간 세상의 혼란과 고통을 본 예는 화를 참지 못하고 가지고 있던 화살을 쏘아 태양들을 떨어뜨리기 시작했다. 모든 태양이 화살에 맞아 떨어질 것을 우려한 요임금이 열 개의 화살 중 하나를 감추지 않았다면 아마도 지금 이 세상은 태양이 없는 암흑천지일지도 모른다. 결국 혼만 내주라는 천제의 명령과는 달리 예는 아홉 명의 천제의 아들을 화살로 쏘아 죽인 셈이 되었다. 화가 난 천제는 자신의 아들을 죽인 예를 그의 아내 항아(姮娥)와 함께 영구히 인간 세상으로 추방하였다.

大桃, 不得留. □□至之鬼所, 徐□□. 生人得九, 死人得五, 生死異路, 相去萬里. 從今以長保孫子, 壽如金石, 終無凶. 何以爲信. 神藥厭填, 封黃神鉞章之印. 如律令.”

영원히 죽지 않는 신의 자격이 박탈된 항아는 예를 원망하였고, 그런 아내를 위해 예는 불사의 세계를 관장하는 서왕모(西王母)에게서 불사의 약을 얻어와 아내인 항아를 기쁘게 하였다. 그러나 욕심 많은 항아는 몰래 불사약을 훔쳐 달로 달아나 버렸다. 아내에게 배신당한 것이다. 그러나 예는 인간을 도운 일로 인간 세상에서는 영웅으로 추앙받으면서 살게 되었고, 그러던 중 제자인 봉몽(逢蒙)을 거두어 궁술을 전수하였다. 하지만 예 다음으로 활을 잘 쏘게 된 봉몽은 스승인 예가 없다면 자신이 최고의 궁사(弓師)가 될 수 있다고 생각하고 스승 예를 살해하게 된다. 바로 복숭아나무로 만든 몽둥이를 이용하여. 이를 가엾게 여긴 천제가 예를 재앙을 없애 주는 종포신(宗布神)으로 만들어 그의 혼을 위로하였다고 한다. 이로부터 귀신들이 복숭아나무를 두려워하게 되었고, 그 때문에 제사상에는 복숭아를 올리지 않게 되었다고 한다.

이 전설을 얼마만큼 믿을 수 있을지는 모르겠지만 복숭아나무가 벽사에 효험이 있다는 의식은 꽤 오래전부터 있었던 것 같다. 『춘추좌씨전(春秋左氏傳)』「소공(昭公) 4년(기원전 538)」의 기록에 따르면 "얼음 창고에서 얼음을 꺼낼 때는 복숭아나무로 만든 활과 가시나무로 만든 화살을 걸어 놓아 재앙을 쫓는다."[32]고 하였다. 후한의 학자 복건(服虔)은 이와 관련하여 "복숭아에는 재앙을 물리치는 힘이 있다."고 하였다. 그렇다면 무슨 까닭으로 사람들은 복숭아나무가 벽사에 효험이 있다고 믿었던 것일까.

사계절에 따른 사물이나 행사, 풍속 등을 기록한 책인 『형초세시기

32 『左傳』, 「昭公四年」, "其出之也, 桃弧棘矢, 以除其災."

荊楚歲時記)』에 따르면 "복숭아나무는 오행의 정기로 사특한 기운을 누르고 뭇 귀신을 제어한다."[33]고 한다. 복숭아를 오행의 정기라고 표현한 말이 허황된 말은 아니다. 실제로 복숭아는 오목(五木: 오곡의 풍흉을 점치는 다섯 종류의 나무. 실제로는 대추나무, 버드나무, 복숭아나무, 느릅나무, 홰나무, 오얏나무, 가시나무 등으로 다섯 종류가 넘는다.) 중에서 찬 기운이 남아 있는 이른 시기에 봄기운을 가장 먼저 받아들이는 정기가 충만한 나무다. 따라서 잎이 나기도 전에 꽃을 피우는 양기 충만한 복숭아나무는 귀신과 같은 음기를 쫓는 힘이 강하다고 여겨졌고, 이것이 복숭아나무가 벽사의 효험이 있다고 믿게 된 원인이 된 것이다. 복숭아나무 중에서도 동쪽으로 뻗은 가지인 동도지(東桃枝)가 축귀(逐鬼)의 힘이 가장 크다고 믿은 것은 해 뜨는 동쪽이 만물이 소생하는 근원이어서 양의 기운과 생명력이 충만하다고 여겼기 때문이다.

중국 고대 방사(方士)나 도사(道士)들이 복숭아나무를 깎아 도장이나 방망이를 만들고 이를 이용하여 귀신을 쫓았다고 하는 것은 복숭아가 양목(陽木)의 속성을 가지고 있었기 때문에 만들어진 이야기다. 이러한 이유로 인해 무덤 안에도 복숭아나무를 넣어 압진물로 사용하였을 것이고, 사람들은 그 복숭아나무로 인해 재앙이 죽은 이와 산 사람에게 덮치지 않을 것이라 믿었던 것이다.

양기로 음기를 누르기 위해 사용한 압진물에 대해 조금 더 부연하자면 돌로 만든 양, 석양(石羊)이 있다. 석양에 대해서는 앞서 진묘문이 기록된 제재(題材)를 살펴보면서 잠시 언급했다. 돌로 만든 양에 대해 살펴보기 전에 우선 〈한복흥진묘문〉을 보자. 진묘문에는 '지하저양(地下

33 『荊楚歲時記』, "桃者五行之精, 壓伏邪氣, 制百鬼."

羝羊)'이란 표현이 등장한다. '저양'이라 함은 숫양을 말하는 것으로 이것이 정확하게 무엇을 의미하는지 알 수 없지만 뒤로 연결되는 글에서 "한복흥의 무덤 안에서 먼저 죽은 이를 안정시키고, 천추만세에 걸쳐 다시는 산 사람과 만나는 일이 없게 하라[令韓袱興塚中前死安, 千秋萬歲勿復相求]."고 하여, 양 역시 압진물로서 무덤을 안정시키고 죽은 자와 산 자를 분리시키는 역할을 하는 것을 알 수 있다. 그리고 진묘병 안에는 양의 뿔이 들어 있어 압진물과 진묘문이 함께 작용하여 진묘하고 있음을 알 수 있다.

왜 양이 압진물이 되었을까. 양(羊)은 흔히 길상(吉祥)의 동물이자 음기(陰氣)를 진압하는 기능을 가진 동물로 알려져 있다. 『예기(禮記)』「월령(月令)」에 따르면 양은 말[馬마]과 함께 불의 성질을 가진 가축[火畜화축]이고, 『석명(釋名)』「석자용(釋姿容)」에 따르면 양(陽)을 상징하는 동물로 설명되어 있다. 따라서 양은 음(陰)에 속하는 사기(邪氣) 혹은 귀신으로부터 죽은 이를 보호하는 동물로 인식되었고, 압진물로 무덤에 묻혔던 것이다. 그 글자의 발음 역시 '양(陽)'과 같다는 점도 작용했을 것이다. 또한 고대에는 상서로움을 뜻하는 '상(祥)'과 흔히 통용되기도 하였던 것도 하나의 원인이 되었을 것 같다.

안휘성(安徽省) 수주(壽州)에서 발견된 후한 시기 유씨(劉氏) 무덤에서는 진묘문이 기록된 원형의 돌과 더불어 역시 진묘문이 기록된 석양이 출토되었다. 그 석양 몸통에 기록된 진묘문의 한 구절은 매우 흥미롭다. "만일 가족 중에 죽는 자가 생기게 된다면 반드시 돌로 만든 양이 능히 고개를 돌려 큰 소리로 이야기하고 다리로는 춤을 출 수 있을 때까지 기다려야 비로소 소환에 응할 것이다. 이 사실을 믿지 못할까 하여 이 석양으로 증거를 삼는다[卽欲有死者, 須石羊能顧告而吒, 足可以莏, 乃應召呼.

以爲不信, 石羊爲眞]."고 하여, 불가능한 일을 나열하며 산 자에게 재앙이 발생하지 않을 것임을 말하고 있다.

산 사람은 아홉을 얻고[生人得九 생인득구], 죽은 이는 다섯을 얻으니[死人得五 사인득오]

진묘문이 죽은 이들의 살아생전의 죄를 없애 주고 그들이 지하 세계에서 고통 없이 삶을 지속하기를 바라는 진혼문이기는 하지만, 근본적으로 그 근저를 흐르는 관념은 죽은 자가 살아 있는 자들을 괴롭히지 못하게 하겠다는 것이다. 따라서 진묘문 안에는 죽은 자와 산 자를 구분하고 양자가 서로 다른 세계에 위치해야 한다는 의식이 관통하고 있다. 이와 관련하여 〈조백로진묘문〉에는 다른 진묘문에서는 볼 수 없는 특별한 구절이 등장한다. "산 사람은 아홉을 얻고, 죽은 이는 다섯을 얻으니 생사는 다른 길로 서로 만 리가 떨어져 있다."이다. 이 가운데 뒤 구절은 앞 장에서 살펴보았던 '생사이로(生死異路: 삶과 죽음은 서로 구분되고 양자는 서로 관여할 수 없다.)' 관념의 표현이다. 그렇다면 산 사람이 아홉을 얻고 죽은 이가 다섯을 얻는다는 것은 무엇을 의미하는 것일까.

사실 숫자 9와 5가 정확하게 생사에 어떻게 관련되었는지는 불투명하다. 다만 몇 가지 가능성을 따져 볼 수는 있을 것 같다. 우선 9가 양(陽)의 숫자임을 기억할 필요가 있을 것이다. 일반적으로 9는 많은 수를 상징하기도 하지만 홀수 중에서도 노양(老陽)이라 하여 극양수(極陽數)로 알려져 있다. 따라서 9는 음을 제압하는 수로 인식되어 왔다. 매지권에서 종종 보이는 '9만 9천9백9십9'라는 토지 가격은 9를 중첩하여 양의 기운을 극대화하여 음(陰)의 기운인 망자나 명계(冥界)의 귀신을 진압하려는 의도의 산물이다. 도교 경전 안에서 9가 중첩된 수를 양의 기운이 극대화된 '태양의 수' 혹은 '순양(純陽)의 수'로 표현하는 구절이 다수 발견되는 것도 이 때문이다.

한편 『진서(晉書)』 「천문지(天文志)」의 기록도 참조할 만하다. 고대 중국인들은 적도를 따라 하늘의 별자리를 28개의 구역으로 구별하여 28수(宿)로 이름하였고, 28수를 다시 4개의 7사(舍)로 구별하여 각각 동·서·남·북을 상징하도록 하였다. 각 사에는 모두 7개의 별자리가 포함되는데, 그중 동방 7사에는 각수(角宿), 항수(亢宿), 저수(氐宿), 방수(房宿), 심수(心宿), 미수(尾宿), 기수(箕宿) 등이 있다. 우리가 살펴볼 별은 바로 미수다. 미수에 대한 서술은 다음과 같다.

> 미수의 아홉 개의 별은 후궁(後宮)의 장소며 후비(后妃)의 거처다. 위 첫 번째 별은 왕후를 의미한다. 다음 세 개의 별은 부인을 뜻한다. 다음 별은 빈첩(嬪妾)을 의미한다. 세 번째 별 곁의 별 하나의 이름은 신궁(神宮)인데 옷을 벗는 내실(內室)에 해당한다. 미수는 또 구자(九子)라고도 불리는데 별의 색이 모두 밝으면 대소가 서로 이어나가는 것이므로, 후궁에 장유(長幼)의 순서가 있는 것이요, 자손이 많은 것이다.[34]

이 기사에 의하면 미수 아홉 개의 별은 자손의 생육(生育)을 주관함

34 『晉書』 卷11, 「天文志」, "尾九星, 後宮之場, 妃后之府. 上第一星, 后也; 次三星, 夫人; 次星, 嬪妾. 第三星傍一星名曰神宮, 解衣之內室. 尾亦爲九子, 星色欲均明, 大小相承, 則後宮有敘, 多子孫."

을 알 수 있다. 따라서 9라는 수는 살아 있는 자의 수가 될 수 있을 것이다. 특히 미수가 동쪽 하늘에 위치하는 것 역시 9를 살아 있는 자와 연관 짓게 하였을 것이다. 『사기(史記)』「율서(律書)」에는 미수에 대하여 "모든 만물이 막 태어났을 때 마치 꼬리와 같아 미(尾)라고 하는 것이다."라고 해설하였다.[35] 이러한 구절은 미수가 만물을 주관한다는 관념을 만들어 내기도 하였다. 따라서 많은 자손과 그들의 생육을 주관하여 모든 만물의 시작과 관련된 9가 한대 방사들이나 도사들에 의해 살아 있는 자의 숫자로 받아들여졌을 것이고, 이후 지속적으로 생명의 상징으로 사용되었을 것이다.

한편 숫자 5와 관련해서는 『후한서(後漢書)』「오행지(五行志)」에 단서가 될 만한 기사가 있다. 28수 중 남방 7사에는 정수(井宿), 귀수(鬼宿), 유수(柳宿), 성수(星宿), 장수(張宿), 익수(翼宿), 진수(軫宿) 등이 있는데, 여기서 우리가 살펴볼 것은 귀수다. 「오행지」 기사에는 "형혹(熒惑: 火星화성)은 흉악하고 음험함과 쇠락하고 망가짐의 별이다. 여귀시성(輿鬼尸星)은 죽음을 주관하니, 형혹이 그 별자리에 들어오면 대상(大喪)이 발생한다."고 하였다.[36] 이와 관련하여 중국 학자 줘전시(禚振西)는 여귀시성이란 귀수의 다섯 번째 별이기에, 이에 근거하여 방사들이 숫자 5를 죽은 자와 연관시켜 "죽은 이는 다섯을 얻는다."는 구절을 만들어 냈을 것이라고 추정하였다.[37]

---

35 『史記』 卷25, 「律書」, "南至於尾, 言萬物始生如尾也."

36 『後漢書』 卷志10, 「天文上」, "熒惑爲凶衰, 輿鬼尸星主死亡, 熒惑入之爲大喪."

37 禚振西, 「曹氏朱書罐考釋」, 『考古與文物』 1982-2, 89쪽.

옛것을 없애고 새것을 펼치는[除舊布新제구포신] 제일(除日): 건제십이직(建除十二直)

무덤에 들어갈 압진물과 진묘병이 마련되면 진묘병 표면에 진묘문을 적게 되는데, 살펴본 것처럼 진묘문 안에는 자손의 번영을 희구하는 제앙의 글귀가 쓰이고, 죽은 자의 혼을 진혼하는 해적의 글귀도 기록된다. 이뿐 아니라 함께 매장하는 압진물이 나열되고 그 압진물들의 역할 및 효과가 적힌다. 그리고 빠질 수 없는 한 가지, 이 진묘문이 제작되어 매장되는, 즉 무덤이 조영되는 날짜, 장례날이 기록된다. 〈조백로진묘문〉의 장례날은 후한 순제(順帝) 양가(陽嘉) 2년(133) 기사일(己巳日)이 초하루인 8월, 간지가 갑술(甲戌)인 6일[陽嘉二年八月己巳朔六日甲戌]이다. 방식을 따져 보면 연호+연수+월수+초하루의 간지[朔旦干支삭단간지]+일수+일간지(日干支)로 구성되어 있다. 그런데 여기서 끝이 아니라 일간지 뒤에 '제(除)'라는 글자가 부기되어 있다.

이것은 '건제십이직(建除十二直)' 또는 '건제십이신(建除十二神)'으로 불리는 것으로, 북극성을 중심으로 시계 반대 방향으로 자리한 십이지(十二支)에 대응하는 십이방위(十二方位)를 말하는 것이다. 차례대로 건(建)·제(除)·만(滿)·평(平)·정(定)·집(執)·파(破)·위(危)·성(成)·수(收)·개(開)·폐(閉)다. 이 '건제십이직'은 북두칠성의 방향과 연결되어 길흉을 점치는 데 사용되었다. 그 방법에 대해 잠시 살펴보면 다음과 같다.

국자 모양의 북두칠성의 자루 끝별은 요광(搖光) 또는 파군성(破軍星)으로 불린다. 이 파군성이 각 달 절일(節日: 절기가 시작되는 날)의 초저녁에 향한 방향을 월건(月建)이라고 한다. 하력(夏曆: 하나라의 역법. 지금의 음력에 해당한다.)으로 1월 절일 초저녁에는 파군성이 인(寅)의 방향을 가리키고,

2월 절일의 초저녁에는 묘(卯)의 방향을 가리킨다. 3월에는 진(辰)의 방향, 4월에는 사(巳)의 방향을 가리킨다. 이 경우를 각기 '건인(建寅)', '건묘(建卯)', '건진(建辰)', '건사(建巳)'로 부른다. 이와 같이 '건일(建日)'이 결정되면 건제십이직에 따라 차례로 '제일(除日)', '만일(滿日)', '평일(平日)', '정일(定日)', '집일(執日)', '파일(破日)', '위일(危日)', '성일(成日)', '수일(收日)', '개일(開日)', '폐일(閉日)'이 결정된다. 각 달에 따른 십이직을 표로 나타내면 다음과 같다.

구분	자월(子月)	축월(丑月)	인월(寅月)	묘월(卯月)	진월(辰月)	사월(巳月)	오월(午月)	미월(未月)	신월(申月)	유월(酉月)	술월(戌月)	해월(亥月)
하력	11월	12월	정월	2월	3월	4월	5월	6월	7월	8월	9월	10월
1월	開	閉	**建**	除	滿	平	定	執	破	危	成	收
2월	收	開	閉	**建**	除	滿	平	定	執	破	危	成
3월	成	收	開	閉	**建**	除	滿	平	定	執	破	危
4월	危	成	收	開	閉	**建**	除	滿	平	定	執	破
5월	破	危	成	收	開	閉	**建**	除	滿	平	定	執
6월	執	破	危	成	收	開	閉	**建**	除	滿	平	定
7월	定	執	破	危	成	收	開	閉	**建**	除	滿	平
8월	平	定	執	破	危	成	收	開	閉	**建**	除	滿
9월	滿	平	定	執	破	危	成	收	開	閉	**建**	除
10월	除	滿	平	定	執	破	危	成	收	開	閉	**建**
11월	**建**	除	滿	平	定	執	破	危	成	收	開	閉
12월	閉	**建**	除	滿	平	定	執	破	危	成	收	開

표에 따르면 하력에서 정월은 파군성이 인의 방향을 가리키는 '건인지월(建寅之月)'로 '인'이 '건'이 되고, '묘'는 '제'가 된다. 2월은 '건묘지월(建卯之月)'로 '묘'가 '건'이 되고, '진'이 '제'가 된다. 이 방법을 따라 8월은 '건유지월(建酉之月)'로 '유(酉)가 '건'이 되고, '술(戌)'이 '제'가 된다. 그렇다

면 〈조백로진묘문〉의 양가 2년 8월 6일 일간지는 '갑술(甲戌)'로 건제십이직은 '제'에 해당한다.

그런데 각 날은 각기 길흉의 내용을 가지고 있어 택일에 이용되는데, 예를 들어 건일은 왕성한 기운[健旺之氣건왕지기]의 날로 군대를 내보내거나 외출하는 것, 학교에 들어가거나 관청에 글을 올리는 것 등의 일을 하기에는 좋고 집을 수리하거나 흙을 다루는 일 또는 창고를 여는 일을 하기에는 좋지 않은 날이다. 제일은 옛것을 없애고 새것을 펼치는 '제구포신(除舊布新)'의 날로 병 치료, 제사, 장례, 접목, 파종, 계약, 진정서나 소장의 접수, 결혼 등에 좋은 날이며 구직이나 이사에는 적당하지 않은 날이다. 만일은 수확이 풍성하고 충만하여 흠이 없는 기운의 날로 제사, 청소, 채용, 접목 등에는 길(吉)하지만 흙을 다루는 공사나 이사에는 흉(凶)한 날이다. 이에 따른다면 조백로의 가족들은 장례에 가장 적당한 날을 택일하여 무덤을 만들고 진묘문을 작성한 셈이다.

지하 세계의 신들

이제 모든 것이 마련된 상태다. 그렇다면 다음 단계는 지하 세계의 최고신인 천제(天帝)가 자신의 사자를 파견할 차례다. 그럼 그 천제의 사자는 묘역과 명계의 여러 신 또는 관리들에게 망자의 지하로의 입문을 알리며 진묘를 책임진다. 지하 세계의 신들은 네 개의 층위로 구별할 수 있다. 우선 다른 신들에 비해 압도적인 존재감을 보이는 천제다.

지하 세계의 최고신으로 등장하는 천제는 현존하는 초기 중국 문헌에는 보이지 않는다. 초기 문헌에 등장하는 최고신은 주로 '제(帝)', '상제(上帝)', '태일(太一)', '천(天)'이었다. 그러다 전한 후기가 되면 '천제'라는 신격이 등장한다. 후한 시기 반고(班固, 32년~92년)가 지은 『한서(漢書)』에는 전한 성제(成帝, 재위 기원전 32년~기원전 7년) 시기 『포원태평경(包元太平經)』이라는 책을 지은 제(齊: 지금의 산동) 땅의 감충가(甘忠可)가 "천제께서 그 사자인 진인(眞人: 『태평경』에서 땅을 다스리는 일을 맡았다는 신선) 적정자(赤精子)를 보내 나에게 이 도를 전하셨다."고 하였다는 구절이 있다. 또한 같은 책 「오행지(五行志)」에 따르면 역시 성제 시기 정통리(鄭通里)의 남자 왕포(王褒)라는 이가 붉은색 옷을 입고 작은 관(冠)을 쓰고 칼을 찬 채 궁중에 난입하여 "천제께서 나에게 이곳에 거처하라 하셨다."고 외쳤다고 한다. 단정할 수는 없지만 신비주의적 사상이 발아하던 때, 그 신비주의적 사상과 관련된 일화 속에서 천제가 등장하고 있는 것을 알 수 있다. 그리고 이들이 처음 출현하였을 때 천제의 신격은 지하 세계의 주재신은 아니었던 것 같다.

진묘문 안에서 천제는 주로 사신을 파견하여 그의 명령을 묘역의 신과 지하의 신 혹은 관리에게 전하는 역할을 담당하나, 때에 따라서는 사신을 거치지 않고 직접 명령을 내리기도 한다. 예를 들어 후한 시기 제작된 〈유백평진묘문(劉伯平鎭墓文)〉에서 천제는 전에 낙동향(雒東鄕) 동군(東郡)에 살던 유백평을 지하로 입문시킬 것을 명령하고 있다[天帝下令移前雒東鄕東郡劉伯平]. 그러나 대부분의 경우 천제는 그의 사자를 통해 진묘를 명령한다.

천제의 사자는 진묘문의 실제적인 발신자며 명계의 신들과 관리들에게 명령을 내려 재앙을 제거하는 이들이다. 진묘문에서 이들은 '천제사자(天帝使者)', '천제신사(天帝神師)', '황신사자(黃神使者)', '황제사자(黃帝使者)'로 등장하거나 '황제', '황신' 혹은 '황신북두(黃神北斗)' 등으로 등장하기도 한다. 이들은 모두 신이 분명한데, 그 서열에 대해서는 단정하기 어렵다. 예를 들어 몇몇 진묘문에서는 사자를 파견하는 존재인 '황제'와 '황신'이 어떤 진묘문에서는 천제의 사자 혹은 천제의 신사로 등장하기 때문이다. 즉 황제와 황신은 천제의 사자임과 동시에 그 자신이 사자를 파견하는 천제와 동일한 신격으로 등장한다. 그러나 황제나 황신이 천제의 명령을 수행하는 존재로 등장하는 것으로 보아 이들이 천제보다 하위의 신격일 것 같다. 따라서 혹자는 황제와 황신이 천제의 사자와 동일한 신격이라고까지 할 수는 없어도 유사한 기능을 수행하는 신들일 것으로 추정하기도 하였다.[38]

황제와 황신의 관계에 대해 살펴보면 우선 황신은 〈장숙경진묘문〉에 "황신은 오악(五嶽)을 낳고 살아 있는 자의 기록을 주관하며, 혼백을 부르고 죽은 자의 명적(名籍)을 주관한다[黃神生五嶽, 主生人錄, 召魂召魄, 主死人籍]."란 구절로 인해 산(山)의 신, 그중에서도 죽은 자가 간다는 호리(蒿里)가 있는 태산(泰山)의 신으로 이해되기도 한다. 다른 한편 황신이 주로 후토(后土), 토황(土皇), 토조(土祖) 등의 토지신들과 함께 등장하는 것에서 단서를 얻어 토지신으로 이해하기도 한다. 혹은 '황제지신(黃帝之神)'의 줄임말로 보기도 한다. 이와 관련해서 남북조 시기에 찬술된 『상청도보경(上淸道寶經)』이란 도교의 경전에는 "황제는 황령(黃靈)의 공(公)이고 혹은 황신(黃神)이며 혹은 황정(黃精) 혹은 황제의 군(君)으로 불린다."[39]고 하여 시간이 지나면서 사람들이 두 신격을 동일한 신격으로 받아들였음을 알 수 있다. 그런데 이 천제의 사신들은 실제로는 당시

38 小南一郎, 「漢代の祖靈觀念」, 『東方學報』 66(1994), 52쪽.
39 『上淸道寶經』, 「天品」, "黃帝, 號黃靈之公, 或黃神, 或黃精, 或黃帝之君也."

무덤 터를 선정하고 진묘문을 작성하는, 즉 모든 장례를 주관한 무속인들로 파악된다.

사신을 통해 집행되는 천제의 명령은 이제 묘역을 지키는 하급신을 통해 지하의 신과 관리들에게 전달된다. 일본인 학자 고미나미 이치로(小南一郎)는 이 신들을 다음과 같이 구분하였다. ①무덤의 신-묘상(墓上), 묘하(墓下), 중앙주토(中央主土) 혹은 중앙토주(中央土主). ②일족 무덤에 관련된 신-묘좌(墓左), 묘우(墓右), 중앙묘주(中央墓主), 총승(塚丞), 총령(塚令), 주총사령(主塚司令) 혹은 주총사명(主塚司命), 혼문정장(魂門亭長) 혹은 묘문정장(墓門亭長), 혼문좨주(魂門祭酒), 백문졸사(魄門卒史), 총중유요(塚中遊徼). ③명계의 신-구승(丘丞), 묘백(墓伯), 지하이천석(地下二千石), 창림군(倉林君), 무이군(武夷君), 동총후(東塚侯), 서총백(西塚伯), 북총후백(北塚侯伯), 지하격직경(地下擊植卿), 호리장(蒿里長) 혹은 모리장(耗里長), 호리부로(蒿里父老), 모리오장(耗里伍長), 묘주(墓主), 묘황(墓皇) 혹은 묘황(墓黃), 묘함(墓臽), 동천(東阡), 서천(西阡), 남맥(南陌), 북맥(北陌).[40] 그러나 그가 말한 것처럼 이 구분은 엄밀한 것은 아니고 지하의 모든 신을 망라한 것도 아니다.

고미나미 이치로의 구분 속에 포함되지 못한 지하의 신들로는 태산군(太(泰)山君), 호리군(蒿里君), 중[도]이천석(中[都]二千石), 오부중도이천석(五部中都二千石), 지하도위(地下都尉), 묘승상(墓丞相), 고장백(高長伯), 중총백(中塚伯), 북총공백(北冢公伯), 서총공백(西冢公伯), 상유격(上游擊), 지리(地吏), 지하당용자(地下當用者), 총중유격(塚中游擊), 묘황사자(墓皇使者), 주묘옥리(主墓獄吏), 묘신(墓神), 맥문졸리(陌門卒吏), 총후사마(塚侯司馬) 등이 있

40 小南一郎, 앞의 글(1994), 49쪽.

다. 이들 지하의 신들은 삼국·양진 시기가 되면 강남 지역의 토착신까지 포함하며 더욱더 증가하게 된다.

황신월장(黃神越章)으로 봉인(封印)하라

천제의 사자가 망자의 지하로의 입문을 묘역과 지하의 신 혹은 관리에게 알리면서 망자는 이승에서 저승으로 옮겨 가게 된다. 천제의 사자가 보증한 대로 그들은 이승에서 저지른 잘못으로 인해 저승에서 처벌받지 않을 것이며, 납으로 만든 사람을 비롯한 여러 압진물들은 망자를 위해 모든 사특한 기운을 눌러 줄 것이다. 죽은 자의 자손들도 재앙을 받지 않을 것이며, 돌로 만든 양이 큰소리로 울고 일어나 발을 놀려 춤추기 전에는 죽음에 이르지 않을 것이다. 과연 이러한 바람은 이루어질 수 있는 것일까. 이것을 어떻게 믿을 수 있을까. 〈조백로진묘문〉에 등장하는 "무엇으로써 신표를 삼을 수 있는가[何以爲信]?"라는 표현은 이와 같은 살아 있는 자들의 의심을 적나라하게 드러낸 것이다. 따라서 천제의 사자 — 실은 모든 장례 절차를 집행하는 무속인 — 는 유족들의 이러한 걱정을 해소시켜 주어야만 했다.

유족들의 의심이나 걱정을 해소하기 위해 주로 사용되는 방식은 제작한 진묘문이나 함께 묻은 압진물을 증표로 삼는 것이다. 매지권(買地券)을 묻은 경우에는 그것을 증표로 삼기도 한다. 예를 들어 〈후한 광화 5년(182) 유공칙매지권(後漢光和五年劉公則買地券)〉에서는 "육척의 매지권으로 [증표]를 삼는다[尺六桃券爲□]."는 구절이 등장한다. 수주(壽州)에서 발견된 진묘문은 "이를 믿지 못해 돌로 만든 양으로 증표를 삼는다[以爲不信, 石羊爲眞].”고 하여 진묘문이 기록된 석양을 증표로 삼고 있다. 이와 같이 유족의 걱정을 덜어 주었다면 이제 무덤을 닫아 망자를 무사히 저승으로 보내고 살아 있는 자들과 영구히 분리시켜야 할 것이다. 〈조백로진묘문〉에는 이와 관련된 천제의 사자의 행위가 등장한다. 바로 ‘황신월장(黃神越章)의 도장으로 봉(封)’한 것이다.

‘황신월장’은 두 가지 의미로 해석된다. 우선 황신월장이 천제의 사자인 경우다. 〈후한 광화 2년(179) 단씨진묘문(後漢光和二年段氏鎭墓文)〉에서는 “천제의 신사(神師) 황[신]월장이 삼가 단씨 갑□가를 위해 동남□□의 땅의 기운을 통하게 한다[天帝神師黃[神]越章謹爲段氏甲□家通東南□□土氣].”는 구절이 등장하고, 정확한 제작 시기를 알 수 없는 〈후한 장씨진묘문(後漢張氏鎭墓文)〉에는 “천제의 사자 황신월장이 하늘을 위하여 원망을 해소하고 땅을 위해 재앙을 제거한다[天帝使者黃神越章, 爲天解仇, 爲地除央].”는 구절이 등장하여 황신월장이 천제의 사자임을 알 수 있다.

한편『홍명집(弘明集)』에 수록된 승려 현광(玄光)의「변혹론(辯惑論)」에는 “황신월장을 만들어 귀신을 없애는 데 쓴다.”[41]고 하여 이것이 당시 도사 혹은 방사들이 지니고 있던 법기(法器) 중의 하나였음을 알 수 있다. 그런데 동진(東晉) 시기에 찬술된『포박자(抱朴子)』에는 “옛날 사람 중 산으로 들어간 이들은 모두 황신월장의 도장을 허리에 찼다.”[42]고 하여 황신월장 그 자체가 도장인 것처럼 서술하고 있다. 따라서 〈조백로진묘문〉에 등장하는 ‘황신월장지인(黃神越章之印)’이란 황신월장이 지닌 주술의 힘을 가진 도장임을 알 수 있다. 이 도장이 귀신을 없애는 효험이

41 『弘明集』,「辯惑論」, “造黃神越章, 用持殺鬼.”
42 『抱朴子 內篇』,「登涉」, “古之人入山者, 皆佩黃神越章之印.”

있다는 의식은 훗날 이 도장을 이용하여 환자를 치료하는 행위를 출현시켰다. 『정일법문수진지요(正一法文修眞旨要)』라는 도교 경전에는 "지니고 있는 도장을 병자의 심장에 한 번 찍고 다음 배에 한 번 찍으며, 다음으로 통증이 있는 곳에 찍고……"[43]라고 하여 도장을 이용한 치병(治病) 행위에 대해 설명하고 있다.

〈조백로진묘문〉에서 황신월장의 도장이 어떻게 사용되었는지는 명확하지 않다. 다만 '봉(封)'이라는 표현으로 보아 이것이 치병 행위에 사용된 것은 아니고 '봉인'에 사용된 것이 아닌가 생각해 본다. 이와 관련하여 북한 평양에 설치되었던 낙랑군(樂浪郡)에서 일찍이 '천제황신인(天帝黃神印)'이라는 도장이 찍힌 봉니(封泥)가 출토된 것이 주목된다. 혹 황신월장의 도장 역시 봉니 위에 찍어 귀신들의 사특한 기운을 누르는 용도로 이용되었던 것은 아닐까.

율령과 같이 처리하라[如律令여율령]

이제 진묘의 마지막 절차인 천제 사자의 명령이 내려지면서 장례 절차가 마무리될 차례다. 천제의 사자가 천제의 명령을 묘역과 지하의 신 또는 관리에게 전달하는 과정으로 이루어진 진묘문의 처리 방식은 현세 공문서의 처리 과정과 유사한 것으로 알려져 있다. 묘역과 지하의 신 혹은 관리의 이름이 현세 관리의 이름과 같거나 유사한 것은 그 때문이다. 또한 진묘문 안에서 문서를 전달한다는 의미의 '전(傳)'이라

---

43 『正一法文修眞旨要』, 「行禁治病」, "持印印病人心一下, 次印腹一下, 次印痛處一下……."

는 표현이나, 문서를 다른 부서로 넘긴다는 이첩(移牒)을 표현하는 '이(移)'라는 용어가 등장하는 것도 같은 이치다.

중국 고대 공문서의 처리 과정에서 관습적으로 보이는 구절 중엔 "율령과 같이 처리하라[如律令여율령]."는 표현이 있다. 이것은 행정적인 처리 혹은 행위를 법령에 따라 처리할 것을 규정할 때 사용하는 표현이다. 진묘문이 현실 세계의 공문서를 모방했기에 진묘문에 기록된 약속이 율령에 정한 것같이 집행되어야 한다는 의미로 말미에 '여율령'이라는 표현이 사용되었고, 이것은 진묘문의 정형화된 종결어가 되었다.

지금까지 출토된 진묘문(진묘매지권 포함)에는 이와 같은 정형화된 종결어가 크게 네 종류로 구분되어 나타난다. 첫 번째는 가장 일반적인 형식인 "율령과 같이 처리하라."는 '여율령(如律令)'이다. 다음은 지체 없는 신속한 처리를 강조하는 형식으로 "신속하게 율령과 같이 처리하라."는 '급급여율령(急急如律令)' 혹은 '급여율령(急如律令)'이다. 세 번째는 율령이 지하 세계의 최고신인 천제로부터 나왔음을 명기하여 율령의 권위를 높이고자 한 "천제의 율령과 같이 처리하라."는 '여천제율령(如天帝律令)' 혹은 '유천제교여율령(有天帝教如律令)'이다. 네 번째는 문서나 합의된 약속 외에 예상하지 못한 일이 일어났을 경우를 대비한 것으로 "여타의 일은 [천제의] 율령에 따라 처리하라."는 '타여율령(他如律令)' 혹은 '타여천제율령(他如天帝律令)'이다. 어떤 형식이든 현실 세계에서 구속력이 가장 강한 율령이라는 것을 빌려와 신묘문의 효험을 증대시키려는 의도임을 알 수 있다.

현실 공문서에 보이는 형식과 용어가 진묘문에서 처음 등장한 것은 아니다. 앞서 잠시 살펴본 또 다른 명계 문서인 고지책에서도 이와 같은 형식과 용어를 확인할 수 있다. 특히 1973년 강릉(江陵) 봉황산(鳳凰

山)에서 발굴된 전한 시기 무덤에서 나온 고지책의 "관리로 하여금 율령에 따라 처리하게 해 주십시오[令吏以律令從事]."라는 구절은 "율령과 같이 처리하라."는 구절과 다를 바가 없다. 혹자는 이러한 현상을 전한대 이래 고착화되어 온 중앙집권적 지배 구조가 고대인들의 사후 세계관에도 영향을 미친 결과로 이해하였다.[44] 망자와 산 자가 구별되어야 함을 희구하면서도 사람들은 죽은 후의 세계가 자신이 살았던 세계와 크게 다르지 않기를 바랐던 것이다. 피할 수 없는 죽음에 대한 고대인 나름의 일종의 보험이었을까. 아니면 현상이 관념을 지배한 것이었을까.

돈황(敦煌) 지역의 진묘문

진묘문에 대한 이야기를 마치기 전에 돈황(敦煌)에서 출토된 진묘문에 대해 살펴보고자 한다. 후한 시기 이후 진묘문 문화의 중심지는 중원에서 돈황으로 옮겨 간다. 이 지역에서 출토된 진묘문의 제작 연대는 대략 270년~420년에 해당한다. 중국 왕조로는 서진(西晉)부터 동진(東晉)·십육국(十六國) 시기에 해당한다. 돈황에서 발견된 진묘문은 중원의 그것과는 확연한 차이를 보인다.

> 경자(庚子) 6년(405) 계미(癸未)가 초하루인 정월 27일 기유(己酉). 돈황군 돈황현 동향창리리(東鄉昌利里) 자(字)가 덕정(德政)인 장보(張輔)

44 尹在碩, 앞의 글, 34쪽.

가 죽었다. 지금 두병(斗瓶), 연인(鉛人), 오곡병(五穀瓶)을 묻어 지상의 살아 있는 자들에게 거듭되는 [재앙을] 감당하게 하고자 한다. 청오자(青烏子)가 북신(北辰)의 조령(朝令)을 알린다. "죽은 자가 스스로 그 재앙을 받도록 하는데, 벌은 한도를 넘어 주면 안 되니 재앙을 옮기고 원한을 옮겨 멀리 타향으로 보내라. 율령과 같이 처리하라."[45]

이 진묘문은 돈황 불야묘만(佛爺廟灣)에서 출토된 부부 합장묘 중 남성의 묘에서 출토된 것으로, 경자 6년 1월 27일에 제작되었다. 경자 6년은 서량(西涼, 400년~420년)의 건립자 이호(李暠, 351년~417년)가 서량을 세우고 연호를 건초(建初)로 정한 해로, 동진 안제(安帝, 재위 396년~418년) 의희(義熙) 원년에 해당한다. 이 진묘문은 제작일, 즉 장례일 다음에 자(字)를 포함한 묘주에 대한 간단한 정보를 제공하고 있는데, 장례일 다음에 곧바로 천제의 사자가 등장하는 후한 시기 진묘문과는 차이가 있다.

이와 같이 돈황에서 출토된 진묘문의 특이점은 후한 진묘문에서 장례일을 제외하고 가장 먼저 등장하는 천제의 사자 및 천제의 사자로부터 명령을 받은 묘역과 지하의 신들, 관리들이 보이지 않는다는 점이다. 후한 진묘문이 현실 공문서의 형식과 처리 과정을 답습하며 등장한 위계질서를 가진 신과 관리들이 사라진 것이나. 따라서 돈황의 진묘문은 현실 세계의 공문서와는 다른 형식을 갖추고 있다. 그러나 청오자라는 존재가 북신의 조령을 전하고 있어, 천제의 사자가 천제의

45 "庚子六年正月水[癸]未朔廿七日己酉. 敦煌郡敦煌縣東鄉昌利里張輔字德政身死. 今下斗瓶·鉛人·五穀瓶, 當重地上生人. 青烏子告北辰朝令. 死者自受其殃, 罰不加滿, 移殃轉咎, 遠與他里. 如律令."

명령을 전한 것과 유사한 구조를 보이고 있기도 하다. 청오자는 한대에 널리 신봉되던 신선으로 알려져 있는데 술수(術數)에 능통한 것으로 전해진다.[46] 그는 북신의 조령을 알리는 역할을 담당하고 있는데, 북신은 북극성의 다른 이름이다. 북극성이 위치하는 곳은 천극(天極)으로 그곳은 천제가 있는 곳으로 여겨졌으니, 돈황 진묘문의 북신은 후한 진묘문의 천제를 대신하는 존재라고 할 수 있다.

다음은 압진물이 나열되는데, 돈황 진묘문의 특징은 두병·연인·오곡을 하나의 세트처럼 나열한다는 것이다. 그런데 그 압진물들의 역할이 후한 진묘문에서 보이는 것과는 다소 다르다. 흔히 압진물은 죽은 자들의 죄를 없애 주고 산 자들에게 미칠 재앙을 제거하는 해적제앙(解謫除殃)의 역할을 담당한다. 그러나 위의 진묘문 안에서 압진물은 살아 있는 자들에게 미칠 재앙을 제거하는 역할만을 수행할 뿐이다. 그리고 북신의 조칙은 죽은 자로 하여금 스스로 그 재앙을 받도록 명령하고 있다. 혹 재앙이 너무 크다고 여기면 멀리 타향으로 전하라는 표현도 등장한다. 심지어 어떤 진묘문에서는 "그 재앙을 옮겨 길을 가는 행인에게 주라[轉其殃咎, 付與道行人]."고 하여, 무고한 제삼자에게 그 재앙을 넘기라는 내용도 찾아볼 수 있다.

이러한 일방적이다 못해 무책임하고 부도덕한, 살아 있는 자 중심의 내용은 후한 시기에 제작된 진묘문에서는 찾아볼 수 없었던 것이다. 이와 관련하여 혹자는 돈황에서 출토된 진묘문에서는 생과 사를 엄격하게 분리하고 저승에서 사자가 겪을 고통을 덜어 주며, 사자로 인한 앙화 때문에 살아 있는 자가 피해를 입지 않을 것을 도모하는 후한 시

46 『風俗通義』, 「佚文 · 姓氏」, "漢有靑烏子, 善術數."

기 진묘문의 균형감을 찾아보기 힘들다고 하였다.[47] 이에 따른다면 돈황 진묘문은 죽은 자가 아닌 살아 있는 자들을 위한 문서라고 할 수 있을 것이다.

후한 시기 제작된 진묘문 역시 어느 쪽인가 하면 살아 있는 자들을 위한 측면이 강했다. 죽은 자를 위해 무덤을 만드는 것이 재앙을 제거하고 후손을 이롭게 하고자 하는 의도의 산물임을 분명히 밝힌 〈후한 영평 3년(60) 진묘문〉을 비롯하여, 생사이로(生死異路)를 강조하며 죽은 자와 산 자를 분리하려는 모든 진묘문의 내용은 죽은 자로부터 산 자를 보호하려는 의도를 유감없이 보여 준다. 비록 형식은 명계로 보내는 문서지만 궁극적으로 그것은 산 자를 위한 조치였던 것이다. 그러나 후한 시기 진묘문은 돈황에서 출토된 진묘문과 같이 노골적으로 산 사람을 위주로 한 문서는 아니었다. 이러한 변화가 왜 발생했는지는 알려진 바가 없는데 지역적 특색인지, 시대적 특색인지조차도 아직은 알 수 없는 상태다.

진묘문 문화의 종결

후한 시기에 제작된 진묘문이 주로 보계에서 낙양에 이르는 황하의 선을 따라 집중되어 있는 것과는 달리 후한 이후 양진·십육국 시기에는 대부분 감숙성 지역에서 출토된다는 점은 앞에서 서술하였다. 감숙성 안에서도 돈황에서 특기할 정도로 많은 진묘문이 출토되었다. 현재

47 趙晟佑, 「後漢魏晉 鎭墓文의 종교적 특징과 道敎 – 五石을 중심으로」, 『東洋史學硏究』 117(2011), 66쪽.

보고자마다 다소의 차이가 있기는 하지만 후한 시기 진묘문은 70개가 채 안 되는 숫자로 보고되어 있다. 이에 비해 돈황 한 지역에서 출토된 것만 157점이라, 앞으로 어디서도 이 정도로 많은 진묘문이 한 지역에서 출토되지는 않을 것이라는 단언이 허황되게 느껴지지 않는다. 이 때문에 많은 연구자들이 돈황 지역 진묘문에 관심을 기울였고, 이와 같은 돈황의 특수한 상황에 대해 설명하고자 하였다.

매지권과 진묘문이 주로 출토된 중원 지역에서 후한 이후로 그것들이 거의 발견되지 않는 이유에 대해서는 앞 장에서 추정해 보았다. 184년부터 시작된 전란의 지속과 205년 금비령(禁碑令)의 반포가 기존 장례 의식을 위축시켰을 것이고, 무엇보다도 민간 종교집단에 대한 조위(曹魏) 정부의 탄압이 중원에서 매지권과 진묘문을 사라지게 한 원인이었을 것이다. 황건(黃巾)의 난이 후한 정부에 의해 진압되고 215년 파촉(巴蜀)에서 오두미도(五斗米道, 즉 초기 天師道천사도)를 이끌던 장로(張魯)마저 조조(曹操)에게 투항하면서 민간 재래 신앙의 기세는 꺾일 수밖에 없었고 이들의 활동은 잠시 멈추는 듯했다. 그러나 민간 특유의 생명력은 폭발적이지는 않다 해도 꾸준히 쉼 없이 움직이며 중원 밖으로 공간을 옮겨 자신의 존재를 증명하였다. 바로 돈황에서 발견되는 진묘문과 강남 지역에서 발견되는 매지권이 그 증거다.

연구자들은 돈황에서 발견되는 진묘문이 이들 재래 신앙집단의 이주와 관련 있다고 본다. 중원의 오두미도는 두 갈래로 퍼지는데, 하나는 안휘(安徽)를 경유하여 장강 이남으로 내려가고 다른 하나는 비단길을 따라 감숙, 신강(新疆)으로 퍼져 나갔다는 것이다. 특히 후자의 경우 주천(酒泉)과 가욕관(嘉峪關)을 지나면서 일부 신자들이 그곳에 남아 종교 활동을 하였고, 나머지는 계속 서쪽으로 나아가 마지막 오아시스

도시인 돈황에 도착하여 자신들의 종교적 습속을 유지하며 포교 활동을 진행하였다는 것이다.[48]

그러나 풀리지 않는 문제는 왜 돈황에서 발견되는 진묘문이 다른 지역, 요컨대 강남에서는 발견되지 않는가 하는 것이다. 왜 돈황에서만 진묘문이 성행했는지, 왜 돈황에서 발견되는 진묘문은 후한 시기 진묘문과는 다른 독자적인 문장 구조를 갖는지 등에 대해서는 어느 누구도 명쾌한 답을 내놓지 못하고 있다. 중원과는 다른 종교집단의 존재를 상정하기도 하지만 이 역시 섣불리 단정할 수는 없다. 따라서 여기서 돈황에서 압도적인 수의 진묘문이 등장하는 이유에 대해서는 더 이상 논의를 전개하기 힘들다. 그럼 이쯤에서 시선을 돌려 강남에서 진묘문이 거의 발견되지 않는 점에 대해 살펴보는 것이 좋을 것 같다.

앞 장에서 살펴본 것처럼 삼국 시기 이후 중원에서 유행한 매지권은 주로 강남에서 발견되었다. 그런데 강남에서 발견된 매지권은 중원 지역에서 유행한 매지권과는 차이가 있었다. 다른 어떤 것보다도 우선 진묘문의 영향을 받은 '진묘매지권'이 사라진 것을 지적할 수 있다. 묘역 및 지하 명계의 신 또는 관리와 관련된 내용과 죽은 자의 혼을 진혼하는 표현, 자손의 번영을 희구하는 해적제앙의 내용이 사라진 것이다. 다시 말해 초기 천사도, 즉 오두미도의 제액(除厄) 관념이 사라진 것이다. 혹 매지권에서 오두미도의 제액 관념이 사라진 것과 강남 지역에서 진묘문이 보이지 않는 것 사이에 모종의 관련이 있는 것은 아닐까.

우선 오두미도 교인들이 강남으로 이주하기는 했지만 지난날과는

48 張勳燎 · 白彬, 「中原和西北地區魏晉北朝墓葬的解注文研究」, 『中國道教考古 2』(北京: 綫裝書局, 2006), 561쪽.

달리 교단이 와해된 상태에서 중원에서와 같은 활발한 포교 활동을 못했을 가능성이다. 이 시기 문헌과 출토 자료에서 오두미도 종사자로 추정되는 인물을 확인할 수는 있지만, 그들의 활동이 개인적 활동에 국한된 것은 당시 움츠러들었던 오두미도 교세의 반증일 것이다. 다음은 당시 유행하고 있던 강남 신선도(神仙道)의 성격과 관련 있을 것으로 생각한다. 오두미도가 본격적으로 강남으로 내려오기 전 강남 토착 신선도로는 갈씨(葛氏) 일족 안에서 가전(家傳)되던 갈씨도(葛氏道)가 있었다. 이 갈씨도는 손오(孫吳) 시기 좌자(左慈)를 시작으로 갈현(葛玄)-정은(鄭隱)-갈홍(葛洪)-갈망(葛望)-갈소보(葛巢甫)로 이어지며 유송(劉宋) 말기 소멸할 때까지 강남을 중심으로 활동한 것으로 알려져 있다. 그런데 이 갈씨도는 '신선도교(神仙道教)', '단정파(丹鼎派)', '금단도파(金丹道派)'라는 별칭에서 알 수 있듯이 주된 교리가 육신의 장수를 의미하는 '장생(長生)'과 연단(煉丹)을 먹고 신선이 되는 도를 닦는다는 '수선(修仙)'이었다. 이는 악귀에 의해 병이 난 것을 고치는 '치병(治病)'과 귀신에 의해 발생한 앙화(殃禍)를 제거하는 '각화(却禍)'를 교리로 삼는 오두미도와는 다른 것이었다.

갈씨도에서 최고의 선술(仙術)은 연단을 만드는 금단법이었고 금단에 의지하지 않으면 신선이 되는 것은 불가능하였다. 갈씨도에서는 금단법과 함께 약을 복용하고 운기(運氣: 몸의 기를 돌리고 조절하는 것), 도인(導引: 심호흡을 통해 마음을 다스리고 욕망을 제어하는 것) 등을 병용하면 장생을 얻고 신선에 가까워질 수 있을 것이라 하였다. 더하여 특이한 것은 다양한 선술과 함께 덕성(德性)을 함양하지 않으면 장생할 수 없다고 하면서 도덕을 존중한 것이다. 요컨대 장생의 중요한 요소 중 하나를 자기 수양으로 본 것이다. 그러니 갈씨도 안에는 당연하게도 귀신을 모시거나 귀신을 격퇴하는 주술적 방법들은 존재하지 않았다. 그들의 관심은 도를 배우고 닦아 신선이 되는 것이었지, 신산(辛酸)한 삶을 사는 백성들의 고통과 질병을 해소하고 제거하는 것은 아니었다.

즉 강남 토착 신선술은 엘리트들의 세계였고 특권층을 위한 종교였다. 혹 망자가 죽어서도 이승에서와 같이 과중한 부역(賦役)으로 고통스러워할까, 악령이 된 죽은 자의 혼이 산 자를 해코지하지는 않을까, 사령(邪靈)의 간악한 해코지를 어떻게 하면 다른 사람에게 떠넘길까, 어떻게 하면 산 사람들은 더 이상의 재앙을 받지 않을 수 있을까를 고민하던 가진 것 없는 민중의 기복(祈福)의 염원과는 다른 세계였던 것이다. 이렇게 엘리트들의 생활을 반영하고 그들의 염원을 담은 갈씨도가 강한 영향력을 발휘하던 강남에서 '귀도(鬼道)' 또는 '요도(妖道)'로 불리는 오두미도의 주술적 내용이 담긴 매지권이나 진묘문이 유행하기는 힘들었을 것이다.

강남에서 진묘문이 거의 제작되지 못할 때 돈황에서는 다수의 진묘문이 제작되었다. 그러나 돈황에서의 진묘문도 남북조 시기가 되면서 그 수가 급격하게 감소한다. 정확한 원인은 아직 밝혀지지 않았지만 남북조 말기에는 거의 소멸하다시피 한다. 대신 고창(高昌) 지역에서 의물소(衣物疏: 망자가 지하 세계로 입문할 때 소지하는 물품의 명세서)가 등장하여 유행하게 된다. 의물소에는 "율령과 같이 처리하라[如律令여율령]."거나 "신속하게 율령과 같이 처리하라."는 '급급여율령(急急如律令)' 또는 '급여율령(急如律令)'과 같은 용어가 등장하여 진묘문과의 관련을 생각하게 하지만, 양자가 어떻게 연관되어 있는지에 대해서는 단정할 수 없는 상태다. 다만 주술적 분위기가 농후한 진묘문은 남북조 시기를 끝으로 종결되는 것은 분명한 것 같다. 그러나 인간이 가진 사후 세계에 대한 두려움은 또 다른 주술적 기재를 개발하게 하였다. 마지막으로 당대(唐代) 이후 사용되었던 진묘석(鎭墓石)에 대해 알아보자.

진묘석(鎭墓石)

출토 사례도 극히 적고 당(唐, 618년~907년) 전반부터 송(宋, 960년~1279년)에 국한되어 한시적으로만 사용된 진묘석은 신비주의적 색채가 농후한 부록문(符籙文)과 주술적 용어를 나열한 진문(鎭文)으로 구성된다. 부록문은 영록(靈籙) 혹은 사전문(私篆文)으로도 불리는데, 전서체(篆書體)와 유사한 도교 특유의 서체로 쓰인 진묘석의 주된 문장이다. 이 부록문은 한자와는 다른 특수한 문자기에 쉽게 읽을 수 없다. 이와는 달리 진문은 해서체(楷書體)로 쓰여 있어 해독은 부록에 비해 용이한 편이다. 그러나 진문 역시 묘주에 대한 기술은 거의 없이 주술적 용어가 나열된 상태다. 따라서 지금까지 연구자들은 진묘석에 대해 역사적·사회적으로 사료 가치가 낮다고 판단하였고, 그 결과 진묘석 연구는 활성화되지 못하였다. 지금까지 당대와 송대 기년을 가진 진묘석이 16개밖에 출토되지 않은 것도 하나의 이유가 되었을 것이다. 그러나 진묘석 표면에 각석된 것이 도교 경전의 내용이기에 이는 매우 중요한 도교 사료며, 도교사를 이해하는 데도 큰 가치를 갖는다.

또한 진묘석을 이용한 진묘는 후한 시기 복수의 진묘병을 방위에 따라 위치시켜 행했던 그것과 다를 바 없어, 진묘석은 앞 시기 진묘문과 동일하게 진묘의 역할을 담당하였음을 알 수 있다. 요컨대 진묘석의 전통은 후한 시기 진묘병과 그 표면에 기록된 진묘문으로부터 찾는 것이 타당할 것이다. 따라서 진묘석을 이용한 진묘 행위를 통해 재래 민간신앙으로부터 도교로의 발전에 대한 단서를 얻을 수 있을 것이다. 그럼 중국 학자들 중에도 직접 보지 못한 사람이 많다는 진묘석에 대해 살펴보자.

진묘석의 외형은 일반적으로 정방형의 덮개와 석판으로 구성되어 '묘지'의 구성과 동일하다. 모든 무덤이 공통적인 것은 아니지만 완비된 형식은 한 무덤에 5개가 매립되는 것이다. 즉, 동·서·남·북의 사방 끝과 무덤의 중앙에 설치한다. 따라서 진묘석을 '오방오정석(五方五精石)'으로도 부른다. 그러나 실제로는 하나 혹은 두 개만이 설치된 경우가 더 많다. 그 종류와 크기, 숫자, 위치는 신분에 따라 차이가 있을 것이라고도 하지만 발견된 사례가 적어 단정하기는 어렵다. 현재 발견된 16개의 진묘석 중 당대의 것은 모두 14개며, 그중 묘주의 성명이 확인되는 것은 10개인데 대부분이 황족(皇族), 외척(外戚) 및 그에 준하는 사람들이라 일반화하기는 힘든 상태다. 송대 진묘석 2개는 모두 평민의 것이지만 역시 숫자가 너무 적어 이로부터 규정을 파악하는 것도 어렵다.

진묘석에는 부록문과 진문이 적혀 있는데, 일반적으로 석판의 윗부분에 부록문이, 아랫부분에 진문이 기록된다. 그러나 어떤 것은 부록문만 기록되어 있기도 하나. 부록문만 적혀 있는 것은 진문권(眞文券)이라고도 부른다. 부록문은 대범천왕(大梵天王: 娑婆사바 세계를 주관한다는 대범천의 주인)이 말하는 은어(隱語)라는 뜻의 '대범은어(大梵隱語)'로도 칭하는데, 천상 신계의 언어가 인간계의 문자로 기록된 것을 의미한다. 진문은 4세기 말~5세기 초에 성립된 것으로 알려진 『태상통현령보멸도오련생시묘경(太上洞玄靈寶滅度五鍊生尸妙經)』(이하 『오련경(五鍊經)』)의 일부를 이용하여 작성하였다. 『오련경』은 '오련생시지법술(五鍊生尸之法術: 오방의 정기를 이용하여 시체를 소생시키는 술법)'에 의해 죽은 이를 재생시키고 신선이 되어 하늘로 승천시키는 것에 대한 경전이다. 진문은 이 『오련경』의 특정 부분을 이용하여 작성한 것인데, 오방의 다섯 천제가 도교의 최고신인 원시천존(元始天尊)에게 저승에서 처벌받는 죽은 자의 영혼을 풀어 주고 시신을 잘 보살피라는 명을 받고 이를 당시 명계의 여러 신과 관리에게 전하는 내용이다.

따라서 사용한 부분은 모두 다섯 곳인데, 사용한 부분의 표제를 살펴보면 동방의 경우 '영보청제련도오선안령진신구기천문(靈寶青帝鍊度五仙安靈鎭神九氣天文)'이고 남방은 '영보적제련도오선안령진신삼기천문(靈寶赤帝鍊度五仙安靈鎭神三氣天文)'이며, 중앙은 '영보황제련도오선안령진신중원천문(靈寶黃帝鍊度五仙安靈鎭神中元天文)', 서방은 '영보백제련도오선안령진신칠기천문(靈寶白帝鍊度五仙安靈鎭神七氣天文)', 북방은 '영보흑제련도오선안령진신오기천문(靈寶黑帝鍊度五仙安靈鎭神五氣天文)'이다. 이러한 『오련경』의 표제가 다섯 개의 진묘석에 기록되어 각 방위에 맞춰 설치된 것이다. 즉 동방은 청제가 원시천존의 명을 받아 수행하는 것이고, 남방은 적제가, 중앙은 황제가, 서방은 백제가, 북방은 흑제가 각기 명령을 집행하게 되는 것이다.

진문의 전반부에는 이들 오천제가 '상부신향제령관(上府神鄉諸靈官)'으로 불리는 각 방위의 무극세계(無極世界: 지하 명계)의 관리 및 신들에게 죽은 자의 시신을 태음(太陰: 명계)에 의탁하는 내용이 기록되어 있다. 예를 들면 서방의 경우 백제가 서방 지하 명계의 신들에게 지금 망자가 지하로 입문하니 이의 시신을 잘 처우할 것을 명하고 있다. 후한 시기 진묘문에서 천제의 사자가 지하 세계의 관리와 신들에게 망자의 지하로의 입문을 고하며 진묘를 명하는 것과 유사한 구조라고 할 수 있다. 다만 차이는 진묘석에는 '탁시태음(託尸太陰)'이라 하여 "태음에 죽은 자를 맡긴다."라는 표현이 명시된 것이다.

무엇보다 진묘석과 후한 진묘문의 가장 큰 차이는 진묘석에 기록된 후반부 내용이다. 진묘석의 후반부에는 명계에 맡겨진 죽은 자의 영혼을 구제하여 천상으로 올려 보내 정화된 몸으로 재생하게 하여 영생을 얻게 하라는 내용이 기록되어 있다. 이와 같은 내용은 우선 ① 명계에 맡겨진 죽은 갑(甲) 아무개의 영혼을 불러내어[出某甲鬼神], ② 목욕시키고 의복을 갖추게 한 후[沐浴冠帶], ③ 천부(天府: 천상에 있는 재생을 결정하는 관부)로 올려 보내는 것[遷上天府]으로 표현된다. 이렇게 천부에 올라가면 그 영혼은 ④ 천부에서 옷과 음식을 제공받으며[供給衣食], ⑤ 광명한 천상계에서 영생을 얻게 되고[長在光明], ⑥ 마귀들은 다시는 이들을 범하지 못하게 된다[魔無干犯]. 진묘석의 궁극적 목적은 죽은 자의 영혼을 영생을 얻은 정화된 몸, 즉 신선으로 만드는 것이다.

진묘문의 관심이 죽은 자를 지하 세계로 안전하게 입문시키고 그들이 지하 세계에서 받을 고초를 없애는 것, 그리고 죽은 자에 의해 산 사람들이 해코지를 당하지 않게 하는 것에 있었다면 진묘석은 죽은 자들의 영혼을 안전히 명계에 위탁할 뿐 아니라 그들을 천계로 올려 보내 영생을 시는 신선이 되게 하는 것으로 관심이 확대된 것이다. 재래 민간신앙이 체계를 갖추며 고급 종교인 노교로 발전하면서 그 관심이 영혼의 영구한 안식으로 변화한 것이다.

◎ 제2부

효성과 명성의 기념비

제 3 장

떠나간 자와 남겨진 자들을 위한 표석(表石)

墓碑
묘비

비(碑)의 기원

전통적으로 비(碑)란 돌에 문자를 새기고, 이를 지면에 수직으로 세워 놓은 석각(石刻)을 말한다. 그리고 이러한 비에 기록된 문장을 비문(碑文)이라 한다. 비는 일반적으로 — 신화와 전설상의 제왕이나 영웅 같은 가상의 인물들을 포함하여 — 특정한 인물, 사건, 장소 등을 기념하기 위해 제작되었다. 따라서 비석(碑石)에 기록된 문장인 비문은 기념 대상의 공(功)이나 덕(德)을 찬미하는 내용이 주를 이루기 마련이다. 오늘날 건립되는 비석도 이러한 형식과 목적에서 크게 벗어나지 않는다.

그렇다면 이러한 형식의 비는 언제부터 시작되었을까. 왜 인물이나 사건을 기념하기 위한 수단으로 비를 사용한 것일까. 비의 제작 목적과 용도는 출현 당시부터 변하지 않고 유지되어 온 것일까. 이러한 문제를 해결하기 위해 먼저 고대 중국인들이 비를 어떻게 규정했는지를 확인할 필요가 있다.

지금으로부터 약 1,800년 전 후한(後漢, 25년~219년)의 학자 허신(許愼, ?~149년)이 편찬한 최초의 한자 사전인 『설문해자(說文解字)』에서는 '비'를 다음과 같이 정의하고 있다.

> 비: 돌을 세워 놓은 것이다.[1]

이는 비에 대한 최초의 사전적 정의라고 할 수 있는데, 비의 외형상의 특징을 지적한 것으로 오늘날의 비와도 부합한다. 한편 이러한 비의 유래와 용도에 대해 후한의 대학자 정현(鄭玄, 127년~200년)은 유교 경전인 『의례(儀禮)』의 주석에서 다음과 같이 설명하였다.

> 궁중에는 반드시 비가 있으니 해의 그림자를 표시하고 음과 양을 인도하기 위함이다. 무릇 비라는 것은 사물을 매어 두는 것으로 종묘에서는 희생(犧牲: 제사에 쓸 동물들)을 거기에 묶어 두고, 이를 통해 피와 털을 취한다. 궁궐과 종묘에서는 돌로 만들고, 하관을 할 때에는 나무로 만든다.[2]

정현의 설명에 따르면 비는 원래 하나만을 가리키는 것이 아니었으며 그 용도도 다양했다. 해의 그림자를 재는 측정 기구, 종묘 제사에

---

1 『說文解字』, "碑, 豎石也."

2 『儀禮』, 「聘禮」, "[鄭玄注]宮必有碑, 所以識日景, 引陰陽也. 凡碑, 引物者, 宗廟則麗牲焉, 以取毛血. 其材, 宮廟以石, 窆用木."

쓸 동물들을 잠시 묶어 두기 위한 말뚝 형태의 돌기둥, 그리고 무덤에 관을 내릴 때 사용하는 나무로 만든 기자재 등을 모두 비라고 했다. 즉 고대의 비는 오늘날의 전형적인 비석과는 많이 달랐음을 알 수 있다. 특히 나무로 만든 것을 비라고 한 점이 주목된다. 이는 비가 돌로 만든 것이라는 상식과 어긋나기 때문이다.

나무로 된 비에 대해, 정현과 동시대 인물인 유희(劉熙)는 그가 지은 용어 해설집인 『석명(釋名)』에서 다음과 같이 설명하였다.

> 비란 두르는 것이다. 이는 본래 매장을 할 때 설치했던 것이다. 도르래[轆轤녹로]를 거기에 끼고 그 위에 밧줄을 두른 다음, 이를 당겨서 관(棺)을 내린다.[3]

이 구절을 당시의 매장 방법을 토대로 재해석하면 다음과 같다. 관을 무덤의 구덩이 안에 넣어야 할 때 관을 안전하게 내리기 위해 사용하는 것이 녹로(轆轤)라고 하는 일종의 도르래다. 녹로를 설치하기 위해서는 구덩이의 바깥 쪽 네 귀퉁이 또는 전후로 나무로 된 기둥을 박는다. 어떤 방향으로 기둥이 위치하든, 그 기둥들은 모두 윗부분에 나란히 구멍을 뚫는다. 그리고 이 구멍 사이에 녹로를 끼운다. 녹로는 물레와 같은 형태로 되어 있어 이곳에 밧줄을 감은 후, 밧줄을 다시 관에 연결하여 관을 내리는 것이다. 마치 우물에서 물을 쉽게 뜨기 위해 우물 위에 도르래를 설치하고 이를 통해 물통을 내렸다가 들어 올리는 원리와 같다.

---

3 『釋名』,「釋典藝」, "碑, 被也. 本葬時所設. 施轆轤, 以繩被其上, 以引棺也."

고대 중국에서 비라고 하는 기물은 그 제작 목적이나 용도, 재질에 있어서 오늘날 일반적으로 알려진 비와는 상당히 달랐음을 알 수 있다. 궁궐에서는 측정 기구를 의미했고, 종묘에서는 동물을 매어 두는 돌기둥으로, 장례 시에는 관을 내리는 나무로 된 기자재의 일부였다. 다만 이 세 가지 종류의 비에서도 공통점은 확인된다. 그것은 이들이 모두 외형상으로는 세워져 있다는 것이다. 『설문해자』의 '비' 자에 대한 뜻풀이가 단순히 '돌을 세운 것'으로만 되어 있는 것도 고전 속에서 언급된 다양한 비의 용례를 포괄적으로 고려한 결과일 것이다.

이러한 세 가지 비의 용례는 우리가 알고 있는 전통적인 비가 처음부터 존재했던 것은 아니었음을 시사한다. 그렇다면 비는 어디에서 유래한 것일까. 이와 관련하여 『석명』의 다음과 같은 기술이 주목된다.

> 그런데 신하와 자식 된 이들이 군주와 부모의 아름다운 공덕을 기리기 위해 그 위에 글을 적었다. 후세 사람들이 이를 따라하여 도로의 입구나 잘 보이는 곳에 세우고, 그렇게 문장이 기록된 것을 비라고 하였다.[4]

이에 따르면 장례를 마친 후, 도르래를 끼우는 데 사용한 나무 기둥을 제거하지 않고, 거기에 다시 무덤 주인의 공덕을 써 두었는데, 이러한 풍습을 후대의 사람들이 답습하여 비를 세우게 되었다는 것이다. 즉 고대 중국인들은 비의 기원을 장례 때 하관(下棺)을 위해 설치한 목비(木碑)에서 구한 것이다. 비석 가운데 다수를 점하는 것이 무덤 주변

---

4 『釋名』, 「釋典藝」, "臣子追述君父之功美, 以書其上. 後人因焉, 故建於道陌之頭, 顯見之處, 名其文, 就謂之碑也."

에 세워진 묘비임을 감안하면, 장례에 사용된 목비에서 그 연원을 찾는 것이 가장 타당해 보인다. 그러나 나무로 된 비는 현존하는 것이 없으므로 그 실물을 확인할 길이 없다. 또한 이상의 서술만을 가지고는 어떠한 경위로 나무로 된 비가 돌로 바뀌었는지, 이것이 왜 무덤에서 도로로 이동하게 되었는지를 명확히 알 수 없다.

현존하는 비석들 가운데 형태를 완벽하게 보존하고 있는 가장 이른 시기의 비석들은 후한 시대에 만들어진 것들이다. 이들 비석 가운데 상당수가 그 상단부 한가운데에 구멍이 뚫려 있다. 이러한 구멍을 '천(穿)'이라고 하는데, 이렇게 멀쩡한 비석에 굳이 구멍을 뚫어 놓은 것은 고대에 나무로 된 비에 도르래를 장착하기 위해 뚫었던 구멍의 답습으로 이해된다. 더욱이 이러한 구멍이 난 형태의 석비가 주로 무덤 앞이나 무덤 근처 사당에 설치되었다는 점도 장례에 사용된 목비와의 관련성을 강하게 시사하는 것으로 평가한다.

그렇다면 고대 중국에서 다양한 목적으로 사용된 비는 언제부터 오늘날과 같은 형태의 석비로 변화하게 된 것일까. 이를 해결하기 위해서는 전통적인 비의 목적과 용도에 부합하는 석각은 언제 처음으로 출현했는지, 그리고 현존하는 가장 오래된 비석으로는 무엇이 있는지를 확인할 필요가 있다.

기록과 기념의 '표석(表石)'

중국 역사를 통틀어 최고의 문장가이자 금석학자로 손꼽히는 송(宋, 960년~1279년)의 구양수(歐陽脩, 1007년~1072년)는 전통 시대 최초의 금석학

연구서인 『집고록(集古錄)』에서 비에 대해 다음과 같이 말하였다.

> 내가 집에서 옛 물건들을 모아서 정리를 해 보니, 삼대(三代: 夏하, 殷은, 周주의 세 왕조를 가리킨다). 이래로 종과 솥, 이(彝: 사다리꼴 모양을 한 각이 진 술병), 반(盤: 대야)과 같은 기물들에 문자가 새겨져 있었다. 그러다가 후한 이후에야 비로소 비문(碑文)이 있었다. 내가 전한 때의 비석들을 구해 보고자 하였으나 결국에는 얻지를 못했다. 이는 무덤의 비가 후한에서 비롯되었기 때문이다.[5]

구양수에 따르면 자신이 수집한 하, 은, 주 시대의 종과 솥이나 반 등과 같은 청동 용기에 문자가 새겨진 것은 확인할 수 있었으나 비문이라고 할 만한 것은 후한 시대부터나 보인다는 것이다. 그래서 그는 혹시나 하는 마음에 전한(前漢, 기원전 202년~기원후 8년) 시대의 비석들을 찾아보았으나 결국 찾지 못하였다. 이에 자신이 관련 유물을 얻어 보지 못한 것은, 실은 후한 이전에는 비라고 부를 만한 것이 존재하지 않았기 때문이라고 결론지었다.

구양수의 견해를 따를 경우 후한 이전까지 중국에서는 돌에 문자를 기록하는 풍습은 없었다는 것이 된다. 그러나 현재까지 확인 가능한 문헌의 기록과 금석문의 실례를 종합하면, 중국에서 돌에 문장을 기록한 예는 적어도 진시황(秦始皇, 재위 기원전 246년~기원전 210년) 때부터는 확인된다. 그는 이미 자신의 공과 덕을 돌에 기록했는데, 이는 후한보다도 200년이나 앞선 것이었다.

---

5 『集古錄』 卷4, 「宋文帝神道碑跋」, "余家集古所錄三代以來鐘鼎彝盤銘刻備有. 至後漢以後, 始有碑文. 欲求前漢時碑碣, 卒不可得. 是則冢墓碑, 自後漢以來始有也."

28년(기원전 219년) 시황제가 동쪽 군현(郡縣)을 순행하여 추역산(鄒嶧山)에 올라갔다. 돌을 세우고 노(魯)나라 지역의 유생들과 논의하여 진의 공덕을 기리는 내용을 돌에 새겼다.[6]

진시황은 천하를 통일한 후, 전국을 둘러보는 순행을 여러 차례 다녔다. 이 가운데 진시황 28년에 단행된 순행은 오늘날 중국의 동남부 지역을 경유하는 것이었는데, 그는 이 지역을 다니면서 주요 명소에 자신의 공과 덕을 기리는 문장을 돌에 새기도록 했다. 『사기(史記)』에 따르면 그는 역산(嶧山), 태산(泰山), 낭야(琅琊), 지부(之罘), 갈석(碣石), 회계(會稽) 등 총 여섯 곳에 이를 세웠는데, 이 가운데 역산의 것이 가장 앞선 것이다. 또한 이는 역사상 처음으로 돌에 공덕을 기록한 사례에 해당한다.

그렇다면 진시황은 왜 자신의 공덕을 기리는 문장을 돌에 기록한 것일까. 이에 대한 해답은 그가 낭야대를 등정한 다음에 새긴 석각의 명문에서 찾을 수 있다.

이제 황제께서 온 세상을 하나로 합쳐 군현을 삼으시니 천하는 화평하게 되었다. 종묘를 밝히고 도덕을 체현하셨으며, 칭호를 높이고 큰 성취를 이루셨다. 이에 군신들이 함께 황제의 공덕을 노래하고 이를 금석에 새겨 귀감으로 삼는다.[7]

---

6 『史記』 卷6, 「秦始皇本紀」, "二十八年, 始皇東行郡縣, 上鄒嶧山. 立石, 與魯諸儒生議, 刻石頌秦德."

7 『史記』 卷6, 「秦始皇本紀」, "今皇帝并一海內, 以爲郡縣, 天下和平. 昭明宗廟, 體道行德, 尊號大成. 羣臣相與誦皇帝功德, 刻于金石, 以爲表經."

이상에 따르면 돌에 문장을 기록한 것은 천하를 통일한 진시황의 공덕을 찬미하고, 이를 모범으로 삼기 위함이다. 다시 말해 진시황의 공적을 하나의 표준으로 제시하고, 후세가 이를 본받도록 한 것이다. 문장을 기록한 서사 재료로 돌을 사용한 것은 이를 손상 없이 영원토록 전하고자 했기 때문이었을 것이다.

이러한 진시황의 명문은 그 제작 의도와 내용으로 볼 때, 특정 인물의 공덕을 기록한 공덕비(功德碑) 또는 사건을 기념하는 기사비(紀事碑)에 해당한다. 그런데 정작 『사기』의 저자인 사마천(司馬遷, 기원전 145년~?)은 진시황이 남긴 석각에 대해서 결코 '비(碑)'라는 표현을 사용하지 않았다. 그의 책에서 이들 석각은 '석(石)'으로만 되어 있다. 게다가 이는 진시황의 석각에만 해당되는 것이 아니다. 130권에 달하는 『사기』의 어느 구절에서도 '비'라는 말은 나오지 않는다. 전한 시대를 대상으로 한 역사서인 『한서(漢書)』에서도 '비'라는 표현은 나오지 않으며, 당시 문인들의 저작 목록에서도 비나 비문은 보이지 않는다.

이는 곧 전한 시대까지 문장을 돌에 새긴 것을 비라고 부르는 인식은 존재하지 않았음을 의미한다. 진시황 때부터 특정한 인물이나 사건을 기념하고 이를 오랫동안 전하기 위해 돌에 문장을 새기는 방식은 있었지만 이를 비라고 하지 않은 것임은 분명하다. 이는 곧 당시까지 비에 대한 관념이나 정의가 성립되지 않았음을 방증한다.

진시황 때 처음 출현한 각석(刻石)의 풍조가 부활한 것은 후한 시대부터다. 후한 초기 당시 대장군인 두헌(竇憲, ?~92년)은 90년, 오늘날 신강성(新疆省) 이리(伊犁) 일대에서 흉노(匈奴)를 격파하고 연연산(燕然山)에 올라 자신의 공덕을 돌에 새기게 하였다. 이것이 바로 일명 〈연연산명(燕然山銘)〉이라 불리는 것으로, 오늘날에도 그 탁본이 남아 있다. 그 내용은 전반부에는 두헌의 전공을 구체적으로 기록하고, 후반부에는 그 공적을 찬미하는 운문의 명사(銘辭)가 첨부되어 있다. 이 문장은 『한서』의 저자로도 유명한 반고(班固, 32년~92년)가 지은 것이다. 공덕의 기록과 찬미라는 점에서 이 각석은 진시황의 각석과 유사하고, 기공비(紀功碑)나 공덕비의 기능에도 부합한다. 비록 〈연연산명〉은 산의 한쪽 면에 문장을 새긴 것이기 때문에 형태상으로 비는 아니지만, 이와 같은 석각의 등장은 진시황 때 각석 풍조의 부활로 평가할 수 있다.

현재까지 확인 가능한 사례 가운데서, 개인의 공적을 기록한 최초의 비는 일명 〈배잠기공비(裴岑紀功碑)〉다. 이 비는 후한 때 돈황(敦煌)의 태수였던 배잠(裴岑)이 후한 순제(順帝, 재위 125년~144년) 영화(永和) 2년(137) 흉노를 격파하여, 서역을 안정시켰음을 기념하기 위해 세운 것으로, 그 명문은 다음과 같다.

> 한(漢) 영화 2년(137) 8월, 돈황태수인 운중(雲中) 출신의 배잠이 군의 병력 3천 명을 이끌고 [흉노의] 호연왕(呼衍王) 등을 죽였으며, 그 무리들을 목 베고 사로잡아 전군을 이겼다. 서역의 근심을 제거하고 네 군(郡)의 해악을 덜어내어 변경을 안정시켰다. 위세를 이곳에까지 떨쳤으니 사당에 이를 세워 만세토록 밝힌다.[8]

이 명문에서는 "변경을 안정시켜서 위세를 이곳에까지 떨쳤으니, 사당에 이를 세워 만세토록 밝힌다."라고 하여 제작 목적을 명기하고 있

8 "有漢永和二年八月, 敦煌太守雲中裴岑, 將郡兵三千人, 誅呼衍王等, 斬馘部衆, 克敵全師. 除西域之灰, 蠲四郡之害, 邊境乂安. 振威到此, 立海祠以表萬世."

다. 즉 이와 같은 돌을 세운 것은 배잠이라는 장수의 공적을 기념하기 위한 것임을 분명히 한 것이다. 더욱이 앞서 언급한 〈연연산명〉과 달리 별도의 돌에 새겨져 있다는 점에서 초기 단계의 기공비로 평가하기도 한다.[9] 다만 이 비문에서는 배잠의 공적만이 간단히 서술되어 있을 뿐, 그의 공덕을 찬미하는 운문의 명사는 첨부되어 있지 않다.

특정 개인의 공적을 전하기 위한 비석뿐만 아니라, 황제의 조치를 기념하기 위해 비석이 제작되기도 하였다. 그 대표적인 사례가 바로 〈을영비(乙瑛碑)〉다. 이 비석의 건립 연대는 153년으로 후한 환제(桓帝, 재위 147년~167년) 원가(元嘉) 3년에 해당한다. 그 내용은 오늘날 산동성 곡부(曲阜)에 위치한 공자(孔子)의 사당인 공묘(孔廟)의 제기(祭器)를 관리할 전담 관원의 배치 경위와 그 결과에 대한 것이다. 공묘의 제기를 전담하는 관원의 배치를 건의한 을영의 상소로부터 시작하여, 이 안건을 접수한 조정의 검토와 회의 및 그 결과의 보고, 그리고 이에 대한 황제의 조치 등이 상세하게 기록되어 있다. 즉 공묘에 관원이 추가로 배정되기까지 발행된 공문서들을 비석에 기록한 셈이다.

그런데 을영의 상소나 황제의 명령 등은 별도의 행정 절차를 통해 이루어졌을 것이므로 굳이 이를 비석에 기록할 필요는 없었을 것이다. 비석을 세우는 수고를 들이지 않아도, 황제의 명령은 그의 명령을 문서화한 공문의 형식으로 담당 관서에 전달되어 효력을 발휘했을 것이기 때문이다. 그럼에도 불구하고, 굳이 비석을 세워 일련의 과정들을 상세하게 기록한 것은 황제의 조치를 기념하기 위한 측면이 강하다.

---

9 馬利淸, 「紀功刻石的文本傳統與《任尙碑》反映的"歷史事實"」, 『中國人民大學學報』 1(2017), 13쪽.

그 일례로 비문에서 황제의 명령을 기록한 방식을 들 수 있다. 비문 내에서 안건에 대한 황제의 재가를 의미하는 '제왈가(制曰可: 윤허한다고 조서를 내렸다.)'라는 문구만은 유독 별도의 행으로 기록되어 있다. 고전 한문에서는 문장의 종결 여부와 관계없이 띄어쓰기를 하지 않았다. 따라서 모든 문장은 외형상으로는 하나로 이어져 있기 마련이다. 하지만 이 '제왈가(制曰可)'라는 문구만큼은 앞의 문장과 이어지지 않고 줄이 바뀌어 기록되었을 뿐만 아니라 '제(制)' 자는 다른 줄의 글자보다 한 칸 위로 나오게 했다.

이렇게 황제의 명령을 의미하는 문자나 문구의 행을 바꾸거나 같은 줄에 있는 글자보다 돌출시키는 것을 대두(擡頭)라고 한다. 원래 이는 황제에게 경의를 표하기 위한 것으로 당시 공문서를 작성할 때 사용하는 방식이었다. 비석을 세운 사람들은 이러한 공문서의 격식을 비석의 명문에까지 그대로 적용한 셈이다. 이 비석을 보는 자들은 황제가 아닌 공묘를 드나드는 불특정 다수였을 것이다. 그런데도 명문에서 황제의 명령에 대해 경의를 표한 것은 이 비석이 황제의 조치를 기념하기 위한 측면이 강했음을 방증하는 것이다. 비문을 보는 자들은 돌출된 부분을 통해 황제의 명령을 시각적으로 가장 먼저 인지했을 것이기 때문이다. 이런 점에서 〈을영비〉는 공묘에 대한 황제의 각별한 관심과 배려를 강조하기 위해 세워진 것이라 할 수 있다.

단편적인 개인의 업적이나 국가의 조치를 오래도록 기념하기 위해 비를 세우는 마당에, 영구불변의 진리, 만세에 걸친 보편적 원칙을 돌에 기록하는 것은 너무나 당연한 게 아닐까.

[채옹(蔡邕) 등이] 육경(六經)의 문자를 올바르게 교정할 것을 상주

> 하니, 영제가 이를 허락했다. 채옹이 이에 직접 글씨를 비에 쓰고, 장인으로 하여금 각석을 하게 하여 태학의 문 밖에 세우도록 하였다. 이에 후학들이 배운 것을 부끄럽게 여기고 모두가 거기에서 바른 것을 취했다. 비석이 처음 세워지자 그것을 보고 모사하려는 자들로 그들이 탄 수레가 하루 1천 대에 달하여 거리를 메웠다.[10]

위의 기사는 후한 영제(靈帝, 재위 168년~188년) 희평 4년(175)부터 광화 6년(183)까지 약 10년 기간에 걸쳐서 유교의 경전을 각석한 석경(石經)의 건립 경위를 언급한 것이다. 이른바 〈희평석경(喜平石經)〉이라고도 불리는 이 일군의 비석들은 아쉽게도 대부분 파괴되어 원석의 잔편만이 전하고 있다.

당시에는 인쇄술이 아닌 오직 사람의 필사에 의해서 경전이 제작, 유통되었다. 그리하여 비록 경전이라고 할지라도 수많은 사람들의 필사를 거치는 와중에 그 내용이 변질되고, 문자상의 오류도 적지 않았다. 그 결과 하나의 경전을 놓고서도 다양한 이본이 존재했다. 이에 국가에서는 이러한 문제를 해결하기 위해 경전의 텍스트를 교정하고, 그 정본을 돌에 새긴 것이다. 이는 국가가 비문이라는 수단을 통해 경전의 표준을 제시한 것이다. 당시 주된 서사 재료인 죽간이나 종이에 이를 기록하여 보급하는 것이 아니라 변질의 가능성이 적은 돌에 기록하는 방식을 통해 유교의 진리를 전하고자 했던 것이다. 불변의 진리를 불변의 재료에 새기는 것이야말로 영원토록 후세에 기록을 남기기 위

10 『後漢書』 卷60, 「蔡邕傳」, "奏求正定六經文字, 靈帝許之. 邕乃自書於碑, 使工鐫刻立於太學門外. 於是後儒晚學, 咸取正焉. 及碑始立, 其觀視及摹寫者, 車乘日千餘兩, 塡塞街陌."

해 비석을 세웠던 사람들의 의도에 가장 부합하는 것은 아닐까. 적어도 후한 시대 사람들은 비석의 건립이 단순한 각석(刻石), 그 이상의 의미를 갖고 있다는 것은 이미 인지하고 있었음에 틀림없다.

무덤 앞에 세워진 묘비(墓碑)

오늘날 묘비라 하면 일반적으로 봉분 바로 앞에 세워진 비석을 떠올릴 것이다. 이 비석에는 '모모지묘(某某之墓: 아무개의 무덤)'라는 표제하에 무덤 주인의 성명과 향년(享年)이 명기되고, 경우에 따라서는 비석의 하단이나 측면에 고인 가족들의 인적 사항이 간략하게 서술되기도 한다. 이와 같은 형식의 비석을 세운 목적은 무덤의 주인이 누구인지를 명확히 밝힘으로써 무덤을 방문하는 후손들로 하여금, 주변의 다른 묘소와 헛갈리지 않도록 하기 위한 것임은 말할 것도 없다. 이런 점에서 무덤 앞에 세워진 묘비는 일종의 '묘소용 명찰'이라 해도 무방하다.

그렇다면 이러한 형식의 묘비는 언제부터 비롯된 것일까. 고대 중국인들의 무덤 역시 기본적으로 오늘날과 비슷한 봉분의 형식을 취하고 있었다. 다시 말해 무덤의 형태만으로는 무덤의 주인이 누구인지를 분간하기 어려운 것은 당시도 마찬가지였다.

무덤의 표지로 돌을 사용한 예는 현재로서는 전한 말기에 처음 확인된다. 일명 〈포효우각석(麃孝禹刻石)〉이라 불리는 석각이 바로 그것으로, 각석 시점은 전한 성제(成帝, 재위 기원전 32년~기원전 7년) 하평(河平) 3년(기원전 26)이다. 명문은 15자에 불과한데 그 내용은 다음과 같다.

하평 3년(기원전 26) 8월 정해(丁亥), 평읍(平邑) 성리(成里)의 포효우(麃孝禹)[11]

'하평 3년 8월 정해'는 이 석각을 새긴 시점이고, 그 이하가 묘주(墓主)에 대한 소개에 해당한다. 명문은 무덤의 내부 벽면이나 천장에 새겨져 있는 것이 아니라, 오늘날의 비석과 같은 상단부가 둥근 반원형의 돌에 새겨져 있다. 명문이 새겨진 돌은 다른 건축 자재의 일부가 아니라 그 자체로 별도의 기물이다. 또한 명문의 내용도 그 자체로 완결성을 갖는 문장이다. 살아 있는 사람의 이름을 기년과 함께 돌에 새기는 일은 없다. 따라서 이러한 사정들을 고려하여 이 석각은 포효우의 무덤 앞에 세워졌고, 그의 무덤을 알리는 표지 역할을 했을 것으로 추정한다. 이 석각은 현존하는 석각들 가운데서 묘주의 성명을 표기한 것으로는 가장 오래된 것이다. 그리하여 논자에 따라서는 이 석각을 묘비(墓碑)의 시조로 보고, 이를 〈포효우비(麃孝禹碑)〉라 부르기도 한다.[12]

한편 명문에서 묘주의 무덤을 언급한 최초의 사례로는 일명 〈내자후각석(萊子侯刻石)〉이 있다.

시건국(始建國) 천봉(天鳳) 3년(16) 2월 13일, 내자후(萊子侯)를 위해 일가 사람들이 무덤을 만들었다. 차자량(儲子良) 등 백여 명의 인력을 동원하였다. 이후 자손들은 파괴하지 말지어다.[13]

11 "河平三年八月丁亥, 平邑成里麃孝禹."
12 楊寬, 『中國古代陵寢制度史硏究』(上海: 人民出版社, 2008), 152-153쪽.
13 〈新天鳳三年萊子侯刻石〉, "始建國天鳳三年二月十三日, 萊子侯爲支人爲封, 使儲子良等用百余人. 後子孫毋壞敗."

이 석각은 전한의 제위를 찬탈한 왕망(王莽, 기원전 45년~기원후 23년)의 신(新, 9년~24년)나라 때 제작된 것으로, 내자후라는 사람을 위해 무덤을 만든 사실을 적시하고 있다. 또한 명문의 후반부에서 무덤을 파괴하지 말라고 한 것으로 볼 때, 이 석각 역시 무덤 앞에 위치했을 것으로 추정한다. 이 같은 당부는 무덤을 밖에서 보는 자들을 전제로 했을 것이기 때문이다.

이상의 사례들은 늦어도 전한 말기부터 무덤 앞에 묘주의 신상을 명기한 석물을 세우는 풍습이 있었음을 방증한다. 따라서 이들 석각들은 그 내용이나 형태, 제작 시점으로 볼 때 초기 단계의 묘비로 평가할 수 있다. 다만 아직 이때까지 이러한 석각들을 '비(碑)'로 부르는 관념은 없었던 점, 이들 석각의 명문 내에서 '비'라는 표현은 확인되지 않는 점, 게다가 앞으로 새로운 자료의 발굴 가능성을 고려해도 현재 확인 가능한 건수가 극히 소량인 점 등으로 미루어 볼 때, 묘비를 세우는 행위는 전한 시대까지 일반적인 현상은 아니었던 것으로 보인다.

묘비가 본격적으로 출현하는 것은 후한대의 일이다.[14] 무덤에 세워진 묘비 가운데, 비문 내에서 구체적인 제작 목적을 명기한 사례로는 후한 광무제(光武帝, 재위 25년~57년) 건무(建武) 28년(52)에 제작된 일명 〈삼로휘자기일기(三老諱字忌日記)〉라는 석각이 있다.

> 삼로(三老)를 지낸 [조부의] 이름은 통(通)이고 자(字)는 소부(小父)로 경오일(庚午日)이 기일이다. 조모의 이름은 알지 못하고 자는 종군(宗君)으로 계미일(癸未日)이 기일이다. …… 조부이신 삼로의 덕과

14 李發林, 『古代石刻叢話』(濟南: 山東教育出版社, 1988), 57-58쪽.

공업은 밝게 빛나고 성대하도다. 사명을 완수하기 위해 분투하심을 자신의 몸보다 먼저로 삼으셨으며 잘 살피시고 자애로우셨으니 [그 위대함을] 말로 표현할 수 없을 정도구나. [그분의 신령이] 아홉 명의 손자를 보우하실 것이다. 많은 시간이 흘렀건만 여전히 선조의 덕택은 후대에게까지 미치는도다. [일곱째 손자인] 한(邯)이 조부의 이름을 알게 되어, 후손들에게 공경하게 하고 환히 알게 하고자 [이를 세운다]. 대개 『춘추(春秋)』의 의리는 선조의 이름을 말하지 않는 것이 선조를 공경하는 것이다. [그러나] 조부이신 삼로로부터 우리 아홉 손자가 멀리 떨어져 있지 않음을 생각하니 피하는 바를 드러내지 않는다면 [후세가] 말과 행동에 금기를 범하게 될 것이다. …… 중히 후손들에게 이르노니 바라건대 선조의 덕행에 부합하도록 하라.[15]

이 석각에는 비문의 제목에 해당하는 비액(碑額)이나 제명(題名)은 없다. 그 내용은 삼로라는 벼슬을 지냈고, 이름이 '통(通)'이라는 인물의 제사 날짜와 그의 공덕에 대한 찬미, 그리고 후손에 대한 당부로 구성되어 있다. 비문의 본문에서 [일곱째 손자인] 한(邯)이 조부의 이름을 알게 되어, 후손들에게 공경하게 하고 환히 알게 하고자'라고 한 것을 통해 이 석각이 조부 '통'의 제사 날짜와 그의 이름을 후손에 길이길이 전하기 위해 제작된 것임을 알 수 있다. 이러한 제작 목적을 고려하여 이 석각은 '삼로(三老)의 이름과 기일에 대한 기록'이라는 의미의 '삼로

15 "三老諱通, 字小父, 庚午忌日. 祖母失諱, 字宗君, 癸未忌日. ……三老德業赫烈. 克命先已, 汁稽履仁, 難名兮. 而右九孫. 日月虧代, 猶元風力射. 邯及所識祖諱, 欽顯後嗣. 蓋春秋義, 言不及尊, 翼上也. 念高祖至九子未遠, 所諱不列, 言事觸忌. ……敬曉末孫, 冀副祖德焉."

휘자기일기(三老諱字忌日記)'라 불린다.

명문 안에 '통'의 성씨는 언급되어 있지 않다. 이름과 공덕을 길이 전하기 위한 것임에도 불구하고 어째서 성씨를 표기하지 않은 것일까. 이는 실은 표기하지 않았다기보다는 표기할 필요가 없었다고 보는 편이 맞다. 이 석각을 접하게 될 사람들은 어차피 '통'의 후손들이다. 후손들은 이미 '통'의 성씨를 알고 있었기에 표기할 필요가 없었던 것이다.

다만 살아 있는 자의 공간과 격리된 무덤은 망자의 지극히 사적인 공간이며, 자주 찾기 어려운 공간이다. 세대가 거듭되어 혈연관계가 멀어지다 보면 조상의 이름은 물론이고, 그의 제사일도 잊힐 우려가 있다. 이에 '통'의 삼대에 해당하는 손자가 그것을 미연에 방지하기 위해 무덤 근처에 이상과 같은 내용을 기록한 석각을 세운 것이다. 오늘날의 무덤에 세워진 묘비에도 간혹 무덤 주인의 제사 날짜를 명기한 사례가 있는데, 이러한 관행의 유래와 그 의미를 〈삼로휘자기일기〉에서 확인할 수 있는 것은 아닐까.

이후 후한 중기가 되면 석각의 명문에서 마침내 '비(碑)'라는 표현도 확인된다.

> 영초(永初) 2년(108) 7월 4일 정사(丁巳)에 현(縣)의 공조(功曹)이자 군(郡)의 연(掾)을 지낸 왕효현(王孝淵)이 사망하였다. …… 훌륭하신 명성은 무성한 수풀과도 같아 그 공을 비할 데가 없도다. 그러므로 돌에 새겨 이를 기록한다. …… 하나의 목표를 위해 함께 힘을 모아 돌을 세워 밝힌다. 이를 통해 후세에 보이는 바이니 공순하게 받들어 잊지 말라. 자자손손에 걸쳐 길이 받들지어다. 영건(永建) 3년(128) 6월 비로소 정미(丁未)일에 이 석비(石碑)를 조성하였으니, 만

세토록 복되고 자손들은 절로 존귀하게 되기를…….[16]

위의 기사는 〈왕효연묘비(王孝淵墓碑)〉라 불리는 묘비의 명문 일부다. 여기서 주목되는 것은 '석비(石碑)'라는 표현으로, 당시 사람들이 이 석물을 비석이라고 인식했다는 증거가 된다. 따라서 이제부터 우리들은 이 석물에 대해 석각이라는 애매한 표현 대신 비석이라는 표현을 사용해도 좋을 것 같다.

이 비석에서 흥미로운 점은 이것이 묘비임에도 불구하고 주인공의 죽음 직후에 바로 세워진 것은 아니라는 점이다. 비문의 주인공인 왕효연이 사망한 시점은 108년인데, 정작 비석이 세워진 것은 그로부터 20년이나 지난 128년이다. 무덤을 조성하는 데 소요되는 시간을 감안하더라도 죽은 지 20년 만에야 비석이 세워진 것은 너무 늦다. 이렇게 비석이 늦게 제작된 이유에 대한 실마리는 역시 비문에서 찾을 수 있다. 비문에서는 왕효연의 공덕이 비할 바가 없을 정도로 크며 이를 돌에 새겨서 기록한다고 하였다. 이 비석의 건립 목적이 왕효연의 공덕을 기록하여 영원토록 후세에 전하기 위함임을 분명히 한 것이다. 그런데 이 비문을 마주할 독자는 왕효연의 자손들이다. 비문에서 "자손들은 공순히 받들지어다."라고 한 것, 자손들의 무궁한 복과 출세를 기원하는 문구가 마지막 문단을 장식하고 있는 것이 그 증거이다. 즉 이 묘비는 묘주의 자손들이 고인을 기억하고 그 기억을 오래도록 전하기 위한 추모 행위의 일종으로 건립된 셈이다. 그리고 이러한 순수한 추모

16 "永初二年七月四日丁巳, 故縣功曹郡掾□□王孝淵卒……崇譽林苑, 莫與比功. 故刊石紀……大協同歸, 石立□顯. 爰示後世, 怡怡勿忘. 子子孫孫, 秉承久長. 永建三年六月始旬丁未造此石碑, 祥吉萬世, 子孫自貴."

의 심정은 결국 효성과 관련되어 있었다.

자손이 조상의 무덤을 잘 관리하는 것, 제사 날짜를 잊지 않는 것, 돌아가신 분의 공덕을 기억하고 이를 길이 전하는 것 등은 실은 모두 효도의 기본 덕목에 해당한다. 이러한 비석들이 유행하게 된 후한 시대는 사상사적으로 유교사상이 지방의 구석구석까지 널리 보급된 시기였다. 그중에서도 특히 유교의 핵심 윤리인 효사상이 위로는 황제부터 아래로는 일반 서민에 이르기까지 침투하였다. 부모에 대한 삼년상(三年喪)의 관행이 정착된 것도 바로 이 무렵의 일이다.

사람들은 살아 있는 부모에 대한 봉양뿐만 아니라, 돌아가신 조상에 대해서도 마찬가지로 효도를 다해야 하며, 이것이 자손의 도리라고 여겼다. 이에 사람들은 돌아간 조상에 대해 효성을 가장 확실하게 표현할 수 있는 수단으로 무덤을 크고 화려하게 조성하는 길을 택했다. 당시 사람들은 무덤을 죽은 자의 영혼이 거주하는 공간으로 여겼기 때문이다. 살아 있는 부모를 크고 훌륭한 집에서 모셨듯이 죽은 부모가 거주하는 집도 그에 못지않게 조성하는 것은 너무나도 당연했다.

이에 더하여 자손으로서 사망한 조상을 추모하고 그 공덕을 기리기 위해 비석을 세우고 그의 덕행을 구체적으로 기록한 것이다. 무덤 자체를 화려하게 조성하는 것도 중요하지만, 조상의 덕행과 업적을 널리 알리는 것이야말로 영혼을 진정으로 기쁘게 할 수 있는 효도 방법이었다. 또한 자손들이 비석을 세우고 조상의 공덕을 기리는 행위를 통해 미래의 자손들에게도 효도를 강조하는 효과를 기대할 수도 있었을 것이다. 이런 점에서 후한대 묘비의 건립과 유행은 효사상이 널리 보급되고 그 실천이 강조된 사회 분위기와도 깊은 관련이 있다고 할 수 있다.

그리하여 후한대 후반으로 갈수록 묘비는 더욱 늘어나고, 전국적으로 동시다발적으로 건립되면서 묘비의 형식도 다양하게 된다. 그 일례로 〈좌원이묘비(左元異墓碑)〉를 들 수 있다. 이 묘비는 제작 연대가 후한 환제(桓帝) 화평(和平) 원년(150)으로 〈왕효연묘비〉보다 20년 정도 늦다. 이 묘비의 명문은 다음과 같다.

> 사자(使者)로서 절(節)을 지녔던 중랑장(中郎將)이자 막부(幕府)의 주조사(奏曹史)를 지낸 서하(西河) 출신 자(字)가 원이(元異)인 좌표(左表)의 무덤.[17]

명문은 무덤 주인이 역임한 관직을 먼저 열거하고, 이어 그의 본명과 자(字), 그리고 무덤을 의미하는 '지묘(之墓)'라는 표현으로 구성되어 있다. 이런 형식은 정작 오늘날 무덤 앞에 세우는 비석의 형식과 완전히 일치하여 흥미롭다. 이 비석을 세운 것은 〈포효우각석〉과 마찬가지로 무덤의 주인을 표기하기 위한 것으로, 무덤이 잊히지 않고 후손들에 의해 지속적인 관리가 이루어지길 바라는 유족들의 심정에서 비롯되었을 것이다. 또한 명문에서 단순히 성명만을 언급하지 않고 죽은 자의 이름 앞에 그가 역임했던 관직들을 복수로 열거한 것은 묘소를 방문하는 자들에게 관료로서의 행적을 각인시키기 위함이었을 것이다. 묘주가 역임한 관직이야말로 출세와 성공의 증거로, 이는 간결하면서도 가장 명확하게 묘주의 업적을 드러내는 기능을 수행하기 때문이다.

후손들이 비문 내에서 조상의 생애를 구체적으로 서술함과 동시에 제작 목적을 명기한 사례로는 〈선우황묘비(鮮于璜墓碑)〉가 있다. 이 묘

17 "使者持節中郎將幕府奏曹史西河左表字元異之墓."

비는 후한 환제 연희 8년(165)에 제작되었는데, 비문의 내용을 발췌하면 다음과 같다.

> [비액(碑額):] 〈한(漢)의 고인(故人)으로 안문태수(雁門太守)를 지낸 선우군(鮮于君)의 비(碑)〉
> 군(君)의 휘는 황(璜)이며 자는 백겸(伯謙)이다. 그 선조는 은(殷)나라 기자(箕子)의 후손에서 나왔다. …… 낭중(郎中)을 제수받았고, 몇 번 자리를 옮겨 요동(遼東)의 우부사마(右部司馬)가 되어 변방의 오랑캐들을 위무하시니 변경이 편안하게 되었다. 공유현(贛榆縣)의 현령으로 자리를 옮겨 백성들에게 모범을 보이고, 정치를 하심에 예(禮)를 완성시키시니 백성들이 그 은혜를 칭송하고 수하의 관리들은 그 위엄에 귀의하였다. …… 영초(永初) 원년(107)에는 안문태수에 임명되었는데 행실은 절도가 있으면서 청정했고, 공경하면서도 검소함으로 스스로를 잘 단속했다. …… 마땅히 공업을 이루어 높은 지위를 길이 누려야 하거늘. 아, 불행히도 일찍이 세상을 떠나 마치게 되셨으니, 연광 4년(125) 6월 임술 자택에서 사망하시었다. 이에 [비석에] 글을 새기니 크나큰 공적을 밝히고 조부를 추모하며, 옛 선조들을 계승하기 위한 것이다. 위대하신 덕을 슬피 여기길 어찌 그칠 수 있겠는가. 이에 군의 손자인 방(舫)과 창(倉), 구(九) 등이 함께 산을 깎아 돌을 취해 시호를 정하고, 이를 억년에 걸쳐 남겨 후손에게 보이고자 한다. …… 연희 8년(165) 11월 18일 기유에 조성하다.[18]

---

18 [碑額:] 〈漢故雁門太守鮮于君碑〉
"諱璜, 字伯謙. 其先祖出于殷箕子之苗裔……除郎中, 遷度遼右部司馬, 慰綏朔狄, 邊宇艾安. 遷贛榆令, 經國帥下, 政以禮成, 民誦其惠, 吏懷其威……永初元年, 拜鴈門大守, 折節淸行, 恭

이 묘비는 앞서 열거한 〈삼로휘자기일기〉, 〈왕효연묘비〉, 〈좌원이묘비〉와는 형식 면에 있어서 큰 차이가 있다. 바로 비액, 즉 비문의 표제에 정식으로 '누구누구의 비'라는 표현을 사용하고 있는 점이다. 〈왕효연묘비〉나 〈좌원이묘비〉에서는 주인공이 거친 관직에 대한 소개가 간략한 반면, 〈선우황묘비〉는 주인공이 역임한 관직뿐만 아니라, 그가 그 관직 재임 당시에 무슨 공적을 세웠는지를 구체적으로 언급하고 있다. 또한 〈왕효연묘비〉와 마찬가지로 이 묘비 역시 주인공이 사망한 직후에 세워진 것이 아니라, 그가 사망하고 나서 무려 40년이나 지난 시점에 그의 손자들에 의해 세워졌다. 그 제작 목적도 본문에 명확히 서술되어 있다. 주인공인 선우황이 세운 공적을 기록하여 후손에게 길이 전하고자 하기 위함이다.

아마도 선우씨 가문에서 이 선우황이라는 인물이 가장 출세한 인물이었던 것 같다. 그리하여 그 손자들은 자랑스러운 조부의 공적을 추모하고, 이를 다시 후손에게 전하기 위해 이러한 비석을 새삼 조성한 것으로 보인다. 비문의 구성 방식, 제작 목적 등으로 봤을 때, 〈선우황묘비〉는 조상의 공덕을 기억하고, 이를 재생산하여 후손들에게 가문의 일원으로서 자부심과 소속감을 부여하기 위해 제작된 당시 묘비의 결정판인 셈이다.

그런데 후한 말기가 되면 전혀 다른 성격의 묘비들이 등장한다. 현존하는 후한 시대의 묘비들 대부분은 환제, 영제 시내에 집중되어 있다. 시간적으로는 대략 147년부터 188년까지의 기간에 해당한다. 이

儉束脩……當遂功祚, 究爵永年, 意乎不造, 早世而終, 以延光四年六月壬戌, 卒于家. 蓋銘勒之云, 所以彰洪烈, 纂乃祖, 繼舊先. 悲夫盛德, 惡可已哉. 於是君之孫魴倉九等, 乃相與刊山取石, 表謚定號, 垂之億載, 以示昆苗……延熹八年十一月十八日己酉造."

기간에 출현한 묘비들 역시 기본적으로는 죽은 자를 추모하기 위한 것으로 제작 의도에 있어서는 큰 차이가 없다. 그런데 정작 이 비석을 세운 사람들은 무덤 주인의 후손들이 아니었다. 즉 묘비는 반드시 사망한 사람의 가족이나 그가 속한 가문 사람들에 의해서만 제작되는 것은 아니었다. 어째서 무덤의 주인과 혈연적으로 관련이 없는 사람들이 묘비를 세운 것일까. 그리고 이 사람들은 어떠한 사람들일까.

새로운 입비자(立碑者)들: 문생(門生)과 고리(故吏)

[비액(碑額):] 〈한(漢)의 고인(故人)으로 익주태수(益州太守)이자 북해(北海)의 상(相)이었던 경군(景君)의 명(銘)〉
[후한 순제(順帝, 재위 125년~144년)] 한안(漢安) 2년(143) 중추 □□에 북해(北海)의 상(相)을 지냈던 임성(任城)의 경부군(景府君)께서 사망하셨다. 아! 슬프도다. 나라의 □이자 □한 보배셨는데, 훌륭한 선비들은 짝을 잃은 셈이고 별자리는 정기를 잃었으며, 후학들은 때를 놓치게 되었다. 어찌하여 하늘은 수명을 내리되 기한을 두어 삶과 죽음이 있게 한 것인가. 하늘이 실로 이러하다면, 어찌하여 어질고 현명한 사람들을 남겨 놓지 않은 것인가. 이에 [그분의] 고리(故吏)와 제생(諸生)들이 모여서 다음과 같이 논하였다. "과거의 여러 인사들은 영원토록 빛나는 자취를 전하고, 문헌에 그 아름다운 행실을 남기지 않은 적이 없었다. [그리하여] 육신은 죽었으나 행적은 빛나게 되었고, 형체는 사라졌으나 이름은 남게 되었다. 이에 어떤 이는 그림을 통해 형상을 남겼고, 어떤 이는 악기를 통해 노래하

> 였으니 훗날의 사람들이 그 훌륭함을 읊조리고, 죽간과 비단에 그 공적을 서술하였다." 이에 다음과 같이 뇌(誄)를 짓는다. …… 장수를 오래도록 누리지 못하시고, 신하들을 버리셨습니다. 어지신 덕행은 산과 바다에까지 펼쳐지시어 [『시경(詩經)』에서 훌륭한 정치를 노래한 시인] 〈감당(甘棠)〉의 의미를 밝히셨습니다. 돌을 깎아 명(銘)을 새겨서 잊지 않게 할 것입니다. …… 옛 신하들은 슬픔을 다하고 제사를 공경히 하면서 묵묵히 상을 치르고 무덤을 지킴에, 인을 근본으로 하여 예를 갖추었습니다. 무덤은 완성되었고 나무는 즐비하게 되었습니다. 성인의 가르침에 법도가 있어 3년이 되면 무덤을 떠나야 하나, 영원한 그리움 삭지 않아 감당할 길이 없기에 의리에 따라 마음을 나누어 추모의 글을 짓고 그 뜻을 밝히게 되었습니다. 혼령은 멀어지더라도 복을 내려 주시길…….[19]

이 묘비는 석각의 표제에 명기된 표현을 그대로 따라 〈북해상경군명(北海相景君銘)〉이라 불리기도 한다. 북해는 오늘날 중국 산동성(山東省)에 위치한 군(郡)이고, 상(相)은 오늘날의 군수에 해당한다. 즉 이 표제를 그대로 풀면 북해군의 군수를 지낸 경씨라는 성을 가진 인사에 대한 명(銘)이라는 것이다. 그럼에도 불구하고 이 석각을 묘비라고 부르

---

19 [碑額:] 〈漢故益州太守北海相景君銘〉

"惟漢安二年仲秋□□, 故北海相任城景府君卒, 歍歔哀哉, 國□□寶, 英彥失疇, 列宿虧精, 晩學後時, 于何穹倉, 布命授期, 有生有死, 天寔爲之, 豈夫仁哲, 攸剋不遺, 於是故吏諸生, 相與論曰: 上世群后, 莫不流光□於無窮, 垂芳耀於書篇, 身殁而行明, 體亡而名存, 或著形像於列圖, 或系頌於管弦, 後來詠其烈, 竹帛敘其勳, 乃作誄曰……不永麋壽, 棄臣子兮. 仁敷海代, 著甘棠兮. 刊石勒銘, □不亡兮……惟故臣吏, 愼終追遠, 諒闇沈思, 守衛墳園, 仁綱禮備. 陵成宇立, 樹列既就. 聖典有制, 三載已究, 當離墓側, 永懷靡既, □不可勝, 以義割志, 乃著遺辭, 以明厥意. 魂靈瑕顯, 降垂嘉祐."

는 데 주저하지 않은 이유는 본문의 내용 때문이다. 비문의 하단에서 '무덤은 완성되어 나무가 즐비하게 되었고', '3년이 되면 무덤을 떠나야' 하지만 '의리에 따라 마음을 나누어 추모의 글'을 지었다고 서술한 것을 통해, 이 석각이 경씨 성을 가진 인사가 사망하고, 그의 삼년상이 끝난 뒤 그의 무덤 주변에 조성되었음을 알 수 있다. 또한 그 제작 목적이 망자를 추모하고 있다는 점에서 지금까지 살펴본 묘비와 일치한다. 따라서 이 석각 역시 묘비라고 불러도 큰 손색이 없을 것이다.

그런데 이 묘비가 다른 묘비들과 다른 결정적인 부분이 있다. 그것은 바로 묘비를 세운 사람들이다. 비문의 도입부에서 비석을 세운 주체를 '경군'의 '고리와 제생'으로 명기하고 있다. 그렇다면 여기에 등장하는 '고리'와 '제생'은 누구를 가리키는 것일까. 사실 이 묘비의 뒷면에는 이들 '고리'와 '제생' 87명의 인적 사항이 열거되어 있다. 예를 들어 '고리(故吏)인 영릉(營陵)의 설일(薛逸), 자(字) 백유(佰踰)'라고 하여 관직과 출신, 성명, 자의 순서로 인적 사항이 기록되어 있다.

고리는 특정한 관직명이 아니라, 당시 중앙의 고관이나 지방관의 휘하에서 그의 속료를 지냈던 사람들을 가리키는 표현이다. 고리의 '고(故)'는 '과거의 인연'을 의미한다. 한편, 제생은 오늘날의 학생과 같다. 당시에는 국가의 교육기관에 소속되어 공부를 하든, 모종의 이유 때문에 학문적으로 명망이 있는 인사를 찾아가 직접 교육을 받든, 스승을 모시고 학문을 배우는 사람들을 모두 제생이라고 불렀다. 그리고 이러한 제생은 문생(門生)이라고도 하였는데, 이는 곧 누구누구의 문하생이라는 의미로 특정 인사와 사제지간으로서 개인적 친분을 강조하고자 할 때 이런 표현을 썼다. 따라서 이와 같은 당시 고리, 제생의 개념에 따르면, 본문에 등장하는 고리는 주인공인 경씨가 북해군의 군수로 재직하던 시절 그의 부관이나 속료로 있던 사람들이고, 제생은 경씨와 사제의 연을 맺고 있던 사람들이다. 즉 경씨의 옛 하부 관속들과 제자들이 그를 추모하기 위해 그의 삼년상을 치르고 이 묘비를 건립한 것이다.

그런데 이 묘비에는 정작 주인공이 정확히 어떤 사람인지에 대한 구체적인 언급이 없다. 그의 생년은 말할 것도 없고, 이름조차 적지 않았다. 또한 그의 행적에 대한 서술도 자세하지 않다. 우리가 이 비문을 통해서 알 수 있는 객관적인 정보는 경씨라는 사람이 익주군과 북해군에서 장관을 지냈다는 것뿐이다. 나머지는 문학적인 수사를 동원하여 그의 덕행을 찬양하고 그를 추모하는 것이 주를 이룬다.

묘비의 주인공에 대한 신상 정보가 상세하지 않은 것은 이 묘비를 건립한 사람들이 그의 관속이자 제자로서 이미 그에 대해 숙지하고 있기 때문일 것이다. 굳이 이미 모두가 알고 있는 내용을 새삼 반복할 필요는 없다. 게다가 이 고리, 제생들과 별개로 고인의 후손들도 묘비를 조성했을 가능성이 높다. 그렇다면 후손들이 제작한 묘비에는 고인에 대한 인적 사항이 비교적 상세히 명기되었을 것이다. 따라서 경씨의 고리와 제생들은 굳이 비슷한 내용을 반복하기보다는, 스승이나 상관에 대한 슬픔과 추모의 심정을 충실하게 표현하는 데 무게를 둔 것이다.

비석의 제작 주체, 제작 목적, 형식과 내용의 구성에서 〈경군비〉와 유사한 식각으로는 〈공주비(孔宙碑)〉가 있다. 이 비석은 다음과 같은 구성을 취하고 있다.

[비액(碑額):] 〈한(漢) 태산(泰山)의 도위(都尉)였던 공군(孔君)의 비(碑)〉

한 태산의 도위였던 공군의 명(銘)

> 군의 이름은 주(宙)이며, 자는 계장(季將)으로 공자(孔子)의 19세손이다. …… 연희(延熹) 6년(163) 정월 을미(乙未)에 □□□하여 병석에 눕게 되었다. [육신이] 속히 썩어서 본래의 상태로 돌아가는 것을 귀히 여기고, 차라리 소박하게 하라는 유언을 받들어 장례는 화려하게 하지 않았고, 부장품도 구비하지 않았다. 수많은 인사들이 [이를] 우러르고 □□하며 □을 계승하였다. 이에 고리와 문인들이 함께 명산에 올라가 좋은 돌을 캐서 글을 새겨 후세에 보이고, 항상 본받는 바가 있게 하노라. …… 연희 7년(164) □월 무□(戊□)에 만들다.[20]

이 석각은 일명 〈공주비〉로 불리는데, 주인공 공주는 손권(孫權, 182년~252년)의 맹장인 태사자(太史慈, 166년~206년), 그리고 유비(劉備, 161년~223년) 등과 교분을 나눴던 당대의 명사(名士) 공융(孔融, 153년~208년)의 부친이기도 하다. 〈공주비〉의 제작 시점은 〈경군비〉보다 20년가량 늦다. 그러나 이를 제작한 주체가 공주의 고리와 문인이라는 점, 그리고 비석을 세운 목적이 고인의 인품과 덕행을 추모하고, 이를 길이 기억하기 위해서였다는 점에서 〈경군비〉와 같다. 한편 형식에 있어서 〈경군비〉는 그 표제에 〈○○명(銘)〉이라는 표현을 사용했는데, 〈공주비〉는 〈○○비(碑)〉라고 하여 차이를 보이지만, 비문 본문의 첫 행에서는 〈경군비〉와 마찬가지로 〈○○명〉이라고 하였다. 이를 통해 〈경군비〉와 유

---

20 [碑額:] 〈有漢泰山都尉孔君之碑〉

"有漢泰山都尉孔君之銘. 君諱宙, 字季將, 孔子十九世之孫也……延熹六年正月乙未, □□□疾, 貴速朽之反眞, 慕寧儉之遺則, 窀夕不華, 明器不設. 凡百印高, □□□述. 於是故吏門人乃共陟名山, 采嘉石, 勒銘示後, 俾有彝式……延熹七年□月戊□造."

사한 성격의 석각을 제작하는 관행이 그 이후로도 답습되었으며, 시간이 경과할수록 점차 격식을 갖추어 가고 있음을 감지할 수 있다.

후한에서는 망자의 죽음을 추모하고 그를 기억하기 위한 방식으로 제사뿐만 아니라, 돌에 문장을 새긴 비석을 세워 그 심정을 표현하는 것이 하나의 경향으로 자리 잡아 가기 시작했던 것이다. 〈경군비〉는 이러한 흐름의 가장 앞자리에 위치하고 있었던 셈이다.

죽은 자를 위한 기록에서 산 자를 위한 기록으로

후한 말기 환제와 영제의 치세가 되면, 가족이나 후손들에 의한 묘비보다는 고인과 관계 및 학계에서 직간접적인 인연을 맺은 인사들에 의한 묘비의 건립이 더욱 성행하게 된다. 오늘날 무덤 앞에 세워지는 묘비는 무덤의 주인이 누구인지를 알려주는 일종의 '묘소용 명찰' 역할을 하지만, 후한의 묘비는 고인의 덕행을 기리기 위함이었다.[21] 현재의 묘비는 그 명문이 대개 고인의 본적, 이름, 그리고 생년과 사망연월일만으로 구성되는 것이 일반적이며, 경우에 따라서는 고인의 배우자를 포함한 직계 가족의 이름이 추가된다. 그러나 후한의 묘비는 고인의 덕행을 찬미하고 이를 추모하는 것이 목적이었기 때문에, 고인의 신상정보는 물론이고, 그의 인품과 평소의 행적을 찬미하는 장문의 문장이 새겨진다. 따라서 비문의 분량은 늘어날 수밖에 없고, 이러한 장편의 글을 싣기 위해서는 비석의 크기도 커질 수밖에 없다. 현존하는 후

21 洪承賢, 『禮儀之國－고대 중국의 예제와 예학』(서울: 혜안, 2014), 303쪽.

한 시기의 묘비들을 보면 대개 그 높이가 최소 2m를 훌쩍 넘으며, 어떤 것은 3m 이상인 것도 있다. 앞 절에서 인용한 바 있는 〈경군비〉의 경우 약 230cm이며 〈공주비〉는 241cm이다. 이 같은 크기는 오늘날의 기준으로 봐도 상당히 큰 편에 속한다.

형식상의 차이에 관해 한 가지 더 추가해야 할 것은, 오늘날의 묘비가 대개 비석의 앞면에만 글자가 새겨진 것과 달리, 후한의 묘비는 비석의 앞면과 뒷면에 고루 글자가 새겨졌다는 점이다. 비석의 앞면을 비양(碑陽), 그 뒷면을 비음(碑陰)이라고 하는데 후한의 묘비는 비양과 비음을 모두 활용하였다. 그런데 후한의 묘비 뒷면에 새겨지는 내용은 앞면의 내용과는 성격이 좀 달랐다. 뒷면에 새겨진 내용은 앞면에 새겨진 문장의 연속이 아니었다. 뒷면에는 비석의 건립을 주도한 인사들, 즉 고인의 문생과 고리들 수십 명의 신상 정보가 빼곡하게 열거되었다. 뒷면은 이들의 존재를 표기하기 위해 할당된 공간이었다.

묘비를 건립한 목적은 고인의 지인들이 그의 인덕을 추모하며, 그의 훌륭한 덕행을 후세에까지 길이 남기기 위함이다. 따라서 묘비에는 고인의 훌륭한 면모를 상세히 기술하면 그만이지 굳이 비석을 세운 사람들의 이름을 기록할 필요는 없다. 묘비 뒷면에 기록된 문생, 고리들의 명단은 묘비 건립의 목적에는 부합하지 않는 부분인 셈이다. 그런데 후한 말의 묘비에서는 단순히 문생, 고리들의 인적 사항만을 열거하는 데 그치지 않는다.

> 고리인 하내군(河內郡) 회현(恢縣)의 관의(管懿) [자(字)는] 유원(幼遠) 천(千), 고리인 구강군(九江郡) 수춘(壽春)의 진공(陳龔) [자는] 백린(伯麟) 오백(五百) …… 문생인 평원(平原) 악릉(樂陵)의 노복(路福) [자는] 세

> 보(世輔) 삼백(三百), 문생인 위군(魏郡) 척구(斥丘)의 이목(李牧) [자는] 군백(君伯) 삼백 …… 문생인 동군(東郡) 임읍(臨邑)의 하후굉(夏侯宏) [자는] 자송(子松) 이백(二百)…….[22]

이상은 한 영제 희평 원년(172)에 노준(魯峻)이라는 인사를 위해 만들어진 〈노준비(魯峻碑)〉 비음(碑陰)의 일부다. 인용문을 살펴보면, 이 비석의 제작에 참여한 문생과 고리들의 출신과 이름 및 자(字)에 이어서 그 말단에 '천'이니 '오백'이니 하는 수치가 언급되어 있음을 알 수 있다. 이는 이들이 비석을 제작하는 데 출연한 돈의 액수다. 비석의 제작에 참여한 것으로 기록된 문생, 고리의 숫자는 총 320명인데, 이들 이름 옆에는 빠짐없이 각자가 출연한 액수가 천, 오백, 삼백, 이백의 단위로 표기되어 있다. 이를 통해 노준의 문생과 고리들은 1인당 가장 많게는 천 전부터 최하 이백 전까지 비용을 냈음을 알 수 있다.

〈노준비〉를 처음 보는 사람들은 비석의 규모만을 보고도 사후에 이렇게 큰 비석을 남들이 세워줄 정도면, 묘비의 주인공은 범상치 않은 인물임을 짐작할 것이다. 그리고 그 비문을 위에서 아래로 읽어 내려가면, 노준이라는 사람이 얼마나 도덕적으로 훌륭한 인물인지, 또 그가 조정에서 얼마나 높은 관직을 지냈는지를 알게 될 것이다. 여기에 더해 이렇게 훌륭한 사람의 지인과 제자들로는 누가 있는지도 알게 된다. 묘비를 건립한 사람들은 묘비의 주인공을 추켜세움으로써, 고인은 물론이고 그의 관력과 명성에 기대어 자연스럽게 자신들의 위상도 상

---

22 "故吏河內恢管懿幼遠千. 故吏九江壽春鬫龔伯麟五百……門生平原樂陵路福世輔三百. 門生魏郡斥丘李牧君伯三百……門生東郡臨邑夏侯宏子松二百……"

승되는 효과를 기대할 수 있다. 더욱이 자신들의 상관이자 스승이 이미 사망하였음에도 불구하고, 그의 덕행을 기념하기 위해 비석의 건립을 주도하고 직접 일정 금액을 갹출했다는 사실을 통해 남은 자들은 옛 주군에 대한 의리를 지킨 충성스럽고 의로운 사람들로 알려질 것이다. 즉 이름난 인사의 묘비를 건립하는 행위는 망자를 빛낼 뿐만 아니라, 이를 건립하는 사람들에게도 명성을 획득하는 유효한 수단이었던 것이다.[23]

그렇다면 왜 문생과 고리들은 명성을 획득하고자 했을까. 이미 고인이 된 옛 상관(또는 스승)과 자신의 친분을 과시하는 행위를 통해 어떠한 실질적 이득을 기대할 수 있을까. 이는 당시 관료 임용 방식과 관련이 있다.

당시 한 왕조에서는 재상급에 상당하는 삼공(三公)과 장군, 그리고 지방 장관의 경우 휘하의 속료들을 직접 모집하여 선발할 수 있는 권한이 있었다. 이러한 관료 충원 방식을 당시에는 벽소(辟召)라고 하였다. 예를 들면, 지방 군수는 그의 행정을 보좌하기 위한 관리들을 거느리게 되는데, 중앙의 조정에서는 이들까지 일일이 임명하여 배정해 주지 않았다. 그들의 임용은 전적으로 군수의 재량이었다.

군수가 새로 부임하면 그는 대개 자신의 관내에서 지역 인재들을 초빙하여 속료들을 구성하는 것이 일반적이었다. 군수는 중앙에서 파견된 관리이기 때문에 현지의 사정에 어둡고, 재임 기간도 수년에 불과하며, 언제든지 임지가 바뀌거나 중앙으로 보직이 바뀔 수 있다. 그리하여 군수들은 짧은 시간 내에 부임지의 실태를 파악하고 지방 통치를

23 洪承賢, 앞의 책, 311-313쪽.

안정적으로 이끌기 위해 현지 사정에 밝으면서 정무를 보좌할 수 있는 식견을 갖춘 인사들의 도움이 필요했고, 그 결과 지역 인사들이 지방의 관리로 채용되어 자연스럽게 지방 행정에 참여하게 되었다. 이처럼 당시에는 중앙과는 별개로 정식 시험을 거치지 않고도, 지역 인사가 지방의 관리가 되어 해당 지역에서 권력을 행사할 수 있는 길이 있었다.

새로 부임한 군수는 지역 사정에 어둡기 때문에 관내에 어떤 인재가 있는지 정확히 알 길이 없다. 이러한 상황에서 그가 관내의 인재를 파악하는 가장 효과적이고 객관적인 방법은 그 지역사회 구성원들의 여론을 청취하는 것이다. 즉 지역사회에서 모집 대상자의 평판이 속료 선발의 중요 요건이 되는 것이다.

더욱이 당시 관리에게 요구하는 덕목은 실무 처리 능력이 아닌, 도덕적 자질이었기 때문에 지역사회에서 관리 후보자가 획득한 명성이나 그에 대한 평판을 고려하는 것은 비교적 합리적인 발상이었다. 바로 이러한 사정 때문에 지방관의 속료로서, 지방 행정에 참여하여 지역사회에서 영향력을 행사하려는 사람에게 가장 중요한 것은 지방관의 벽소에 대비하여 미리 명성을 확보하는 것이다. 명성을 쌓기 위해서는 엄격한 자기 절제와 학문적 수련, 도덕적 행위의 실천 등이 있으나 이와 더불어 사람들은 비석도 명성을 확보하는 수단으로 활용하기 시작한 것이다.

문생과 고리들이 지방관의 교체에도 불구하고 지역사회에서 이전과 같은 영향력을 유지하기 위해서는 지속적으로 지방 행정에 참여해야만 했다. 그들이 새로운 지방관에게 자신들의 존재를 알리고 그 가치를 확인시키는 길은 지역사회에서 우호적인 여론을 조성하는 것이고, 이를 위한 효과적인 방편으로 착안한 것이 비석의 건립이었다. 후한 중기 이래로 자손들이 조상의 묘비를 건립하여 고인을 추모하고, 그의 공덕을 기리는 관행이 유행하기 시작했다. 돌에 새긴 문장만큼은 비석 자체가 파괴되지 않는 이상 그 기록은 지속될 가능성이 높다. 지역의 관가에 진출을 희망하거나 또는 그 지역의 관리로서 변함없는 지위를 유지하고자 했던 사람들은 묘비의 건립이 초래할 효과를 인지하고, 그 건립에 나선 셈이다. 묘비야말로 자신들의 존재를 지역공동체에 선전할 수 있는 가장 효과적인 광고 수단이라고 판단한 것이다.

〈노준비〉만 유별난 것은 아니다. 이와 유사한 형식과 동기를 갖는 비석으로는 후한 영제 중평(中平) 2년(185)에 건립된 〈조전비(曹全碑)〉, 중평 3년(186)에 건립된 〈장천비(張遷碑)〉 등이 있다. 이들 비석 역시 모두 건립 주체는 주인공의 문생과 고리들이며, 이들의 명단과 함께 비석 건립을 위해 각자가 출연한 액수를 구체적으로 명기하고 있다. 묘비와의 차이는 두 비석이 살아 있는 인물의 공덕을 찬양하기 위해 건립되었다는 점이다. 비석 건립의 구체적 경위는 지방 현령급의 관리를 지냈던 조전과 장천이 다른 임지로 떠나게 되자, 그들을 상관으로 모셨던 속료들이 주축이 되어 헤어짐을 아쉬워하고, 또 그들의 치적을 기념하기 위함이었다. 이는 후대에 임지에서 선정을 베풀고 떠나는 지방관을 위해 지역 주민들이 세워 주는 송덕비(頌德碑)를 연상케 한다.

그러나 이 비석의 건립자들이 의도한 바도 묘비 건립자들의 바람과 다르지 않다. 조전이나 장천의 문생과 고리들은 비석의 건립을 통해 지방 행정에서 치적을 쌓아 전도가 유망해진 관료들과의 친분을 과시하는 것이 가능하다. 조전과 장천이 만약 관료사회에서 승승장구한다면, 옛 상관과 부하로서 관계를 맺은 지역의 문생과 고리들도 그들의 지위와 권력을 매개로 중앙에 진출할 수 있는 길이 열릴 것이기 때문이다. 따라서 문생과 고리들은 옛 주군을 향한 자신들의 의리와 그 실천의 의지를 확실하게 표현하고자 했고, 그것은 비석을 조성하는 데 기여한 기여도를 구체적 액수로 표현하는 데에까지 이른 것이다.

명성을 위한 노래: 명사(銘辭)

후한 시대에 유행하는 묘비의 본문은 내용상 크게 두 가지로 구성되어 있다. 첫째는 묘비의 주인공, 즉 고인의 인적 사항에 대한 서술이며, 둘째는 고인의 행적을 찬미하는 운문체의 문장이다. 후자는 대개 네 글자를 하나의 조합으로 하는 문구가 운율을 맞추어 대구를 이루고 있다. 〈○○명〉이나 〈○○비〉를 표제로 하는 후한 시대의 묘비들은 한결같이 본문의 후반에 이러한 형식의 운문이 첨부되어 있고, 그 문장은 '기사왈(其辭曰)' 또는 '사왈(辭曰)'로 시작한다. 이 부분에 대한 정식 명칭은 '명(銘)' 또는 '명사(銘辭)'라고 하는데, 후한 이후가 되면 '명사'라는 표현이 더 일반화된다.

명사는 고인의 인품과 덕행에 대한 찬송의 노래다. 명사 앞에 서술된 고인의 행적에 대한 장문의 문장에서는 고인의 일생을 평면적으로 묘사할 뿐, 작싱자의 감정의 개입은 없다. 즉 이 부분을 읽는 독자들은 그 내용만으로는 묘비의 주인공이 얼마나 훌륭한 인물인지를 가늠하기 쉽지 않다. 그러나 명사로 넘어가면 이제까지 언급했던 고인의 행적을 운문으로 다시 한 번 요약함과 동시에 그가 얼마나 도덕적 원칙과 유교적 덕목에 부합하는 삶을 살았는지를 강조하며, 이를 찬송한다. 그리고 여기에 더하여 망자에 대한 남은 자의 추모와 애도의 심리를 표현하고 있다.

'명'의 함의에 대해 유교 경전인 『예기(禮記)』는 다음과 같이 말한다.

> 명의 목적은 좋은 것을 언급하고, 나쁜 것을 언급하지 않는 것이니, 이는 효성스러운 자손의 마음으로, 오직 현자만이 할 수 있다. 명이란 선조가 지녔던 좋은 덕행, 찬란한 업적과 공훈, 경사스러운 상, 명성 등을 논하여 천하에 보이는 것이다. …… 선조를 널리 드러내는 것이 숭고한 효도이다.[24]

『예기』에 따르면 '명'을 짓는 목적은 후손들이 선조의 빛나는 업적을 문자로 기록하여 그의 행적을 세상에 알리기 위함이다. 이러한 행위를 통해 훌륭한 삶을 살았던 선조의 이름은 그 후손뿐만 아니라, 다른 이들에게도 널리 알려지고 기억된다. 그 결과 사람들은 오래도록 고인을 칭송하게 될 것이다. 이는 살아 있는 부모에 대한 봉양, 즉 부모에게 좋은 음식을 먹이고 철에 맞는 옷을 지어 올리며, 그의 잠자리를 살피는 차원의 효도와는 격이 다르다. 부모의 안색을 살펴 몸과 마음을 평안하게 하는 것이 생전의 효도라면, 명을 지어 그의 공덕을 기리는 것은 죽은 부모에 대한 효도다. 경전에서 명을 짓는 것을 두고 숭고한 효도라고 한 것은 바로 이 때문이다.

한편 『예기』에 따르면 명이 기록되는 공간은 제사에 사용하는 종(鐘)이나 솥과 같은 제기다. 묘비 역시 죽은 자를 제사하는 공간인 무덤이

---

24 『禮記』, 「祭統」, "銘之義, 稱美而不稱惡. 此孝子孝孫之心也, 唯賢者能之. 銘者, 論譔其先祖之有德善 · 功烈 · 勳勞 · 慶賞 · 聲名, 列於天下……顯揚先祖, 所以崇孝也."

나 사당의 근처에 세워지고 숭배의 대상이 되며, 명사가 기록되는 공간이므로 제기와 유사한 기능을 수행했다고 할 수 있다. 명이 기록되는 소재가 『예기』의 시대에는 청동 같은 금속 소재의 솥이나 종이었다면, 후한 시대에는 돌로 된 비석이 이를 대체한 셈이다.

앞서 인용한 바 있는 〈경군비〉가 그 표제는 '경군명'으로 되어 있고, 〈공주비〉의 경우, '비'라는 표제하에 다시 '공군의 명'으로 표기되어 있는 것은 당시 비석을 세운 사람들도 『예기』에서 언급한 명과 묘비를 동일한 기물로 여겼음을 방증한다.

이는 묘비문의 핵심이 정작 어디에 있는지를 시사한다. 묘비를 건립한 사람들은 고인의 공덕을 찬미한 운문의 명사를 더 중시하고, 이를 묘비의 본령으로 인식한 것이다. 다만 현존하는 후한의 묘비들 가운데 묘비문의 명사를 누가 지었는지 명기한 예는 거의 없다. 묘비의 건립을 어떤 사람들이 주도했는지 비문에 관련 기록이 상세한 것과는 대조적이다. 후한대의 비문 내에서 명사의 찬자를 직접 언급한 예는 드물다.

이와 관련하여 명사가 갖는 구성, 표현 방법상의 특징을 언급할 필요가 있다. 명사는 3자 또는 4자가 하나의 구가 되고, 이들 문구들은 다른 문구와 운율상으로 대구를 이룬다. 독자의 입장에서는 운율의 반복에 따라 리듬감을 살린 명사가 노랫말과도 같으므로 읽기도 쉽고, 기억하기도 편리하다. 그러나 이를 짓는 것은 단순한 식자 능력, 즉 문자를 읽고 이해하는 것만으로는 불가능하다. 3자 또는 4자로 구성된 하나의 구절에 고인의 업적과 그에 대한 찬미, 추모의 심리를 녹여내야 한다. 따라서 그 문구는 평소의 언어를 그대로 문자로 옮기는 형태로 적는 것이 아니라, 최대한으로 절제된 표현을 사용해야 한다.

복잡한 내용과 심리를 함축적 표현을 사용하여 간결하게 표현해야 하는데, 이때도 원칙이 있다. 지은이가 마음대로 줄임말을 지어내어서는 안 되며, 그 표현은 반드시 유가 경전의 명언이나 명구를 차용해야 한다. 또한 고인의 행적도 단순히 정치를 잘했다, 선정을 베풀었다고 할 것이 아니라, 이러한 그의 업적이 유가에서 이상으로 삼는 어떤 인물의 고사와 일치하는지를 언급해 줘야 한다. 게다가 이러한 표현을 사용하면서도 동시에 각 구절들의 운율도 고려해야 한다.

이처럼 명사를 짓기 위해서는 문장력은 물론이고, 상당한 수준의 유교적 지식과 교양, 그리고 문학적 재능이 뒷받침되어야만 했다. 명사를 짓는 것은 전문가가 아니고서는 불가능한 것이다. 이를 지어낼 수 있는 사람은 적어도 그 지역사회나 집단 내에서 인정받는 학자라고 봐도 무방하다. 적어도 고인을 추모하기 위해 모인 사람들로부터 실력을 공인받은 사람이 명사의 작성을 맡았을 것이기 때문이다. 또는 한 사람의 실력으로 여의치 않을 경우, 여러 사람이 함께 그 문장을 작성했을 가능성도 있다. 아마도 후자 쪽이 더 일반적이었기 때문에 묘비에 명사를 지은 이의 이름은 별도로 명기하지 않았을 수도 있다.

후한의 묘비들 가운데 비문에 그 작자가 명기된 것으로는 후한 영제 건녕(建寧) 원년(168)에 건립된 〈형방비(衡方碑)〉와 광화(光和) 3년(180)에 건립된 〈조관비(趙寬碑)〉 등이 있다. 그렇다면 왜 이들 묘비에는 당시로는 파격이라고 할 수 있는 명사의 작자가 표기되어 있는 것일까.

앞서 우리는 묘비의 뒷면에 고인의 문생·고리들이 자신들의 출신과 이름, 묘비 제작을 위해 출연한 찬조금을 상세히 명기했는데, 이 같은 행위는 그들이 자신들의 존재를 선전하여 명성을 확보하고 이를 통해 지역사회에서 영향력을 유지하기 위함이었음을 확인한 바 있다. 명사의 작자를 비문 내에 명기한 것도 이러한 사정과 무관치 않다. 묘비를 마주한 독자들은 명사를 통해 고인의 공덕을 인지함은 물론이고, 이렇게 어려운 문장을 리듬을 살린 시어로 표현한 작자도 인상적으로 기억할 것이다. 게다가 묘비의 주인공은 이미 이 세상 사람이 아니지만, 그 문장을 지은 이는 현재의 사람이다. 묘비의 명사에 대한 찬자명을 통해 묘비의 독자들은 묘비가 위치한 지역 내에서 누가 가장 뛰어난 문사(文士)인지를 대강 짐작할 수 있다. 즉 비문 내의 명사는 유교적 소양을 갖춘 작자가 자신의 학문적 능력을 드러내는 수단으로 기능했던 것이다.[25]

그런데 사실 후한 시대 묘비에 작자의 이름이 언급되어 있지 않다고 해도, 유력 인사나 유명 인사의 묘비명의 작자가 누구인지는 이미 당시의 대중들도 인지하고 있었다. 정치적으로 학문적으로 성공한 인사들의 묘비명은 그 묘비를 건립한 주체가 당대 최고의 문인에게 문장의 작성을 의뢰했기 때문이다.

후한 말기 최고의 문사로서 이름을 날린 채옹(蔡邕, 133년~192년)은 많은 묘비명을 지었는데, 그가 지은 묘비명의 주인공들은 그의 조상도 그의 옛 상관도 아니었다. 그는 전문적으로 묘비명을 지어 주고, 정치적·경제적 보상을 받았다. 즉 그는 자의반 타의반으로 명사의 작성을 의뢰받아 묘비명을 지어 준 것이다. 채옹의 묘비명 작성은 고인의 자손이나 문생·고리들이 묘비의 건립을 주도했다고 해서 반드시 이들이 그 문장을 작성하는 것은 아니며, 보다 완성도 있는 문장을 위해 이를 전문가에게 의뢰하는 관행이 있었음을 시사한다. 물론 이 같은 경우는 묘비의 주인공이 당대의 거물급 인사인 경우에 한하였을 것이다.

25 洪承賢, 「墓碑의 출현과 後漢末 墓碑銘의 정형화」, 『중국고중세사연구』 35(2015), 322쪽.

묘비명의 작성을 의뢰받은 사람은 비록 그가 고인과 직간접적인 관련이 없다고 해도, 이러한 기회를 빌려 자신의 문재(文才)를 선전하는 것이 가능하다.[26] 주인공이 거물급 인사일수록 더욱 좋다. 묘비 주인공의 지위와 명성이 높을수록 그의 추종자들도 많을 것이며, 이러한 추종자의 규모는 곧 자신의 능력을 알아주고 선전해 줄 사람들의 숫자와 일치하기 때문이다. 그 결과 그가 획득하는 명성과 그 파급 범위는 지역을 넘어 전국으로까지 확대 가능하게 된다.

고인의 명성을 기리기 위한 묘비의 명사는 비석의 주인공은 물론이고, 그를 추모하기 위해 석물을 건립한 사람들, 그리고 문장을 지은 이의 명성까지도 동반하여 상승시켰던 것이다. 그 결과 묘비의 명사는 비문 구성상 불가결한 요소가 되었다.

정형화된 묘비

후한 시대에 등장하기 시작한 묘비의 건립은 후한 중기 이래로 널리 유행하고, 거기에 기록되는 문장은 하나의 형식화된 문학 장르로 자리잡게 된다.

후한 200년의 역사를 기록한 『후한서(後漢書)』에는 후한 시대에 활약한 인물들의 열전이 유형에 따라 분류, 편성되어 있다. 예를 들면 황제의 외가 쪽 친척들인 외척들에 대한 기록은 「외척열전(外戚列傳)」, 환관들에 대한 기록은 「환자열전(宦者列傳)」이라고 하여 별도의 항목을 설정

---

26 范文瀾, 『文心雕龍注』, 「誄碑」(北京: 人民大學出版社, 1962), 232쪽.

한 후, 그 표제하에 해당 인물들의 사적을 열거한 것이다. 당시 문장으로 이름을 날린 인사들의 기록은 「문원전(文苑傳)」에 수록되어 있다. 「문원전」에서는 문장가들의 출신과 이력을 언급한 후, 가장 마지막에 그들이 남긴 저작물을 종류별로 열거하고 있다.

그런데 일종의 작품 목록이라고 할 수 있는 이 기록에서 주목되는 것이 바로 '비(碑)'다. 문장가들의 저작으로 시(詩), 부(賦), 표(表), 서(書) 등과 함께 '비'가 나란히 언급되기 시작한 것이다.

후한 이전 전한에도 유명한 문장가들이 있었다. 하지만 이들에 대한 열전, 또 이들이 남긴 것으로 알려진 작품들 가운데 '비'는 없었다. 전한 시대 중국 최초의 고대사이자 역사학의 고전으로 일컬어지는 『사기』를 저술한 사마천, 부(賦)를 잘 지어서 황제의 총애를 받아 최고의 문장가로 이름을 날린 사마상여(司馬相如, 기원전 179년~기원전 117년)와 같은 사람도 비문을 지었다는 기록은 없다.

그런데 후한에 와서는 비가 문인들의 작품 목록에 등장한 것이다. 이는 '비'가 단순히 하나의 석물로서가 아니라, 이미 형식화된 문장이 되었음을 의미한다. 처음에는 문장이 기록된 석물을 비라고 하였으나, 이제는 그 문장 자체가 문체(文體)의 일종이 된 것이다. 이는 비에서 다루는 내용, 그 내용의 구성 방식, 체제 등에 대한 사회적 합의가 성립된 사정을 반영한다. 다시 말해 후한대 사람들은 무엇을 비라고 하고, 비의 문상 구성은 어떠한 방식으로 해야 할지, 또 거기에는 어떠한 요소를 삽입해야 할지에 대한 인식을 공유하고 있었던 것이다.

묘비를 건립하고 거기에 문장을 기록하는 관행이 유행하며, 그 유행이 시대를 거듭하여 지속되고 되풀이됨에 따라, 그 과정에서 비문의 주제와 내용 전개 방식, 구성 요소들도 형식화하여 하나의 체제로 자리

잡게 된 것이다. 후한 말기는 바로 이러한 과정의 정점에 해당한다.

후한 시대 묘비의 건립이 일상이 되었음은 다음의 사례를 통해서도 확인할 수 있다.

> ① 이듬해(건녕(建寧) 2년(169)) 봄, [곽태(郭太)]는 자택에서 세상을 떠났는데, 당시 42세였다. 사방의 인사들 천여 명이 모두 와서 장례에 참여하였다. 뜻을 함께한 자들이 돌을 조각하여 비를 세웠다.[27]
>
> ② [진식(陳寔)은] 중평 4년(187), 84세로 자택에서 세상을 떠났다. 하진(何進)이 사람을 보내어 조문했고, 국내에서 달려온 자들이 3만여 명이었으며, 상복을 지어 입은 자들은 수백을 헤아릴 정도였다. 함께 돌을 가공하여 비(碑)를 세웠다.[28]

①과 ②에서 각각 언급된 곽태와 진식은 모두 그 고결한 인품과 행실로 인해 후한 말기 최고의 명사로 일컬어지며, 당시 관리들과 재야의 문인들로부터 한몸에 존경을 받았던 인물들이다. 이상의 기록에 따르면 이들을 위해 비석을 건립한 주체는 고인의 가족이나 후손이 아닌, 그를 애도하기 위해 모인 문사들이다. 따라서 이들의 묘비는 지금까지 살펴봤던 문생·고리들에 의한 묘비에 해당한다. 그런데 여기서 주목되는 것은 묘비의 건립 시점이다. 본문의 문맥상으로 보아 곽태와 진식의 묘비는 그들이 사망한 지 얼마 지나지 않아 건립되었음을 알

---

27 『後漢書』 卷68, 「郭太傳」, "明年春, 卒于家, 時年四十二. 四方之士千餘人, 皆來會葬. 同志者乃共刻石立碑."

28 『後漢書』 卷62, 「陳寔傳」, "中平四年, 年八十四, 卒于家. 何進遣使弔祭, 海內赴者三萬餘人, 制衰麻者以百數. 共刊石立碑."

수 있다. 아마도 장례를 치르고 나서 묘비가 건립된 것으로 보인다.

이는 묘비 건립이 장례 형식의 일종으로 자리 잡았음을 시사한다. 즉 장례의 최종 절차로서 묘비가 건립된 것이다. 이제 묘비는 장례용 기물로 필수적인 기물이 된 것이다. 원래 묘비는 장례에 수반하여 제작된 것은 아니었다. 가령 후손들이 건립을 주도한 〈왕효연묘비〉의 경우, 왕효연이 죽은 지 20년이나 지나서 세워졌고, 〈조관비〉는 조관이 죽은 지 무려 27년이 지나고 나서야 세워졌으며, 〈선우황묘비〉는 무려 40년이 지난 후에야 세워졌다.

문생·고리들은 지식인이자 지역사회의 유력자들로 이들의 사상적 기반은 유교다. 이들은 출신 지역은 달라도 사회적으로는 동일한 계층에 속하며, 같은 학문적 배경을 갖고 있다. 따라서 이들이 존재하는 곳이면 그들의 이해와 목적을 반영한 묘비가 세워지기 마련이고, 비문의 표현 방식과 그 속을 관통하는 관념은 이들이 연마한 유학을 근거로 하였다. 이를 극명하게 보여 주는 것이 '비'와 '명'이라는 표현이다. 무덤 앞에 세운 석물을 가리켜 '비'라 하고, 거기에 기록된 운문체 문장을 '명'이라 하였는데, 이 표현 자체는 당대에 처음 출현한 것이 아니었다. 이 용어는 유가의 경전인 『주례(周禮)』와 『예기』에서 차용한 것이다. 고인의 공덕을 기리기 위해 무덤 앞에 세운 석물과 그를 기리는 노랫발에 대한 명칭이 하나의 용어로 통일된 이상, 그 석물에 기록되는 문장의 내용과 구성 방식도 형식화의 길을 가는 것은 자연스러운 수순이었다. 따라서 우리는 이러한 현상을 묘비의 정형화라고 부를 수 있겠다.

후한 시대의 정형화된 묘비는 다음과 같은 요소들로 구성된다.

비액(碑額: 비석의 표제), 고인의 휘(諱: 즉 성명)와 자(字), 고인의 본적(本籍), 고인의 이력(가계와 품행, 관료로서의 경력을 포함), 졸년(卒年: 사망 시점), 향년(享年), 추증(追贈), 장일(葬日) 또는 입비일(立碑日), 명사(銘辭; 4언체로 구성)[29]

'모모비' 또는 '모모명'이라는 표제하에, 먼저 고인의 기본적인 인적 사항을 언급하고, 그의 생평, 그가 세상을 떠난 시점, 그리고 마지막으로 고인의 공덕을 찬양하는 명사의 순서로 내용이 전개된다. 그런데 이와는 별개로 당시의 묘비에서 공통적으로 언급되지 않은 항목이 있다. 바로 고인의 장지(葬地), 즉 무덤의 위치다. 어차피 묘비는 무덤 근처에 세워지므로 굳이 무덤의 위치를 언급할 필요가 없다. 따라서 후한의 묘비에서 무덤의 위치에 대한 언급은 모두 결여되어 있다.

다만 주의해야 할 것은 후한 시대에 '정형화된 묘비'라고 할 경우, 이는 묘비의 문장, 즉 비문의 주제와 내용, 그리고 그 구성 요소 등과 같이 문체를 기준으로 한 것이지 석물의 외양을 기준으로 한 것은 아니라는 점이다. 당시 비의 본질은 비석에 문자가 새겨져 있는 서사 매체였기 때문이다.[30] 당시까지 이러한 비문을 기록한 석물의 규격, 형태에 대한 통일된 규정은 없었다. 비석의 크기나 두께, 비석의 재질, 비석의 외관을 꾸미는 장식 등에 대한 규정이나 제제는 없었던 것이다. 따라서 사람들은 경제력이 뒷받침되는 한 누구나 묘비를 건립하는 것이 가

---

29 窪添慶文, 「墓誌の起源とその定型化」, 『立正史學』 105(2009), 2쪽. 그러나 洪承賢도 이미 지적한 바와 같이 漢代의 묘비들 가운데, 본문에서 열거한 요소를 모두 갖춘 묘비는 드물다. 洪承賢, 앞의 책, 299쪽.

30 金秉駿, 「'시각문서'에서 '시각석비'로」, 『목간과 문자』 18(2017), 116쪽.

능했다. 중요한 것은 묘비의 주인공이 사회적으로 얼마나 저명한 인사인지, 또 얼마나 높은 관직을 지냈는지 등이었다.

금지된 비석

후한 시대에는 사망한 조상에 대한 효성을 표현하는 수단으로 후장(厚葬), 즉 장례를 화려하고 성대하게 치르는 것이 유행했다. 유교의 이념에 따르면 장례는 사망한 부모를 전송하는 절차이며, 이는 자식 된 이가 부모에게 할 수 있는 마지막 효도다. 따라서 부모를 떠나보낸 자식들은 장례에 정성을 다해야 했고, 이것이 당시의 통념이었다. 자식들은 부모를 잃은 슬픔과 살아생전에 효도를 다하지 못했다는 죄책감을 상쇄하기 위해서라도 장례를 성대히 치렀다.

그런데 장례를 성대하게 치른다는 것은 사망한 부모의 시신을 좋은 관에 안치하고, 거기에 값나가는 부장품을 매설하는 것에 그치지 않았다. 자손들은 자신들의 효성을 보다 확실하게 표현하기 위해 부모의 무덤을 화려하게 건축하고, 그 인근에는 사당까지 함께 조성하였다. 후한 시기의 무덤은 오늘날의 무덤과는 그 규모나 구조가 사뭇 달랐다. 단순히 땅을 일정 깊이까지 파서 관을 묻고, 그 위에 흙을 덮고 마는 것이 아니다. 후한대의 무덤들은 지상의 건축물과 유사한 구조로 지어졌으며, 그 자재는 석재를 사용했다. 말하자면 지하에 돌로 된 건물을 짓고, 그 안에 시신을 안치한 것이다. 그리고 무덤 밖에는 사당을 지었는데, 이 건물에도 다수의 석재를 활용한 장식과 조각상 등이 설치되었다.

이상과 같이 돌을 가공하여 공간을 조성하고, 그 내부 역시 돌을 활용한 석물들을 배치했다는 점을 감안하면 무덤 공사가 완료되기까지는 상당한 시일이 소요되었음을 짐작할 수 있다. 실제로 현존하는 묘비에 기록된 고인의 사망 일자와 장례일(즉 고인을 무덤에 안치한 시점)의 격차를 통해서도 확인할 수 있다. 〈형방비〉에 따르면, 묘주인 형방은 168년 2월에 사망하였으나, 그의 시신이 무덤에 안치되어 장례가 완료된 시점은 같은 해 9월이다. 한편 〈노준비〉에 따르면 노준은 172년 5월에 사망하였으나, 그의 장례는 이듬해인 173년 4월에야 끝났다.

앞서 우리들은 묘비가 장례의 최종 단계에 건립되었음을 확인한 바 있다. 무덤이 완성되고 고인의 시신이 안치되지 않고서는 장례를 마친 것이 아니며, 고인은 여전히 세상과 이별한 것이 아니다. 따라서 묘비도 세워질 수 없다. 묘비가 가장 마지막에 세워진 것은 바로 이러한 무덤의 조성 방식, 그리고 이를 위해 소요되는 시간과 관련이 있었던 것이다.

당시 장례에 구체적으로 얼마나 많은 비용이 소모되었는지 확인할 길은 없다. 그러나 다음의 사례를 통해 무덤과 묘비의 건립으로 인한 경제적 부담이 상당했음을 알 수 있다.

> 처음에 최식의 아버지가 죽었을 때, [최식은] 땅과 집을 팔아서 무덤을 짓고 비석을 세웠다. 장례를 마치고 나니 가산을 모조리 탕진하여 빈궁하게 되었기에 술을 걸러서 파는 것을 업으로 삼았다. 당시 사람들이 이 일을 가지고 그를 많이 비난했다.[31]

31 『後漢書』 卷52, 「崔寔傳」, "初, 寔父卒, 剽賣田宅, 起冢塋, 立碑頌. 葬訖, 資產竭盡, 因窮困, 以酤釀販鬻爲業. 時人多以此譏之."

최식(崔寔, 103년~170년)은 후한 말기의 저명한 학자이자 관료로서 다수의 지방관을 역임하면서 청렴한 관리로 명성이 높았고, 그의 아버지 최원(崔瑗, 77년~142년)은 당대 최고의 유학자로서 존중을 받았다. 또한 최원의 부친이자 최식의 조부인 최인(崔駰)도 문장으로 이름을 날렸다. 즉 이 집안은 사회적으로 상당한 인지도를 갖춘 집안이었고, 고관은 아니지만 삼대에 걸쳐서 꾸준히 조정의 관직에 몸담았다. 그러나 최식은 부친의 무덤과 묘비를 건립하기 위해 농토와 집까지 팔아야 했고, 무사히 장례는 마쳤지만 그 결과는 경제적 파산이었다. 그리하여 어쩔 수 없이 호구를 위해 삼대에 걸친 문인 관료 집안에서 술을 걸러 파는 것으로 업을 삼게 되었던 것이다.

최식의 사례는 비록 극단적인 예지만, 당시 장례에 들어가는 비용이 상당했으며, 이러한 부담에도 불구하고 후한 말 묘비의 유행과 함께 무덤과 묘비가 하나의 짝을 이루어 장례의 형식으로 유행했음을 시사한다.

그러나 이렇게 장례를 사치스럽게 거행하는 풍조는 후한의 붕괴와 함께 극도로 위축되었다. 그것은 먼저 184년 전국적인 규모로 발발한 황건적(黃巾賊)의 난에서 기인한다. 소설 『삼국연의(三國演義)』의 출발 배경이기도 한 황건적의 난은 당시 중앙 정부의 무능과 부정부패, 과중한 세역 부담을 감당할 수 없게 된 농민들이 태평도(太平道)라는 비밀 종교결사를 조직하여 전국적으로 봉기한 농민 반란이었다. 이 반란은 당시 중국의 정치·경제·문화의 중심지인 화북 지역을 휩쓸었고, 이로 인한 경제적 손실과 타격은 지배층도 예외가 아니었다.

중국은 184년 황건적의 난을 기점으로 장기간의 내전 상태에 돌입했다고 해도 과언이 아니다. 이렇게 전쟁과 이로 인한 혼란이 끊이지 않았으므로, 호족들이라 해도 그 안전을 장담할 수 없는 상황에서 성대한 장례를 치른다는 것은 기대할 수 없었다. 비용 부담의 문제도 있거니와 언제 적들이 쳐들어올지 모르는 상황에서 한가롭게 장기간에 걸쳐 무덤을 짓고, 비석을 세우는 것 자체가 물리적으로 불가능했다. 더욱이 당시 할거 세력들은 서로 크고 작은 전투를 반복하여 그 거점이 수시로 변동하는 와중에, 대대로 이어 온 조상의 무덤을 관리하는 것은 물론이고 본인이 원래의 매장지에 묻히는 것도 용이하지 않았다. 어느 정도의 군사적 역량을 갖춘 호족들도 이러한데, 그 이하에 해당하는 지방의 중소 지주야 말할 것도 없다. 앞서 인용한 최식은 대지주도 아니고 고관대작도 아니었지만, 경제적으로 부담 가능한 한도를 초과해서라도 무덤과 묘비를 조성하는 것이 가능했다. 그러나 이제 경제적으로 여유가 있든 없든 시대적 상황이 이를 허락하지 않은 것이다.

화북 지역의 혼란이 수습되고 이 지역이 다시 안정을 찾은 것은 조조(曹操, 155년~220년)가 이 지역을 장악하면서부터다. 소설『삼국연의』에서 묘사된 관도대전(官渡大戰)은 조조와 원소(袁紹, ?~202년)가 화북의 패권을 놓고 벌인 일대 충돌이었고, 그 최종적 승리는 조조에게 돌아갔다. 조조의 화북 제패는 이후 그가 수십만의 군대를 거느리고 강남으로 출격하여 적벽(赤壁)에서 유비와 손권에게 가한 압도적 공세를 가능하게 했던 중요한 경제적 자산이 되었다.

조조가 화북 지역을 완벽하게 장악하고 독점적 지배권을 수립함에 따라 더 이상 이 지역에서는 전쟁이나 내란은 발생하지 않았다. 이후 전쟁의 무대는 화북이 아닌 강남으로 이동하게 된다. 전쟁의 소용돌이에서 벗어난 화북 지방은 경제적으로 다시 활력을 찾게 되고, 후한 말의 동란으로 파괴된 낙양이나 장안 같은 고대 왕조의 수도도 다시 복구되었다. 따라서 우리들은 한동안 침체되었던 후장의 풍습, 즉 무덤을 화려하게 조성하고 묘비를 건립하는 관행도 다시 기지개를 켜게 되었을 것이라 짐작할 수 있다.

그러나 정작 현실은 그렇지 않았다. 실제로 현존하는 묘비들 가운데, 삼국 시대의 묘비는 손에 꼽을 정도다. 그렇다면 장례의 형식이 바뀌었거나 그에 대한 인식이 개선되었기 때문일까.

실은 묘비를 세우는 것이 법령으로 금지되었기 때문이다.

> 한 이후로 천하에서 장례를 지냄이 사치하게 되어 석실(石室), 석수(石獸: 돌을 조각하여 만든 동물상), 비명(碑銘) 등의 기물을 많이 만들었다. 건안(建安) 10년(205), 위(魏) 무제(武帝)는 천하가 피폐하다 여겨서 영을 내려 장례를 성대히 치르지 못하게 하고, 또 비석 세우는 것을 금지했다.[32]

위 무제는 바로 조조를 가리킨다. 그는 원래 한 헌제(獻帝, 재위 189년~220년)를 옹립하여 한 왕조의 승상으로 정국을 운영했는데, 죽기 전에 위왕(魏王)으로 봉해졌다. '위'는 그가 한의 황제로부터 사여받은 왕국의 명칭이다. 그가 죽고 나서 그의 위왕 작위를 계승한 조비(曹丕, 187년~226년)가 한의 황제로부터 선양을 받아 정식으로 황제의 자리에 올랐는데, 이가 바로 위 문제(文帝, 재위 220년~226년)다. 위 문제는 황제 즉위에 이어서 자신의 부친인 조조를 무제로 추존하니, 이러한 이유로 이

32 『宋書』 卷15, 「禮志」, "漢以後, 天下送死奢靡, 多作石室 · 石獸 · 碑銘等物. 建安十年, 魏武帝以天下雕弊, 下令不得厚葬, 又禁立碑."

후의 역사에서 조조는 위 무제로 불리게 된 것이다.

조조는 천하가 피폐한 상황에서 막대한 비용을 들여 무덤을 조성하고 비석을 세우는 것은 무의미한 재력의 낭비라 여겨, 그 건립을 불허하는 법령을 공포하여 이를 금지시켰다. 이러한 조조의 조치는 '금비령(禁碑令)'으로 불린다. 사치를 배격하고 절검을 강조한 조조의 면모는 그의 유언에서도 확인할 수 있다. 그는 죽기 직전, 자신이 죽고 나면 장례 기간을 단축하고, 평상시 입던 옷으로 수의를 삼을 것이며, 자신의 무덤에는 진귀한 보물들을 부장하지 말 것을 따로 주문할 정도였다.

그런데 조조의 금비령은 후한 말기에 만연했던 왜곡된 장례문화의 개선만을 의도한 것은 아니었다. 앞서 우리들은 묘비를 세우는 행위가 묘비의 주인공을 추억하고 그의 공덕을 기리기 위한 기념물로서가 아니라, 지역의 유력자들이 자신들의 명성을 획득하는 수단으로 활용되었음을 확인한 바 있다. 그리고 시간이 갈수록 오히려 후자의 목적이 더 중요하게 되었다. 비석을 세운 자들은 정치적·사회적으로 영향력이 있는 고인과의 관계를 강조함으로써, 그의 명성에 기대어 중앙 조정으로의 진출을 모색하는 한편, 적어도 향촌에서 그 지역의 유력자로서 위상을 제고하고 영향력을 유지하고자 했다. 저명한 인사의 죽음과 그에 대한 추모를 계기로 그의 문생과 고리들이 결집하여 일체감을 갖고 공동 연대하며, 이는 정치적인 당파로 성장할 가능성이 높다. 또 이들은 자신들이 지역 내에서 확보한 명성을 통해 지역사회를 실질적으로 장악한다.

당시 지방의 행정 단위는 군과 현을 기본으로 하는데, 중앙에서 파견된 군수나 현령은 길어야 2년에서 3년이면 교체되지만, 문생이나 고리들은 현지를 삶의 터전으로 삼아 대대로 거주하며 그 지역의 실무 행정을 담당한다. 지방 장관은 빈번히 교체되지만 이들의 존재와 지위는 큰 변동이 없다. 이는 결국 지방에서 자생한 권력이 국가의 공권력을 압도하여 지방에 대한 중앙의 실질적인 통제를 어렵게 한다.

강력한 중앙집권적 지배 체제를 의도했던 조조가 이러한 사태를 용납할 리가 없다. 천신만고 끝에 화북을 제패했는데, 이 같은 흐름을 그대로 방치할 경우 향후 유비나 손권 같은 적대적인 경쟁자들과의 전쟁에 필요한 인적·물적 자원의 동원과 활용에 지장을 초래할 것이다. 문생·고리들은 지역 유지임과 동시에 지방 장관의 속료로서 현지의 세금과 병역 징수의 실무를 담당한다. 그런데 만약 전쟁을 위해 국가에서 병력과 물자 징발을 명한다면, 이들이 이러한 명령을 충실히 집행할 리가 없다. 지방의 재력이 중앙으로 집중될 경우, 이는 그대로 자신들의 경제적 손실과 직결되기 때문이다.

조조는 인재를 존중했지만 자신의 권력을 위협할 수 있는 인사는 가차 없이 숙청한 것으로 유명하다. 그는 철저하게 자신을 중심으로 한 독재 체제를 지향했다. 국가권력과 별도로 존재하는 지방 세력의 존재는 국가의 경쟁력을 좀먹고, 거물급 인사를 중심으로 사람들이 모여들어 정치 세력을 구성하는 것은 아직 공고하지 않은 자신의 정치적 입지를 흔들 우려가 있었다.

이에 그는 사적인 유대를 바탕으로 결성된 집단의 정치세력화를 극도로 경계했고, 이를 미연에 방지하기 위한 조처로서 금비령을 선포한 것이다.[33]

---

33 이와 관련하여 洪承賢은 조조의 묘비 금지가 후장 금지가 아닌 민간에서 행해지던 인물평의 금지이자, 황제의 권력 밖에서 행해진 사대부들의 정치 행위에 대한 금지로 분석하고 있다. 洪承賢, 앞의 책, 319-320쪽.

사실 묘비 하나를 건립하는 데 소요되는 비용은 당시 소 1마리 또는 노비 1인의 가격에 상당했고, 이마저도 개인이 혼자 부담하는 것이 아니라 문생과 고리들 수십, 수백 명이 공동 부담했다. 장례 비용을 문제 삼을 경우 무덤을 조성하는 비용이 가장 큰 비중을 차지하고, 묘비는 그다지 문제가 되지 않았다.[34]

조조는 비석을 건립하는 행위가 이미 고인에 대한 추모와 기념이라는 순수한 의도를 넘어서 남은 자들의 정치적 욕망을 달성하기 위한 수단으로 변질되었음을 간파했던 것이다. 게다가 이러한 현상을 수수방관했던 후한 조정과 달리 그는 이를 금지할 수 있는 역량도 갖추고 있었다. 그가 장악한 막강한 권력과 그를 지지하는 군단이 금비령의 철저한 집행과 관철을 가능케 했던 것이다. 그 결과 조조의 집권기는 물론이고, 그의 사후 성립된 위 왕조에서도 금비령은 철저하게 준수되었다.

그런데 흥미로운 것은 묘비를 건립하는 관행의 퇴조와 위축은 유비와 손권의 통치 영역에서도 확인된다는 점이다. 다시 말해 삼국 시대 위나라뿐만 아니라, 촉한(蜀漢, 220년~263년)과 손오(孫吳, 229년~280년)에서도 묘비를 건립한 예는 희소하다. 촉한의 경우 현재까지 전하는 묘비는 단 1건도 없고, 손오에서는 272년에 조성된 〈곡랑묘비(谷朗墓碑)〉가 유일하다.

비록 촉한과 손오에서 금비령의 반포 여부는 문헌에서 확인할 길이 없으나, 이와 유사한 수준의 규제가 행해졌을 것으로 추정된다. 아마

34 濱田瑞美, 「曹操による建安十年立碑の禁令の實相について」, 『東洋美術史論叢』(東京: 雄山閣, 2000), 102-103쪽.

도 촉한과 손오의 통치자들도 조조와 마찬가지로 묘비의 건립과 유행이 초래할 역기능을 인지하고 있었던 것으로 보인다. 그리하여 이들 지역에서도 장례를 매개로 이루어지는 사적인 기념물의 건립이 불허되고 묘비가 희소하게 된 것은 이러한 규제와 무관하지 않을 것으로 추정된다.

그렇다면 묘비는 삼국 시대를 기점으로 완전한 소멸의 수순으로 들어선 것일까. 이 같은 추세대로라면 묘비가 사라지는 것은 시간문제다. 그러나 정작 삼국을 통일한 서진(西晉, 265년~316년) 왕조에서 묘비는 부활하게 된다. 다만 이전 시기와의 차이라면 지상의 묘비가 지하로 이동했다는 것이다.

지하로 간 묘비: 다시 죽은 자를 위한 기록으로

6차에 걸친 촉한 제갈량(諸葛亮, 181년~234년)의 북벌을 막아냄으로써 위나라 군부의 핵심으로 등장한 사마의(司馬懿, 179년~251년)는 위 명제(明帝, 재위 226년~239년)가 죽은 이후 쿠데타를 일으켜 정권을 장악했다. 이를 계기로 위나라의 실권은 사마씨가 차지하게 되었다. 사마의가 죽자 그의 아들인 사마사(司馬師, 208년~255년), 사마소(司馬昭, 211년~265년) 형제가 차례로 국정을 주도했다. 사마소가 왕조 교체를 염두에 두고, 이를 위한 정당성과 권위 확보를 위해 촉한 공략을 주도하니 마침내 263년 삼국 가운데 촉한이 가장 먼저 사라졌다. 그러나 왕조 교체를 목전에 두고 265년 사마소는 급사했고, 그의 아들 사마염(司馬炎, 236년~290년)이 비로소 위에서 진으로의 선양을 실현시키니 이가 바로 서진의 무제

(武帝, 재위 265년~290년)다. 무제는 280년 강남에서 명맥을 유지하고 있던 손오에 대한 총공세를 개시하여 황제 손호(孫皓, 242년~284년)의 항복을 받아냈고, 마침내 천하는 통일되었다. 황건적의 난 이래 약 100년 만의 일로, 비로소 중국 전체가 평화의 시대에 접어든 것이다.

그러나 이러한 형세의 변화에도 불구하고, 조조가 제정했던 금비령은 서진에 와서도 변함없이 유지되었다.

> 진 무제 함녕(咸寧) 4년(278) 또 다음과 같이 조서를 내렸다. "이 석수(石獸), 비표(碑表)는 사사로이 미덕을 기리고, 허위를 조장하며, 재력을 손상시키고 사람을 해치는 것이 이보다 더한 것이 없다. 일체 이를 금지한다."[35]

무제의 이 조서는 천하 통일 직전인 278년에 반포된 것인데, 그는 묘비의 건립을 불허하는 첫 번째 이유로 '사사로이 미덕을 기리어 허위를 조장하는 것'을 지적하고 있다. 재물을 낭비하는 것은 그 다음의 문제다. 무제 역시 묘비의 건립으로 인한 폐단이 단순한 경제적 손실 이상의 의미를 갖고 있음을 정확히 인식하고 있었던 것이다. 이 조서의 반포 시점은 조조의 금비령 반포를 기준으로 하면 약 60년 뒤의 일이다. 무제가 이 무렵에 와서 비슷한 명령을 되풀이한 것은 점차 사회가 안정되고 시간이 경과함에 따라 기존의 금비령이 명문상으로 이름만 남게 되고, 그 규제가 무력화될 것을 우려했기 때문일 것이다.

---

35 『宋書』 卷15, 「禮志」, "晉武帝咸寧四年, 又詔曰: 此石獸碑表, 既私褒美, 興長虛偽, 傷財害人, 莫大於此. 一禁斷之."

실제로 조조가 내렸던 금비령의 이완 현상은 서진 초기에 감지된다. 서진 무제 태시(泰始) 5년(269), 당시 명위장군(明威將軍)이자 남향태수(南鄉太守)를 지냈던 부휴(郛休)가 사망하자 그 이듬해에 그의 고리와 백성들이 그를 위한 묘비를 건립했다. 더욱이 이 묘비의 뒷면에는 건립을 주도한 고리와 백성들의 인적 사항이 열거되어 있다. 후한 시대 문생·고리들이 주도한 묘비의 재현이라고 할 수 있다. 이에 무제는 이러한 풍조가 다시 고개를 들고 만연하기 전에 이를 원천적으로 차단할 필요를 인지한 것 같다. 그리하여 금비령의 규제는 여전히 유효함을 강조하고, 이를 재차 확인시키기 위해 황제의 명의로 조서를 반포한 것이다.

그 결과 진의 통일 이후 지배층을 중심으로 한 극단적 사치의 추구, 규범과 예의의 규제를 거부하는 방종과 안일의 분위기에도 불구하고, 묘비의 건립은 활발하지 않았다. 문생·고리들이 건립한 비석도 앞에서 언급한 〈부휴비〉를 제외하면, 금비령의 조서 반포 시점 이후의 것들은 더 이상 확인되지 않는다. 이는 곧 무제의 금비령 조처가 다시 사회 전반에 걸쳐 막강한 영향력을 발휘한 것으로 볼 수 있다.

그러나 묘비 자체가 완전히 없어진 것은 아니다. 이는 묘비가 처음 등장하게 된 사정과 관련이 있다. 앞서 우리들은 묘비의 조성 목적이 돌아간 조상에 대한 기억이 희미해질 것을 우려한 그 후손들의 고려에서 비롯된 것임을 확인한 바 있다. 적어도 고인의 가족이나 후손들에게 묘비의 건립은 사적인 명성의 확보라는 차원과는 거리가 있다. 그들에게 묘비의 건립은 장례의 완료를 위한 하나의 형식이자 효도를 실천하며 가문의 결속을 위한 수단이었다. 조상의 묘비를 건립하지 않는 것은 지극한 효성을 표현하는 길과 어긋나게 되는 것이다. 그러나 조정에서는 이의 건립을 불허하였다. 이에 이들은 기발한 방법을 생각해 낸다. 그것은 바로 묘비를 무덤 안에 설치하는 것이다.

> [비액(碑額):] 〈진(晉)의 대조(待詔)이자 중랑장(中郎將)이었던 서군(徐君)의 부인(夫人)인 관씨(菅氏)의 묘비(墓碑)〉
> 부인의 휘는 낙(洛)이며 자는 승(勝)으로 대군(代郡) 사람이다. 부인은 훌륭한 자질에 청정하면서도 온화로웠고, 공경스럽고 진실되었으며 밝은 식견이 있었다. …… 마땅히 강원(姜嫄), 대임(大任)과 같은 운을 누리고, 길이길이 늙지 않으셨어야 했는데 나이 쉰여덟인 태강(泰康) 11년(290) 5월 27일에 세상을 마쳤다. 영평(永平) 원년(291) 2월 19일, 낙양[洛낙]의 서남쪽에 합장하였다. 큰사위인 숭(崇)은 그립고 망극한 슬픔을 감당할 길이 없어 미력하나마 묘비를 세우고 남기신 행적을 대략 기록한다. 그 사(辭)는 다음과 같다…….[36]

이 묘비는 일명 〈관락묘비(菅洛墓碑)〉라 불리는데, 관락은 여성이다. 이 묘비에서 주목할 만한 기록은 먼저 비액에 '묘비(墓碑)'라는 표기를 사용했다는 점이다. 후한 시대의 묘비들의 경우, 그 비액의 표제는 '○○비(碑)'라고만 했을 뿐, '묘비'라는 표현은 사용하지 않았다. 현재까지 비액에서 정식으로 '묘비'라는 표기를 사용한 것은 이 〈관락묘비〉가 최초다.

---

36 [碑額:] 〈晉待詔中郎將徐君夫人菅氏之墓碑〉
"夫人諱洛, 字勝, 代郡人也. 夫人淑質淸和, 恭誠朗識……宜當等壽姜任, 永錫難老. 年五十有八, 以泰康十一年五月卄七日罔. 以永平元年二月十九日附葬于洛之西南. 大女婿崇, 不勝感墓罔極之哀, 財立墓碑, 略紀遺烈. 其辭曰……"

그런데 이 묘비의 경우, 기본적으로는 후한 시대의 묘비를 계승하고는 있으나 형태와 표기 방식, 제작 목적은 후한의 그것과는 큰 차이가 있다. 먼저 묘비의 크기다. 이 묘비는 그 높이가 59cm에 불과하다. 후한 시대의 묘비들이 2m를 전후한 것을 상기하면 상당히 작은 편이다. 관락의 묘비가 이렇게 작은 것은 이것이 무덤 내에 설치되었기 때문이다. 지하에 조성되는 무덤의 구조상 2m를 상회하는 거대한 비석을 설치하는 것은 무리가 있다. 그리하여 당시 사람들은 비석의 크기를 줄여서 봉안한 것이다.

다음으로 비문의 표기 방식이다. 〈관락묘비〉에 따르면 이 묘비의 건립을 주도하고 그 문장을 지은 이는 관락의 큰사위인 '숭'이다. 그런데 우리는 '숭'이라는 인물에 대해 이 이상의 정보를 알기 어렵다. 후한 시대 묘비에서 문생과 고리들의 인적 사항을 상세히 표기한 것에 비하면, 〈관락묘비〉는 너무도 불친절하다. 왜 〈관락묘비〉의 건립자는 자신의 인적 사항을 소략하게 표현한 것일까. 이는 묘비가 지하에 건립된 사정과 관련이 있다.

비석이 무덤 내에 설치됨에 따라 무덤의 봉인과 함께 비석도 같이 그 안에 봉인되므로 다른 사람들이 그 비석을 열람하는 것은 불가능하게 된다. 산 자가 이 비석을 볼 일은 없다. 대신 이제 이 비석은 망자와 같은 지하 공간에 위치하게 되므로 그 비문을 읽을 사람은 그곳에서 생활하게 될 망자의 영혼이다. 〈관락묘비〉의 경우 이 묘비를 볼 존재는 관락의 영혼인 것이다. 장모가 사위를 모를 리가 없다. 따라서 '숭'이라는 이름만 표기하는 것으로도 족한 것이다. 그리고 이 '숭'이라는 표기는 그가 장모의 죽음에 대한 슬픔과 애도의 심정을 1인칭 시점에서 서술하는 과정에서 자연스럽게 나온 것으로 볼 수 있다.

서진 혜제(惠帝, 재위 290년~306년) 원강(元康) 원년(291)에 조성된 〈성황비(成晃碑)〉도 이와 유사하다. 〈성황비〉는 높이가 63cm에 불과하여 59cm의 〈관락묘비〉와 큰 차이가 없다. 게다가 〈성황비〉 역시 그의 사위가 조성하였는데, 비문에서 "큰딸의 남편인 하간(河間) 동향(東鄕) 출신의 훈(訓)[大女夫河間東鄕訓]"이라고만 했을 뿐 자신의 구체적인 인적 사항은 언급하지 않았다.

고인의 자식들이 묘비를 조성한 경우에도 마찬가지다. 서진 혜제 영강(永康) 원년(300)에 조성된 〈장랑비(張朗碑)〉 역시 높이 55cm의 소형 비로, 그 명문은 다음과 같다.

> 외롭고 나약한 자식은 비통함에 울부짖으나 슬픔과 그리움을 다할 길이 없다. 마음은 살을 도려낸 것처럼 목이 메고 눈물은 그치지 않는다. 현당(玄堂)에 각석을 하여 우리의 가풍을 기록하는 바다. 신령이 자리를 옮겨 자취를 감추고 떠나더라도 그 소리만큼은 오래도록 영원히 남아 있기를…….[37]

'외롭고 나약한 자식'이라는 표현을 통해 이 비석의 건립을 주도한 이는 장랑의 자식임을 알 수 있다. 명문의 '현당'은 곧 무덤을 말한다. 현당에 각석을 한다는 것은 무덤 내에 이 비석을 세우는 사정을 말한 것이다. 그러나 무덤의 주인인 장랑의 아들, 즉 이 비문의 작자가 누구인지는 구체적인 정보가 일절 없다. 사실 언급할 필요가 없었을 것이다. 아버지 장랑의 영혼이 아들의 행동과 글씨를 몰라볼 리 없기 때문이다.

---

37 "孤弱號摧, 哀慕無窮. 心剜噎, 涕漣漣. 刊石玄堂, 銘我家風. 靈遷潛逝, 聲壽永宣."

서진의 묘비는 후한 묘비의 유풍을 계승하였으나 그 충실한 반복은 아니었다. 금비령의 제재로 인해 지상의 묘비는 지하로 이동하게 되었다. 그러나 묘비가 지하로 이동함에 따라, 이제 사람들은 이전처럼 비문을 통해 자신의 능력과 존재를 사람들에게 알리고 명성을 확보하는 선전 효과를 의식하지 않게 되었다. 대신 지하의 묘비는 고인을 대상으로 한 남은 자의 슬픔과 추모의 심정을 진솔하게 표현하는 수단으로 바뀌게 되었다. 그 결과 이 시기에 묘비를 건립한 사람들은 고인의 가족에 한하게 된 것이다.

제 4 장

죽은 자의 명찰 묘지(墓誌)

'묘지(墓誌)'란

중국 청(淸, 1616년~1912년)나라 때의 저명한 고증학자로 『사기(史記)』에 대한 탁월한 연구 업적을 남기기도 했던 양옥승(梁玉繩, 1744년~1792년)은 금석학 방면에도 저술을 남겼는데, 『지명광례(誌銘廣例)』가 그것이다. 그는 이 책의 첫머리에서 묘지(墓誌)에 대해 다음과 같이 정의하고 있다.

> 무릇 돌을 가공하여 무덤 앞에 세운 것을 비(碑), 갈(碣), 표(表)라고 하는데, 오직 무덤 안에[壙中광중] 넣은 것만큼은 지명(誌銘)이라 한다.[38]

38 『誌銘廣例』, 「序言」, "凡刻石立墓前者, 曰碑, 曰碣, 曰表, 惟納於壙中, 謂之誌銘."

양옥승이 말한 '지명'이 바로 오늘날 우리가 '묘지' 또는 '묘지명(墓誌銘)'이라 부르는 것에 해당한다. 위의 규정에 따르면 묘지의 재질은 돌이며, 거기에 기록되는 문장의 내용과 형식은 비와 같다. 즉 묘지도 묘비(墓碑)와 마찬가지로 망자의 생애를 기록한 문장과 그의 공덕(功德)을 찬미하는 운문(韻文)의 명사(銘辭)로 구성된다. 다만 묘비와의 결정적인 차이는 묘지는 무덤 안에 위치한다는 것이다. 그러나 묘지와 묘비를 구분 짓는 요소는 위치만이 아니다.

> 두자하(杜子夏)를 장안(長安)에서 북쪽으로 4리쯤 되는 곳에 장사 지냈는데, [두자하가] 죽음에 임하여 다음과 같이 문장을 지었다. "위군(魏郡) 출신의 두업(杜業)은 세운 뜻이 충직하고 진실하였으나 공을 제대로 펼치지도 못하고 일찍 세상을 떠나게 되었으니, 육체는 땅으로 돌아가고 혼과 기는 가지 않는 곳이 없게 되었다. 꼭 고향에 묻혀야만 그렇게 되는 것은 아니기에, 장안 북곽산(北郭山)에 무덤을 세운다." 이러고 난 후, 편안하게 죽음을 맞이하면서 이를 돌에 새겨 무덤 곁에 묻게 하였다.[39]

위 기사는 고대 중국의 문헌에서 전하는 묘지에 대한 최초의 기록이다. 이에 따르면 두자하의 무덤에 들어간 묘지에는 두자하의 본적인 위군, 그의 본명인 '업', 그리고 그가 묻힌 무덤의 위치, 즉 '장지(葬地)'가 기록되어 있음을 알 수 있다.

---

39 『西京雜記』 卷3, "杜子夏葬長安北四里, 臨終, 作文曰: 魏郡杜鄴, 立志忠欵, 犬馬未陳, 奄先草露, 骨肉歸于后土, 氣魂無所不之. 何必故丘然後即化, 封于長安北郭. 此焉宴息及死, 命刊石埋于墓側."

앞서 우리들은 정형화된 묘비가 공통적으로 결여한 요소가 있었음을 상기할 필요가 있다. 후한 시대 묘비들이 공통적으로 언급하지 않은 한 가지는 바로 무덤의 위치였다. 묘비에서 무덤의 위치를 언급하지 않은 이유는 어차피 묘비는 무덤 밖, 지상에 위치하기 때문에 이를 반복할 이유가 없었던 것이다.

그렇다면 왜 묘지에는 장지를 표기한 것일까. 그 이유에 대해 당나라 때의 학자인 봉연(封演)은 그의 저서인 『봉씨문견기(封氏聞見記)』에서 다음과 같이 설명하였다.

> [남제(南齊)의] 왕검(王儉)이 저술한 『상례(喪禮)』에서는 다음과 같이 말하였다. "무덤 안에 석지(石誌: 곧 묘지)를 두는 것은 예(禮)에는 없던 제도다. 위나라의 시중(侍中)이었던 무습(繆襲)이 부모의 무덤을 개장하면서 무덤 아래에 표제를 적은 판 형태의 문장을 지어 넣었는데, 원래의 취지는 천년이 지나고 나서 무덤이 바뀌더라도 후세 사람들로 하여금 알게 하기 위함이었다."[40]

비석의 경우와 달리, 무덤 안에 석물을 매장하는 관행은 경전적 근거가 없다. 실제로 유교의 어떠한 경전에서도 묘지는 물론이고 이와 유사한 기물에 대한 언급은 없다. 위 기사에서 석지를 두는 것을 예에 없는 제도라 한 것은 바로 이를 두고 한 말이다. 예에 없는 관행이 생겨난 것은 순전히 실용적인 이유에서다. 아무리 정성을 들여서 잘 만

40 『封氏聞見記』 卷6, 「石誌」, "儉所著喪禮云, 施石誌於壙裏, 禮無此制. 魏侍中繆襲改葬父母, 制墓下題板文, 原此旨, 將以千年之後, 陵谷遷變, 欲後人有所聞知."

든 무덤이라고 해도 세대를 거듭할수록 사람들의 관심에서 멀어지고, 그 결과 봉분도 깎여 나가기 마련이다. 그래서 시간이 한참 지나면 무덤은 평지와 다름없게 되고, 당연히 그 사이에 무덤 위에 세워 놓았던 묘비 같은 석물도 남지 않을 것이다. 그러면 이 무덤의 주인이 누구인지 알 수 없게 된다. 또는 세월의 흐름과는 무관하게 자연재해로 인해 무덤이 파손될 수도 있다. 바로 이러한 상황에 대비하여 무덤 내부에 무덤 주인의 인적 사항과 무덤의 위치를 표기한 석물을 납입해 두었다는 것이다.

묘비가 무덤 주인의 공덕을 선창하는 것이 목적이라면, 묘지는 무덤 주인의 신원과 무덤의 위치를 증명하는 일종의 '묘소용 명찰' 기능을 수행한 셈이다. 따라서 묘지에는 장지, 즉 현재 무덤의 위치 정보가 명기된다.

그렇다면 묘지명이란 무엇인가. 엄밀히 말하면 묘지와 묘지명은 다르다. 묘지명은 묘지의 제일 말미에 첨부되는 운문체의 명사를 말한다. 묘지에 기록된 명사이므로 묘지명이라 하는 것이다. 묘지명은 묘지의 구성 요소일 뿐, 묘지와 묘지명이 같은 기물은 아니다. 묘비의 사례에서 보듯, 묘비에 명사가 있는 것이지 묘비가 곧 명사는 아닌 것과 같다. 그러나 전통 시대 사람들은 일상에서 이를 의식적으로 구분하지 않고, 묘지와 묘지명을 혼용했다.

이에 이하에서는 묘지의 범주에 해당하는 기물의 출현에서부터 시작하여 이들이 정식의 '묘지'로서 그 형식과 내용을 갖추어 가는 과정을 당시의 시대적 상황 속에서 살펴보기로 한다.

초기의 묘지들

무덤 안에 무덤 주인의 신원을 명기한 석물을 납입한 사례는 고고학적 증거를 통해서도 확인할 수 있다. 바로 진한(秦漢) 시대 죄수들의 무덤에서 출토된 '형도전(刑徒塼)'이 그것이다. '형도전'이라 함은 당시의 명칭은 아니고, 오늘날 이를 발견한 학자들이 임의로 붙인 것이다. 그 기물에 죽은 죄수들의 신상이 명기되어 있고, 그 재질이 흙을 구워 만든 벽돌과 유사하므로 이와 같이 이름한 것이다.

최초의 형도전은 진시황릉(秦始皇陵) 근처에 조성된 죄수들의 무덤에서 발견되었다. 진시황릉 근처에 죄수들의 매장지가 만들어진 것은 황릉 공사와 관련이 있다. 진시황은 즉위하자마자 자신의 사후 세계를 위한 능묘 공사에 돌입하여 전국에서 대규모 인원을 징발하였는데, 그 대상은 주로 죄수들이었다. 사마천(司馬遷, 기원전 145년~?)의 『사기(史記)』에 따르면 황릉 공사에 동원된 죄수는 무려 70만에 달했다. 그런데 공사가 장기화함에 따라 그 고초를 견디지 못하고, 현장에서 사망한 사람들이 발생했다. 이에 죽은 사람들은 공사장 근처 별도의 구역에 매장되었고, 그 결과 자연스럽게 죄수들의 공동묘지가 만들어진 것이다. 현재까지 확인된 무덤의 숫자는 100여 기며, 이 중에서 18건 정도의 형도전이 출토되었다.[41] 그 가운데 하나를 소개하면 다음과 같다.

동무(東武) 출신으로 거자(居貲)를 한 상조(上造)인 경기(慶忌)[42]

---

41 始皇陵秦俑坑考古發掘隊, 「秦始皇陵西側趙背戶村秦刑徒墓」, 『文物』 1982-3.
42 "東武居貲上造慶忌."

동무는 지명으로 당시 진나라에서 설치한 낭야군(琅琊郡) 소속의 현이다. '거자'는 어떤 사람이 죄를 지어 그에 따른 형벌로 벌금을 부과받았으나 경제적으로 이를 납부할 수 없는 경우, 노역으로 이를 대체하게 하는 것이다. 상조는 작위의 이름이다. 진에서는 20개의 작위를 설정하고 일반 백성들에게도 작위를 수여하였는데, '상조'는 19등급의 작위에 해당한다. 경기는 무덤 주인공의 이름이다. 이상의 내용을 토대로 위의 명문에 반영된 상황을 정리하면, 동무현이 고향인 경기라는 아주 신분이 낮은 사람이 어떠한 사유로 죄를 짓는 바람에 벌금을 내야 했으나 이를 납부할 여력이 없어 황릉 공사의 노역에 끌려왔고, 애석하게도 그는 형기를 다 채우기도 전에 타지에서 세상을 떠난 것이다.

다른 형도전들의 경우에도 명문상의 구성과 분량에는 다소 차이가 있으나, 반드시 죽은 자의 고향과 이름은 명기되어 있다. 그런데 공사에 동원된 죄수들을 매장하면서 그 무덤에 그들의 신상을 표기한 석물을 부장한 것은 진나라 때만의 일은 아니었다. 이로부터 약 300년 뒤인 후한 시대 죄수들의 무덤에서도 형도전이 확인된다.

후한(後漢)의 수도였던 낙양성(洛陽城) 남교(南郊) 지역에서 무려 500여 기에 달하는 죄수들의 무덤이 발견되었으며, 이들 무덤 내에서도 유골과 함께 800여 개의 형도전이 출토되었다.[43] 그리고 여기에 기록된 망자에 대한 신상 정보는 진나라 때의 그것보다 좀 더 상세하고 구체적이다.

43 中國科學院考古研究所洛陽工作隊, 「東漢洛陽城南郊的刑徒墓地」, 『考古』 1972-4.

① 양국(梁國) 하읍(下邑) 출신으로 곤겸(髡鉗)형을 받은 조중(趙仲).[44]

② 우부(右部) 소속의 무임(無任)이자 남완(南宛) 출신으로 곤겸(髡鉗)형을 받은 진변(陣便), 영초(永初) 원년(107) 5월 25일 사고로 사망하여 이 아래에 묻히다.[45]

③ 무임(无任)인 하남(河南) 낙양(洛陽) 출신으로 곤겸(髡鉗)형을 받은 조거(趙巨), 원초(元初) 6년(119) 윤달 4일에 사고로 사망하다.[46]

①의 양국은 군(郡)의 이름이며, 하읍은 그 소속의 현이다. ②의 남완은 현으로, 당시 남양군(南陽郡) 소속이었다. ③의 하남은 군, 낙양은 수도의 이름이다. ①~③에서 공통적으로 언급된 '곤겸'은 죄를 범한 자의 머리를 깎고, 형구를 채우는 형벌이다. ②의 '우부'는 당시 노역 현장에서 죄수들이 소속된 부서로 추정된다. ③의 '무임'은 특별한 기술 없이 단순 노역에 종사하는 죄수를 뜻한다.

세 건 모두 죽은 자의 출신과 이름을 명기하고 있다. 이는 진의 형도전과 공통되는 부분이다. 그러나 ②와 ③에서는 망자의 기초적인 신상정보에서 한 발 더 나아가 그의 사망 원인과 사망 일자까지 기록했고, 심지어 ②에서는 간략하게나마 망자가 묻힌 장소까지 언급되어 있다. 이는 진나라 때의 형도전에서는 확인되지 않는 사항들이다. 그렇다면 왜 당시 진과 한의 당국자들은 신분이 낮을 뿐만 아니라 불법을 저질러 강제 노역을 수행한 죄수들의 무덤에 그들의 신상 명세를 적은 석물을 매설해 준 것일까.

---

44 "梁國下邑髡鉗趙仲."

45 "右部無任南宛髡鉗陳便, 永初元年五月廿五日物故死, 在此下."

46 "無任河南洛陽髡鉗趙巨, 元初六年閏月四日物故死."

국가에서 비명횡사한 죄수들에게 이 같은 '특혜(?)'를 베풀어 준 이유는 장례문화와 관련이 있다. 당시에는 사람이 죽으면 신분의 고하에 관계없이 시신을 매장하는 것이 일반적이었다. 죄수들의 경우에도 죽으면 마찬가지로 매장되었다.

그런데 진시황릉이나 낙양성 근처에서 복역했던 죄수들은 노역을 위해 전국 각지에서 강제로 끌려온 자들이다. 그들 중 일부는 공사 현장에서 불의의 사고로 인해 타지에서 세상을 떠나는 바람에 끝내 고향에 돌아가지 못하게 되었다. 이에 국가에서는 우선 임시로 그들을 위한 무덤을 마련했다. 이와 동시에 차후에 고인의 가족들이 그의 시신을 수습하러 올 것을 감안하여 죄수들의 신상을 간략하게 명기한 기물을 함께 매설했다. 고인의 사망 소식을 듣고 찾아온 가족들에 의해 언제라도 무덤이 열릴 수 있다는 가정하에 무덤 주인의 신원을 확인하기 위한 유력한 수단이 필요했던 것이다. 즉 진한 시대 죄수들의 무덤은 실은 임시 매장지였던 것이다.

이와 같이 형도전이 나중에 무덤이 일반에 공개되었을 때, 무덤 주인의 신원 확인을 위해 고안된 것임을 감안하면 이는 앞서 살펴본 묘지와 기능상으로 일치한다. 따라서 우리들은 이를 초기의 묘지들로 분류할 수 있을 것이다. 다만 무덤에 이러한 성격의 석물을 묻는 관행은 진과 한에서 보편적인 것이 아니었다. 형도전은 묘소의 이장(移葬)이라는 특수한 사정을 고려한 현실적 필요에서 나온 것이므로, 이장할 필요가 없는 무덤에는 이런 기물이 필요 없게 된다. 특히 지배층의 경우 더더욱 그러하다. 그들은 고향에 가문의 공동 매장지가 있고, 그 가문의 일원이 죽으면 사망지와 무관하게 시신은 고향으로 운반되어 묻혔기 때문이다.

그러나 지배층의 무덤 내에도 죽은 자의 신원을 알려 주는 석물이 아주 없었던 것은 아니다.

> 영평(永平) 7년(64) 7월 21일 한(漢)의 좌장군(左將軍)·특진(特進)·교동후(膠東侯)의 다섯 번째 아들인 가무중(賈武仲)이 졸하였으니 나이 29세였다. 부인인 마강(馬姜)은 복파장군(伏波將軍)·신식충성후(信息忠誠侯)의 딸로 명덕황후(明德皇后)의 자매다. 딸 넷을 낳았고, [그녀의] 나이 23세 때 [남편인] 가군(賈君)이 졸하였다. 부인은 고매한 절개를 독실하게 지키면서 여러 세월에 걸쳐 힘써 노력하여 어린 딸들을 키워내었으니, 조상에 대해 광□(光□)를 한 것이다. …… 존귀한 이들이 떠들썩하게 모이고, 은총과 봉록은 문전에 가득하게 되었으니 모두가 부인의 덕택이었다. …… 춘추 73세 무렵인 연평(延平) 원년(106) 7월 4일에 훙(薨)하였다. 황상(皇上)께서 애도를 표하시고, 양궁(兩宮)께서 부의로 비기(祕器)를 하사하시어 예에 따라 장례를 치르게 하셨다. 9월 10일 망문(芒門)에 있는 옛 묘역에 안장하였다. □□한 자손들이 [이러한 사실들이] 드러나지 않을 것을 염려하였기에 돌에 새겨 □을 기록하다.[47]

이는 마강(馬姜)이라는 여성의 묘지다. 위의 명문을 통해 우리는 마강이라는 여성의 가족 관계(가씨 가문의 남성과 결혼하여 슬하에 네 명의 딸을 둔 것),

---

47 "惟永平七年七月廿一日, 漢左將軍特進膠東侯第五子賈武仲卒, 時年廿九. 夫人馬姜, 伏波將軍新息忠成侯之女, 明德皇后之姊也. 生四女, 年廿三而賈君卒. 夫人深守高節, 劬勞歷載, 育成幼媛, 光□祖先……朱紫繽紛, 寵祿盈門, 皆猶夫人……春秋七十三, 延平元年七月四日薨. 皇上閔悼, 兩宮賻贈, 賜秘器以禮殯. 以九月十日葬於芒門舊塋. □□子孫, 懼不能章明, 故刻石紀□."

그녀의 출신(복파장군의 딸), 덕행(고매한 절개), 사망 시점, 그녀의 죽음에 대한 황실의 애도와 예우, 매장지, 그리고 이 석각의 제작 의도까지 알 수 있다. 비록 이 석각에 '묘지'라는 표현은 나오지 않으나, 명문이 별도의 석판에 새겨져 있고, 내용에는 묘주의 신원과 생애, 사망 일자, 장지가 들어 있기 때문에 오늘날에는 이를 '묘지'로 분류한다.[48]

마강의 아버지는 후한 초의 명장이었던 마원(馬援, 기원전 14년~기원후 49년)이고, 그녀의 자매는 후한의 제2대 황제였던 명제(明帝, 재위 58년~75년)의 황후였다. 그녀는 명문가의 여식으로 태어나 황실의 외척으로 영화로운 삶을 살았다. 그녀가 얼마나 존귀한 지위를 누렸는지는, 그녀가 죽자 황제가 직접 애도를 표하고 부의를 보낸 사실을 통해서도 짐작할 수 있다. 즉 마강은 당시 사회의 최상층부에 속한 인물이었다. 그런데 마강의 묘지는 앞서 묘비의 사례에서 살펴본 바와 같이 살아남은 자들의 명성 획득과는 거리가 있는 것으로 보인다. 그것은 다음과 같은 이유 때문이다.

먼저 이 석각은 무덤 내에 위치한다. 살아 있는 자들이 이를 볼 가능성은 낮다. 마강이 얼마나 저명하고 훌륭한 인물인지, 그리고 그녀의 후손으로 누가 있는지를 선전할 길이 없다. 다음으로 이 석각의 제작과 기록을 주도한 사람들과 마강의 관계다. 마강은 남편인 가무중과의 사이에 딸만 넷을 두었을 뿐이다. 따라서 마강이 죽고 나서 그녀의 장례를 주도하고 그녀의 행적을 명기한 석판을 조성한 이들은 가깝게는 그녀의 딸들 또는 외손자들이었을 것이다. 한편 마강이 비록 사회적 지위는 높았으나, 그녀가 정치적으로 영향력 있는 유력 인사거나

48 趙超, 『古代墓志通論』(北京: 紫禁城出版社, 2003), 44쪽.

학문적으로 명망이 높았다고는 할 수 없다. 그녀가 남긴 딸들이나 외손들의 입장에서 그녀의 공덕을 선창하고 그녀와의 인연을 강조한들, 그들이 이를 통해 기대할 수 있는 실질적 이득은 없다. 마강의 가계와 덕행을 선전하지 않아도 그녀의 후손들은 이미 명문가의 일원이자 황실의 외척으로서 기득권을 누리고 있기 때문이다.

마강은 살아서는 영화를 누렸지만, 아들을 두지 못했다. 제사를 지내 줄 직계 후손을 남긴 이들에 비해, 그녀는 죽음과 동시에 남은 자들의 기억에서 훨씬 빨리 잊힐 것이다. 명문에서 '자손들이 이러한 사실이 드러나지 않을 것을 염려'한 내용도 바로 이 점이었다. 이에 남은 자들이 생각해 낸 것은 돌에 고인의 행적을 기록하고, 이를 무덤 내에 두는 것이었다. 이것이야말로 고인을 먼 훗날까지 영원히 기리고 기억하는 더할 나위 없이 좋은 방법이었다.

세워진 묘지

삼국과 서진에서 거듭된 금비령의 규제로 인해, 지상의 묘비가 지하로 이동했음은 묘비의 사례를 통해 확인한 바 있다. 사람들은 무덤 내에 비석을 건립함으로써 규제를 우회했다. 금비령의 규제는 사람들로 하여금 어쩔 수 없이 무덤 내에 무덤 주인의 생애와 공덕을 기록한 석물을 매설하게 만든 셈이다.

초기에 지하에 묘비가 설치되었을 때, 이는 지상의 묘비를 그대로 옮겨온 것이므로 그 석각의 표제는 여전히 '○○비'라고 하였다. 그러나 그 위치가 지하로 이동한 이상, 이 석물이 수행한 기능, 그리고 이 석물의 건립을 통해 기대할 수 있는 효과도 이전과는 같을 수 없었다. 다시 말해 지하에 설치된 서진의 묘비는 외형상으로는 후한의 묘비와 유사하나, 그 내용과 기능에는 변화가 발생한 것이다.

〈관락묘비(菅洛墓碑)〉: 영평(永平) 원년(58) 2월 19일 낙(洛: 낙양)의 서남에 부장하다.[49]

〈장랑묘비(張朗墓碑)〉: [어머니께서] 원강(元康) 8년(291) 12월 무신(戊申)에 병으로 일어나지 못하시게 되었다. …… 아버지께서 세상을 떠났던 해에 해당하는 간지의 11월 임신에 이장하여 이곳에 합장하다.[50]

위의 명문은 묘비에 대한 장에서도 인용한 바 있는 서진 시대를 살았던 관락과 장랑의 묘비다. 이를 묘비라 한 것은 그 석각에 '○○비'라는 표제를 사용했기 때문이다. 〈관락비〉에서는 관락의 장지를, 〈장랑비〉에서는 장랑뿐만 아니라 장랑 부인의 장지를 언급하고 있다. 특히 〈장랑비〉에서 전하는 사정은 상당히 독특하다. 장랑이 죽고 나서 먼저 장랑의 무덤이 만들어졌는데, 이후 장랑의 부인이 사망했고 알 수 없는 이유로 그녀의 시신은 한동안 다른 곳에 가매장되어 있다가, 비로소 남편과 같은 무덤에 합장된 것이다.

두 묘비의 공통점은 무덤의 위치 정보를 기록하고 있다는 점이다. 그런데 이렇게 무덤의 위치를 명기한 것은 후한 시대의 정형화된 묘비

49 "永平元年二月十九日, 附葬于洛之西南."
50 "元康八年十二月戊申, 寢疾不興……以父終之年十一月壬申神遷后土, 合葬斯宇."

에서는 확인되지 않는 요소다. 서진(西晉, 266년~316년) 시대 사람들은 장례의 최종 절차로 묘비를 건립하던 것에 착안하여 여전히 지하에 묘비를 설치했지만, 그 과정에서 기존의 묘비에 없던 장지라는 새로운 요소를 추가한 것이다.

묘비의 장지 표기는 지상의 묘비를 지하로 옮겨오면서, 변화된 조건에 맞추어 이 석물을 활용하고자 했던 사람들의 고민의 결과물이었다. 즉 사람들은 지하의 묘비를 보다 효과적으로 활용할 방법을 연구했고, 그 결과 장지 표기가 추가된 것이다. 이러한 서진 묘비의 특징은 실은 묘지와 부합한다. 그 석물이 무덤 안에 위치하고, 그 내용이 무덤 주인의 신상과 무덤의 위치를 포함하고 있기 때문이다.

이러한 서진 시대 묘비가 갖는 특수성에 대해 청나라 말기 고고학과 금석학 방면에 탁월한 업적을 남긴 나진옥(羅振玉, 1866년~1940년)은 다음과 같이 지적하였다.

> 서진 사람들의 묘지는 모두 작은 비의 형태로 되어 있으며, 무덤 내에 수직으로 세워져 있으니 후대의 묘지들이 평면에 눕혀져 있는 것과는 다르다. 그러므로 [원래 묘지 위를 덮는] 개석은 없고, 비액이 있는 것이다. …… 한나라 때 비석의 형식과 같은 것으로 오직 크기의 차이가 있을 뿐이다.[51]

나진옥은 서진 시대의 묘비가 외형상으로는 후한의 묘비와 같지만,

---

51 『石交錄』 卷2, "晉人墓志皆爲小碑, 直立壙中, 與後世墓志平放者不同. 故無蓋而有額……與漢碑形制正同, 惟小大異耳."

실제로는 이것이 후대의 정형화된 묘지와 다름없다고 본 것이다. 그가 이를 묘비가 아닌 묘지로 본 이유는 이 석물이 무덤 내에 위치한다는 점 때문이었다.

이상과 같은 서진 시대 묘비의 특징을 고려할 때, 우리들은 이들 묘비를 문자 그대로 '묘비'라 하기보다는 '소비형(小碑型) 묘지(墓誌)'라 부르는 것이 더 타당할 것 같다. 형태상으로는 '비'지만, 그 구성 요소와 기능적 측면을 고려하면 실은 묘지이기 때문이다. 또한 이 시기 무덤 내에 매설된 석각의 명문에 설령 '비'라는 표기가 없다고 해도, 그것이 묘지의 구성 요건과 기능에 부합한다면 이를 묘지라고 해도 무방하다. 그런데 당시 사람들도 이러한 석각이 기존의 정형화된 묘비와는 부합하지 않음을 직감한 것 같다.

서진 시대 무덤에 매설된 석각 가운데, '모모비'라는 표기를 명기한 석각은 현존하는 것들 가운데 본문에서 인용한 〈관락묘비〉와 〈장랑묘비〉, 그리고 〈성황묘비〉 세 건에 불과하다. 그 밖에 나머지 석각들은 '모모비' 대신 '모모지묘(某某之墓)', '모모지구(某某之柩)', '모모지명(某某之銘)' 등으로 되어 있거나, 심지어는 아예 표제가 없는 것도 있다. 다만 공통점은 이 같은 표기상의 차이에도 불구하고 한결같이 무덤 내에 세워져 있었다는 점이다.

사람들은 비석의 형태를 빌려 고인의 신상과 상시를 표기하였으나, 엄밀히 말하면 이는 정식 묘비는 아니다. 따라서 이를 바로 묘비라 하는 것은 어색했고, 그 결과 '비'라는 표현 대신 아예 이 무덤의 주인이 누구인지를 보다 선명하게 드러내는 수단으로 '누구누구의 무덤', '누구누구의 영구(靈柩)', '누구누구에 대한 명문'이라는 형식의 표기를 사용한 것이다. 그것도 아니면 바로 고인의 이름으로 시작했다.

이는 아직 당시까지 정형화된 묘지에 대한 인식이 확립되지 않은 상황에서 묘비의 형태를 차용하기는 하였으나, 이 석각의 기존 묘비 기능과의 불일치라는 사정이 복합적으로 작용한 결과일 것이다. 서진 시대의 '묘지'들은 지상의 묘비가 지하로 이동하여 기능을 전환, 점차 '묘지화(墓誌化)'하는 과도적인 단계를 전형적으로 보여 주는 것이다.

한없는 슬픔의 심정을 담아 짓다: 묘지의 명사(銘辭)

서진 시대의 소비형 묘지의 기본 구조와 형식은 후한 시대 묘비의 체제를 계승하고 있다. 두 시대의 석각이 의도한 바는 달랐지만, 외형과 명문의 구성 방식은 대체로 일치한다. 묘비의 경우, 그 명문은 내용상 크게 두 가지로 구분할 수 있는데, 하나는 고인의 인적 사항과 생애를 기록한 문장이며, 다른 하나는 그의 공덕을 기리는 운문의 명사다. 서진의 소비형 묘지도 이러한 구성 방식을 답습하고 있다.

현존하는 서진 시대의 소비형 묘지 가운데, 가장 연대가 이른 것은 〈관락묘비〉다. 즉 이 석각이 현재로서는 서진 최초의 묘지에 해당하며, 앞면에는 관락의 사적에 대한 서술이, 그리고 뒷면에는 다음과 같은 명사가 새겨져 있다.

> 아! 부인께서는 덕을 지니고 고결하시었으며, 여인의 직무에 밝아 진심으로 사람을 대하셨도다. 어진 이는 장수한다 하였으니 응당 백수를 누리셔야 했건만, 하늘이 이를 가련히 여기지 않아 운명이 중간에 기울어지게 되었다. 이 자리로 점을 쳐서 모시게 되었으니,

> 영영 저승에 머무시게 되었네. 남겨진 외로운 자식은 울부짖고, 친척들은 눈물을 떨구게 되었으니 천추만세가 지난들 언제 다시 뵐 것인가. 아, 애통하도다.[52]

명사를 통해 우리들은 관락이라는 여인을 갑자기 떠나보낸 자식들이 느꼈을 상실감과 그에 따른 형언할 수 없는 비통한 심정을 짐작할 수 있다. 그들에게 어머니의 죽음은 천만년을 기다린들 이생에서는 다시 만날 수 없는 영원한 이별이었던 것이다. 후한 시대 묘비의 명사가 고인의 공덕을 찬미하는 것에 집중하고 있다면, 서진 묘지의 명사는 죽은 자를 향한 남은 자들의 슬픔을 가감 없이 표현하고 있다 할 수 있다.

지하에 석각을 세우는 사람들은 고인의 가족들에 한하였다. 그들은 명성에 개의치 않고 명문 안에 감정을 이입하여 고인을 향한 남은 자의 슬픔과 그리움을 진솔하게 표현했다.

> 이 아가씨 오고 나서야 자손이 번창함을 바랄 수 있게 되었건만, 하늘이 재앙을 내려 중년에 일찍 세상을 떠나게 되었네. 당(堂)을 돌아봐도 그대는 보이지 않고, 텅 비어 어디에도 없네. 임시로 연 지역의 도읍[燕都연도]에 무덤을 마련하되 산의 형세에 따랐네. 살아서 영화롭고 죽어서 슬퍼함에 이르기까지 끝까지 선하였네. 마음으로 슬퍼하면서, 길이 서글퍼하게 됨을 한스럽게 여기노라.[53]

---

52 "[碑陰]猗與夫人, 秉德淑清, 聰朗內識, 接物以誠. 曰仁者壽, 當享百齡, 昊天不弔, 大命中傾. 卜兹宅兆, 永卽幽冥. 遺孤號咷, 姻族涕零, 千秋萬歲, 何時復形. 嗚呼哀哉."

53 "之子之來, 庶幾克昌, 上天降厲, 中年夭喪. 旋堂莫覩, 廓焉其亡. 假瘞燕都, 寄情山岡. 生榮死哀, 終然允臧. 心之云悼, 慨其永傷."

위 문장은 307년 무렵에 사망한 화방(華芳)이라는 여인의 묘지에 새겨진 명사의 일부를 발췌한 것이다. 원래 이 석각은 표제로 '고부인화씨지명(故夫人華氏之銘)'이라는 표기를 사용했다. 즉 명문상에서 '묘지'라는 표현은 나오지 않는다. 그러나 이 석각 역시 앞의 비석 형태의 묘지와 마찬가지로 무덤 내에 위치하고, 고인의 일생과 함께 장지를 표기하고 있다는 점에서 묘지로 분류한다.

그런데 이 묘지가 특별한 것은 바로 묘지의 문장은 물론, 위의 명사를 그의 남편이 직접 지었다는 것이다. 이 묘지문을 지은이는 왕준(王浚, 252년~314년)이라는 인물인데, 그의 일대기는 진의 역사를 기록한 역사책인 『진서(晉書)』에 열전(列傳)으로 수록되어 있을 만큼 당시 최고위급의 귀족이자 관료였다. 그는 지방 장관으로서는 최고위직인 주자사(州刺史)였고, 조정으로부터는 왕에 다음 가는 공(公)의 작위를 받았으며, 장군직으로는 최고위급인 표기대장군(驃騎大將軍)이었다. 그러나 이와 같은 존귀한 관위도 부인의 죽음 앞에서는 무용지물일 뿐이다. 문무의 고관을 겸임한 그에게도 부인의 죽음은 길이길이 서글퍼할 수밖에 없는 큰 고통이었던 것이다.

이와 같이 남편이 부인의 죽음을 슬퍼하며 그를 기념하는 문장을 짓는 것은 후한의 묘비는 물론이고, 이전 시기의 문장에서 유래를 찾을 수 없는 이례적 현상이다. 묘비는 물론이고 남편이 부인의 죽음을 애도하며 문장을 지은 예가 없었다. 당시는 유교의 명분과 윤리가 지배했던 시대로 부부관계는 예를 지키며 서로 존중하는 관계였지 살가운 애정 표현은 부부간의 덕목이 아니었다. 그럼에도 불구하고 당대 최고위 인사의 이 같은 감정 표현이 가능했던 것은 지하에 매설되며 비공개를 원칙으로 하는 묘지의 특수성에서 기인한다고 할 수 있을 것이다.

다만 한 가지 주의해야 할 것은 서진 시대의 묘지로 분류되는 모든 석각들에 반드시 명사가 첨부된 것은 아니었다는 점이다. 즉 서진 시대 묘지들 가운데는 명사가 있는 것도 있고, 없는 것도 있다.

> [앞면] 좌분(左棻)의 자는 난지(蘭芝)며 제국(齊國) 임치(臨淄) 사람이다. 서진 무제(武帝, 재위 265년~290년)의 귀인(貴人)이었다. 영강(永康) 원년(300) 3월 18일에 훙(薨)했고, 4월 25일 준양릉(峻陽陵: 서진 무제의 능) 서쪽 요도(徼道: 순찰용 도로) 안쪽에 장사 지내다.[54]

위 기사는 무제의 후궁을 지냈던 좌분(左棻)이라는 여인의 묘지문 일부다. 묘주인 좌분은 당시 최고의 문장가로 이름을 날린 좌사(左思, 250년~305년)의 누이다. 좌분 역시 여성으로서는 드물게 명문장가로 이름을 날렸고, 그 문재(文才) 덕분에 무제의 총애를 받았다. 그리하여 그녀의 사적과 그녀가 지은 문장들은 『진서』「후비전(后妃傳)」에 수록되어 있을 정도다.

인용한 부분은 묘지의 앞면이다. 이제까지 살펴본 묘비와 앞의 묘지의 사례로 미루어 볼 때, 그 뒷면에는 황제의 후궁이자 문장가로서 이름을 날린 그녀의 재능을 찬미하는 명사가 있을 것이라 예상할 것이다.

그러나 정작 아쉽게도 이 묘지의 뒷면에는 좌분의 친정 쪽 식구들에 대한 서술만 있을 뿐이다. 좌분 아버지의 이름과 자, 관력, 그녀의 오빠인 좌사의 이름과 자, 그리고 그녀의 조카이자 좌사의 아들, 딸들

---

54 "左棻, 字蘭芝, 齊國臨淄人. 晉武帝貴人也. 永康元年三月十八日薨, 四月卄五日葬峻陽陵西徼道內."

의 인적 사항을 열거함과 동시에, 이 가운데 좌총기(左聰奇)라는 조카가 그녀의 제사를 받들게 되었음을 명기하였다. 좌분의 친정 식구들이 이 석각을 통해 전하고자 한 것은 그녀 묘지의 위치와 그녀의 후사였다. 그녀는 진 무제와의 사이에 자식이 없었기 때문에, 그녀의 묘소를 돌보고 제사를 지낼 사람은 그녀의 친정 조카들밖에 없다. 남은 사람들의 입장에서는 이러한 사정을 석각에 명기하는 것이 더 중요했던 것이다. 당대 최고의 문장가를 배출한 집안에서 황제의 후궁이자 여성 문장가로 이름을 날린 인물의 묘지에 명사를 첨부하지 않았다는 것은 당시까지 묘지의 명사는 필수 요소가 아니었음을 방증한다. 묘지는 형식화된 문학 장르가 아닌 무덤의 명찰로서의 실용적 기능이 더 의식된 것이다. 따라서 무덤 주인의 신원을 확인하는 데 직접적인 관련이 없는 명사는 생략되기도 한 것이다.

무덤의 현주소

묘비와 구분되는 묘지만의 특징은 이 석각이 지하의 무덤 안에 납입되고, 그 명문에는 무덤의 위치를 표기해 두었다는 점이다. 이는 시간이 경과하여 봉분이 깎여 나가고 예기치 못한 사태로 인해 무덤이 공개되었을 때, 이를 발견한 이들로 하여금 무덤의 주인이 누구인지 알도록 하기 위함이었다.

그러나 묘지문에 장지를 표기한 것은 반드시 이상과 같은 막연한 미래의 상황에 대한 불안감에서만 기인한 것은 아니었다.

① [표제:] 진(晉)의 고인(故人)으로 중서시랑(中書侍郎)을 지낸 영천(穎川) 영음(穎陰) 순군(荀君)의 묘(墓).

군께서는 원강(元康) 5년(295) 을축(乙丑)이 초하루인 7월 8일 병신(丙申), 세차(歲次)로는 을묘(乙卯)에 병으로 졸하셨다. 군께서는 악평부군(樂平府君)의 둘째 아들로 나이는 오십 세였다. 선조들은 대대로 영천(穎川) 영음현(穎陰縣)의 북쪽에 [무덤을] 안치하였다. [그런데] 그 해 7월 12일에 큰 비가 평소보다 지나치게 내려서, 옛 무덤이 침하되어 붕괴된 것이 많게 되었다. 성상께서 조서를 내리시어 [청렴함을] 가상히 여기시고 애도하시면서, 그 빈궁함을 가련하게 여기시어 특별히 묘전(墓田) 1경(頃)과 전(錢) 15만(萬)을 하사하시어 장례에 지급하게 하셨다. 이에 별도로 낙양현(洛陽縣) 동쪽에 [무덤을] 안치하였는데, 진(晉) 문제(文帝)의 능도(陵道) 우측에 배장(陪葬)하였다. 그 해 무오일(戊午日)이 초하루인 10월 22일 경진(庚辰)에 매장하였다.[55]

② 선공의 구묘(舊墓)가 낙양의 북망에 있고, 문(文), 위(衛) 두 부인 또한 그곳에 배장되어 있다. [그러나] 올해 흉년으로 백성들이 굶주려서 남쪽으로 돌아갈 수가 없었다. [그래서] 우선 임시로 연국(燕國) 계성(薊城)에서 서쪽으로 이십 리 되는 곳에 가장(假葬)을 하였다. 높은 산이 널리 트여 있는 곳에 의거하여 신구(神柩)를 안치하였다.[56]

55 "晉故中書侍郎穎川穎陰荀君之墓. 君以元康五年七月乙丑朔, 八日丙申, 歲在乙卯疾病卒. 君樂平府君之第二子, 時年五十. 先祖世, 安措于穎川穎陰縣之北. 其年七月十二日, 大雨過常, 舊墓下濕, 崩壞者多. 聖詔嘉悼, 愍其貧約, 特賜墓田一頃, 錢十五萬, 以供葬事. 是以別安措於河南洛陽縣之東, 陪附晉文帝陵道之右. 其年十月戊午朔, 廿二日庚辰葬."

56 "先公舊墓, 在洛北邙. 文·衛二夫人亦附葬焉. 今歲荒民饑, 未得南還. 輒權假葬于燕國薊城西廿里. 依高山顯敞, 以卽安神柩."

①은 서진 혜제 원강 5년(295)에 사망한 영천 출신의 순악(荀岳, 246년~295년)이라는 사람의 묘지고, ②는 앞 절에서 인용한 바 있는 서진 혜제(惠帝, 290년~306년) 영가 원년(307)에 사망한 화방이라는 여성의 묘지다.

두 묘지의 기사를 통해 우리들은 순악과 화방이 원래 묻혀야 할 무덤에 묻히지 못하게 되었음을 알 수 있다. 순악이 진 문제의 무덤 근처에 묻히게 된 것은 그의 집안 대대로 조상들이 묻혔던 영천 영음현의 구묘가 재해로 파괴되었기 때문이다. 이에 황제의 특별한 배려로 낙양 교외에 장지를 하사받아 그 무덤이 이리로 옮겨오게 된 것이다. 한편 화방은 그녀의 남편 왕준이 유주자사(幽州刺史)였기 때문에 그와 함께 유주에 거주하다가 사망했다. 관례대로라면 그녀의 시신은 시댁인 왕씨 집안사람들의 무덤이 모여 있는 낙양 북망(北邙)에 묻혀야 했다. 그러나 당시 낙양은 흉노(匈奴)의 침공으로 인해 전시 중이었으므로, 낙양에서 수천 리 떨어진 유주에서 북망까지 운구를 한다는 것은 도저히 불가능했다. 이에 그녀의 남편 왕준은 당시 유주의 치소(治所)이자 자신의 세력 거점인 계성(薊城) 교외에 화방의 무덤을 마련한 것이다. 그러나 이 무덤은 영원한 것이 아니었다. 화방의 무덤은 종국에는 본래의 매장지인 낙양 북망산으로의 '이장'을 염두에 두고 임시로 조성한 것이다. 본문에서 '가장(假葬)'이라 한 것이 이를 방증한다.

서진 시대 최고의 명장으로 무제의 신망을 한몸에 받았던 양호(羊祜, 221년~278년)는 죽어서 고향에 묻히고자 했다. 그가 죽자 유족들은 그의 뜻을 존중하여 그의 시신을 고향에 안장하려고 했다. 그러나 당시 황제였던 무제는 이를 불허하고 자신이 들어갈 황릉 근처에 장지를 내어주어 그곳에 무덤을 쓰게 했다. 이러한 양호의 사례는 황제가 장지를 내려주고, 고향에 무덤을 쓰지 못하게 하는 것이 실은 당시 사람들의 정서와 어긋나는 것이며, 사람들은 오히려 고향에 묻히길 선호했음을 알 수 있게 한다. 장지를 하사받은 순악의 유족들도 같은 심정이었을 것이다.

다른 묘지들이 현재 무덤의 위치만을 명기한 것과 달리 순악과 화방의 묘지는 여기에 더해 가문 대대로의 매장지, 즉 고인이 안장되었어야 하는 원래 무덤에 대한 정보까지 포함하고 있다. 이는 훗날 이 무덤을 방문할 후손들에게 주는, 현재의 장소는 임시 매장지에 불과하므로 여건이 되는 대로 이곳에 묻힌 조상의 유해를 다시 고향의 선산으로 옮기라는 메시지였던 셈이다. 즉 이 시기 묘지들은 불가피한 사정으로 고향에 묻히지 못한 묘주의 이장을 염두에 두고, 그 무덤의 원위치를 증명하는 기능도 수행했다.[57]

타향살이의 흔적: 흙으로 빚은 묘지

삼국을 통일한 서진의 천하는 오래가지 못했다. 무제 사후, 제위를 놓고 종실의 제왕들 사이에 벌어진 내전을 틈타 장성 유역에 거주하던 유목민족 흉노가 중국 내지로 남하하여, 북중국에 자신들만의 왕조를 세웠다. 그리고 그 집단의 지도자는 스스로를 황제라고 선포했다.

이 흉노 왕조는 중국 땅 일부를 차지하는 것에 만족하지 않고, 중원 전체의 지배자가 되고자 했다. 그리하여 내전으로 인해 이미 피폐해질 대로 피폐해진 진 왕조에 총공세를 가하여, 진의 수도인 낙양과 제2수

57 福原啓郎,「西晉の荀岳墓誌の檢討」,『京都外國語大学研究論叢』75(2010), 9-10쪽.

도인 장안(長安)을 모두 함락시키고 진의 마지막 황제를 포로로 잡은 다음, 이내 그를 살해했다. 이 와중에 진의 황제를 뒤따랐던 황족과 고관, 귀족, 그리고 일반 백성들 10만 이상이 함께 희생당했다. 역사에서는 이 사건을 당시 연호를 따서 '영가(永嘉)의 난'이라 한다.

이로써 진은 흉노 국가에 의해 멸망당하고, 중원의 한족들은 이민족 흉노의 지배하에 놓이게 되었다. 이제 살아남은 한족들은 이민족을 황제로 섬기며, 그들 집단의 지배하에 놓이게 되었다. 그러나 한족의 입장에서 한족 국가를 멸망시키고, 그 황제까지 잔인하게 살해한 흉노족과 그 출신의 황제는 실은 민족의 원수나 다름없다. 게다가 자신들이 문화적으로 우월함을 내세워 그동안 이적(夷狄: 오랑캐)이라고 멸시하던 흉노 출신의 지배자를 황제로 모신다는 것은 정서상 도저히 용납될 수 없는 노릇이었다.

그런데 이때 한 줄기 희소식이 전해졌다. 완전히 몰살당한 것으로 알려졌던 진나라 황족 가운데 일부가 용케 살아남아 장강을 건너 진 왕조를 재건했다는 것이다. 이렇게 하여 재건된 왕조가 바로 동진(東晉, 317년~420년: 이 왕조의 수도는 오늘날 南京남경으로, 서진 시대 수도 낙양보다 동쪽에 위치하고 있기 때문에 동진이라고 한다.)이다. 그리고 그 주인공은 무제의 조카였던 사마예(司馬睿, 276년~323년)로 그는 역사에서 원제(元帝, 재위 317년~321년)로 불린다.

완전히 멸망된 줄 알았던 한족 왕조가 강남에 재건되자, 중원의 한족들은 여기에 희망을 걸고 집단을 이루어 강남으로 이주했다. 동진의 건국은 그들이 의지할 수 있는 구심점이 다시 생긴 것이나 다름없었기 때문이다. 수많은 사람들이 행장을 꾸려 고향을 떠나 강남으로 속속 모여들었다.

귀족들도 예외가 아니었다. 살벌한 이민족 치하를 피하기 위해 어쩔 수 없이 그들은 자신들의 근거지를 포기한 채, 강남으로 이주했다. 그들의 경제적 기반은 토지였고, 그 토지는 가문대대로 살아온 그들의 고향에 위치했다. 그러나 이제 이 모든 것을 버리고 강을 건넌 것이다. 이들은 이러한 혼란이 이른 시일 내에 수습될 것이라고 예상했다. 중원에서 강남으로 이주한 한족들은 동진 조정이 곧 전열을 정비하여 북벌을 단행, 중원을 수복하고 이민족을 몰아낼 것이라 생각했다. 오래 가지 못할 이민족 정권에 협력하느니, 당장은 힘들어도 한족 왕조에 대한 의리를 지키는 길을 선택한 것이다.

그러나 이들 피난민들 가운데는 야속하게도 중원의 회복을 보지 못하고 타지에서 그대로 생을 마친 사람들도 있었다.

> 진(晉)의 고인으로 예장내사(豫章內史)를 지낸 진국(陳國) 양하(陽夏) 사곤(謝鯤) 유여(幼輿)를 태녕(泰寧) 원년(323) 11월 28일, 건강현(建康縣) 석자강(石子岡)에 가장(假葬)하다. [그 무덤은] 양대가(陽大家)의 무덤에서 동북으로 4장(丈) 되는 지점에 위치하고 있다. 처는 중산(中山) 출신의 유씨(劉氏)다. 자식은 [이름이] 상(尙)이며, [자는] 인조(仁祖)다. 딸은 진석(眞石)이다. 아우는 포(褒)이며 [자는] 유유(幼儒)다. 아우는 광(廣)이며 [자는] 유임(幼臨)이다. 구묘는 형양(滎陽)에 있다.[58]

위 기사는 323년에 사망한 사곤(謝鯤)의 묘지다. 사곤은 원래 서진에

58 "晉故豫章內史陳國陽夏謝鯤幼輿, 以泰寧元年十一月廿八日假葬建康縣石子岡. 在陽大家墓東北四丈. 妻中山劉氏. 息尙, 仁祖. 女眞石. 弟褒, 幼儒. 弟廣, 幼臨. 舊墓在滎陽."

서 활약했던 인사였으나 서진이 붕괴하자 강남으로 이주하여 동진 조정에 봉사하다가 죽었다. 그의 묘지에서 주목되는 부분은 '가장'과 '구묘'다. 사곤의 유족들은 현재 그가 묻힌 무덤이 임시 매장지임을 명기하고 있다. 구묘가 있는 형양은 중원에 위치하며 더 이상 동진의 강역이 아니었다. 그러나 사곤의 유족들은 멀지 않은 장래에 중원이 회복되면 그의 무덤을 형양에 있는 사씨 가문의 선산으로 이장할 것을 염두에 두고 묘지에 이를 적기한 것이다.

동진 정권이 건립된 시점은 317년으로, 사곤은 이로부터 불과 6년 만에 사망했다. 즉 그는 동진이 탄생한 지 얼마 되지 않은 시점에 세상을 떠난 셈이다. 이 무렵까지 한족들은 가까운 미래에 이 정권이 분단을 극복하고 중원으로 귀환할 수 있을 것이라는 기대에 충만했을 것이다. 이들에게 강남은 새로운 삶의 터전이 아니었다. 그저 당장의 환란을 피하기 위해 임시로 몸을 피해 있는 장소에 불과했다. 이에 유족들은 강남에 고인을 매장하지만, 이는 궁극적으로는 중원으로의 이장을 염두에 둔 임시 매장에 불과했다. 〈사곤묘지〉는 강남에 갓 넘어온 중원 출신 유민들의 처지와 기대를 고스란히 반영하고 있었던 것이다.

이러한 유민들의 의식은 묘지의 형식과 내용에도 영향을 끼쳤다. 무덤 내에 고인의 신상과 무덤의 위치를 기록한 석물을 넣는 관행은 서진 시대부터 유행했다. 그런데 서진의 묘지들은 모두 중원에서 제작되어 납입된 것들로, 강남 지역의 묘지는 없다. 즉 묘지를 제작하여 무덤에 넣는 풍습은 지역적으로는 중원에서만 유행한 것으로 추정된다. 그러다가 이후 동진의 건립을 분기로 중원에서 강남으로 대량의 주민들이 이주하면서, 묘지의 풍습도 이들 유민과 함께 강남으로 따라 들어왔다.

묘지를 제작하고 이 관행을 전파한 중원 출신 유민들은 항상 고향으로 돌아갈 것을 기약하고 있었다. 그들에게 강남의 무덤은 가매장지였다. 그러므로 묘지 역시 가매장의 상황에 맞추어 단순하고 간단하게 제작되었다. 이 시기 묘지들 가운데 이전 시기 묘비나 묘비형 묘지의 형태를 답습한 것은 찾아보기 어렵다.[59]

게다가 동진 시기의 묘지에는 명사가 없다. 이 시기의 묘지는 고인의 신상 정보와 가족 관계, 그리고 무덤의 위치에 대한 서술 등으로만 구성되어 있다. 묘지의 내용이 이렇게 간단하고 단순하게 된 것은 현재의 무덤은 임시 매장지이므로, 그 안에 넣는 묘지는 이후의 이장을 위한 필수 정보만 담고 있으면 그걸로 충분했다. 제대로 된 묘지는 중원에 있는 원래의 묘역으로 이장을 마치고 나서 제작해도 늦지 않다. 고인을 추모하고 애도하는 명사는 이장을 한 다음에 지으면 되는 것이다.

한편 이 시기 묘지의 형태와 재질도 이전 시기에 비해 조악했다. 현재 묘지가 남아 있는 동진의 인물들 가운데 유명 인사는 드물지만, 그들은 당시 최고의 명족(名族)으로 일컬어지는 가문에 속했다. 동진 최고의 귀족으로는 낭야(琅耶) 왕씨(王氏)와 진군(陳郡) 사씨(謝氏)가 있었는데, 이 가문 사람들의 묘지는 가문의 명성에 걸맞지 않게 크기가 작음은 물론이고 형태도 보잘것없다. 서진 시대 소비형(小碑型) 묘지가 크기는 작지만, 정식 비석의 형태를 취하고 그 조각과 장식이 정밀한 것과 달리, 동진의 묘지는 대충 다듬은 방형의 돌에 문자를 새긴 수준이었다.

59 洪承賢, 「西晉~劉宋時期 墓誌의 構成과 役割」, 『中國史硏究』 89(2014), 53쪽.

① 영화(永和) 12년(356) 10월 17일 진의 고인으로 남자인 낭야 임기(臨沂)의 왕강지(王康之)는 자는 승숙(承叔)으로 나이 22세에 사망하였다. 그해 11월 10일 백석(白石)에 매장하였다. 그러므로 전돌에 새겨서 기록한다.[60]

② 진(晉)의 고인으로 산기상시(散騎常侍)·특진(特進)·위장군(衛將軍)·상서좌복야(尙書左僕射)·도정숙후(都亭肅侯)인 낭야 임기 [출신] 왕빈(王彬)의 장녀는 자는 단호(丹虎)이니 나이 58세로 승평(升平) 3년(359) 7월 28일에 사망하였다. 그해 9월 30일 백석에 장례 지내니, [무덤은 그녀의 아버지인] 왕빈의 묘 우측에 있다. 전돌에 새겨서 기록한다.[61]

이상의 두 묘지는 당시 동진 최고의 귀족 가문에 속하는 낭야 왕씨 일문의 묘지인데, 특이한 것은 바로 이 묘지의 재질이다. 이는 정식으로 돌을 채취하여 가공한 것이 아니라, 전돌, 곧 벽돌을 사용한 것이다.[62] 이 벽돌은 이들의 무덤에 쓰인 자재와 같다. 즉 무덤을 짓는 데 사용한 자재를 가지고 묘지를 만든 것이다. 후한 시기 묘비가 명산(名山)의 '가석(嘉石)'을 채취하여 세워진 것에 비하면 동진의 묘지는 너무도 소박하다.

낭야 왕씨 같은 명문가에서 경제적 어려움 때문에 전돌을 사용했을 리는 없다. 이들 묘지의 본문에서 가장이나 구묘는 언급되어 있지 않

60 "永和十二年十月十七日晉故男子琅耶臨沂王康之, 字承叔, 年廿二, 卒. 其年十一月 十日, 葬於白石. 故刻磚爲識."

61 "晉故散騎常侍特進衛將軍尙書左僕射都亭肅侯琅耶臨沂王彬之長女, 字丹虎, 年五十八, 升平三年七月廿八日卒. 其年九月卅日葬于白石, 在彬之墓石. 刻塼爲識."

62 趙超, 앞의 책, 83쪽.

다. 그러나 무덤 주인공의 신상을 소개하면서 현재 거주지가 아닌, 중원에 위치한 본적지를 가장 먼저 열거한 점을 통해 왕씨 가문 사람들의 정체성을 확인할 수 있다. 그들은 여전히 자신들의 기반을 중원에 두고 있었던 것이다. 따라서 이들 역시 앞의 사곤의 경우와 마찬가지로 강남의 무덤을 임시 매장지로 여겼고, 그 무덤에 넣는 묘지 역시 최소한의 기능만을 고려하여 제작한 것으로 볼 수 있다.

이런 점에서 동진의 묘지는 실용적 측면만을 최대한 고려하여 제작되었다고 해도 과언이 아니다.

묘지명(墓誌銘)의 출현

지금까지 우리들이 살펴본 서진과 동진의 묘지들은 정작 그 명문상에 '묘지' 또는 '묘지명'이라는 표현은 없다. 그럼에도 불구하고 이 석각들을 묘지라고 부르는 데 주저하지 않은 것은 이들의 제작 의도와 기능이 후대의 정형화된 묘지와 부합하기 때문이다. 당시 사람들도 이러한 석각의 특수성을 어느 정도 인지하고 있었던 것으로 보인다.

서진 시기 묘지들의 경우, 이를 만든 사람들은 그 표제에 '○○비(碑)', '○○명(銘)'이라는 명칭을 사용했다. 또는 이 같은 표제가 아예 없는 것도 있다. 즉 묘지에 해당하는 석각을 부르는 명칭이 통일되어 있지 않았다. 명칭이 통일되지 않았다는 것은 당시 사람들이 이 석각을 기존의 묘비와 동일한 기물로 치부하지 않았음을 의미한다. 얼핏 보면 묘비와 유사한 것 같지만 그렇다고 완전히 같지도 않음을 진작 인지했던 것이다.

그런데 동진이 되면 우리가 묘지로 구분할 수 있는 석각에 묘지, 묘지명이라는 명칭도 없지만, 서진의 '비'나 '명' 같은 표기도 일체 보이지 않는다. 즉 동진의 묘지에서는 '비'나 '명'이라는 표기가 완전히 사라진 것이다. 이는 동진의 묘지에 명사가 없는 것과 관련이 있다. '비' 또는 '명'이라는 표제를 가지며, 묘지로 분류할 수 있는 서진의 석각들은 모두 명사가 첨부되어 있다. 이는 적어도 석각의 명문에 명사가 있는 경우, 이를 비나 명으로 부른다는 통념이 있었음을 방증한다. 반대로 석각의 명문에 명사가 없으면 그것은 비도 명도 아닌 것이다. 비를 판별하는 기준이 분명해진 만큼, 이와 기능을 달리하는 석각을 분류하여 범주화하고, 그에 대해 별도의 명칭을 부여하는 것은 시간문제였다.

동진이 망하고, 강남에 수립된 유송(劉宋, 420년~479년: 건국자가 劉裕유유(363년~422년)이기 때문에 '劉宋유송'이라 한다)에 이르면, 비로소 그 표제에 '묘지'라는 명칭을 사용한 석각이 출현한다.

> [표제:] 송의 고인으로 해릉태수(海陵太守), 산기상시(散騎常侍)였던 사부군(謝府君)의 묘지(墓誌)
> 영초(永初) 2년(421) 태세(太歲)로는 신유(辛酉), 무신일(戊申日)이 초하루인 여름 5월 27일 갑술(甲戌)에 예주(豫州) 진군(陳郡) 양하현(陽夏縣) 도향(都鄉) 길천리(吉遷里)의 사충(謝琉), 자는 경민(景玫)이 졸하다. 이에 그해 정미일(丁未日)이 초하루인 7월 17일 계해(癸亥)에 단양군(丹陽君) 강녕현(康寧縣) 뇌향(賴鄉) 석천리(石泉里)에 안장하다…….[63]

63 "宋故海陵太守散騎常侍謝府君之墓誌. 永初二年太歲辛酉夏五月戊申朔廿七日甲戌, 豫州陳郡陽夏縣都鄉吉遷里謝琉字景玫卒. 即以其年七月丁未朔十七日癸亥, 安厝丹楊郡江寧縣賴鄉石泉里中……"

위의 〈사충묘지(謝珫墓誌)〉는 현재까지 명문상에서 '묘지'라는 표제를 사용한 석각들 가운데, 가장 연대가 오래된 묘지다. 이제부터 우리들은 비로소 '명실상부'한 묘지를 접하게 된 것이다. '묘지'라는 명칭의 사용은 이제 사람들이 무덤에 납입하는 이 석각을 그간의 '묘비'나 '명' 등과는 다른 기물로 구분 짓고, 이를 별도의 독자성을 갖는 기물로 규정했음을 의미한다.

그런데 조금 더 시간이 경과하자 묘지의 표제로 '묘지' 대신 다른 명칭을 사용한 묘지가 등장하게 된다. 바로 그 표제에 '묘지명(墓誌銘)'이라는 명칭을 사용한 묘지가 만들어진 것이다. 대표적인 것으로 463년에 제작된 〈유회민묘지(劉懷民墓誌)〉와 474년에 제작된 〈명담희묘지(明曇憘墓誌)〉 두 건이 있다. 이들 묘지는 그 제명이 각각 '송고건위장군제북해이군태수입향후동양성주유부군묘지명(宋故建威將軍齊北海二郡太守笠鄉侯東陽城主劉府君墓誌銘)', '제고감여항현유부군묘지명(齊故監餘杭縣劉府君墓志銘)'으로 되어 있다.

그렇다면 앞서 인용한 〈사충묘지〉와 이 두 건의 묘지는 무슨 차이가 있길래 전자는 그저 표제에 '묘지'라고만 하고, 후자들은 '묘지명'이라 한 것일까. 그것은 바로 명사 때문이다. 〈사충묘지〉에는 명사가 없으나, 〈유회민묘지〉와 〈명담희묘지〉에는 명사가 있다. 유회민과 명담희의 유족들은 묘지에 고인의 신상 정보와 함께 그의 공덕을 찬미하는 명사를 첨부했고, 이를 감안하여 '묘지명'이라 명명한 것이다. 앞서 명사가 있는 석각은 서진에서 비나 명으로 명명했음을 언급한 바 있다. 그러나 명사가 있음에도 불구하고 이를 비나 명이라 하지 않고, 묘지명이라 했다는 것은 묘지에 대한 개념이 확고하게 정립되었음을 방증한다.

이는 문헌을 통해서도 확인할 수 있다.

> 담당 관리가 다음과 같이 상주하였다: "대명 연간(457년~464년)의 고사(故事)에 따르면 태자비의 현궁(玄宮: 무덤)에 석지(石誌)를 두었습니다. [이에 대해] 상세히 논의한 결과, 다음과 같이 결론지었습니다. 묘명(墓銘)은 예전(禮典)에서 나온 것이 아닙니다. 근래 송(宋) 원가(元嘉) 연간(424년~453년) 안연지(顔延之, 384년~456년)가 왕구(王球, ?~441년)의 석지를 지었습니다. 귀족들은 비(碑)와 책(策)이 없으므로, 이로써 덕을 기록하였습니다. 이후로 왕공(王公) 이하가 모두 준용하게 되었습니다."[64]

위 기사에서 말한 석지가 바로 묘지에 해당한다. 강남에서 묘지가 유행하게 된 시점은 송 원가 연간의 일이며, 그 직접적 계기는 안연지가 왕구를 위해 묘지문을 지어 준 것이다. 안연지가 왕구를 위해 묘지문을 지어 준 시점은 441년이다. 문헌의 기록을 신뢰한다면 강남 왕조에서 묘지의 시작과 유행을 441년으로 봐야 하지만, 이미 〈사충묘지〉는 이보다 20년이나 앞선 421년에 나왔다. 그렇다면 당시 문헌의 기록에 착오가 있는 것일까. 실은 본문의 '석지'는 평범한 묘지를 가리킨 것이 아니다.

위의 인용문에서 '석지'는 '묘명(墓銘)'과 동일시되고 있다. 그리고 이는 한미한 가문의 사람들이 비(碑)나 책(策)을 대신하여 덕을 기록하는

---

64 『南齊書』 卷10, 「禮志」, "有司奏: 大明故事, 太子妃玄宮中有石誌. 參議墓銘不出禮典. 近宋元嘉中, 顔延作王球石誌. 素族無碑策, 故以紀德. 自爾以來, 王公以下, 咸共遵用."

방식이라고 하였다. 묘비에서 망자의 덕행을 찬미하는 기능을 담당하는 부분이 명사임은 이미 확인한 바 있다. 따라서 묘지를 통해 고인의 덕을 기록하려면 묘비처럼 명사를 첨부해야 한다. 즉 문장 내에 명사를 포함한 묘지만이 고인의 덕을 기릴 수 있다. 석지를 묘명이라 한 것도 바로 이 때문이다. 명사가 있는 묘지라는 인식하에 '묘명'이라는 표현을 쓴 것이다.

따라서 이상과 같은 사정을 감안하면 『남제서(南齊書)』에서 말한 석지의 시작과 유행은 엄밀히 말하면 묘지명의 시작과 유행을 뜻하는 것으로 이해함이 옳다. 즉 묘지이면서 동시에 명사를 가진 묘지명이 지어지고 이것이 널리 유행하게 된 것이다. 실제로 〈유회민묘지〉의 제작 시점은 463년이니, 이 묘지명의 탄생은 안연지로부터 비롯된 묘지명 작성 관행의 유행에 따른 결과로 볼 수 있다. 본문에서 예로 든 『남제서』의 기술처럼, 안연지가 지었던 형식의 석지(또는 묘명)를 '왕공 이하가 모두 준용'하게 된 상황을 〈유회민묘지〉가 증명하고 있는 것이다.

이렇게 묘지에 명사가 첨부되었을 뿐만 아니라 그것이 일회성에 그치지 않고 널리 유행하여 하나의 체제로 자리 잡았다는 것은 사람들이 묘지의 제작에 심혈을 기울였음을 의미한다. 동진 시기에는 최고의 명문 귀족임에도 불구하고 명사 없는 묘지를 제작했던 것을 상기하면 그 차이를 실감할 수 있다.

동진은 건립된 지 약 100년 만에 망했나. 처음 동진으로 넘어왔던 중원 출신의 유민들은 곧 동진 조정이 중원을 수복할 것이고, 그리되면 자신들은 고향으로 돌아갈 것이라 여겼다. 그러나 동진의 치세 100년 동안 끝내 중원은 수복하지 못했고, 처음 강남에 넘어왔던 유민들도 세대를 거듭하여 동진 멸망 무렵에는 3세대에 이르게 된다. 이제 중원으로 돌아가는 것은 불가능하다는 것이 기정사실이 되었고, 후손들의 입장에서는 선조들이 피난 보따리를 풀었던 강남이 더 익숙하게 되었다. 유민 1세대라면 몰라도 강남에서 나고 자란 그들의 2, 3세대에게 중원의 고향은 관념상으로만 존재할 뿐, 실제 고향은 강남이었던 것이다.

사람들은 중원을 단념하고 강남을 자신들의 평생 터전으로 삼았다. 자연히 무덤에 대한 인식도 바뀌었다. 강남이 고향인 사람들에게 그곳에 조성되는 무덤이 곧 조상 대대로의 구묘나 다를 바 없게 된 것이다. 강남의 무덤은 가매장지에서 자손 대대로 봉사해야 할 고정 묘역이 되었다. 따라서 거기에 납입되는 묘지도 이장의 편의를 위한 명찰에서, 영혼의 영원한 안식처에 걸맞게 바뀌어야 했다. 이에 묘지는 다시 체제와 격식을 갖추게 되었고, 그 과정에서 명사가 있는 묘지명이 탄생한 것이다.

민족과 국경을 초월한 묘지

묘비 및 묘지는 중원에 거주했던 한족들이 창안하고 유행시킨 문화였다. 서진이 이민족의 침략으로 인해 붕괴되자 전란을 피해 다수의 한족들이 강남으로 이주했고, 이들은 중원에서 유행했던 묘장용 석각 제작의 관행을 강남으로 가지고 왔다. 그리고 이 풍습은 세대를 거쳐 계승, 발전하여 이전 시기의 묘비 및 소비형(小碑型) 묘지와는 구분되는 명실상부한 묘지 및 묘지명이라는 별도의 장르를 만들어 냈다.

그렇다면 서진 이후 한족을 대신하여 중원을 차지한 이민족 왕조 치하에서 묘비 및 묘지는 어떤 변화를 맞이했을까. 이민족 정권의 등장으로 인해 한족의 문화라고 할 수 있는 묘비나 묘지 등이 중원에서 자취를 감추게 된 것일까.

> [표제:] 묘표(墓表)
>
> 양(涼: 前涼전량)의 고인으로 중랑(中郎)·중독호(中督護)·공국중위(公國中尉)·진창태수(晉昌太守)였던 안정군(安定郡) 오씨현(烏氏縣)의 양서(梁舒), 자는 위인(爲仁)이다. 부인은 옛 삼부녹사(三府錄事)이자, 장군중후(掌軍中候)였던 경조(京兆) 출신 송연(宋延)의 딸로, 이름은 화(華)이며 자는 성자(成子)다. 건원(建元) 12년(376) 11월 30일 성에서 서쪽으로 17리 되는 지점, 양묘(楊墓)에서 동쪽으로 100보, □□□되는 지점에 장사 지내다.[65]

위의 석각은 〈양서묘표〉라 불리는데, 그것은 이 석각이 표제에 '묘표(墓表)'라는 명칭을 사용했기 때문이다. 이 묘표는 크기가 약 37cm에 불과하다. 형식상으로는 소형의 비석이라는 점, 그리고 내용상으로 고인의 이력과 장지를 명기한 점으로 볼 때, 서진 시대 소비형 묘지와 유사하다. 이 석각이 발견된 곳은 오늘날 중국의 감숙성 무위(武威)인데, 이 곳은 전통시대 돈황과 함께 중국 본토와 실크로드를 연결하는 노선상에 위치한 거점도시였다. 이 석각이 제작될 시점에 이 지역은 중원의 통제에서 벗어나 전량(前涼, 320년~376년)이라는 왕조의 영역이었다. 이

65 "凉故中郎中督護公國中尉晉昌太守安定郡烏氏縣梁舒, 字爲仁. 夫人故三府錄事掌軍中候京兆宋延女, 名華, 字成子. 以建元十二年十一月卅日, 葬城西十七里, 楊墓東百步□□□."

왕조는 원래 서진의 양주자사(凉州刺史)로 이 지역을 관리했던 장궤(張軌, 255년~314년)가 흉노에 의해 중원의 서진이 붕괴한 것을 보고, 스스로 독립하여 세운 정권이었다.

이 나라는 그 지배자가 한족이고, 지리적으로 중원으로부터 멀리 떨어져 있었기 때문에, 중원의 동란에 직접적으로 휩쓸리지 않아 정세가 안정되어 있었다. 더욱이 실크로드의 거점도시들을 장악하여 경제도 번영했다. 그리하여 중원의 한족들 가운데는 이민족의 침략을 피해 이 곳으로 이주한 이들이 적지 않았다.

중원에서 한참 떨어진 변방에서 이상과 같은 묘표가 발견된 것은 이들의 이주와 무관하지 않은 것으로 보인다. 유민들의 강남 이주를 매개로 묘지의 제작 관행이 강남에 전파되었듯이, 서쪽으로는 실크로드 지역까지 묘지가 전해진 것이다.

이민족 왕조가 들어섰던 중원에서도 묘표의 제작이 확인된다.

> [표제:] 묘표(墓表)
>
> 홍시(弘始) 4년(402) 초하루가 을미(乙未)일인 12월 27일 신유(辛酉)일에 진(秦: 후진)의 고인으로 요동태수(遼東太守)였던 약양(略陽)의 여헌(呂憲)을 상안(常安)의 북릉(北陵)에 장사 지내다. 성과의 거리는 20리다.[66]

위의 묘표는 강족(羌族) 출신의 요장(姚萇, 329년~393년)이 세운 후진(後秦, 384년~417년) 때 제작된 것이다. 묘주인 여헌은 원래 실크로드 지역에

---

66 "弘始四年十二月乙未朔廿七日辛酉, 秦故遼東太守略陽呂憲葬於常安北陵. 去城廿里."

후량(後涼, 386년~403년)이라는 나라를 세웠던 저족(氐族) 출신의 장수 여광(呂光, 338년~399년)의 동생이었다. 그러나 그는 후량을 떠나 후진에 항복하여 들어와 살다가 죽었다.

이 묘표는 앞서 인용한 〈양서묘표〉와는 성격이 좀 다르다. 〈양서묘표〉의 경우, 비록 변방에서 제작되었지만 그 나라는 한족 위주의 국가였고 묘주도 한족이었다. 반면 〈여헌묘표〉는 이민족이 통치하는 나라에서 이민족 출신의 장수를 위해 만들어진 것이다. 이는 한족들이 고안한 묘표의 제작 관행을 중원을 통치했던 이민족들도 그대로 수용했음을 의미한다. 이와 같이 중국을 통치했던 이민족 지배자들과 그 지배층이 중국 문화의 수용에 인색하지 않았음을 고려할 때, 중원에서도 '묘지'라는 명칭을 표제로 하는 석각이 출현하는 것은 시간문제였다.

중원에서 명실상부한 묘지가 등장한 것은 북위(北魏, 386년~534년) 때다.

> [표제:] 태사(太師) 경조군(京兆郡) 개국(開國) 풍무공(馮武公) 묘지명(墓志銘)
> 태사 경조군 개국공의 성은 풍(馮)이고 휘는 희(熙)이며 자는 진국(晉國)이니, 기주(冀州) 장락군(長樂郡) 신도현(信都縣) 사람이다. 필공(畢公) 고(高)의 후예이며, 연(燕: 북연) 소문황제(昭文皇帝, 재위 385년~407년)의 손자이자, 대위(大魏: 북위에 대한 경칭)의 태재(太宰)였던 연선왕(燕宣王)의 둘째 아들이다. 경목황제(景穆皇帝)의 사위며, 문명태황태후(文明太皇太后)의 오라비며, 현조(顯祖) 헌문황제(獻文皇帝, 재위 465년~471년)의 큰외숙이다. 또한 이 나라의 외척이다. …… 태화(太和) 19년(495) 세차(歲次)로는 을해년 신미일(辛未日)이 초하루인 정월 24일 갑오(甲午)에 나이 58세로 평성(平城)의 자택에서 사망하였다. 시호를 무공(武公)이라 하였으며, 그해 12월 경신(庚申)에 하남(河南)

> 낙양의 북망(北芒)에 장례를 지냈다. 그 사(辭: 銘辭명사)는 다음과 같다…….[67]

위 묘지의 도입부에 서술된 풍희라는 인물의 내력을 보면, 그는 북위에서 최상층부에 속하는 최고위급 인사이다. 멀리는 오호십육국 시대 왕조들 가운데 하나였던 북연(北燕, 407년~436년) 황제의 손자였고, 북위에서는 태황태후의 오빠이자 황실의 외척이었다. 본문에서 언급된 문명태황태후는 이 묘지가 만들어진 시점의 북위 황제였던 효문제(孝文帝, 재위 471년~499년)의 조모다. 효문제의 입장에서 풍희는 진외종조부(陳外從祖父)가 된다.

그런데 이 묘지의 문장은 효문제가 직접 그의 죽음을 애도하며 지은 것이다. 북위의 역사를 기록한 정사인 『위서(魏書)』에는 풍희의 열전이 수록되어 있는데, 이에 따르면 풍희의 시신을 낙양으로 옮겨와 장례 지낸 날, 황제가 직접 장지에 와서 지명(誌銘)을 지어 준 것으로 되어 있다.

살아서는 황실의 외척이었고, 죽어서는 황제가 하관을 친림함과 동시에 그의 죽음을 애도하는 문장까지 직접 지어 주어 무덤에 넣어 주었으니 풍희는 최고의 영예를 누린 셈이다. 그런데 이 묘지는 풍희에게만 의미 있는 기물이 아니다. 이 묘지는 현존하는 북위의 묘지들 가운데, '묘지명'이라는 표제를 사용한 최초의 석각이며 황제가 지은 묘지명으로서도 최초다. 강남 왕조의 황제들도 사망한 형제나 신하를 애

---

67 "太師京兆郡開國馮武公墓誌銘. 太師 · 京兆郡開國公, 姓馮, 諱熙, 字晉國. 冀州 · 長樂郡 · 信都縣人. 畢公高之苗裔, 燕昭文皇帝之孫, 大魏太宰燕宣王之中子. 景穆皇帝之壻, 文明太皇太后之兄, 顯祖献文皇帝之元舅也. 又爲國之外舅矣……以太和十九年歲在乙亥正月辛未朔廿四日甲午, 年五十有八, 薨于代平城第. 諡曰武公, 其年十二月庚申, 窆于河南洛陽之北芒. 其辭曰……"

도하며 그를 위해 묘지명을 지어 준 일은 있으나, 실물이 남아 있는 것은 없다. 현재로서는 북위 효문제의 〈풍희묘지〉가 유일하다.

북위에서 황제가 직접 묘지의 문장을 짓고, 이를 '묘지명'이라 명명했다는 것은 적어도 이 무렵 북위에서 묘지를 제작하는 관행이 최고위층 사이에서 유행했을 뿐만 아니라 '묘지'나 '묘지명'에 대한 개념을 조야(朝野)가 정확히 인지하고 있었음을 방증한다. 그렇다면 북위에서도 묘지나 묘지명이 '탄생'한 것일까.

이와 관련하여 우리들은 이미 이보다 앞서 명실상부한 묘지와 묘지명이 강남의 한족 왕조에서 등장했음을 상기할 필요가 있다. 강남에서 명실상부한 최초의 '묘지'가 등장한 것은 실물 자료를 기준으로 할 경우 421년의 일이며, '묘지명'은 463년의 일이다. 한편 북위의 '묘지명'은 〈풍희묘지〉를 기준으로 할 경우 495년의 일이다.

다음으로 효문제라는 황제의 통치 철학을 고려할 필요가 있다. 효문제는 비록 선비족(鮮卑族) 출신의 황제였으나 중원에 거주하는 주민 다수가 한족이라는 현실을 직시하고, 그 원활한 통치를 위해 중국식 제도와 문화의 채용에 적극적이었다.

북위에서 묘지명의 출현 시점, 그리고 한문화의 채택과 보급에 적극적이었던 당시 북위 왕조의 통치 방침을 감안하면, 〈풍희묘지〉는 강남 왕조에서 이미 별도의 체제로 자리 잡았던 묘지와 묘지명을 수입하여 활용한 것으로 추정된다. 효문제가 새로운 수도로서 낙양을 건설할 때, 그 도시의 구획, 그리고 궁전과 주요 건물의 공간 배치, 외형 등을 당시 강남 왕조의 수도였던 건강(建康: 남경)을 모델로 하여 조성했음을 감안하면, 그가 강남의 묘지문화를 채택한 것도 결코 부자연스러운 것은 아니다.

강남 왕조에서 창안된 묘지는 민족과 국경의 경계를 초월하여 북위로 전파되었다. 강남을 제외한 중국의 주요 지역 대부분을 북위가 석권하고 있었고, 한화 정책의 기조하에 묘지는 북위 영내에서 급속히 유행하게 되었다. 현존하는 묘지들을 보면, 강남 왕조의 묘지는 20여 건에 불과하나 북위의 묘지는 무려 1천 건을 상회한다. 이러한 수량의 차이를 절대적인 수치라 할 수는 없지만 북위에서 묘지명의 제작이 성행했음을 방증하기에는 충분하다. 묘지의 체제는 비록 강남에서 정비되었으나, 이것이 중국 전체로 확대되어 뿌리내림에 있어서는 북위의 묘지 수용이 결정적 계기였던 것이다.

묘지명(墓誌銘)이 없는 황제들

남북조 시대가 되면 묘지는 장례에 없어서는 안 되는 기물이 되었다. 묘지의 제작은 선택이 아닌 필수였다. 사람이 죽으면 으레 그를 위해 묘지가 만들어졌다. 그런데 이 같은 묘지의 유행에도 불구하고 이러한 흐름과 무관한 존재가 있었다. 바로 황제다.

황제들이 죽고 난 후에는 묘지가 만들어지지 않았다. 왜냐하면 황제들에게는 묘지를 대신할 만한 다른 기물이 있었기 때문이다. 그것은 바로 '애책(哀策 또는 哀冊이라고도 한다.)'이다. 애책은 황제가 사망하면 그의 죽음을 애도하는 운문체 문장을 장방형의 대나무나 옥돌에 새기고, 이를 두루마리 형태로 엮은 기물이다. 이 기물은 황제의 시신을 매장할 때, 그의 능 안에 봉안된다.

애책은 아무리 늦어도 후한대부터는 그 사용이 확인되며, 그 이후 양진(兩晉: 서진과 동진), 남조에 이르기까지 황제가 사망하면 항상 애책을 제작하여 봉안했다. 흥미로운 것은 후한에서 애책은 오직 황제만을 위해 제작하였으나 양진, 남조에서는 그 대상이 조금 확대되었다는 점이다. 이 시기에는 황제와 황후 및 황태자, 황태자비의 장례에도 애책을 사용했다. 그러나 같은 황제의 아들이라고 해도 그가 황태자가 아닌 경우에는 애책을 쓰지 못했다. 천하를 주재하는 유일한 지배자인 황제와 그의 정통성을 계승할 후계자, 그리고 그들의 배필에 대해서만 애책의 사용이 허락되었다.

애책과 묘지가 기능상으로는 동일한 역할을 수행하지만 그 위상은 질적으로 달랐음이 다음의 사례를 통해서도 확인된다.

> 담당관리가 다음과 같이 상주하였다: "[유송(劉宋)] 대명 연간(457년~464년)의 고사에 따르면 태자비의 현궁에 석지(石誌: 묘지)를 두었습니다. [이에 대해] 상세히 논의한 결과, 묘명(墓銘)은 예전(禮典)에서 나온 것이 아닙니다. …… 태자비의 귀중함으로 볼 때, 예(禮)는 일반의 사례와는 차이를 두어야 하는데, 이미 애책(哀策)이 있으니 석지를 쓸 필요는 없다고 여겨집니다." 이를 따랐다.[68]

위 기사에 따르면 원래 유송 대명 연간(457년~464년)에는 태자비가 사망했을 시에 태자비의 무덤에 묘지를 봉안했음을 알 수 있다. 그러나 뒤이은 남제(南齊, 479년~502년)에 와서 태자비의 위상을 고려하면, 민간

---

68 『南齊書』 卷10, 「禮志」, "有司奏: 大明故事, 太子妃玄宮中有石誌. 參議墓銘不出禮典……儲妃之重, 禮殊恆列, 既有哀策, 謂不須石誌. 從之."

에서 쓰는 묘지는 망자의 격에 맞지 않는 기물임을 인지하고, 오직 애책만을 쓰도록 하였다. 이러한 조치는 실제로 효력을 발휘하였다. 이후 황태자나 황태자비가 사망하면 한결같이 묘지가 아닌 애책이 제작되었기 때문이다.

출처가 불분명한 민간의 관행을 황실의 엄숙한 장례에 사용한다면 황실과 민간의 구분은 모호하게 될 것이다. 그러면 황실과 민간의 격차도 좁아지고, 이는 결국 권위의 실추를 초래한다. 이에 황실에서는 애책만을 쓰도록 한 것이다.

실제로 남조 시기에는 황제와 황후의 사후에 애책이 제작되었다. 한편 살아서는 황제로 즉위하여 황제의 삶을 살았지만, 종국에는 제위에서 쫓겨난 인물의 경우에는 애책 대신 묘지가 제작되었다. 남제의 제4대 황제로 즉위했던 해릉왕(海陵王, 재위 494년)의 경우, 사후에 묘지가 제작되었다. 이는 묘지와 달리 애책의 제작과 사용에 엄격한 원칙이 있었고, 그것이 철저히 준수되었음을 방증한다.

그렇다면 북조는 어떠했을까. 현재로서는 북위의 황제들이 사망했을 때 제작된 것이 애책인지 묘지인지 확인할 길이 없다. 실물은 물론이고, 애책이나 묘지를 만들었다는 기록조차 없기 때문이다. 황후나 황태자, 황태자비의 애책, 묘지에 대한 기록도 없다. 대신 1946년, 북위 선무제(宣武帝, 재위 499년~515년)의 생모로 사후에 황태후로 추존된 문소황태후(文昭皇太后)의 능에서 그녀의 묘지가 출토되었다.[69] 이는 현재로서는 남북조를 통틀어 유일하게 전하는 황태후의 묘지다. 그녀의 묘지는 파손이 심하여 일부만 남아 있지만, 그 표제 부분은 보존 상태가 양호하다.

69 郭建邦,「洛陽北魏長陵遺址調查」,『考古』1966-3.

그 표제는 '위문소황태후산릉지명(魏文昭皇太后山陵誌銘)'이라 되어 있는데, 여기서의 '지명(誌銘)'은 '묘지명(墓誌銘)'과 같다. 당시에는 '묘지명'을 줄여서 '묘명(墓銘)', '지명(誌銘)' 또는 '명지(銘誌)'라고도 했기 때문이다.

〈문소황태후묘지〉의 경우, 그 표제에서 '묘지명'이라는 표현을 쓰지 않은 것은 그 주인공이 황태후로 그의 무덤은 능(陵)이 되기 때문이다. 따라서 이를 '묘'라 부르는 것은 격이 맞지 않으므로 묘지명의 '묘(墓)'를 황릉을 의미하는 산릉(山陵)으로 바꾼 것이다. 하지만 〈문소황태후묘지〉는 북위 황제나 황후의 묘지 제작 여부를 추정하는 데 결정적인 단서가 되지는 못한다. 북위 황태후의 묘지로는 문헌과 실물을 통틀어 문소황태후의 사례가 유일하므로 이 한 가지 사례만을 가지고 북위에서 황제나 황후의 사망 시에 민간과 마찬가지로 묘지를 제작했다고 단정할 수는 없다.

한편 북조에서 황제의 장례에 애책의 사용이 공식적으로 확인되는 것은 북제(北齊, 550년~577년) 문선제(文宣帝, 재위 550년~559년)가 사망했을 무렵이다. 『북제서(北齊書)』「형소전(邢卲傳)」에 따르면 문선제가 죽자 형소가 애책문을 작성했다고 하는데, 이것이 현재까지 확인되는 북조 최초의 애책에 대한 기록이다. 또한 『수서(隋書)』「예의지(禮儀志)」에는 북제 애책의 재질, 형제, 규격 등에 대한 규정이 수록되어 있다. 이를 통해 북조에서는 늦어도 북제에 이르러 남조와 마찬가지로 황제 사망 시에 애책을 쓰는 관행이 확립되었다고 할 수 있다.

그러나 애석하게도 남북조 시기 황제를 위해 제작된 애책의 실물은 현재까지 확인된 바가 없다. 오늘날 전하고 있는 것은 그 문장뿐이다. 애책문이 그것으로, 이들 문장은 문장총집이나 백과전서인 유서(類書)에 수록되어 있다. 이를 통해 애책문의 구성 요소와 형식의 대강을 확인할 수 있다.

애책과 묘지는 위상도 다르지만 내용의 구성도 차이가 있다. 애책은 고인의 일생에 대한 기록은 오히려 간략하다. 애책문에서 가장 많은 양을 차지하는 부분은 고인의 죽음을 애도하고 그의 공덕을 기리는 명사다. 사실 애책문은 명사가 전부라 해도 과언이 아니다. 반면 묘지는 고인의 일생에 대한 기록이 상세하며, 명사는 전체 분량의 절반을 넘지 않는다.

이 같은 양자의 차이는 그 출현 경위와 관련이 있을 것으로 추정된다. 묘지는 묘비의 전통 속에서 출현했지만 애책은 당초부터 장례식 때, 죽은 황제를 애도하는 것만을 염두에 두고 제작된 기물이다. 더욱이 황제의 일생에 대한 기록은 정사(正史)에 본기(本紀)의 형태로 기록되어 영구히 전해지므로, 굳이 애책의 지면을 빌릴 필요가 없다. 따라서 구성 요소의 비중이나 내용의 전개 방식도 같을 수가 없었던 것이다.

'묘지명(墓誌銘)'의 완성

남조 유송에서 처음으로 '묘지명(墓誌銘)'이라는 표제를 갖는 묘지가 등장했고, 그 실물로 453년에 제작된 〈유회민묘지〉와 474년에 제작된 〈명담희묘지〉가 있음을 앞서 언급한 바 있다. 그런데 이들 묘지는 비록 '묘지명'이라는 동일한 표제를 썼지만 그 형식은 서로 달랐다.

〈유회민묘지〉는 본문에서 명사가 가장 먼저 나오고 고인의 생애에 대한 서술은 그 다음에 나온다. 반면, 〈명담희묘지〉는 본문 도입부에 고인의 조부모, 부모, 숙부 및 숙모, 그리고 그의 네 형과 형수의 이름과 이력, 출신 등을 열거한 후, 비로소 주인공의 일생에 대한 소개, 명사의 순으로 이어진다. 비록 이 시기에 묘지가 유행했지만 그 형식은 저마다 제각각이었던 것이다.

이러한 형식상의 불일치가 사라지게 된 것은 양(梁, 502년~555년)대의 일이다. 양 무제(武帝, 재위 502년~549년) 천감(天監) 원년(502)에 제작된 〈소융묘지(蕭融墓誌)〉는 먼저 '묘지명서(墓誌銘序)'라는 표제하에 주인공 소융의 이력과 사망일, 장일(葬日), 장지(葬地) 등을 서술하였다. 그리고 그 다음에 '양고산기상시무군대장군계양융시간왕묘지명(梁故散騎常侍撫軍大將軍桂陽融謚簡王墓誌銘)'이라는 표제하에 명사를 첨부하였다. 〈소융묘지〉에서 '묘지명'은 명사만을 의미하고, 명사 앞에 위치한 문장은 그 '명'에 대한 서문이 된다. 즉 〈소융묘지〉는 전반부의 지문(誌文)과 후반부의 명사를 엄격하게 구분했는데, 이는 이전 시기의 묘지에서는 보이지 않던 형식이다. 또한 전반부의 지문을 '서'라고 규정한 것도 〈소융묘지〉가 최초다.

〈소융묘지〉 이후에 등장하는 묘지들도 모두 고인의 사적 소개에 해당하는 지문은 전반부에, 명사는 후반부에 위치하는 구성을 취하고 있다. 또한 유송대 묘지의 지문에서 보이던 고인의 선조나 가계에 대한 장황한 서술은 사라지고, 지문은 오직 묘주 1인의 일생에 대한 소개로 그쳤다. 다만 모든 묘지들이 그 표제에 '서'와 '명'을 표기한 것은 아니었다. '서'와 '명'을 함께 표기한 예는 현재로서는 양에 뒤이은 진(陳, 556년~589년) 선제(宣帝, 재위 569년~582년) 태건(太建) 2년(570)에 제작된 〈위화묘지(衛和墓誌)〉가 유일하다. 그 표제는 '진고위장군묘지명병서(陳故衛將軍墓誌銘幷序)'라고 하여 지문을 '서'로, 명사를 '명'으로 확실하게 구분하고 있다.

한편 북조의 묘지들 가운데 지문과 명사를 서와 명으로 구분한 최초의 사례는 북위 선무제 연창(延昌) 원년(512)에 제작된 〈최유묘지(崔猷墓誌)〉다. 〈최유묘지〉는 그 표제가 '위고원외산기상시청하최부군묘지명병서(魏故員外散騎常侍淸河崔府君墓誌銘幷序)'로 되어 있다. 묘지의 표제에 '서'와 '명'을 표기하는 것은 북조에서도 그다지 유행하지 않은 것으로 보인다. 북조 시기 묘지들 가운데 '묘지명병서(墓誌銘幷序)' 또는 '묘지명서(墓誌銘序)'라는 표기를 사용한 표제는 10건 미만의 극소수에 불과하기 때문이다. 그러나 북조의 묘지들도 문장의 전개 방식과 구성 요소는 남조 양 이후의 묘지들과 일치한다.

이상의 사례들을 통해 하나의 경향성을 파악할 수는 있다. 바로 묘지의 정형화다. 적어도 남조 양을 분기로 묘지의 체제가 정비되었고, 그 형식은 이후 등장하는 남조와 북조의 묘지들에서 공통적으로 답습되었다는 점이다.

이 시기 정형화된 묘지의 기본 격식은 다음과 같다. '묘지명'이라는 표제하에 그 내용은 크게 지문, 명사의 순서로 구성된다. 지문에서 공통적으로 언급된 내용은 묘주의 이름, 본관, 가계, 관료로서의 경력 및 기타 이력(그의 덕행을 포함), 사망일, 장례일, 장지(葬地) 등이다. 뒤이어 나오는 명사는 4언체를 취한다.

그런데 북조 묘지에서 보이지 않는 남조 묘지만의 특징적 요소가 하나 있다. '묘지명'이라는 표제하에 그 문장을 지은 찬자(撰者)와 그의 인적 사항을 표기했다는 점이다.[70] 앞서 예로 든 〈소융묘지〉의 경우, "장

70 양진성, 「梁代 奉勅撰墓誌를 통해 본 墓誌銘의 定型化-墓誌에 등장하는 王言文書 運營方式의 分析을 兼하여」, 『中國史研究』 (105)2016, 16-18쪽.

겸시중·이부낭중인 신 임방이 칙서를 받들어 짓다[長兼侍中吏部郞中臣任昉奉勅撰]."라는 문구가 삽입되어 있다. 그 이후인 양 무제 보통(普通) 원년(520)에 제작된 〈소부묘지(蕭敷墓誌)〉의 경우, "상서우복야·태자첨사인 신 서면이 칙서를 받들어 짓다[尙書右僕射太子詹事臣徐勉奉勅撰]."라고 하여 〈소융묘지〉와 유사하다. 한편 진 선제 태건 8년(576)에 제작된 〈황법구묘지(黃法氍墓誌)〉에서는 "좌민상서 강총이 지음[左民尙書江總制]."으로 되어 있다.

그렇다면 어째서 남조에서는 〈소융묘지〉의 출현 이후 이와 유사한 형식의 묘지가 등장하게 된 것일까. 그것은 당시 묘지가 단순히 장례 기물이 아닌, 문학 작품으로서의 위상을 확보하게 된 점, 그리고 〈소융묘지〉의 제작 경위와 관련이 있다.

유송 이후 묘지는 장례 기물로 무덤 안에 납입되지만, 그 문장은 세간에 널리 공개되었다. 명사를 포함한 묘지의 문장은 문학적으로 작품성이 탁월하다고 인정되어 이를 문인들이 공유하고 감상한 것이다. 유송, 남제, 양 3대를 경험했던 문인이자 관료인 강엄(江淹, 444년~505년)의 문집에는 유송, 남제 시절 인사들의 묘지명이 수록되어 있는데, 이는 묘지가 단순한 장례 기물이 아닌 문체의 일종으로 자리 잡았음을 방증한다.

〈소융묘지〉의 수인공인 소융은 남제 말 동혼후(東昏侯, 재위 499년~501년)에 의해 살해당했다. 그 후 그의 형인 소연(蕭衍, 464년~549년)이 기의하여 남제를 무너뜨리고 양 왕조를 건국하니 바로 무제다. 무제는 황제가 되자, 이전 왕조에서 억울하게 죽음을 당한 자신의 동생에 대한 복권 작업에 착수, 그를 계양왕으로 추봉(追封)하고, 왕의 격에 걸맞는 장례를 다시 치르도록 하였다. 이와 함께 무제는 당시 최고의 문장가들 가운데 한 명인 임방(任昉, 460년~508년)에게 특별히 명령을 내려 억울하게 죽은 동생의 사적과 그의 공덕을 찬미하는 묘지명을 짓게 했다. 즉 〈소융묘지〉는 황제의 특별한 관심과 배려 속에서 국가에 의해 제작되었다고 해도 과언이 아니다.

묘지가 이미 독립된 문학 작품으로서 당시 문인들에게 감상과 평가의 대상의 된 상황에서, 황제의 명령에 의해 조정 최고위급 관료이자 문장가가 지은 제왕(諸王)의 묘지는 이후 묘지문을 작성함에 있어서 하나의 전범을 제시했을 것이 분명하다. 〈소융묘지〉 이후 이전까지 없던 지문과 명사의 분리, 그리고 묘지문의 찬자명 표기가 등장하는 것이 이러한 추정을 뒷받침한다. 〈소융묘지〉에서 확인되는 '묘지명'이라는 표제, 지문의 구성 요소와 문장의 전개 방식, 그리고 표제하의 찬자명 표기는 묘지의 체제가 완성되었다고 일컬어지는 당대(唐代) 묘지의 구성 요소와 정확히 일치한다.[71]

이를 통해 이미 남조 양대부터 기본적으로 완성된 형태의 묘지가 출현했음을 알 수 있다.[72] 다만 당시는 이 같은 형식이 출현한 초창기라, 그것이 아직 보편화되지 못했을 뿐이다. 비록 현존하는 남조 양대의 묘지는 드물지만, 수량의 희소함 때문에 그것이 갖는 역사적 의의까지 반감되는 것은 아니다. 고대 중국 묘지의 정형화에서 남조 시기의 묘지들이 선구적인 역할을 했다는 점은 부정할 수 없다.

---

71 羅宗眞, 『六朝考古』(南京: 南京大學出版社, 1994), 154쪽.

72 羅宗眞 著 · 정대영 역, 『중국고고학 – 위진남북조』(서울: 사회평론, 2012), 195-196쪽; 趙超, 같은 책, 226-227쪽.

◎ 제3부

죽은 자 섬기기를 산 자 섬기듯 하라

제 5 장

돌에 새긴 세계

한대 화상석

漢代 畫像石

한대인들, 돌을 발견하다

화상석(畫像石), 그림을 새긴 돌 혹은 돌에 새긴 그림을 지칭한다. 세계 각지에 분포하는 원시시대의 암각화(巖刻畫)에서 보듯, 돌 위에 그림을 새기는 것은 가장 오래된 회화 행위였다. 경주 남산에서 흔히 볼 수 있는 암벽 면에 새겨진 불상과 보살상 역시 화상석의 일종이다. 이처럼 돌에 그림을 새기는 것은 옛날부터 지금까지 이어지는 유구하면서도 보편적인 문화다.

돌에 새겨진 그림은 청동기 시대의 것은 암각화로, 불교미술의 경우에는 '마애불, 마애보살' 등으로 부른다. 그런데 화상석은 '한대(漢代) 화상석'이라 하여 특정 왕조의 이름을 붙인다. 화상석이 전한(前漢, 기원전 202년~기원후 8년) 중기에 출현해 후한(後漢, 25년~220년) 말 황건적의 난 이후 경제의 피폐로 인해 돌무덤을 만드는 게 불가능해지자 소멸된, 시대성이 매우 강한 문화기 때문이다.

'화상석'이란 명칭은 송대(宋代, 960년~1279년) 금석학자들이 처음 제기한 이래 지금까지 사용하고 있다. 최초의 이름은 한대 비문(碑文)에서 언급된 '화(畫)'라는 글자에서 유래한다. 산동 창산(蒼山)의 후한 원가(元嘉) 원년(151) 화상석 무덤의 제기(題記)에 무덤 안의 화상을 '화(畫)'라 칭하고 있으며, 산동성 가상현(嘉祥縣) 후한대 무량(武梁)의 비석에는 돌로 만든 사당에 "무늬를 새기고 그림을 새겼다[雕文刻畫]."는 구절이 있다. 이 구절을 토대로 홍괄(洪适, 1117년~1184년)은 무량의 사당에 선각된 것들을 '화상(畫像)'으로 불렀다.[1]

"만약 화상석을 계통적으로 수집한다면 거의 그림으로 구성된 한대의 역사 하나가 이루어질 것이다." 중국 역사학자 젠보찬(翦伯贊, 1898년~1968년)은 한대 화상석의 가치를 이렇게 설명했다. 그러나 한대 화상석의 의의는 돌 위에 묘사된 그림에만 한정되지 않는다. 한대 화상석은 무덤 속 석곽(石槨)이나 석실(石室), 혹은 무덤 밖 지상의 석궐(石闕)이나 돌[石석]사당을 구성하는 석판(石板)에 새겨지거나 부조(浮彫)된 그림이다. 자연석이 아니라 인공이 가해진 석재의 건축 부재(部材)에 묘사된 것이며, 모두 상장(喪葬)과 관련된 공간에서 출현하고 있다. 그러므로 화상석 문화는 한대인의 정신세계뿐 아니라 물질문화, 그리고 의례 등의 상장(喪葬)문화라는 큰 테두리 속에서 살펴보아야 한다.

1 '화상' 칭호의 유래에 대해서는 鄭岩, 「西漢石槨墓與墓葬美術的轉型」, 『逝者的面具: 漢唐墓葬藝術研究』(北京: 北京大學出版社, 2013), 7쪽의 주1을 참조.

> 지금 경사(京師)의 귀척이나 군현의 부호는 살아서는 지극히 봉양하지 않지만, 부모가 죽은 후에는 상례(喪禮)를 매우 성대하게 한다. 혹은 금실로 엮은 옥의(玉衣)를 만들고, 좋은 나무로 관을 만들고, 좋은 땅에 무덤을 만들어 깊숙이 시신을 감춘다. 그리고 진귀한 보물과 사람 모양의 용(俑), 수레와 말 등을 많이 묻는다. [지상에는] 크게 흙을 쌓아 봉토를 만들고 널리 소나무와 측백나무를 심으며 초막과 사당을 만든다. 이러한 사치스러움이 도를 지나쳐 자신의 신분에서 벗어나 있다.[2]

후한 시대에 살았던 왕부(王符, 85년(?)~163년(?))는『잠부론(潛夫論)』「부치(浮侈)」에서 당시 상장문화에 대해 비판적인 시선을 보내고 있다. 한대 화상석 문화는 이런 한대의 상장문화를 반영한 시각적이자 물질적인 자료다.

한대 화상석 문화는 기원전 2세기 중후반, 무덤 내부에서 처음 출현해 점점 지상 위의 사당으로까지 확대되었다. 이후 기원후 2세기까지 300여 년 동안 만들어진 화상석 무덤은 100곳이 넘는다. 그리고 지상 위 사당이나 궐 등의 화상석까지 포함하면 화상석 판석만 해도 1만 개가 넘는다.[3] 앞으로 발굴이 지속되면 화상석의 수량은 계속 증가할 것이다. 화상석의 분포 지역 또한 매우 광범위하다. 북쪽으로는 북경(北京)에서 남으로는 운남(雲南)까지, 그리고 동부의 해안 지대에서 서쪽으로는 감숙(甘肅)과 사천(四川)에 이르기까지 한(漢) 제국의 전역에

2 『潛夫論』,「浮侈」, "今京師貴戚, 郡縣豪家, 生不極養, 死乃崇喪. 或至刻金鏤玉, 檽梓楩柟, 良田造塋, 黃壤致藏, 多埋珍寶偶人車馬, 造起大塚, 廣種松柏, 廬舍祠堂, 崇侈上僭."

3 信立祥,『漢代畫像石綜合硏究』(北京: 文物出版社, 2000), 13쪽.

서 발견된다.

무덤 속 화상석의 존재는 처음에는 아주 미미했다. 석곽의 일부에만 아주 단순한 그림을 새겼을 뿐이다. 그러나 후한에 이르면 무덤 내 거의 모든 벽면에 화상이 등장하며, 그림의 내용 또한 풍부해진다. 산동성 안구(安丘) 동가장(董家莊) 무덤은 모두 224개의 석판을 사용해 만들었는데, 이 가운데 103개의 석판에 모두 69폭의 다양한 그림이 새겨져 있다. 면적으로 환산하면 $400m^2$에 달한다. 산동성 기남(沂南) 북채(北寨)에 소재한 후한 말기의 석실묘 역시 $442m^2$에 이르는 면적에 다양한 내용의 화상이 묘사되어 있다.[4]

화상석 무덤이 가장 많이 만들어진 곳은 산동성과 강소성 북부, 안휘성 북부, 하남성 동부와 하북성 동남부를 잇는 일대, 그리고 하남성 남양(南陽)을 중심으로 하는 하남성 서남부와 호북성 북부 지역이다. 두 지역 모두 문화와 경제가 매우 발달한 지역이었다. 특히 산동 일대는 공자의 고향으로 유교문화의 발상지였기 때문에 유교적 성격의 화상이 주류를 이루었다. 유교문화 영향이 농후한 산동과 달리 오르도스(Ordos) 지역으로서 군사적 요충지였던 섬서성 북부와 산서성 서부 지역의 화상석은 이 지역만의 농목(農牧)이나 수렵적 특성을 반영한 지역색 강한 화상석 문화를 발전시켰다. 한편 화상석 문화는 300여 년에 걸쳐 형성되었으므로 시대적 특성도 출현한다. 표현되는 그림에서 일종의 서열이나 계통을 찾아볼 수 있고, 시대가 흐름에 따라 화상의 내용이 풍부해지는 현상도 나타난다.

후한 시대에는 효도를 하거나 청렴한 사람을 천거하는 '거효렴(擧孝

4 李松,『中國美術·先秦至兩漢』(北京: 中國人民大學出版社, 2004), 292-293쪽.

廉)'의 관리 등용제도를 실시했기 때문에 벼슬길에 오르려는 사람들은 먼저 효와 관련된 명성을 얻어야만 했다. 이를 위해 심지어는 부모가 죽은 후 무덤 안에서 20여 년 동안 상복을 입는 경우도 출현할 정도였다.[5] 그러나 대부분은 이와 같은 극단적 방법보다는 부모의 무덤을 잘 꾸며 자신들의 효행을 드러내 보이고자 했다. 무덤을 잘 꾸미는 것이 화상석의 제작과 유행으로 표현된 것이다. 화상석의 제작은 화상을 새겨야 했으므로 돈이 드는 것이었고, 이런 경제적 행위를 통해 한대인들은 효행을 과시하고자 했다. 그리하여 화상석은 더 이상 죽은 자를 위한 것만은 아니었으며, 산 자들의 공적을 보여 주는 수단이 되어 갔다.

시대성이나 지역성의 차이를 뛰어넘는 한대 화상석의 공통점은 앞에서 지적한 것처럼 화상을 새기는 재료, 즉 돌이라는 매개에 있다. 한대인들은 왜 상장문화에서 돌이라는 물질에 관심을 가지기 시작한 걸까.

영원한 집 '돌무덤'

한대 이전, 중국인들은 돌을 중시하지 않았다. 돌을 사랑한 그리스나 로마, 그리고 페르시아 사람들과 달리 인간이 평소 거주하는 집은 목재와 흙을 사용해 지었다. 사람이 죽으면 살아생전과 마찬가지로 나무로 된 관곽(棺槨)에 죽은 자를 담아 땅속 깊이 판 구덩이에 묻은 뒤 흙과 자갈을 덮었다.

기원전 2세기 중반, 즉 전한 전기에 조성된 호남성 장사시(長沙市)의

---

5 『後漢書』 卷66, 「陳蕃傳」.

마왕퇴(馬王堆) 무덤은 그와 같은 오래된 전통을 잘 보여 준다. 음식을 먹은 후 소화도 채 못 시킨 채 죽음을 맞은 중년의 귀부인은 화려한 칠(漆)을 한 4중(重)의 목관으로 겹겹이 쌓여 있었다. 그리고 그녀가 지하에서 생활하며 사용할 많은 음식물과 그릇들, 그리고 그녀를 시중들 많은 나무 인형과 흙 인형들은 그녀의 관 주위에 둘러쳐진 나무 곽 속에 질서정연하게 안치되어 있었다. 이처럼 땅을 깊이 파서 목제 관곽을 사용해 시체를 안치하고 흙을 덮는 수법으로 만들어진 무덤은 수혈묘(竪穴墓)라 부르는데, 이는 중국의 전통적인 매장 방식이었다. 은(殷: 商상으로 부르기도 한다. 기원전 1600년~기원전 1046년)나라 후기의 수도였던 은허(殷墟) 유적지에 있는 왕들의 무덤이 그렇고, 호북성 수주시(隋州市)에서 발견된 춘추전국 시대 지방 소국(小國)인 '증나라 제후 을의 무덤[曾侯乙墓증후을묘]' 역시 동일한 방식으로 조성되었다.

그런데 기원전 2세기 중반부터 기원후 1세기 사이에 중국인들은 돌이라는 새로운 예술적 혹은 건축적 소재를 발견했다. 과거 돌에 대한 특별한 관념이 거의 없었기 때문에 생활에서 '돌의 발견'은 갑작스러운 것이었다. 결코 중국 내부에서 점진적 발전에 의해 이뤄진 게 아니었다. 이는 무제(武帝, 재위 기원전 141년~기원전 87년)의 서역 경영으로 대표되는, 한대 전기에 일어나는 세계관의 확장이나 불교 등 새로운 문화의 유입과 관련이 있다.

문제(文帝, 재위 기원전 180년~기원전 157년)의 패릉(覇陵)은 중국에서 연대가 아주 이른 돌무덤이다. 그는 산을 뚫어 무덤을 만든 후 자신이 들어갈 관 역시 과거와 달리 돌로 만들었다. 기원전 112년에 사망한 중산정왕(中山靖王) 유승(劉勝) 역시 황제의 전례를 따라 하북성 만성(滿城)의 바위산을 뚫고 무덤을 만들었다. 유승과 그의 부인의 무덤이 각각 따로 조성되었는데, 무덤 입구에 해당하는 부분에 두 개의 봉우리가 양쪽으로 서 있어 마치 지상의 궐(闕)과 같은 기능을 하고 있다. 지상에서 지하의 무덤방, 즉 묘실(墓室)까지는 무려 50m 정도의 바위를 뚫어 길을 냈다. 이곳에서는 당시 무덤을 팔 때 사용되었을 것으로 추정되는 금속 용기들이 발견되었는데, 이 어마어마한 프로젝트를 위해 필요한 금속 공구를 현장에서 제작하기 위해 조성된 대장간의 유물이었다.

유승의 무덤을 살펴보자(도1). 묘도(墓道)가 끝나는 지점에서 좌우로 길게 바위를 뚫어 공간을 만든 후 수레와 온갖 물건들을 저장해 놓았다. 현실의 차고와 창고를 지하에 옮겨놓은 모양새다. 중앙에는 넓은 방을 만들고 그 위에 다시 목조 가옥을 만들어 덮었다. 마치 현실의 대청 공간처럼 꾸민 것인데, 여기에는 무덤의 주인공인 유승과 그의 부인이 각각 앉을 장막을 설치하고, 그 앞에 음식물을 담는 그릇들을 진열해 놓았다. 유승의 관은 이 공간 뒤로 다시 암석을 파고 만든 석실 안에 안치되었다. 두꺼운 석문(石門)을 가진 이 방은 집을 짓듯 나무판처럼 얇게 가공한 석판을 짜 맞추어 만들었다. 이 석실이야말로 마왕퇴 무덤에서 출현했던 목곽을 대신한 것이다. 그리하여 유승은 옥으로 제작된 옥의를 입고 칠관 속에 누워 암벽 안에 조성된 석실 속에서 영원한 삶을 살게 된 것이다.

> 집안의 모든 재물을 들여 이름난 돌을 선택했다. 남산의 남쪽에서 아주 좋은 것을 골랐는데 노란 얼룩이 없었다.[6]

---

6 "竭家所有, 選擇名石. 南山之陽, 擢取妙好, 色無斑黃."

[도1] 유승 묘의 복원 모형. 커다란 돌로 무덤의 문을 만들어 닫고 안쪽에 현실을 모방해 마구간과 창고 등을 마련해 놓았다. 그리고 기와지붕이 있는 전실과 관을 안치한 후실(後室)을 배치하는 등 현실의 가옥 구조를 모방해 조영하였다.

[도1-1] 사진 오른쪽에 위치한 입구를 지나면 왼쪽에 마구간, 오른쪽에 창고 공간이 있다.

151년 사망한 무량이라는 유학자는 무덤 앞에 돌로 된 사당을 만들면서 자신이 얼마나 큰돈을 들여 정성껏 돌사당을 만들었는지를 이렇게 기록했다. 나무는 쉽게 썩기 때문에 '잠시'라는 이미지와 관련되어 있다면, 돌은 견고하고 '영원'했다. 이런 차이는 두 종류의 건축을 만들었다. 목조건축은 산 자를 위해, 석조건축은 죽은 자와 선인(仙人), 그리고 신(神)들을 위한 것이었다. 이제 한대인들은 돌로 된 무덤 속에서 신선들의 세상으로 가는 '승선(昇仙)'이라는 꿈을 꾸기 시작한 것이다.[7]

승선에 대한 꿈은 먼저 바위를 뚫어 만드는 무덤의 유행으로 번졌다. 이런 무덤은 애묘(崖墓) 또는 애동묘(崖洞墓)로 불리는데, 먼저 제후(諸侯) 계층에서 시작되었다. 현재까지 발견된 전한 시대 제후의 무덤은 80여 기(基)가 넘는데, 이 가운데 애묘는 40기 정도다.[8] 강소성 서주(徐州)의 '초나라 왕릉'은 문제의 패릉보다 더 일찍 출현했다. 이 가운데 하나인 사자산(獅子山) 애묘는 무덤의 전체 길이가 117m에 이르며, 북동산(北洞山) 애묘는 무덤 속 방이 19개, 면적이 347m²에 이르는 초대형 무덤이다. 거대한 돌무덤을 만드는 데는 엄청난 인력과 물자를 필요로 했을 것이다. 인력과 재화를 아낌없이 쓰며 제후들은 너도나도 다투어 애묘를 만들기 시작했다. 그러나 아직까지는 암벽을 뚫어 무덤을 조성했을 뿐, 암벽의 표면에 문양이나 그림을 새겨 넣지는 않았다. 이런 애묘는 북으로는 하북(河北)에서, 남단으로는 광동(廣東)까지 광범위하게 분포한다. 그러나 집중적으로 분포되는 지역은 산동과 강소 북부, 그

---

7 巫鴻 著·鄭岩 譯, 「"玉衣"或"玉人"? – 滿城漢墓與漢代墓葬藝術中的質料象徵意義」, 『禮儀中的美術 – 巫鴻中國古代美術史文編(上)』(北京: 生活·讀書·新知 三聯書店, 2005), 132-136쪽.

8 劉尊志, 『漢代諸侯王墓研究』(北京: 社會科學文獻出版社, 2012), 2쪽, 109쪽.

리고 하남 서부 지역으로, 이 지역은 한대 화상석 무덤의 분포 범위와 기본적으로 일치한다.

"위에서 좋아하면, 아래에서 반드시 이를 모방한다[上有所好, 下必有效]." 상층 문화는 아래로 내려오기 마련이다. 제후들의 돌무덤이 평민들에게 보급되기 시작했다. 관작(官爵)이 없는 평민들은 비록 부유한 지주였지만, 깊은 암벽을 파고 들어가는 애묘를 만들 재력까지는 없었다. 가장 손쉬운 방법은 나무 대신에 돌로 곽을 만드는 것이었다. 예전에 나무 관곽을 만들던 장인들은 먼저 돌덩어리를 하나하나의 석재로 가공했다. 그리고 이것을 접합하고, 접합한 곳에는 목조 가구를 만들듯 장부[榫순]나 장부구멍[卯榫묘순]과 유사한 구조를 만들어 단순한 형태의 곽을 만들었다. 산동 임기시(臨沂市) 월량만(月亮灣) 지역에서 발견된 2세기 후반의 무덤들은 이런 이행 과정을 잘 보여 준다. 이 무덤군에 위치한 부부 합장묘에서 목곽묘와 석곽묘를 혼용한 사례가 발견되었는데, 석곽묘가 목곽묘보다 늦게 제작되었다. 이는 석곽묘가 목곽묘에서 발전했음을 직접적으로 증명하는 것이며, 한대 석곽묘가 목곽과 석곽이 교체하는 시기에 출현했음을 알려주는 것이다.

화상석은 이런 석곽묘에서 가장 먼저 출현했다. 돌 표면은 대부분 정성껏 다듬지 않았으며, 끌로 깎아낸 여러 방향의 평행선이 '바탕무늬'를 구성하고 있다. 여기에 석곽의 가장자리만 장식하거나 아니면 원형이나 삼각형 등의 단순한 문양을 조각했다. 표현된 도형은 바탕문의 선과 깊이가 거의 같아 구분하기 어려운 경우조차 있다. 또한 표현된 사물은 비례가 안 맞아 치졸하기까지 하다.

일단 출현한 석곽묘는 매장문화를 바꾸어 목제 관곽을 대체하더니, 급기야는 무덤의 형태까지 변화시키기에 이르렀다. 석곽의 앞쪽에 문

[도2] 산동성 임기시박물관에 진열된 한대 화상석 무덤의 모형.

이 출현하고, 문에는 지상의 주택에 표현되던 동물 머리 모양의 포수(鋪首)가 새겨지기 시작했다. 이처럼 석곽이 죽은 자가 기거할 지하의 '주택'으로 변화하는 단서가 출현하더니, 전한 말기 후한 초기에 이르면 현실의 집 구조를 그대로 지하에 모방하는 석실 무덤이 탄생했다. "죽은 자 섬기기를 산 자 섬기듯 한다[事死如生]."는 관념 아래, 무덤은 전당후실(前堂後室)의 체제를 가지고 들보와 기둥을 갖춘 '죽은 자가 머무는 지하의 영원한 집'이 되었다(도2).

무덤 속 공간이 변화함에 따라 화상석도 형태나 내용 면에서 커다란 진전을 이루었다. 도형을 구성하는 선(線)이 나날이 복잡해지고 급기야는 그림이라고 부를 만한 정도로 발전해 갔다. 내용 또한 날로 풍부해져, 사람들의 실외 활동이 많이 묘사되었다. 또 각종 신선과 상서로운 동물 등 현실 세계에서는 볼 수 없는 경관이 출현하고, 심지어 역사적인 고사가 표현되기도 하는 등 시간과 공간이 무한히 확대되었다.

무덤의 재료와 형태의 변화는 단순히 건축 구조나 공법의 변화가 아니며, 당시 사람들의 생사 관념 및 관련 예의의 변화와 관련이 있다. 지하 세계는 더 이상 지상과 단절되지 않았으며, 지상의 연장선상에서 파악되었다. 심지어 후한 시대 무덤은 사람들에게 개방되기도 했다. 석실묘의 조성은 화상을 그릴 공간을 확대했고, 이에 따라 사람들은 넓은 공간에 많은 상상과 바람을 새기기 시작했다.

'백 마디 말보다 훨씬 효과적인 한 장의 그림.' 한대 화상석은 이제 한대인들의 생각과 관념을 읽어 내는 훌륭한 도구가 된 것이다. 만약 현존하는 문자만으로 한대 역사를 꾸민다면 역사 서적은 매우 딱딱한 내용이 될 것이다. 다행히 화상석이 남아 한대인들의 생생한 모습을 지금 우리에게 실감나게 전해 주고 있다.

죽은 자를 위한 산 자의 기념비 '돌사당'

"후손들에게 보여 만세토록 잊지 말라."[9] 산동성 가상현 후한 시대 무씨(武氏)의 무덤에 있는 〈무량의 비(碑)〉에서 사당 기능을 압축적으로 묘사한 말이다. 사당을 단단한 석재로 건립한 것은 '목숨이 돌처럼 오래 가기를' 바라는 것처럼, 사당의 운명이 돌처럼 단단하기를 희망하는 것이다.[10] 후한의 왕충(王充, 27년~97년)은 사당에 대해 다음과 같이 말하고 있다.

---

9 洪适, 『隷釋』 卷7, "垂示後嗣, 萬世不亡(忘)."
10 鄭岩, 「關於漢代喪葬畫像觀者問題的思考」, 앞의 책, 149쪽.

예전에는 사당에서 제사를 지냈는데, 지금은 무덤에서 제사를 지낸다. 무덤이란 귀신이 있는 곳으로, 제사를 지내는 곳이다.[11]

여기서 말하는 무덤의 제사란 무덤 앞 사당에서 지내는 제사를 의미한다. 춘추(春秋) 시대(기원전 770년~기원전 476년)에는 무덤에서 선조에게 제사 지내는 풍속이 없었다. 위(魏, 220년~266년) 문제 조비(曹丕, 재위 220년~226년)가 "옛날에는 묘에서 제사를 지내지 않았다. 모든 제사는 종묘에서 거행되었다."[12]고 한 것처럼, 당시 선조에 대한 제사는 대부분 종묘에서 진행되었다. 종묘는 중요한 정치 활동이 진행되는 장소였기 때문에, 무덤과는 분리되어 도성 안에 건설되었다. 전국(戰國) 시대(기원전 475년~기원전 221년) 말기에 왕릉 부근에 종묘를 건설하기 시작했지만, 본격적으로 무덤 앞에 사당을 세우고 제사를 지내기 시작한 것은 전한 때부터다.

전한 시대 저서인 『염철론(鹽鐵論)』에 의하면 무덤 앞에 사당을 세우는 계층은 중간 정도의 부를 가진 사람들이다. 돌사당은 돌로 당시의 목조 사당을 모방해 지은 것으로 중하층 계급의 무덤에서 출현한다. 현존하는 돌사당은 17개로, 왕망(王莽, 기원전 45년~기원후 23년)이 건국한 신(新, 8년~23년)에서 후한 시대에 걸쳐 제작되었는데, 남은 것은 대부분 후한 시대의 것이다. 주로 지금의 산동성 서남부와 강소성 서북부의 서주를 중심으로 안휘성 북쪽과 하남성 동쪽을 포함하는 지역에 분포한다.

돌사당은 무덤의 앞에 위치하며, 무덤과의 거리에 따라 두 가지로

---

11 王充, 『論衡』 卷23, 「四諱篇」, "古禮廟祭, 今俗墓祀. 墓者, 鬼神所在, 祭祀之處."
12 『晉書』 卷20, 「禮志」, "古不墓祭, 皆設於廟."

나눌 수 있다. 첫째, 무덤과 일정한 거리를 두고 위치하는 경우로 가상현의 무량사(武梁祠)가 여기에 해당한다. 두 번째는 사당의 뒤쪽이 무덤의 봉토에 묻히는 경우로, 가상현의 송산(宋山) 사당을 들 수 있다. 이 경우 봉토에 묻히는 부분은 사람들에게 보이는 곳이 아니었으므로 돌은 매우 거칠게 가공되었을 뿐, 화상은 새겨져 있지 않다. 어차피 흙에 묻히는 것이니 공들여 정교하게 화상을 새길 필요가 없었던 것이다. 연구에 의하면, 소형 돌사당의 대부분은 봉토에 묻혀 있었을 가능성이 크며, 단지 앞면과 처마 양쪽 혹은 박공(牔栱: 지붕면의 삼각형 부분)의 일부만 밖으로 드러나 있었다고 한다.[13]

현존하는 돌사당은 모두 크기가 작다. 재력이 크지 않은 민간에서 대형 사당을 만들기는 어려웠기 때문이다. 죽은 자의 가족은 부득이하게 적당한 크기로 제한해야만 했다. 산동성 송산 1호 사당의 출입구 높이는 고작 70cm에 불과하고, 가장 크다는 효당산(孝堂山) 사당의 출입구도 고작 86cm에 불과하다. 비록 사당 앞쪽에 벽과 문짝이 없어 아무나 드나들 수 있지만, 정중앙에 기둥이 서 있고 출입구가 너무 낮고 작다(도3). 사당 안 역시 사람들이 모여 제사를 지내기에는 너무 비좁다. 사람들은 제사를 지낼 때 사당에 들어가지 않았으며, 제사는 사당 밖에서 진행된 것으로 보인다. 사당 밖에서 향을 피우고 제물을 놓고 제사를 지내는 화상석 그림이 이런 추정을 뒷받침한다.

산동 지역에서는 무덤의 사당을 주로 '식당(食堂)'이라 불렀다. '사당은 죽은 자가 와서 제사 음식을 먹는 공간'이라는 인식을 반영한 것이다. 그러나 사당은 단순히 죽은 자가 제사 음식을 흠향하는 공간만은

13 鄭岩, 「山東臨淄王阿命刻石的形制及其他」, 앞의 책, 104-112쪽.

[도3] 산동박물관에 전시 중인 효당산 사당.

아니었다. 사당에 와서 제사를 지내는 친족과 후손들이 활동하는 공간이기도 했다. 그들은 "[사당을] 보는 여러분들은 올라와서 훼손하지 말아 주십시오. 그러면 만년 동안 살 것이며 집안이 번창할 것입니다."[14]라고 사당의 훼손에 대한 우려와 은근한 경고를 사당에 깊이 새겨 놓았다. 가상현 송산에서 출토한 후한대 안국(安國) 사당의 긴 제기 말미에도 역시 유사한 내용을 적고 있다.

> [이곳을] 보는 분들은 깊은 슬픔과 연민을 가져 수명이 금석(金石)과 같이 길고, 자손이 만년을 가기를. 말과 소, 그리고 양을 기르는 여러 목동들은 모두 양가(良家)의 자제이니, 당택(堂宅)에 들어와

14 "觀者諸君, 願勿販(攀)傷. 壽得萬年, 家富昌."

단지 보기만 하고 화상을 쪼지 않으면 장수할 것이며, 적의 화를 입거나 자손에 난(亂)이 미치지 않을 것입니다. 현인(賢人)과 사해(四海)의 선비는 이 글을 살펴 소홀히 하지 말기를.[15]

명문 속 '보는 분들' 가운데는 무덤 근처에서 소와 양을 치는 목동도 있고, 세상의 현인과 선비들도 있다. 아마도 돌사당을 만든 무덤의 후손과 친족들은 글자를 알기 어려웠던 목동보다는 현인과 선비 등 식자층이 이 돌사당에 주목해 주기를 바랐을 것이다. 돌사당은 무덤과 달리 지상에 노출되어 있었기 때문에 후손들의 효행을 세상에 잘 드러내어 '효렴'으로 천거받을 수 있는 기회를 제공해 주었다. 그렇기 때문에 그들은 사당을 만들 때 얼마나 많은 공력과 재력을 들였는지 장황하게 설명하는 데 공을 들였다. 산동성 동아현(東阿縣)에 소재한 향타군(薌他君) 사당의 제기가 이를 잘 보여 준다.

무환(無患)과 봉종(奉宗)이 부모의 은혜를 생각하고 돌아가심에 비통한 정을 생각한다. 우리 형제가 무덤에서 이슬을 맞으며, 새벽과 밤을 가리지 않고 흙을 쌓아 무덤을 만들고, 소나무와 측백나무를 줄지어 심고 돌사당을 세웠다. 양친의 혼령이 이곳에 의지하기를 바란다. 세밑에 제례하며 자손들이 기뻐한다. 사당은 비록 작으나 많은 시간 공들여 남산에서 돌을 구했으며, 또 2년을 넘겨 마침내 오늘 이것을 이루었다. …… 화사(畫師) …… 등 십여 명이

15 "唯諸觀者, 深加哀憐, 壽如金石, 子孫萬年. 牧馬牛羊諸僮, 皆良家子, 來入堂宅, 但觀耳, 無得琢畫, 令人壽, 無爲賊禍, 亂及子孫. 明語賢仁四海士, 唯省此書, 無忽矣."

참여했는데, 2만 5천의 전(錢)이 들었다.[16]

명문에는 자신들이 2년 동안 공들여 사당을 만들었으며, 어떤 장인이 참여해 얼마만한 돈이 들었는지 보고하는 것으로 끝을 맺고 있다. 유사한 사례는 안국 사당에서도 보여, 그 명문에는 "2만 7천의 돈을 들여 몇 달 동안 만들었다."고 썼다. 연구에 의하면, 그들이 언급한 돈의 수치는 실제로는 많이 과장된 것이다. 돌사당은 '몇 달 동안' 무덤 주변에서 만들어졌을 것이며, 제작 기간 동안 이런 소식이 향리에 알려지고, 소식을 들은 향리의 사람들은 무덤으로 와서 한 번쯤 제작 과정을 지켜봤을 것이다. 이런 제작 과정이야말로 죽은 자를 이용한 산 자들의 연출 행위, 즉 퍼포먼스(perfomance)였던 것이다.

무덤의 주인공 '묘주 그림[墓主圖묘주도]'

한대인은 사후 세계가 현실 세계와 유사하다고 생각했다. 사람이 죽어서 묻히는 지하 공간은 무덤의 주인인 묘주가 영원히 사는 공간이었다. 그러므로 무덤은 현실의 공간처럼 여러 개의 방으로 나누었다. 심지어 무덤 가장 깊숙한 공간 안에는 화장실까지 그대로 만들어 놓았다(도4). 묘주는 이런 지하 세상에서 거주하며 손님을 맞이하고, 무덤에 함께 묻힌 음식물을 맛보며 무덤에 그려진 연악(宴樂)을 즐길 수 있었다.

16 "無患奉宗, 克念父母之恩, 思念忉怛悲楚之情. 兄弟暴露在塚, 不辟晨昏, 負土成墓, 列種松柏, 起立石祠堂. 冀二親魂零(靈), 有所依止. 歲臘拜賀, 子孫懽喜. 堂雖小, 經日甚久, 取石南山, 更逾二年, 迄今成已. …… 畫師……等十餘人. 價錢二萬五千."

[도4] 산동성 기남의 북채 한대 화상석 무덤의 화장실.

미국의 미술사학자 리디아 톰슨(Lydia Thompson)은 컴퓨터를 이용해 흥미로운 실험을 했다. 산동성 기남(沂南)에 소재한 후한 시대 무덤의 3차원 모형을 제작한 후, 이를 이용해 죽은 자의 위치에 서서 관곽이 놓인 후실(後室)에서 전실(前室)을 향해 시선을 옮겨갔다. 그 결과 대들보 위에 묘사된 그림들의 방향이나 배치, 그리고 거기에 그려진 그림들이 모두 죽은 자의 시선에서 볼 수 있도록 고려되어 있었음을 발견했다.[17]

> 소기(趙岐)는 건안(建安) 6년(201)에 사망했다. 먼저 스스로를 위해 무덤을 조영한 후 계찰(季劄), 자산(子產), 안영(晏嬰), 숙향(叔向) 등 네

17 Lydia Thompson, *The Yi'nan Tomb: Narrative and Ritual in Pictorial Art of the Eastern Han(25-220C.E.)*, Ph. D. dissertation, New York: Institute of Fine Arts of New York University, 1998, pp. 207-211.

> 사람의 형상을 그려 빈객(賓客)의 자리에 배치하고, 자신의 모습은 주인의 자리에 그려 놓았다.[18]

『후한서(後漢書)』「조기전」에는 조기가 자신의 무덤에 손님을 맞는 스스로의 모습을 손수 그려 놓았다는 내용이 적혀 있다. 이처럼 무덤에서 가장 중요한 그림은 무덤의 주인, 즉 묘주를 그린 묘주도였다. 묘주에게 제사를 지내는 돌사당 역시 마찬가지다. 묘주는 무덤과 사당의 주인공이니만큼 눈에 잘 띄는 공간에, 그리고 그 어느 누구보다도 크게 묘사되었다. 다만 무덤에는 사망한 묘주를 안치한 관이 있었기 때문에 묘주도가 크게 발달하지 않았지만 사당에서는 제사를 받는 주인공으로서 반드시 필요한 존재였다. 그는 사당에서는 사당의 주인공인 사주(祠主)가 되어 사당 정벽(正壁) 한가운데 앉아 제사를 지내는 친족과 후손들을 맞았다.

묘주나 사주는 조기가 그랬던 것처럼 집이나 누각에서 손님을 맞는 모습으로 표현되기도 하며, 연회를 즐기는 모습으로 표현되기도 한다. 누각에서 손님을 맞는 것은 주인과 빈객이 만나는 장면을 통해 죽은 자의 존귀함을 표현하기 위한 것이다. 주인은 대부분 2층 누각의 아래층에 옆쪽을 바라보고 앉아 손님을 맞고 있으며, 2층에는 묘주의 부인과 첩들이 난간에 기대어 정면으로 앉아 있다. 그 옆에는 시종들이 있다.

묘주도 가운데는 부부가 함께 앉아 있는 경우도 상당수 있다(도5). 대부분 부부 합장묘에서 나타나는 현상이다. 한대에는 부부 합장이

---

18 『後漢書』卷64,「趙岐傳」, "(岐)建安六年卒. 先自爲壽藏, 圖季劄子産晏嬰叔向四像居賓位, 又自畫其像, 居主位."

[도5] 산동성 한대 화상석 무덤의 부부 묘주도.

매우 흔했는데, 그림 속 부부는 가옥 안에서 앞을 보고 나란히 앉거나 술잔이 있는 상을 가운데 두고 마주 앉은 모습으로도 표현되었다. 아마도 인생에서 가장 즐거운 시간이라고 생각했던, 연음을 즐기는 장면일 것이다.

네 살짜리가 무슨 빈객이 있으랴만, 네 살짜리를 제사 지내기 위한 돌사당의 사주 역시 손님을 맞는 모습으로 표현되어 있다. 산동성 임치(臨淄)의 왕아명(王阿命) 사당은 아버지가 네 살 때 죽은 이들을 위해 세운 총 길이 142cm, 높이 78cm의 미니어처 사당이다. 이 사당의 조그만 감(龕) 안에는 매우 거칠고 소략한 인물들이 새겨져 있는데, 묘주인 왕아명은 화면 왼쪽 조그만 상(床)에 앉아 있고, 그 앞에는 또 다른 인물이 앉아 있다. 그리고 화면의 오른쪽 모서리에는 말을 탄 사람이 하나 있고, 화면 아래 중앙에는 수레 한 대가 있다. 작은 공간이지만 일반적인 묘주도의 기본적 도상을 아주 잘 따르고 있다.

일반적으로 묘주 부부가 앉은 집이나 누각의 양쪽에는 커다란 궐이 좌우에 높이 솟아 있으며, 주위에는 신령스런 인물들이 표현되었다. 그리고 지붕 위로는 기어오르는 원숭이나 커다란 새가 묘사되며, 용(龍)이 영원을 상징하는 둥근 옥벽(玉璧)을 뚫고 지나가는 형상들이 표현되곤 했다. 이런 신령스런 동물은 두 부부의 덕을 찬양하기 위해 '하늘'이 내리는 징표 같은 것이다. 그러므로 그림 속 부부는 과거 이승에서의 모습이 아니라 지하 세계에서 일상생활을 영위하는 피안 속의 모습이다.[19]

묘주는 빈객을 맞는 존귀한 자로 묘사되었기 때문에 처음에는 대부분 옆을 바라보는 측면상(側面像)으로 나타났다. 묘주뿐 아니다. 화상석 속의 요순(堯舜)과 같은 제왕(帝王)도, 역사 고사도 속의 인물들도 마치 그림책에 등장하는 이야기 속 주인공처럼 서로 마주보며 무언가 대화를 하는 '서사적(敍事的)' 인물로 표현되었다. 그런데 전한과 후한 교체기에 이르면 묘주의 모습에 변화가 일어난다. 신상(神像)처럼 앞을 바라보는 모습으로 표현되어, 화면 속 인물들과 관계를 맺기보다는 화면 밖을 응시하게 된다. 이런 현상은 후한 후기에 크게 증가해 남북조시대 북조의 고분 벽화에서는 거의 모든 묘주가 정면상으로 등장한다.

한대 화상석에서 정면상으로 묘사되었던 것은 서왕모(西王母)와 같은 신(神)뿐이었다. 앞을 응시하는 묘주도의 출현은 이런 서왕모의 정면상으로부터 영향을 받았을 것이다. 서왕모는 선계(仙界)를 주재하는 서방(西方)의 신으로 서역과의 통교 이후 널리 등장하는 도상이었다. 연구에 의하면, 정면향의 서왕모나 묘주의 등장에는 신도(信徒)를 응시하는 부

19 林巳奈夫 著 · 唐利國 譯, 『刻在石頭上的世界』(北京: 商務印書館, 2010), 20쪽.

[도6] 한대 화상석 무덤의 거마행렬도.

처의 형상, 즉 불교문화가 결정적인 영향을 미쳤다고 한다.

묘주는 또한 생전의 위대한 영광을 상징하는 거마행렬도(車馬行列圖) 속의 주인공으로 등장하기도 한다(도6). 산동성 가상현의 무량사 동벽 하층에는 '현공조(縣功曹)가 처사(處士)를 초치(招致)하는' 거마행렬도가 등장하는데, 이것은 〈무량비〉 속의 "주군(州郡)에서 불렀으나 병을 이유로 나아가지 않았다."는 기록에 대응한다. 무씨 사당 전(前) 석실의 거마출행도 역시 무영(武榮)이라는 인물의 사적을 언급한 비문(碑文)과 모두 부합한다.[20] 묘주의 현생에서의 삶 가운데 가장 기억할 만한 장면을 거마행렬도로 표현하는 것은 손님을 맞는 묘주도와 마찬가지로 묘주의 존귀함을 드러내는, 그리고 그런 삶이 지하에서도 영원하기를 바라는 염원을 담아내는 방법이었다.

20 蔣英炬 · 吳文祺, 『漢代武氏墓群石刻研究』(濟南: 山東美術出版社, 1995), 107-108쪽.

천상의 세계

> 진시황이 처음 즉위해서 [자신이 죽어 묻힐] 무덤을 파서 여산(酈山)을 만들었다. …… 삼천(三泉) 깊이까지 파서 지하 공간을 만들고 …… 여기에 관과 곽, 궁전, 백관, 진기한 기물을 모아 넣었다. …… 그리고 수은을 이용해 강과 하천을 만들었다. …… 위로는 천문(天文)을 갖추고, 아래로는 지리(地理)를 갖추었다.[21]

사마천(司馬遷, 기원전 145년~?)은 『사기(史記)』에서 진시황릉의 내부를 이렇게 설명했다. 무덤은 지하에 만든 차안(此岸)의 복사판이다. 그러므로 진시황은 무덤에 현실을 그대로 재현해, "밝은 구슬로 달을 만들어 넣었다."[22] 최근 조사는 사마천의 기록이 사실일 가능성을 보여 준다. 진시황의 관이 놓인 황릉이 아직 발굴되지 않았기 때문에 일월성신의 존재는 파악할 수 없지만, 과학적 탐사를 통해 황릉 중심부에 매우 많은 양의 수은이 존재함을 확인했다.

한대의 석실 무덤이나 돌사당 역시 현실 세계를 모방하는 동일 원리가 작동했다. 천장에 해당하는 상부 공간은 하늘에 대응하므로, 이와 관련된 그림들이 배치되었다. 하늘을 상징하는 공간에는 해와 달, 그리고 별들을 표현했다. 해와 달은 원형으로 단순하게 나타내기도 했지만, 그 안에 삼족오(三足烏)와 두꺼비, 계수나무 등을 넣어 이야기 속 해와 달의 이미지로 표현하기도 했다. 청룡, 백호, 주작, 현무 등의 사신

---

21 『史記』 卷6, 「秦始皇本紀」, "始皇初即位, 穿治酈山. ……穿三泉……宮觀百官奇器珍怪徙臧滿之. ……以水銀爲百川江河大海. ……上具天文, 下具地理."

22 『三輔舊事』, "以明珠爲月."

(四神)은 처음엔 하늘의 별자리로 출현했으며, 점점 시간이 지남에 따라 사방의 수호신으로 발전해 갔다.

죽은 자는 비록 땅 밑 어둠 속에 놓였지만, 그곳은 땅속의 또 다른 하늘이기도 했다. 화상석에 새긴 글 가운데 종종 "여기의 사람들과 말[馬마]은 모두 하늘 창고의 음식을 먹는다."고 적어 죽은 자가 머무는 공간이 하늘임을 암시하고 있다. 그리하여 죽은 자의 시신이 안치된 석관은 천상의 공간이 되어야 했다. 당시 사람들은 하늘은 견고한 물체이므로 문을 통해서만 들어갈 수 있다고 생각했다.[23] 사천 지역에서 발견된 수많은 석관의 앞쪽 석판에는 대부분 하늘 입구인 천문(天門)을 상징하는 두 개의 궐이 새겨졌다. 석관의 사방과 뚜껑은 천문을 통과해 진입하면 전개되는 천상 세계였다. 그리하여 이곳에는 해와 달을 든 복희와 여와, 별자리인 견우와 직녀, 사방의 별자리를 상징하는 청룡과 백호 등의 사신, 그리고 하늘의 곡물 창고인 '천창(天倉)' 등을 새겨 넣었다.

석관이나 무덤, 그리고 사당은 죽은 자가 머무는 '신성한 공간'이었으므로 현실과 달라야 했다. 구름 모양의 운기문(雲氣文)으로 천장 공간의 빈틈을 가득 채웠다. 그리하여 무덤은 현실 세계를 모방했으면서도 그곳과는 구별되는 성스러운 공간으로 전화(轉化)했다. 천상 세계에는 또 온갖 신들이 묘사되었다. 유교문화가 발달했던 산동성 화상석의 천상도는 인간의 삶에 관여하는 하늘을 표현하는 경우가 많다. 인간의 모습을 한 신들이 인간의 일에 관여하는 모습으로 등장하기도 하고, 하늘이 내는 징조를 삽도식(插圖式) 그림으로 표현하기도 했다.

---

23 林巳奈夫, 앞의 책, 170쪽.

산동성 가상현에 위치한 무영(武榮)의 사당을 보면, 가장 아래 화면의 좌측에는 눈을 부릅뜬 천제(天帝)가 북두칠성으로 구성된 구름수레에 올라타 있으며, 구름수레 뒤 운기 안에는 세 명의 신(神)이 서 있다. 아래에서 두 번째 화면의 우측에는 바람의 신인 풍백(風伯)이 왼쪽을 향해 앉아 있다. 그의 입에서는 바람과 구름이 계속 나오고 있다. 그 위층의 화면 좌측에는 하늘의 형벌을 집행하는 벼락신인 뇌공(雷公)이 앞뒤로 커다란 북을 세운 구름수레에 올라탔다. 벼락신은 두 손에 각각 커다란 채찍을 들었으며, 비의 신인 우사(雨師)는 한 손에 항아리를 안고 한 손에 발(鉢)을 들고 구름을 탄 채 오른쪽으로 나아가고 있다. 뇌공의 수레 앞에는 여섯 명의 신이 두 줄로 서서 끈을 끌고, 뒤에는 두 신이 수레를 왼쪽에서 오른쪽으로 밀고 있다. 벼락신과 비의 신 오른쪽에는 두 명의 신이 손에 각각 망치와 송곳을 들고 구름 앞쪽 아래에 꿇어앉은 죄인을 두들기고 있다. 이런 장면은 천벌(天罰)을 표현해 하늘의 위력을 보여 주고자 한 것이라고 한다.[24]

금문경학가(今文經學家)였던 무량의 사당은 좀 특이하다. 미국의 우홍(巫鴻)은 이 사당을 묘주인 무량이 직접 설계한 것으로 보았는데, 천장에는 다른 사당과 달리 삽도식의 상서도(祥瑞圖)가 새겨져 있다. 상서도는 '하늘의 뜻[天意천의]'을 나타낸 그림이다. 한대 동중서(董仲舒, 기원전 179년~기원전 104년)는 '천인감응론(天人感應論)'을 주장했는데, 인간의 행위가 하늘을 움직이면 하늘은 자신의 뜻을 물질적 존재나 천체 현상, 그리고 자연 현상의 출현을 통해 우리에게 보여 준다는 것이다. 한대에는 이런 관념이 매우 보편화되어 왕조와 제왕 통치의 정당성 혹은 효

---

24 信立祥, 앞의 책, 178-183쪽.

의 증거로 상서가 출현했다는 기록들이 매우 많다. 상서는 인간에게 보여 주는 하늘의 뜻이기 때문에 하늘을 상징하는 천장에 표현되었던 것이다.

신선이 되려는 열망 '승선도(昇仙圖)'

한대인들은 불사의 신선(神仙)이 되고자 했다. 무제는 방사(方士)들로부터 먼 옛날 황제(黃帝)가 불사의 신선이 되어 승천했다는 얘기를 듣고 자신도 불사의 선인이 되기를 희망했다. 상층 계층에서 퍼진 신선사상이 전한 말기부터 일반 사인(士人)들에게도 유포되었다. 이제 고하를 막론하고 한대인들은 신선이 되는 꿈을 꾸었다.

그러나 그들은 살아서 선인이 되는 것이 기본적으로 불가능하며, 인간은 누구나 죽는다는 냉혹한 현실도 잘 알고 있었다. 그리하여 선택한 차선이 시해선(尸解仙), 즉 죽은 후 신선이 되는 것이었다.[25] 시해선이 되는 주요한 방법 가운데 하나가 무덤의 조영을 통해서였을 것이다. 신선이 되기 위해 육신이 부패하면 안 되었으므로, 육신을 보존하기 위해 옥으로 만든 옷을 입고 시신 가까이에 선산(仙山)이나 선경(仙境)을 묘사한 박산향로(博山香爐) 등을 함께 묻어 어둠 속에서 부활을 꿈꾸었다. 화상석에도 이런 신선 신앙들이 반영되었다.

한대 무덤의 화상석과 벽화는 2세기 이후에는 주로 신선을 묘사하

25 『抱朴子』, 「內篇」, "上士擧形升虛, 謂之天仙. 中士游於名山, 謂之地仙. 下士先死後蛻, 謂之尸解仙."

고 있는데, 신선 신앙이 가장 널리 유포된 곳은 청주(靑州), 서주 등의 산동과 강소 북부, 연주(兗州), 예주(豫州) 등의 하남 동부, 그리고 서남부의 사천[蜀촉] 지역이다. 이 지역은 화상석 미술이 가장 발달한 지역이기도 했다. 이를 반영하듯 화상석에는 신선 신앙과 관련한 화제(畫題)가 단골로 등장한다.

신선이 되고자 하는 열망은 선계를 주재하는 신 서왕모에 대한 신앙을 불러왔다. 서왕모의 거주지는 천지간에 우뚝 솟은 서방(西方)의 곤륜산(崑崙山) 위에 있었다. 묘주가 죽어서 가는 세계는 천문을 넘어 진입하는 천계면서, 신선들이 노니는 선계기도 했다. 그리하여 애묘의 묘문이나 후실 입구 상단에 서왕모의 상징인 실패 모양의 승(勝)을 그려 넣기도 했으며, 선계의 주재자인 서왕모를 천장이나 네 벽의 가장 상단부에 묘사하기도 했다. 또는 무덤 석실의 문에 버섯처럼 아래가 좁고 위가 넓고 평평한 곤륜산을 새기고 그 위에 서왕모를 그려 놓기도 했다(도7).

[도7] 산동성 기남 북채 한대 화상석 무덤의 서왕모. 머리에는 실패 모양의 승(勝) 장식을 하고 높은 곤륜산에 앉아 있다.

2세기 중원 지역에서 서왕모는 음양(陰陽) 가운데 '음'을 대표하는 것으로 인식되었다. 그리하여 그와 대칭되는 '양'을 대표하는 세계의 주재자인 동왕공(東王公)이 짝으로 출현했다. 가상현의 송산 4호 사당에서 보듯 두 신은 방위에 어울리게 서벽의 최상층에는 여성인 서왕모가, 동벽의 최상층에는 남성인 동왕공이 배치되었다. 일반적으로 두 신 주위에는 시중을 들거나 절(節)이라 불리는 지팡이를 둔 선인뿐 아니라, 삼족오와 약을 찧는 옥토끼, 거북이, 그리고 구미호 등의 구성원들과 기묘한 선초(仙草)들이 둘러져 있다. 그리고 귀가 머리 위까지 솟고 어깨에 날개가 있는 선인들이 마주 앉아 육박(六博)이라는 오락을 즐기고 있기도 하다.

신선이 되고자 하는 열망은 죽은 자의 영혼이 천문을 넘어 신선의 경계(境界)로 가는 여정을 그린 승선도로 표현되었다. 사후의 승선을 묘사한 그림은 호남성 장사시의 무덤에서 출토된 전국 시대 비단그림[帛畫백화]에서 이미 출현했는데, 한대에 들어오면 매우 성행했다. 기원전 2세기 중엽 사망한 마왕퇴의 귀부인과 그의 아들 무덤에서 각각 남녀 묘주를 주인공으로 한 승선도가 묘사된 대형의 T자형 백화가 출토되었다. 이 그림은 상례(喪禮) 당시 묘주의 영정(影幀) 그림처럼 상가(喪家)에 높이 걸려 있다가, 매장할 때 관 위에 놓여 묘주와 함께 묻힌 것이다.

상층 계급에서 시작된 승선의 바람이 전한 말기부터 아래로 확산되면서 승선도는 화상석의 단골 소재가 되었다. 사천 지역의 애묘와 화상 석관의 그림은 승선과 관련된 내용이 많으며, 산동 지역의 돌사당에도 승선도가 묘사되었다. 가상현 무씨사의 좌(左) 석실 천장에 나타나는 묘주의 승선도는 매우 장대한데, 묘주의 무덤 꼭대기에서 솟아올라온 운기 하나가 온 하늘을 덮고 있으며, 그 운기의 정상에는 두 어깨에 날개를 단 동왕공과 서왕모가 앉아 있다. 운기 안에는 날개를 단 수많은 남녀 선인들이 두 대의 수레를 빼곡히 둘러싸고 각각 동왕공과 서왕모를 향해 가고 있다. 동왕공을 향해 가는 수레에는 남성 묘주가(도8), 그리고 서왕모를 향해 가는 수레 안에는 여성 묘주가 타고 있

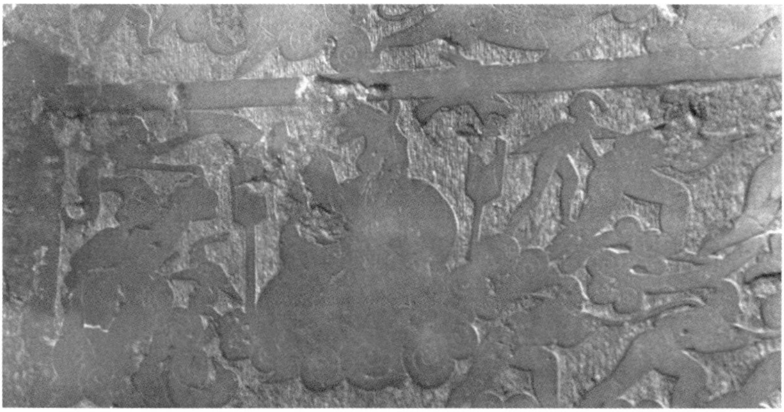

[도8] 산동성 가상현 무씨 사당의 묘주 승선도. 묘주는 구름수레를 타고 동왕공을 향해 달려가고 있다.

을 것이다. 죽어 선인이 되고자 했던 한대인들의 뜨거운 원망(願望)은 이처럼 차디찬 돌 속에서 생생하게 실현되고 있었다.

그림으로 읽는 역사 '인물고사도'

"그림이란 교화를 이루고 인륜을 돕는 것으로 …… 그 공(功)이 6경(經)과 같다."[26] 당(唐, 618년~907년)의 장언원(張彦遠, 815년~907년)은 『역대명화기(歷代名畫記)』에서 그림의 교화적 기능을 이처럼 경전에 비유하고 있다. 그림을 그리는 것은 '권계(勸戒)'를 위한 것이었다. 즉 "악한 것을 보여 세상에 교훈을 주고, 선한 것을 후대 사람들에게 보여[惡以誡世, 善以示後]" 그 득실(得失)을 알게 하고자 하는 것이다. 화상석도 예외가 아니

26 『歷代名畫記』 卷1, 「敍畫之源流」, "夫畫者, 成教化, 助人倫……與六籍同功."

어서 감계적(鑑戒的) 성격의 인물고사도가 많이 등장한다. 이 그림들만으로도 한 권의 역사 이야기책이 두툼하게 만들어질 정도다.

인물고사도는 일반적으로 사당이나 무덤 석실의 좌우 벽에 배치된다. 이곳에는 전설적인 중국 고대의 황제들과 영명한 통치자들이 등장한다. 삼황오제(三皇五帝)와 치우(蚩尤), 주나라 주공(周公)과 성왕(成王)뿐 아니라, 한(漢) 왕조의 시조인 고조 유방(劉邦)도 있다. 또 폭군의 대명사인 하(夏)나라 걸왕(桀王)도 출현한다. 사람들은 그림을 보며 폭군의 말로를 상상하고, 거기서 비롯되는 경계의 마음으로 자신을 단속했을 것이다.

역사의 극적인 사건을 표현한 것도 많다. 진시황이 중국을 통일하기 직전, 북방의 연(燕)이 자객 형가(荊軻)를 고용해 진시황을 찌르려 했으나 실패한 비극적인 이야기는 산동은 물론 멀리 사천에서도 즐겨 표현된 소재였다. 진시황을 찌르려 했던 검(劍)은 진시황을 비껴나가 화면 중간에 수직으로 솟은 기둥에 박혀 있고, 이를 피해 달아나면서 형가를 바라보는 진시황의 모습은 매우 긴박했던 역사적 순간을 잘 포착하고 있다. 한편 조(趙)의 대신인 인상여(藺相如)가 조나라 소유였던 유명한 옥기(玉器) '화씨(和氏)의 벽(璧)'을 진나라 왕의 탐욕으로부터 무사히 지켜낸 '완벽귀조(完璧歸趙)'를 다룬 고사화도 즐겨 선택되었다.

의리를 강조한 그림도 매우 많다. 춘추 말기 제(齊)의 재상인 안영(晏嬰)이 지략으로 두 개의 복숭아만을 이용해 예법을 업신여긴 세 명의 장수를 죽이려 한 고사를 다룬 '이도살삼사(二桃殺三士)'는 안영의 지혜를 찬양함과 동시에 세 장수의 의로움까지 미화한 것이다. 춘추 시대 오(吳)나라 계찰(季札)의 친구에 대한 신의(信義)를 선양하는 '계찰괘검(季札掛劍)' 고사 역시 매우 환영받는 소재였다.

성현(聖賢)과 영명한 군주, 그리고 폭군을 그린 그림은 무덤 이전에 이미 한나라 궁전이나 명당(明堂) 등 지상의 건축물 벽면에 그려졌던 것이다. 그러므로 화상석 속의 인물고사도는 상층 사회의 그림 소재[畫題화제]가 하층으로 유포된 결과라고 봐야 할 것이다. 충직한 신민(臣民)과 의리 있는 협객(俠客)을 그린 그림, 효자와 열녀 등 상하 관계를 보여 주는 그림들은 한대에 가장 중요하게 여긴 유교적 윤리 덕목인 '군신, 부자, 부부'의 삼강(三綱)을 표현한 것이다.

화상석 문화가 가장 발달했던 산동은 공자의 고향으로 유교문화의 발상지다. 게다가 화상석의 제작 목적이 효행을 드러내는 것이었기 때문에 유교의 인물과 효행을 언급한 고사도가 다량으로 제작되었다. 공자가 노자를 만나는 장면이라든지, 조순(趙荀)과 정란(丁蘭), 그리고 동영(董永) 등 효행이 지극했던 효자들의 고사가 묘사되었다. 또한 자신의 미모를 훼손해 정절을 지킨 '양(梁)나라 과부의 높은 행실'과 같은, 남성적 시각에서 여성의 유교적 미덕을 강조한 절부(節婦)와 열녀들도 등장한다.

유교문화의 발상지인 산동 지역에서 많이 등장하는 것 가운데 하나가 '공자가 노자를 보다[孔子見老子공자견노자]' 고사도다(도9). 특히 곡부(曲阜) 인근의 가상현 일대 화상석에는 이 고사도를 묘사한 것이 매우 많다. 고사와 관련된 문자 기록은 『사기』의 「노자한비열전(老子韓非列傳)」과 「공자세가(孔子世家)」 등에서 찾을 수 있다. 내용은 노자보다 나이가 한참 어린 공자가 주나라로 노자를 찾아가 도(道)에 대해 묻는 것과, 공자가 돌아가고 난 후 노자가 공자를 평가한 정도로 매우 간단하다. 그러나 사람들은 상상력을 동원해 화상석의 내용을 풍요롭게 만들었으니, 문자에 없는 내용들이 추가되었다.

[도9] '공자가 노자를 보다' 화상석. 지팡이를 짚은 노자와 새를 든 공자, 그리고 장난감 차를 손에 끌고 있는 항탁이 섬세하게 표현되었다.

공자보다 나이가 많은 노자는 '구부러진 지팡이[曲杖곡장]'를 들고 등장하며, 그 맞은편에는 도를 묻기 위해 찾아온 공자가 두 손을 모아 새를 들고 있다. 나이 어린 자가 나이 든 사람을 처음 찾아뵐 때 기러기 등의 예물을 들고 가는 당시의 예법을 표현한 것이다. 『사기』의 기록대로라면 등장 인물은 노자와 공자 두 사람뿐이어야 하지만, 대면하는 둘 사이에는 키 작은 인물 하나가 서 있다. 공자를 올려다보고 있는 인물은 키가 작은 데다 왼손에 바퀴 같은 장난감을 들고 있어 소년임을 알 수 있는데, 그는 바로 7살에 공자의 스승이 되었다는 신동(神童) 항탁(項橐)이다.

후한 말기에는 당시 신동이라고 평가받았던 아이들의 이름이 다수 전해지는데, 항탁은 신동의 대명사였다. 『예석(隸釋)』 권10에 수록된 후한 말기의 〈동자봉성비(童子逢盛碑)〉에서는 12살의 봉성이 재주와 지혜가 매우 뛰어나고 하나를 들으면 열을 아는, 그래서 항탁에 견줄 만큼 뛰어난 신동으로 강조되어 있다. '공자가 노자를 보다' 그림에서 항탁이 등장하는 것은 공자가 이념이 다른 노자를 찾은 이치와 마찬가지로, 공자가 학문을 배우기 위해 자신보다 훨씬 어린 항탁 같은 어린이에게도 귀를 기울였던 진정한 '지식인'임을 보여 주기 위한 것이 아니었을까?

세속적 열망을 담은 그림들

화상석에는 죽은 후에도 영원히 살고자 했던 염원 이외에, 재부를 쌓는다거나 혹은 관직을 얻기를 희망하는 세속적 열망들이 담겨 있다.

화상석 그림 가운데 많이 등장하는 소재가 나무를 크게 표현한 수목도(樹木圖)다. 수목은 일반적으로 동쪽에 출현한다. 묘주도와 함께 나타날 때 묘주의 동쪽에 표현되며, 산동성 미산현(微山縣) 양성(兩城) 출토 사당 동벽에서 보듯 사당에서 단독으로 출현할 때도 사당의 동쪽 벽에 묘사된다. 이는 1세기에 쓰인 『백호통의(白虎通義)』「오행(五行)」에서 말한, "목은 동방이니 동방이란 음양의 기운이 처음 움직이는 곳이며, 만물이 비로소 생기는 곳이다."라는 관념과 관련이 있다.[27] 그러므로 이런 그림들은 해가 뜨는 동쪽에 있다는 부상수(扶桑樹)를 의미하기도 한다.

중국에서는 아주 옛날부터 비슷한 발음을 가진 물체들을 통해 길상

---

27 『白虎通義』,「五行」, "木在東方, 東方者, 陰陽氣始動, 萬物始生."; "東方者, 木也, 萬物新出之中."

(吉祥)을 표현했는데, 이를 '해음비의(諧音比擬)'라 한다. 전형적인 사례는 '푸(fu)' 발음이 같은 박쥐[蝠복]로 '복(福)'을 상징하는 것이다. '복이 이르기를[到福도복]' 기원하기 위해 '복(福)' 글자를 거꾸로 걸어놓는 것[倒福도복]도 마찬가지의 경우다. 화상석에서 뿔이 갈라진 산양의 머리가 등장하는 것도 '양(羊)'과 '상(祥)'의 발음이 비슷해서 나온 것으로, 양 머리는 길상(吉祥)을 의미한다.

화상석에서 수목은 일반적으로 참새나 원숭이와 함께 묘사된다. 여기서 '참새[雀작, 鵲작]'는 '관작[爵작]'을 의미하고 '원숭이[猴후]' 역시 관작을 상징하는 '후(侯)'를 의미한다. 무량사와 송산 4호 사당 등에서는 나무 아래에서 사람이 참새나 원숭이를 활로 쏘는(射雀사작 혹은 射猴사후) 형상이 출현하는데(도10), 이는 관작을 쏘아 떨어뜨려 잡고자 하는 '사작사후(射爵射侯)'를 상징한다. 다시 말해 부귀와 명예를 추구하는 염원이 수목과 함께 표현된 것이다.

커다란 나무 아래에 말과 수레가 함께 표현되는 경우도 많다. 관작을 얻으면 말을 타고 수레를 탈 수 있었으므로, 한대에 말과 수레는 관원의 신분을 표시하는 중요한 상징이었다. 화상석 가운데는 이런 그림 옆에 "수레를 걸어 놓고 쓰지 않는 것을 보여 주는 것이다[懸車示不用也]."라는 글귀가 새겨져 있는데, 서 있는 수레와 말뚝에 매인 말은 쓰지 않는 물건임을 암시한다. 과거에는 '치사현거(致仕懸車)'라 해서 벼슬을 그만두고 귀향해 관직에 있을 때 탔던 수레를 쓰지 않고 걸어 두었다. 이는 곧 과거의 영광을 후손에게 물려준다는 의미가 있다. 수레와 말, 그리고 나무의 조합은 주로 묘주도의 옆에 출현한다. 그렇다면 이 그림은 묘주의 부귀영화를 보여 주는 것이거나, 혹은 후손들에게 복이 이어지기를 기원하는 것으로 봐야 할 것이다.

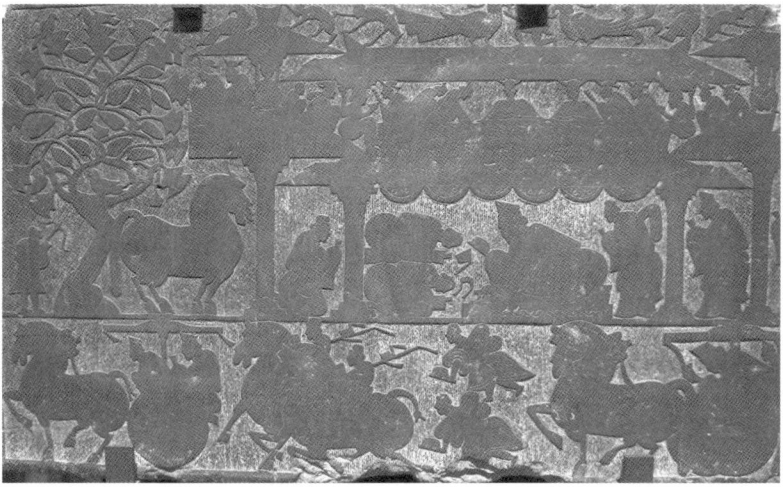

[도10] 새를 활로 쏘려는 장면과 묘주를 배알하는 장면에 수목이 공통적으로 사용되었다. 아래는 묘주의 거마행렬 도상이다. 모두 묘주의 세속적 욕망을 잘 드러내고 있다.

돌에는 부부의 화합이나 가정의 번성에 대한 희망도 담아냈다. 커다란 지붕 아래 남녀가 술잔과 술동이를 가운데 두고 마주 앉고, 그 좌우에 두 나무가 가지를 교차시킨 연리수(連理樹)를 묘사하거나 혹은 지붕 위에 목을 휘감고 있는 두 마리의 새를 배치하는 경우가 있는데, 부부의 사랑과 화합을 상징하는 것이다. '부부묘주도' 가운데는 마주 앉은 부부가 아이를 무릎에 앉히고 즐겁게 담소하는, 행복한 가정의 한 순간을 포착한 모습도 출현한다.

남녀상열(男女相悅)의 형상도 흥미롭다. 이런 화상은 유교문화의 영향이 강한 산동 지역 등지에서는 거의 출현하지 않는다. 있더라도 매우 암시적일 뿐이다. 산동성 기남 북채촌 석실 무덤의 후실에는 다리가 달린 조그만 가구 위에 두 쌍의 신발이 놓이고, 그 위에 어지럽게 옷이 걸린 옷걸이가 묘사된 그림이 있다. 이는 부부의 즐거움, 즉 '어수지환

(魚水之歡)'을 암시하는 것이다. 은근하지 않은 장면도 출현한다. 안휘성 영벽현(靈壁縣)에서 출토된 화상석에는 베틀 앞에서 직물을 짜던 여성이 일하던 손길을 멈춘 채 살그머니 다가온 남성과 입을 맞추는 장면이 진하게 묘사되어 있다. 서왕모 신앙을 토대로 한 오두미도(五斗米道)가 흥성했던 사천 지역에서는 남녀가 나무 아래서 교합을 하거나 혹은 서왕모가 앉아 있는 건물 한쪽에서 은근하게 입을 맞추는 남녀상열의 장면들이 다른 지역보다 많이 출현한다.

'거안제미(擧案齊眉)'와 한대인의 일상 생활

『후한서』「일민열전(逸民列傳)」에는 1세기 후반의 은사(隱士) 양홍(梁鴻)과 부인 맹광(孟光)의 고사가 기록되어 있다. 맹광이 남편을 공경하는 뜻을 보이고자 매번 밥상[案안]을 눈썹 근처까지 들어 올려 남편에게 바쳤다는 '거안제미(擧案齊眉)'와 관련된 내용이다.

양홍은 산에 숨어 살면서 학업을 게을리하지 않아 주변에서 인격이 높고 지식이 깊은 사람으로 존경받았다. 이웃의 못생긴 부잣집 딸 맹광이 그를 사모한다는 말을 듣고 양홍은 맹광을 부인으로 삼았다. 이후 양홍은 벼슬을 마다하고 맹광과 함께 강남으로 내려와 빈한하게 살았는데, 당시 맹광은 남편에 대한 존경을 표현하기 위해 매번 밥상을 눈썹 높이까지 들어 올렸다고 한다.

만약 맹광이 눈썹 높이까지 들어 올린 밥상이 현재의 밥상이나 탁자처럼 높고 컸다면 아무리 힘 좋은 맹광이라도 매일 매끼를 그렇게 할 수 없었을 것이다. '거안제미' 고사 속의 밥상은 현대인이 상상하는 그런 형태가 아니라 작고 키가 낮은 한대인들의 것이었다. 이와 같은 한대의 물질문화 속에서 '거안제미'란 고사는 탄생할 수 있었다.

한대인들은 땅바닥에 자리[席석]를 깔고 생활하며, 남녀를 불문하고 무릎을 꿇고 앉았다. 그것이 예법이었다. 화상석 안의 묘주도에서 빈객을 맞는 묘주들은 대부분 바닥에 무릎을 꿇고 앉아 있다. 손님 역시 마찬가지다. 간혹 특별하게 상(床)과 탑(榻) 위에 앉아 있기도 하지만, 그마저 작고 낮다. 『후한서』에는 태수직(太守職)에 있던 진번(陳蕃)이라는 인물이 평소 손님을 맞지 않았지만, 오직 서치(徐穉)라는 인물이 오면 특별히 탑을 내놓아 앉도록 했다는 기록이 있다.[28] 흥미로운 것은 서치가 돌아가면 진번이 탑을 다시 벽에 걸어 놓았다는 것인데, 탑이라는 가구가 지금의 방석과 같은 역할을 했음을 알 수 있다. 이처럼 한대인들의 가구는 작고 낮았다.

실내가 넓었기 때문에 추위를 막고 공간을 분할하기 위해 병풍을 치거나 혹은 장막을 쳐야만 했다. 하북성 만성에 위치한 제후 유승의 무덤에는 넓은 '당(堂)' 안에 유승과 그의 부인을 위한 장막이 각각 마련되어 있었다. 현실 속의 유승과 부인도 평소 장막을 친 공간 속에서 일상을 보냈을 것이다.

악사(樂士)들도 바닥에 자리를 깔고 앉아 악기를 연주하며, 그 앞에는 땅바닥에서 다양한 잡기(雜技)를 선보이는 인물들이 있다. 누각의 1층에는 여러 명의 인물이 담화하며 흥미롭게 연악(宴樂)을 지켜보고 있는데, 이들 역시 긴 자리 위에 무릎을 꿇고 나란히 앉아 있다. 현실은 선인들의 세계에도 그대로 연장되었다. 두 명의 선인이 육박을 하는

---

28 『後漢書』 卷53, 「徐穉傳」, "陳蕃爲太守……在郡不接賓客, 唯穉來, 特設一榻, 去則懸之."

장면은 한대 어느 실내 공간을 옮겨온 듯 생생하다. 바닥에 넓게 펼쳐 놓은 육박판이 있고, 그 좌우에는 날개 달린 두 선인이 무릎을 꿇고 자리 위에 앉아 흥겨워하고 있다. 그 좌우에는 국자를 넣은 술항아리가 바닥에 놓여 있다(도11).

한대인들의 일상 생활은 사천 지역에 생생하게 재현되어 있다. 이 지역의 무덤은 돌이 아닌 그림이 있는 벽돌을 사용해 건설되어 화상전(畫像磚) 무덤이라 불린다. 흙으로 만든 벽돌에 모형을 찍어 그림을 표현한 후 이를 구워내고, 다시 여기에 색칠한 후 퍼즐 맞추듯이 조각 벽돌을 맞추어 전체 화면을 만드는 방식이다. 그림의 제재는 화상석과 다르지 않지만, 유독 일상의 삶을 묘사한 정경이 많은 편이다.

시장의 모습도 무덤에 재현되었다. 시장의 사방은 담을 둘렀으며 삼면에 커다란 문을 내고, '북시문(北市門)', '동시문(東市門)' 등의 글자를 새겨 놓았다. 시장 안은 십자형 대로로 구획되어 있고 한가운데는 커다란 2층 누각이 있다. 시장을 관리하는 사무소인 시루(市樓)다. 2층에는 큰 북이 걸려 있는데, 시장을 열고 닫는 시각을 알려주었을 것이다. 상인들은 점포에 앉아 있으며, 시장의 대로를 오가는 행인들은 무엇을 살 것인지 고민하고 또 흥정했을 것이다.

활이나 익살을 이용해 나는 새를 잡는 수렵이나, 잘 구획된 논에서 농사를 짓는 일상의 장면도 있다. 그 밖에 사천의 지역적 특색을 잘 보여 주는 삶도 있다. 즉 소금 우물[鹽井염정]에서 물을 길어 올려 이것을 끓여 소금을 만드는 장면이라든지, 지금도 술로 매우 유명한 지역답게 커다란 술독을 늘어놓고 뚜껑을 열고 술을 떠 보는 장면을 생생하게 묘사한 양주(釀酒) 장면 등이 그것이다.

[도11] 사천성 출토 한대 화상석 속 두 선인의 육박 장면. 한대인의 기거 생활을 잘 보여 주고 있다.

화상석을 만든 사람들

화상석은 무덤의 석실과 무덤 앞의 돌사당 등 상장 의례와 관련되는 공간에서 출현한 문화다. 그러므로 화상석을 만들고자 했던 사람들은 '효행'을 내보여야 하는 묘주의 후손이나 친척이다. 그들은 돈을 모은 후 세심하게 돌을 고르고, 또 장인들을 선택해 화상석 무덤의 제작을 의뢰했을 것이다.

화상석의 설계와 시공은 분업을 통해 이루어졌다. 돈을 내는 시주자(patron), 즉 후손들이 화상석에 그릴 소재를 주면, 석공이 이를 구체적으로 실시하는 것이다. 간혹 묘주가 살아생전에 무덤의 그림을 설계하는 경우도 예외적으로 존재했는데, 가상현에 소재한 무량의 사당이 대표적이다. 그러나 묘주나 그의 후손들이 석실의 그림 내용을 결정하는 경우는 많지 않았다. 그들은 단지 돈만 내고 그에 맞춰 규모 등 대략의 큰 요구만 했을 뿐이다.

일반적인 시주자들의 관심은 그런 무덤을 만들어서 사람들에게 알리는 데 목적이 있었지, 무슨 그림이 들어가는지에 대해서는 큰 관심이 없었다. 한대 화상석 무덤에 새겨진 문자들에 화상석의 내용을 언급한 게 없다는 점이 이를 잘 보여 준다. 구체적인 건축과 화상은 석공이 관례에 따라 확정했다.

처음 화상석이 출현하던 당시 화상은 대충 만들어졌다. 표면은 거칠었고, 표현된 화상 역시 매우 단순했다. 그때는 화상석을 전문으로 제작하는 장인이 거의 없었으며, 돌을 다루던 장인들이 아주 초보적으로 화상석을 만드는 데 그쳤을 것이다. 그러나 몇 대에 걸친 노력으로 장인들은 마침내 끌 등의 도구를 가지고 그림을 잘 만들어 내는 전문가로 성장했다. 이들은 후한 시대 화상석 제기에서 보듯 '사(師)'나 '양장(良匠)', '명공(名工)' 등의 영예로운 이름으로 불렸다.[29]

한대 화상석은 제재가 다르고, 조각 수법에 차이가 나는 등 지역마다 다른 특징을 보여 준다. 한나라 제국의 영토가 워낙 넓은 데다 화상석이 전국적으로 분포하고 있었기 때문에 지역성의 출현은 필연적이었다. 유가적 내용이 많은 산동 일대, 일상적 삶을 묘사하는 데 집중한 사천, 수렵과 기이한 동물 도상이 많이 출현하는 섬서와 산서 일대 등, 지리적 환경과 문화적 환경이 달랐기 때문에 화제에 대한 선호도도 달랐다.

지역성은 심지어 같은 문화권에서도 출현한다. 산동성 안구에 소재한 동가장 무덤은 400m²에 달하는 면적에 모두 69폭의 그림이 새겨져

29 鄭岩, 「西漢石槨墓與墓葬美術的轉型」, 앞의 책, 90쪽.

있는데, 조각 기법이 일치하지 않아 다른 지역의 화공들이 분업을 통해 완성한 것으로 보인다. 그러나 동일한 제재와 조각 수법이 매우 먼 거리에 있는 지역에서도 출현하고 있는데, 이는 화상석 그림의 모본(模本)이 존재했음을 시사하는 것이다.[30] 화공들은 이런 모본을 기본으로 하면서도 여기에 자신의 창의적 상상을 조금씩 가미하면서 '같으면서도 다른' 화상석 문화를 만들어 갔던 것이다.

30 李松, 앞의 책, 292-295쪽.

◎ 제4부

불국정토(佛國淨土)의 꿈을 돌에 담다

제 6 장

부처와 성인들의 영원한 안식처 석탑(石塔)

백마(白馬)에 실려 온 불교

불교는 인류의 3대 종교 가운데 하나다. 고대 인도에서 탄생한 후, 아시아 전역에 보급되어 아시아인의 사상과 관념은 물론, 물질 생활 전반까지 다양한 영향을 미쳤다. 특히 고대 '동아시아 문명 공동체'라는 개념의 구성 요소에 불교가 포함될 정도로 아시아 문명과 불교의 관계는 매우 밀접한 관계를 가지고 있다. 현재는 경쟁이 심화되는 신자유주의 물결 속에서 치유의 한 방편으로 서구 유럽과 미국에서도 인지도를 높여 가는 추세다.

불교의 창시자는 석가모니다. 기원전 7세기 후반 그는 현재의 네팔 남부와 인도의 국경 부근인 히말라야 기슭 카필라성(Kapilavastu城) 샤카족(Sakya族)의 숫도다나왕(Suddhodana王: 동아시아에서는 淨飯王정반왕이라 불림)과 마야부인 사이에서 태어났다. 원래 이름은 '고타마 싯다르타'. 고타마는 성이며, '모든 소원을 이루게 하는 사람'이란 뜻의 싯다르타가 이름이다. '석가모니(釋迦牟尼)'는 '샤카족의 성자'를 의미하는 '샤카무니'를 한자 식으로 옮긴 것이며, '석가'는 그 줄임말이다.

석가모니는 생후 7일 만에 어머니 마야부인을 여의고, 이모의 손에서 자랐다. 궁(宮)에서 안락하게 생활하던 어느 날, 그는 궁 밖으로 나와 밭갈이하는 농부들을 보고 인간 세상의 고통을 깨달았다. 그리고 새에게 잡아먹히는 벌레와 병든 노인을 보고 삶의 무상함을 느꼈다. 생로병사의 운명을 일찌감치 깨우친 석가를 보고 아버지 정반왕은 아들이 출가할까 두려웠다. 서둘러 16살의 석가를 19살의 아쇼다라 공주와 혼인시켰다. 석가는 그 후 아들 라후라를 얻고 궁정에서 편안한 생활을 영위했으나, 생로병사에 대한 고민과 해탈에 대한 열망은 잠재우지 못했다.

29살이 된 어느 날 밤, 석가모니는 궁중의 안락한 생활을 버리고 성을 나와 출가했다. 해탈의 도를 찾아 처음에는 바라문 고행자들의 가르침대로 단식과 불면, 요가 등 온갖 고행을 했다. 그러나 6년 고행으로 몸만 허약해졌을 뿐, 해탈의 길은 열리지 않았다. 육체적 고행이 무의미함을 깨달은 그는 나이란자나강(Nairanjana江: 동아시아에서는 尼連禪河니련선하라 불림)에 이르러 지치고 더러운 몸을 씻은 후 마을 아가씨가 가져다준 타락죽을 마시고 체력을 회복했다. 그리고는 보드가야 근처의 보리수 밑에 풀을 깔고 결가부좌한 채 자신의 마음에 있는 욕망을 끊어 없애고자 조용히 명상에 잠겼다. 일주일이 흘러 석가모니는 마침내 '커다란 깨우침[大覺대각]'을 이루었다. 생로병사의 본원을 끊어 없애고 어떤 번뇌에도 흔들리지 않는 절대적인 정적(靜寂), 즉 열반의 세계를 체험하고 자각해 부처가 된 것이다.

석가모니는 자신의 깨달음을 다른 사람들과 함께 나누고자 설법을 통한 교화에 나섰다. 과거 자신과 함께 고행하던 5명의 수행자들에게 처음으로 녹야원(鹿野苑. Sarnāth)에서 설법을 했다. 불교에서는 석가의 이 첫 설법을 "법의 수레바퀴를 처음 돌렸다."는 뜻에서 '초전법륜(初轉法輪)'이라 부른다. 설법을 들은 그들이 석가모니의 제자가 되면서 불교 교단이 성립한다. 이후 고향 카필라성에서 여성 수행자들의 집단, 즉 비구니 집단까지 탄생하면서 불교는 명실상부한 교단을 갖추게 된다.

석가모니는 성도(成道) 후 45년 동안 제자들을 이끌고 80세가 될 때까지 옛 인도의 여러 나라를 돌며 불법을 전파했다. 그의 활동 지역은 주로 중인도의 갠지스강 일대에 집중되었으므로 불교의 유행 역시 이 범위 안에서 이루어졌다. 불교가 인도 전역으로 확산된 것은 기원전 3세기 마우리아 왕조의 아소카왕(Asoka王, 기원전 273년~기원전 232년: 동아시아에서는 阿育王아육왕 또는 無憂王무우왕 등으로 불림)의 출현으로 가능했다. 불교에서 말하는 성왕, 즉 전륜성왕(轉輪聖王)으로 불린 그는 인도를 통일한 후 불교를 국교로 하고 인도 각지에 승려들을 보내 불교의 확산을 촉진시켰다.

불교와 중국인들의 해후는 그로부터 300년이 지난 기원후 1세기경에 이루어졌다. 물론 인도와 중국의 접촉은 이미 기원전 138년, 전한(前漢, 기원전 202년~기원후 8년)의 무제(武帝, 재위 기원전 141년~기원전 87년) 때 있었다. 무제는 흉노(匈奴)의 서쪽에 웅거하던 대월지(大月氏)와 손잡고 흉노를 제압하기 위해 장건(張騫, 기원전 164년(?)~기원전 114년)을 서역에 파견했다. 이로부터 중국과 서쪽 세계와의 본격적 만남이 시작된다. 중국에서 서쪽으로 가는 길이 열렸고, 100여 년이 경과한 후 이 길을 따라 인도의 불교가 중국으로 전래된 것이다.

기록에 의하면, 중국에 불교가 처음 전래된 것은 후한 명제(明帝, 재위 57년~75년) 때다. 불교의 3대 요소는 불(佛), 법(法), 승(僧)이다. 즉 부처, 불교 경전, 승려 등으로 이를 불교의 삼보(三寶)라 부른다. 부처는 이미 열반했으므로 여기서 말하는 부처는 그의 모습을 회화나 조각 등 구상적으로 표현한 불상(佛像)을 지칭한다. 불상과 불경의 전래, 그리고 이를 유포시킬 수 있는 승려들의 중국 진입이 이루어졌을 때 비로소 불교가 중국에 전래되었다고 할 수 있다. 후한 명제 때 이 '불·법·승' 삼보가 모두 중국에 유입되었다.

불교의 중국 유입을 기록한 문헌은 매우 많은데, 그 가운데 남제(南齊, 479년~502년) 때 활동한 왕염(王琰)이 쓴 『명상기(冥祥記)』를 보자.

> 한나라 명제가 꿈에 신인(神人)을 보았는데 2장(丈: 한대의 1척은 대략 23cm이다. 그러므로 20척이 되는 2장은 460cm 정도가 된다)의 크기로 몸은 황금색이며 목에는 밝은 빛[日光일광]을 둘렀다. 황제가 군신들에게 이에 대해 묻자, 어떤 사람이 "서방에는 신이 있는데 그 이름을 부처[佛불]라 합니다. 모습은 황제가 본 바와 같습니다."라고 대답했다. 그리하여 인도로 사신을 보내 불경과 불상을 베껴 중국에 가져오게 했다. 천자와 왕후로부터 모두가 이를 존경하며 섬겼다. 사람이 죽은 후 정신이 없어지지 않는다는 것을 듣고 두려워하지 않음이 없었다. 처음 사자(使者) 채음(蔡愔)이 서역의 사문 가섭마등(迦葉摩騰) 등을 데리고 왔으며, 아울러 인도의 우전왕(優填王)이 그린 석가모니 입상(立像)을 가지고 왔다. 황제가 이를 소중히 여겼는

데 꿈에 본 그대로였다. 명제는 곧 화공을 보내 이 그림을 여럿 그리게 해서 남궁(南宮)의 청량대(淸涼臺)와 고양문(高陽門), 그리고 현절릉(顯節陵)에 봉안하고 공양하게 했다.[1]

불교의 전래는 많은 신비로운 이야기들을 만들어 내며 윤색되었다. 후대에는 가섭마등이 축법란(竺法蘭)이라는 승려와 함께 후한의 도성 낙양성에 들어왔으며, 이때 하얀 말에 경전을 싣고 왔고[白馬馱經], 명제가 낙양성 서문(西門) 밖에 정사를 건립해 이들을 묵게 했다고 한다. 이들이 거주했다고 전해지는 곳이 바로 중국 최초의 사찰로 알려진 백마사(白馬寺)다. 백마사와 관련된 고사는 윤색된 이야기였지만, 8세기 당나라 때에 이르면 사실로 받아들여져 후대까지 전승되었다.

부처의 무덤 '탑'

45년 동안 인도 각지를 돌며 설법을 하던 여든 살의 석가모니는 음식을 잘못 먹어 식중독에 걸렸다. 고령에 찾아온 식중독으로 인해 자신의 죽음을 예감한 석가모니는 최후의 목욕을 마치고 쿠시나가라(Kusinagara)의 사라수(沙羅樹) 숲속으로 들어가 머리를 북쪽으로 하고 누웠다. 몸을 오른쪽으로 누워 발을 포갠 그는 "스스로를 등불로 삼고 스스로에게

---

1 『集神州三寶感通錄』 卷中, "初案南齊王琰冥祥記云, 漢明帝夢見神人, 形垂二丈, 身黃金色, 項佩日光. 以問群臣. 或對曰, 西方有神, 其號曰佛. 形如陛下所夢, 得無是乎. 於是發使天竺, 寫致經像表之中夏. 自天子王侯, 咸敬事之. 聞人死精神不滅, 莫不懼然自失. 初使者蔡愔將西域沙門迦葉摩騰等, 齎優塡王畫釋迦倚像. 帝重之, 如夢所見也. 乃遣畫工圖之數本, 於南宮淸涼臺及高陽門顯節壽陵上供養."

의지할 것이며, 남에게 의지하지 말라. 법을 등불로 삼고 법에게 의지할 것이며, 다른 것에 의지하지 말라."는 가르침을 남기고 열반했다.

석가모니의 시신은 화장되었다. 화장은 인도 상층 계급의 일반적인 장례법이다. 화장을 하기 위해서는 많은 나무가 필요하다. 특히 향목(香木)을 땔감으로 쓰기도 했고, 우유나 향유(香乳)를 사용해 그 불을 꺼야 했으므로 재력이 충분치 않은 사람들은 감히 쓸 수 없는 장례법이었다. 『장아함경(長阿含經)』「유행경(遊行經)」에는 석가모니가 열반을 앞두고 제자인 아난(阿難)에게 뒷일을 부촉(咐囑)하는 장면이 있다.

> 아난아, [네가 나를 묻고자 할 때] 성왕의 장례법으로 해야 하니, 먼저 뜨거운 향수로 목욕을 시켜라. 그리고 새로운 조개껍질 등으로 몸을 두루 감싸고, 500장의 담요로 다시 이를 감싸라. 그 육신을 금관에 넣고 마유(麻油)를 가득 채워 넣어라. 이 금관을 들어 두 번째 커다란 철제 곽 안에 두고, 전단향(栴檀香)으로 만든 곽을 그 바깥에 둔다. 이름난 여러 향나무를 쌓은 후 관을 놓고, 그 위에 다시 향나무를 쌓은 후 불을 지핀다. 이를 모두 마치면, 사리를 거두어 사거리에 탑을 세운다. 그리고 찰(刹)을 세우고 비단 등을 걸어 이곳을 지나는 행인들 모두로 하여금 부처의 탑을 보고 법왕(法王)이신 여래를 사모하고 그 도에 감화케 하라.[2]

2 『長阿含經』卷3,「遊行經」, "佛告阿難, 聖王葬法, 先以香湯洗浴其體. 以新劫貝周遍纏身, 以五百張疊次如纏之. 內身金棺灌以麻油畢. 擧金棺置於第二大鐵槨中, 栴檀香槨次重於外. 積衆名香, 厚衣其上而闍維之.訖收舍利, 於四衢道起立塔廟. 表刹懸繒, 使國行人皆見法王塔, 思慕正化, 多所饒益."

탑이란 석가모니의 사리를 묻고 기념하기 위한 것이었다. 석가모니의 유체가 화장된 후, 마가다국을 비롯한 인도의 8국에서 석가의 유골을 균등하게 나누어 가지는 사리팔분(舍利八分)이 이루어졌다. 8국은 석가의 유골을 각국으로 가져가 탑을 건립했는데, 이 탑을 근본팔탑(根本八塔)이라 한다. 여기에 당시 석가모니의 유골을 나눌 때 사용한 병으로 세운 병탑(瓶塔), 석가의 열반에 늦게 도착해 사리 8분에 참여할 수 없었던 모리야족이 화장터의 재를 가져가 세운 회탑(灰塔: 炭塔탄탑이라고도 한다.) 등 두 탑을 합해 10개의 탑이 세워졌다. 이것이 최초의 불탑이다.

부처의 탑은 이처럼 열반한 석가모니를 화장한 뒤 유골을 묻고, 그 위에 흙이나 벽돌을 둥글게 쌓아올린 무덤이다. 고대 인도에서는 이를 산스크리트(Sanskrit: 梵語범어라고도 한다.)로는 스투파(stupa)로, 팔리어(Pali語)로는 투파(thupa)로 불렀다. 투파는 한자로 탑파(塔婆)로 음역되었고, 이후 이를 간략하게 '탑'이라 부르게 된 것이다. 인도 탑은 둥근 돔(Dome) 형태의 무덤 형상을 하고 있었으므로, 그 모습이 마치 둥근 밥그릇[鉢발]을 엎어놓은 것 같다고 해서 동아시아에서는 '복발형(覆鉢形) 탑'이라 불렸다. 소승 경전인 『근본설일체유부비나야잡사(根本說一切有部毘奈耶雜事)』에는 초기 스투파의 형상에 대해 이렇게 묘사하고 있다.

> 벽돌을 사용해 2층의 기단을 만들고, 그 위에 탑신(塔身)을 안치하며 탑신은 복발 형태로 얹는데, 높이는 마음대로 정한다. 위에는 평두(平頭)를 두는데 높이 12척, 사방 23척으로 양(量)에 따라 크기를 결정한다. 가운데 기둥을 세우고 다음에 상륜(相輪)을 첨가하며,

상륜의 수는 1, 2, 3, 4로부터 많게는 13에 이른다. 다음에 보병(寶瓶)을 얹는다.[3]

현존하는 인도의 초기 스투파 형상은 위의 경전 내용과 부합한다. 탑의 여러 구성 요소 가운데 가장 중요한 것은 탑신, 즉 벽돌과 흙으로 쌓아 올린 안다(Anda)라 불리는 반구형의 돔(복발 형태)이다. 돔의 윗부분은 편평하게 만드는데, 여기에 하르미카(Harmika)라는 난간으로 둘러싸인 사각형의 구조물, 즉 평두가 자리 잡는다. 안다의 정상에는 반구형 돔의 중심부까지 내려온 야슈티(yasti)라는 기둥이 솟아 있으며, 여기에 원반 모양의 차트라(chattra)가 꽂혀 있다(상륜). 석가모니의 사리는 세계의 중심 기둥을 의미하는 야슈티 아래, 즉 세계의 중심에 놓인다.

불탑의 확산은 인도 전역을 통일한 아소카왕에 의해 이루어졌다. 그는 근본8탑 가운데 7개의 탑을 허물어 사리를 꺼냈다. 그리고 이를 나누어 인도 전역에 '8만4천탑'을 건립해 불교적 통치 이념을 인도 전역으로 확장했다. 여기서 '8만4천'이라는 숫자는 특정한 수가 아니라 '아주 많음'을 상징한다. 현재 인도의 '산치(Sanchi) 제1 대탑'이 아소카왕이 세운 탑 가운데 하나로 추정되고 있다.

아소카왕의 '8만4천탑' 건립 이후 불탑은 단순한 무덤이 아니라, 석가의 진신(眞身)이 모셔진 성소(聖所)가 되었다. 이런 대탑은 석가모니가 아닌에게 부닥한 것처럼 사람들이 많이 오가는 번화가에 건립되어 행인들의 예배를 받았다. 아소카왕이 세운 탑은 동아시아에서는 '아육왕

3 『根本說一切有部毘奈耶雜事』卷18, "應可用甎兩重作基, 次安塔身, 上安覆鉢, 隨意高下. 上置平頭, 高一二尺方二三尺, 準量大小. 中竪輪竿, 次著相輪, 其相輪重數或一二三四乃至十三. 次安寶瓶."

탑(阿育王塔)'이라 불리며 신앙되었는데, 중국인들은 심지어 아소카왕이 중국에도 탑을 건립했다는 전설을 만들어 내기에 이르렀다. 그리하여 중국의 아육왕탑은 마치 사실처럼 전승되며 많은 사람들에게 특별한 숭배를 받았다.

초기 불교에서는 부처의 모습을 만들지 않았다. 『증일아함경(增一阿含經)』 권21에는 "여래의 몸은 만들어서는 안 되고, 모사해서도 안 되며, 길고 짧음에 대해서도 얘기할 수 없다."고 해 불상 제작에 대한 금기를 언급하고 있다. 이런 금기는 1세기에 파키스탄의 간다라 지역과 인도 북부의 마투라 지역에서 불상이 제작됨으로써 비로소 사라지며, 이후 탑을 대신해 불상이 주요한 예배 대상이 되었다. 그러나 석가 열반 후 1세기까지 불교도에게 가장 신성한 예배 대상은 석가모니의 무덤인 스투파였다. 1세기 이전 인도 불교미술에서 탑을 경배하는 모습을 표현한 석판들이 많은 것도 이와 관련이 있다.

석탑에 새긴 불법(佛法) '북량석탑'

현존하는 중국 최고(最古)의 석탑은 5세기 전반에 제작되었다. 지금까지 감숙성 무위(武威), 주천(酒泉), 돈황(敦煌)과 신강 위구르자치구의 투르판(Turfan) 일대에서 14개가 발견되었다. 이 지역은 중국의 서부, 다시 말해 불교가 중국 내륙으로 전래되는 길목으로 십육국 시대 북량(北涼, 401년~439년)의 영토였고, 탑들 가운데 북량의 연호가 사용된 경우가 있어 14개의 탑은 일괄 '북량석탑(北涼石塔)'으로 통칭된다(도12).

북량이 웅거하기 이전부터 양주(涼州) 일대는 서역의 관문으로서 불

[도12] 돈황 삼위산(三危山)에서 출토된 북량석탑. 현재 돈황박물관에 전시되고 있다.

교가 매우 발달했다. 불교 경전의 한역(漢譯) 과정에서 중요한 역할을 한 구마라집(鳩摩羅什, 344년~413년)도 장안(長安)에 이르기 전 385년부터 401년까지 17년 동안 양주에서 머물며 많은 경전을 번역했다. 십육국 시기 이곳에 북방 유목민족 출신의 저거씨(沮渠氏)가 정권을 세웠는데, 그들은 도성의 중심 거리에 탑을 건립하고 불상을 안치했으며, 천제산(天梯山) 석굴 등 대형 석굴을 조영하고 역경승(譯經僧)을 후원해 많은 경전들을 번역토록 했다. 북량의 불교문화는 이후 북위(北魏, 386년~534년)의 초기 불교문화에 직접적인 영향을 미쳤다. 즉 439년 북위가 북량을 멸망시킨 후, 10만 호(戶)의 양주 사람들을 도성인 평성(平城)으로 강제 이주시켰는데, 이 가운데 승려와 장인들이 대거 포함되어 있었다. 460년부터 시작된 운강(雲岡) 석굴의 대역사는 '평성판 양주 불교문화'라 할 만큼 양주 출신 승려와 장인들이 지대한 역할을 했다.

북량석탑은 우리가 흔히 통상적으로 아는 형태의 탑은 아니다. 높이가 아무리 커도 1m를 넘지 않으며, 작은 것은 16.9cm짜리도 있다. 대체적으로 높이 40cm 좌우, 직경 20cm 좌우로 작다. 마치 돌기둥 같아서 초기에는 돌로 만든 당(幢), 즉 석당(石幢)이라는 이름으로 불렸다. 석당은 당(唐, 618년~907년)나라 시대에 유행했던 불교 유물로, 높다란 팔각 돌기둥에 불교 경전과 불상을 새겼기 때문에 '경당(經幢)'으로도 불린다(제8장 참조). 5세기에 만들어진 북량석탑이 팔각 기둥의 형태는 물론, 불경을 새기는 것까지도 당대 경당과 유사했던 것이다. 그러나 몇몇 '북량석탑' 명문(銘文)에서 이것을 '탑'으로 부르고 있는 데다 유물의 구성은 물론, 기능까지 경당과 상당히 다르다.

북량석탑은 탑 안에 부처나 그 제자들의 유골을 모신 인도식 탑은 아니다. 형태나 형식이 중앙아시아의 간다라 지역 불탑과 유사하다. 간다라의 탑은 사각형의 탑 기단부, 원통형의 탑신부, 그리고 복발형 상부로 구성되며, 그 위로 높이 솟은 상륜부가 있다. 일반적으로 탑 기단부의 사방에 조각이 있으며, 원통형의 탑신부에도 여러 개의 감(龕)을 파고 불상 등을 봉안하고 있다. 이런 형태와 형식은 기본적으로 북량석탑과 거의 동일하다. 간다라 지역에는 대형 탑과 동일한 모양의 소형 봉헌탑(奉獻塔)이 공양을 위해 다수 제작되었다. 스와트(Swat)의 붓카라(Bukhara) 대탑지(大塔址) 주위에서만 이런 소형 탑이 200여 기 발견되었을 정도다. 아마도 간다라 지역의 이런 소형 탑이 서역을 거쳐 중국으로 유입되면서 북량석탑의 형상으로 변화했을 것이다. 이런 추론을 더욱 강화해 주는 것은 돈황에서 발견된 북량석탑 가운데 하나인 민주묘탑(岷州廟塔)이다. 이 탑에는 브라흐미(Brahmi) 문자로 쓰인 불교 경문이 새겨져 있는데, 연구에 의하면 이 문자의 서법과 독음(讀音)이 현재 간다라 지역의 표현과 같다고 한다.[4] 게다가 서역남로(西域南路)에 위치한 호탄(Khotan)과 미란(Miran) 지역에서도 브라흐미 문자가 발견되었다.

---

4 殷光明,『北涼石塔研究』(新竹: 覺風佛教藝術文化基金會, 1999), 106쪽.

이런 정황을 보면 북량석탑의 전파 노선이 비교적 분명하게 읽힌다.

북량석탑이 간다라 지역 탑의 영향을 받았지만 차이도 큰 편이다. 북량석탑의 기단 아래에는 순(榫)이라 불리는 꽂이가 있어 이 탑이 대좌에 꽂혀 있었음을 알려 준다. 팔각형 기단에는 대부분 면마다 불교의 호법신인 신왕(神王)을 표현하고, 해당 인물의 머리 위에 8괘(卦)를 새겨 넣었으며, 원주형 탑신에는 간다라 탑과 달리 불교 경문과 이것을 만든 자의 발원문을 새겨 놓았다. 간다라에서는 원통형 탑신에 감을 만들고 불상을 안치했으나, 북량석탑에서는 탑신 상부에 연화문과 함께 8구의 불상 등을 조각한 것이다. 간다라에는 없던 불교 경문의 삽입과 8불(佛)의 조각은 북량석탑의 특징으로, 당시에 유행하던 불교 신앙의 성격과 관련이 있다.

북량석탑에 새겨진 불교 경문은 대부분 『증일아함경(增一阿含經)』「결금품(結禁品) 제46」의 부분이다. '문여시(聞如是)'에서 시작해 '시명득도(是名得道)'로 끝나는 내용은 '십이인연(十二因緣)'을 설명한 것이다. 하지만 경문의 내용은 승가제파(僧伽提婆)가 번역한 현존 『증일아함경』과 조금 달라, 지금은 전하지 않는 다른 번역본을 저본(底本)으로 사용한 것으로 추정된다. '십이연기(十二緣起)'라고도 불리는 '십이인연'은 인과에 의해 '과거, 현재, 미래'의 삼세(三世) 동안 끊임없이 이어지며 사람으로 하여금 윤회의 고리에서 빠져나올 수 없게 하는 '무명(無明), 행(行), 식(識), 명색(名色), 육처(六處), 촉(觸), 수(受), 애(愛), 취(取), 유(有), 생(生), 노사(老死)' 등 12가지를 지칭한다. 이처럼 '십이인연'을 음각한 것은 당시 스스로가 말법(末法) 시대에 살고 있다고 인식한 사람들이 미래불(未來佛)인 미륵이 일찍 세상에 내려와 중생들에게 12인연을 설법하는 것을 듣고 무상의 도를 얻고자 했던 바람과 관련이 있다.

> 영호염사(令狐廉嗣)가 권해서 씁니다. 북량 태연(太緣) 2년 병자년(丙子年: 436년으로 추정) 6월 중순, 정단아(程段兒)는 스스로가 박복(薄福)해 말세에 태어나 불법을 보지 못했다고 생각하고, 스스로 힘을 다해 부모와 온 집안을 위해 이 석탑 형상을 세웁니다. 이 복으로 인해 무상의 도를 이루기를. 아울러 고인이 된 여관(女官) 추씨(秋氏)와 아내 능남(陵男) 역시 위의 발원처럼 무상도(無上道)를 이루기를.[5]

북량석탑 가운데 하나인 정단아탑(程段兒塔)에 새겨진 위의 발원문을 통해 그들이 탑을 만든 이유를 생생하게 들을 수 있다. '무상의 도'란 곧 '무상의 정각, 무상의 보리(菩提)'며, "무상의 도를 이룬다."는 것은 '십이인연'의 법을 인식해 윤회의 고리를 끊고 성불(成佛)의 경지에 이르는 것이다.

북량석탑의 상부에는 일반적으로 8구의 불상 및 보살상의 이름과 모습이 새겨져 있다. 불교에서는 시간을 세 시기로 구분한다. 이를 3세(世) 혹은 3겁(劫)이라 하며, 과거 장엄겁(莊嚴劫), 현재 현겁(賢劫), 미래 성수겁(星宿劫)이다. 그리하여 부처를 석가모니 하나만 인정하는 소승불교와 달리 대승불교에서는 '여러 부처[多佛다불]'의 존재를 인정하며, 부처를 과거불, 현재불, 미래불 등으로 구분한다. 현재불은 이미 열반했지만 현겁의 부처인 석가모니가 되며, 미래불은 석가모니보다 먼저 열반해 현재 도솔천에서 설법하며 미래에 하생(下生)할 미륵불이다. 과거불은 매우 많지만 일반적으로 '과거7불'이라 하여 일곱 부처의 이름이 불

5 "勸書令狐廉嗣. 凉太緣二年歲在丙子六月中旬, 程段兒自惟薄福, 生値末世, 不觀佛典. 自竭爲父母合家, 立此石塔形像. 願以此福, 成無上道. 並及命過秋官女, 妻陵男, 亦同上願."

교 경전에 기록되어 있다. 그러나 '과거7불'의 이름은 경전마다 다르며, 석가모니불은 현겁의 현재불이지만 이미 열반했으므로 과거불로 인식하는 경우도 있어 '과거7불'에 포함하는 경우도 있다. 북량석탑에서는 '과거불 6구와 현재불인 석가모니, 그리고 미래불인 미륵 등 모두 8구가 조각되었다. 이처럼 과거, 현재, 미래불을 묘사한 것은 자신이 사는 세상을 불법이 쇠퇴하는 말법 시대라 인식했던 사람들이 불법의 영원을 염원해 과거-현재-미래의 지속성을 그 탑에 담고자 했기 때문이다.

불교 경전에서는 석가 사후의 시기를 불법의 흥쇠에 따라 세 개로 구분한다. 석가모니 열반 후 불법이 행해지는 500년의 정법(正法) 시대, 교법(教法)은 있지만 사람들의 믿음이 형식에 치우쳐 절과 탑 등을 세우는 일에만 힘쓰는 상법(像法) 시대(500년 혹은 일천 년), 그리고 불법이 사라진 말법 시대가 차례로 이어진다고 언급하고 있다. 이런 내용은 인도와 중앙아시아에서 이뤄진 불교의 탄압 및 쇠락 등과 연결되면서 실제로 사람들에게 말법 시대가 도래했다는 위기감을 안겨주었다. 중국에서도 5~6세기에 말법사상이 매우 유행했다. 일반적으로 446년 북위 태무제(太武帝, 재위 424년~451년)의 불교 탄압으로 말법사상이 흥기했다고 추정하지만, 북량석탑의 존재는 그 이전부터 이미 중국에서 말법사상이 상당히 유포되었음을 증명하고 있다. 한편, 중국 불교사상사에 큰 영향을 미친 남악(南岳) 혜사(慧思, 515년~577년)는 자신이 탄생한 515년을 말법 82년으로 보았는데, 이를 역산하면 말법의 시작은 434년이 된다. 그렇다면 정단아탑은 말법 3년에 조성된 것이 된다.

이처럼 중국 초기의 소형탑은 말세에 처한 이들이 불법의 영원성을 기념하기 위해 제작되었다. 그러나 북량석탑은 순전히 불교사상만을 드러낸 것은 아니며, 중국의 전통사상이 함께 결합되어 있다. 8면마다 새겨진 팔괘, 상륜부에 새겨진 북두칠성 등은 불교와 융합한 중국 황노(黃老)사상의 영향을 보여 준다.

목탑: 무덤에서 불상을 안치한 공간으로

불상의 전래와 함께 삼보 가운데 하나인 탑도 중국에 알려졌다. 산스크리트 '스투파'는 '솔도파(率堵波)'로, 팔리어 '투파'는 '탑파(塔婆)'로 음역되었으며, 부처를 뜻하는 '부도(浮屠 혹은 浮圖)'나 '불도(佛圖)'로 번역되기도 했는데, 동진 십육국 시대에 이르면 '탑파'를 줄인 '탑'이라는 용어가 정착했다.

중국 최초의 탑은 중국 최초의 사찰로 전승되는 낙양 백마사에 있었다. 6세기 중반에 편찬된 『위서(魏書)』「석로지(釋老志)」에는 그 탑에 대해 다음과 같이 설명하고 있다.

> 낙양에 백마사를 짓고 불도(佛圖)를 매우 화려하게 장엄했는데, 그곳에 묘사된 그림이 매우 오묘하다. 탑은 사각형으로, 모든 궁탑(宮塔) 제도는 오히려 인도의 옛 모습에 의거했으며, 여러 층으로 짜서 1층에서 3층, 5층, 7층, 9층 등으로 조영했다. 세상 사람들이 이를 부도(浮圖) 혹은 불도라 부른다.[6]

앞서 얘기했듯이 인도의 탑은 유골을 매장한 후 그 위에 흙을 덮고

---

6 『魏書』 卷114, 「釋老志」, "自洛中構白馬寺, 盛飾佛圖, 畫迹甚妙. 爲四方式, 凡宮塔制度, 猶依天竺舊狀而重構之, 從一級至三五七九. 世人相承, 謂之浮圖, 或云佛圖."

다시 벽돌로 감싼, 평면이 원형인 둥근 무덤이었다. 그런데 『위서』에서 중국 최초의 탑으로 언급한 백마사의 탑은 인도 탑의 원형에서 상당히 떨어져 있다. 비록 인도의 옛 모습에 의거했다고 설명하고 있지만, 인도와 달리 평면이 사각형인 데다 지상의 구조물도 1층에서 9층까지의 높이를 가지고 있었다. 물론 이 기록이 실제로 그러했음을 증명해 주는 것은 아니지만, 적어도 6세기 중국인들이 중국 최초의 탑을 어떻게 바라보고 있었는지는 알 수 있다. 다시 말해 그들은 탑을 사각형의 다층(多層) 목조 건물로 인식하고 있었던 것이다.

『후한서』「도겸전(陶謙傳)」에 묘사된 후한 시대 탑도 앞 기록과 크게 차이가 없다. 당시 착융(窄融)이란 인물이 부도사(浮屠寺)를 세웠는데 "위로는 금반을 쌓고 그 아래에는 여러 층으로 이루어진 누각이 있었다."[7] 위쪽에 금반을 여럿 쌓았다고 했으므로 기록 속의 건물은 상륜부가 상당히 높은 탑이다. 그런데 상륜부 아래가 여러 층의 누각이라고 했으므로 착융이 건립한 탑은 인도의 둥근 복발형 탑이 아니라 누각식 탑이 된다.

중국에서는 형태뿐 아니라 탑의 성격도 변화했다. 착융은 이 탑 안에 "동(銅)으로 사람의 형상을 만들고 황금으로 색을 칠한 후 비단옷을 만들어 입혔다."고 했다. 그가 '동으로 만들어 황금색으로 칠한 사람의 형상'이라고 한 것은 다름 아닌 우리가 흔히 박물관에서 만나 볼 수 있는 금동 불상이다. 이 건물 안에 "3천 명을 수용할 수 있다."고 한 대목은 비록 숫자의 과장은 있지만, 이 건물의 속성을 잘 드러내 준다. 위

---

7 『後漢書』 卷73, 「陶謙傳」, "初, 同郡人窄融, 聚衆數百, 往依於謙, 謙使督廣陵下邳彭城運糧. 遂斷三郡委輸, 大起浮屠寺. 上累金盤, 下爲重樓, 又堂閣周回, 可容三千許人, 作黃金塗像, 衣以錦綵. 每浴佛, 輒多設飮飯, 布席於路, 其有就食及觀者且萬餘人."

기록대로라면 후한 시대 탑 안에는 불상이 안치되고, 사람들이 그 안에서 예배했다. 인도에서 탑의 예배는 이른바 요잡(繞匝)으로서 탑 주위를 오른쪽으로 도는 탑돌이였지만, 중국에서는 탑 안에 불상을 안치하고 불상을 경배하는 방식으로 바뀐 것이다. 다시 말해 인도 탑이 무덤이었다면, 중국의 초기 탑은 불상을 봉안한 불전(佛殿)이었던 것이다.

이런 변화가 일어난 이유는 당시 중국에는 인도와 달리 부처의 사리에 대한 이해가 없었고, 사리 신앙도 부재했기 때문이다. 문헌에 의하면 중국의 사리 신앙은 삼국 시대 손오(孫吳, 229년~280년)에 이르러 비로소 시작된다. 일반적으로 문헌 기록은 시기를 더 올려 잡으려는 속성이 있으므로, 실제 사리 신앙의 보급은 삼국 시대보다 상당히 늦을 것이다.

누각식 탑은 중국에서 창조되었다. 인도의 복발형 탑에서 누각식 탑으로의 전화(轉化)는 당시의 불교 이해와 관련이 있다. 불교 교리에 대한 이해가 깊지 않고, 신선사상에 심취해 있던 한대인들은 불교의 교조인 석가모니 역시 신선의 하나라고 생각했다. 『사십이장경(四十二章經)』에는 석가모니를 신인(神人)으로 서술하고 있다.

> 옛날 후한 명제가 꿈에 신인을 보았다. 신인은 몸이 금색이고 목에는 밝은 빛이 있었으며, 궁중 전각 앞에서 날고 있었다. 명제가 보고 기쁜 마음이 생겨 그를 따르고자 했다. 다음날 신하들에게 꿈속에 본 신인이 어떤 존재인지 물었다. 그러자 부의(傅毅)가 "인도에는 도를 깨우친 사람을 부처[佛불]라 부르는데, 몸이 가벼워 날 수 있어 거의 신에 가깝다고 들었습니다."라고 대답했다.[8]

---

8 『四十二章經』, "昔漢孝明皇帝夜夢見神人. 身體有金色, 項有日光, 飛在殿前. 意中欣然, 甚悅之. 明日問群臣, 此爲何神也? 有通人傅毅曰, 臣聞天竺有得道者, 號曰佛, 輕擧能飛, 殆將其神也."

고대 중국에서 하늘을 날 수 있는 존재는 선인이다. 불교에 대한 이해가 깊지 못했던 한대에 중국인들은 이런 특징을 토대로 부처 역시 그런 선인 가운데 하나라고 생각했다. 이런 생각이 자리 잡자 머리 위로 육계(肉髻)가 솟고 이마에 백호(白毫)를 장식한 불상이 선계(仙界)를 대표하는 서왕모(西王母)를 대신하기 시작했다. 사천성 일대의 무덤에서 출토되는 요전수(搖錢樹)라는 돈 달린 나무의 줄기에는 선인들과 선계의 온갖 동물들이 출현하는데, 중심 줄기의 상단부나 대좌의 위에는 원래 서왕모가 앉아 있었다. 그런데 불교 유입 후 '인도에서 온 선인', 즉 부처가 서왕모를 대신하기 시작했다.

선인들은 높은 곳에서 거처했다. 한 무제는 선인들을 만나기 위해 높은 누각 건축을 짓곤 했는데, 한대인들에게 부처는 선인이었으므로 그가 거처하는 공간 역시 높은 누각으로 조성되어야 했다. 인도에서 전래된 복발형 탑의 형상은 그 누각의 꼭대기 지붕 위에 살짝 얹어 상륜부를 형성하게 했다. 그리하여 인도와는 전혀 다른 새로운 형식의 불탑이 중국에서 창안되었다. 하부는 중국식으로, 정상부는 인도식으로. 중국에서 창안된 목조 불탑은 외래 문화와 토착 문화의 융합을 보여 주는 기념비가 되었다.

3세기에 사리 신앙이 보급되자 중국인들은 누각식의 목탑에 탑의 원래 기능을 이식했다. 불탑의 중심부에 인도 탑의 중심 기둥인 야스티를 모방해 목재나 흙을 이용해 기둥을 세웠다. 기둥의 사방에는 감을 만들어 불상을 봉안하는 한편, 그 기둥 아래 지하에는 부처의 사리를 묻었다. 그리하여 중국의 탑은 불전과 무덤의 기능을 공유하기 시작했다.

석탑과 전탑: 부처의 영원성을 '돌'에 담다

누각식 탑은 날이 갈수록 위로 치솟았다. 3층에서 5층으로, 그리고 5세기에 이르러 7층탑이 등장하더니, 6세기 초 마침내 '구름에 닿을 정도'의[9] 9층탑이 건립됐다. 북위 도성 낙양의 영녕사(永寧寺) 탑은 '1천 척(尺)' 높이의 위용을 자랑했다고 하는데, 이와 같은 고층 탑의 등장은 당시 목조 기술의 발달을 의미한다. 『속고승전(續高僧傳)』「보리류지전(菩提流支傳)」에서는 516년 효명제(孝明帝, 재위 515년~528년)의 모친인 호태후(胡太后)에 의해 완성된, 북위 최대의 탑이면서 동아시아 최초의 9층탑인 영녕사 목탑에 대해 이렇게 설명하고 있다.

> 영녕사 안에는 9층탑이 있는데 나무로 만들었다. 탑의 높이 90여 장(丈)이며, 그 위에 또 10여 장 높이의 금찰(金刹)이 있어, 전체적으로 땅에서 1천 척의 높이로 솟아 있다. 100리나 떨어진 곳에서도 이 탑이 보였다. …… 사찰이 완성되자 효명제와 태후가 함께 탑에 올라갔는데, 궁중이 마치 손바닥 안에 놓인 듯 훤히 보였다. 아래로는 구름이 가까이 있고 위로는 푸른 하늘이 매우 맑았다. 궁 안의 일이 보였기 때문에 사람들이 이곳에 오르는 것을 금지했다.[10]

고대(高大)한 9층 목탑의 위용은 동아시아 통치자 사이에서 9층탑 건

---

9 『廣弘明集』 권7, 北周 天和 2년(567) 衛元嵩의 〈上書請造平延大寺〉.

10 『續高僧傳』 권1, 「菩提流支傳」, "中有九層浮圖, 架木爲之. 擧高九十餘丈, 上有金刹復高十丈, 出地千尺, 去臺百里已遙見之……寺旣初成, 明帝及太后共登浮圖, 視宮中如掌內. 下臨雲雨上天淸朗. 以見宮內事, 故禁人不聽登之."

립 열풍을 불러왔다. 당시 최고의 건축 기술이 응집된 9층탑은 정치적 권위의 소재처기도 했기 때문이다. 양(梁) 무제(武帝, 재위 502년~549년)도 북위에 뒤질세라 도성 건강성(建康城)의 최대 황실 사찰인 동태사(同泰寺)에 '구름을 뚫고 솟은 9층 목탑'을 건립했으며,[11] 신라의 선덕여왕 역시 황룡사에 9층 목탑을 건립해 신라의 위용을 드러내고자 했다.

왕조의 정통성과 권위를 상징하는 고층 목탑은 보기에는 매우 위압적이었지만 치명적인 결함이 있다. 목재를 이용했으므로 자연재해에 매우 취약했다. 탑이 높을수록 이런 취약함은 커졌다. 근대 이전 중국의 도성에서 가장 높은 건물은 성문도 아니었고, 궁궐의 대전(大殿)도 아니었다. 불탑이었다. 너무 높아 강한 폭풍우에 쉽게 붕괴되곤 했는데, 영녕사 9층탑도 효창(孝昌) 2년(526) 폭풍우에 무너지기도 했다.

그러나 목탑의 가장 큰 결점은 뭐니 뭐니 해도 화재였다. 피뢰침이 없던 시절, 벼락 맞기 가장 좋은 건물이 바로 고층 목탑이었다. 『위서』 「최광전(崔光傳)」에 의하면, 최광은 상소를 통해 "영녕사 9층탑의 각도가 매우 위험하고 벼락 맞기 쉽다."고 지적하는 한편, 산동성 청주(青州)에 있던 7층 목탑이 밤새 불에 타 전소된 사례를 언급하고 있다.

최광의 예상대로 영녕사의 9층 목탑은 지은 지 20년이 채 못 되는 534년 2월, 화재로 인해 전소되고 말았다. 건립에 "헤아릴 수 없을 만큼 많은 돈이 들었다."는 낙양성 최고·최대 건물인 9층탑의 전소는 북위 왕조의 붕괴를 예고하는 하늘의 계시로 생각되었고, 실제 북위는 그해 7월에 멸망했다. 양 무제가 지은 동태사 9층탑 역시 마찬가지였다. 지은 지 10여 년이 흐른 뒤 9층탑이 불탔고, 나아가 사원 전체가

11 『續高僧傳』 권1, 「寶唱傳」.

[도13] 1056년 건립된 산서성 응현(應縣)의 불광사(佛光寺) 5층 목탑. 현존하는 가장 오래된 중국 목탑이다.

전소되었다.[12] 심지어 건축 도중에 불이 나는 경우도 있었다. 건강성의 대황불사(大皇佛寺) 7층탑은 완성도 되기 전에 불타 버렸다.[13] 자연적인 요인으로 인한 목탑의 전소는 매우 빈번했으며, 전란이 많았던 남북조 시대에는 방화에 의한 목탑의 소실도 흔했다. 문헌에서는 남북조 시대와 당대의 수많은 목탑을 기록하고 있지만 현재 남은 것은 하나도 없다. 현존하는 최고의 목탑은 1056년 요(遼, 916년~1125년)에서 건립한 산서성 응현(應縣)의 불광사(佛光寺) 5층 목탑이다(도13).

---

12 許嵩 撰 · 張忱石 點校, 『建康實錄』 권17, 「高祖武皇帝」(北京: 中華書局, 1986), 681쪽.
13 『南史』 권10, 「陳本紀 · 後主」.

목탑은 부처의 사리가 안치된 신성한 성소다. 건립 도중에, 혹은 건립 후 몇 십 년도 안 돼 불타는 탑이 아니라 영원히 존재할 탑이 필요했다. 그리하여 영원을 상징하는 돌과 벽돌이 나무를 대신하기 시작했다. 벽돌은 비록 흙을 사용해 만들었지만 돌처럼 견고했다. 흥미롭게도 한국인들은 벽돌의 한자를 '塼(전)'으로 써 흙으로 만들었음을 강조하는 데 비해, 중국인들은 '磚(전)'으로 써서 돌처럼 단단한 물성(物性)을 더욱 강조한다. 지면에 건립된 현존 중국 탑 가운데 가장 오래된 것은 북위 정광(正光) 연간(520년~524년)에 건립된 하남성 등봉현(登封縣)의 숭악사(嵩岳寺) 전탑(磚塔)이다. 응현 불광사 목탑에 비해 500년이나 이르다.

석탑은 목탑의 불안정성을 개선하기 위해 시작되었으므로 초기에는 목탑을 그대로 차용했다. 재료만 달리 했을 뿐 누각식 탑으로서 구성 요소 역시 목탑과 동일하다. 먼저 기초가 되는 기단부를 돌로 쌓는다. 그 위에 석재를 이용해 '탑신부'를 만들고 그곳에 감을 만들어 불상을 안치했다. 그리고 기둥과 공포(栱包), 창방(昌枋) 등 여러 건축 부재 등을 조각해 넣어 누각형 목탑의 모습을 모방했다. 그리고 탑신부의 위에는 기왓골을 새겨 넣었다. 훗날에는 기왓골 모양을 생략한 경우가 많아지는데, 탑신 위에 올리는 이런 돌을 지붕돌이라 부른다. 그래서 석탑과 전탑은 층마다 기와 지붕이 있는 목조탑의 모습을 그대로 간직하게 된다. 가장 마지막 지붕돌 위에는 목탑과 마찬가지로 인도식의 복발형 탑을 얹어 상륜부를 만들었다.

한국에서는 석탑이 발전했지만, 중국에서는 전탑이 더욱 유행했다. 석탑과 달리 전탑은 고층탑이라도 사람이 드나들 수 있다. 다시 말해 목탑이 가지는 성격을 비교적 잘 유지할 수 있다. 섬서성 서안(西安)에 현존하는 대안탑(大雁塔)이 그런 경우다. 당나라 고승 현장법사(玄奘法師, 600년~664년)가 머물렀던 자은사(慈恩寺) 안에 위치한 대안탑은 652년 건립 당시에는 5층이었다. 이후 9층으로 개조되기도 했으며, 현재는 7층 탑이다. 대안탑은 목조 누각탑을 벽돌로 충실하게 재현한 것으로, 목탑과 마찬가지로 계단을 통해 꼭대기까지 올라갈 수 있다. 높이 65m의 탑 정상에 오르면 옛 장안성이 사방으로 한눈에 훤히 들어온다(도14).

[도14] 자은사 대안탑과 이 탑 위에서 내려다본 서안 일대.

목조탑이 가진 결점을 보완하면서도 그 장점은 그대로 유지한 것이다.

중국 역사상 가장 유명한 전탑은 섬서성 부풍현(扶風縣)의 법문사(法門寺) 탑이다. 13층이지만 높이는 60여 m로 대안탑과 비슷하다. 1층을 제외한 나머지 층의 높이가 실제 층고(層高)에 비해 낮다. 그러므로 대안탑과 달리 올라갈 수 없다. 이런 탑은 각 층의 높이가 낮아 마치 처마가 밀집된 것처럼 보인다 하여 '밀첨식(密檐式) 탑'이란 이름으로 불리는데, 탑의 층수를 높이기 위해 고안해 낸 형식이다.

법문사 탑은 당나라 때부터 매우 유명했다. 이곳에 '부처의 어금니 사리[佛牙舍利불아사리]'가 묻혀 있었기 때문인데, 이런 이유로 진신보탑(眞身寶塔)이라 불리기도 한다. 이 탑은 원래 목탑으로 후한 시기에 건립되었다고 하지만 전설에 불과하며, 6세기에 이르러서야 비로소 명확한 기록이 전한다. 기록에 의하면 6세기 중반 이 사찰에는 아육왕탑이 있어서 아육왕사(阿育王寺)로 불렸으며, 서위(西魏) 시대 공제(恭帝, 재위 554년~556년)가 555년 이 탑을 처음으로 열고 사리를 꺼내 예배했다고 한다. 당나라에서는 고종(高宗, 재위 649년~683년)을 비롯해 8명의 황제가 이 탑에서 사리를 꺼내 장안과 낙양 등지에서 예배했다. 황제가 예배한 후 이 사리는 다시 법문사의 탑에 매장되었다. 사리는 부처의 유골이었으므로 중국식 장례법에 따라 이 사리는 탑 아래 땅속에 묻혔는데, 이런 공간을 지하 궁전, 즉 지궁(地宮)이라 불렀다. 사리가 지궁에 다시 매장될 때 황제를 비롯한 많은 사람들이 돈과 귀중품을 헌납했다. 지궁은 고작 30여 m²의 면적에 불과했지만 120여 건에 이르는 금은기(金銀器)를 비롯해 비색 청자, 유리 그릇 등 당대의 온갖 기이한 재물이 소장된 지하의 보물창고였다.

법문사 탑은 역사적으로 수차례의 훼손과 중수를 거듭했는데, 1970

년대 말 지진의 여파로 탑이 점점 붕괴 위험에 처하자 1987년 탑이 완전히 해체되었다. 당시 사리가 묻힌 지궁이 발굴되었는데, 지궁의 형태는 영태공주(永泰公主, 658년~701년) 등 당나라 황실 성원의 무덤과 아주 흡사했다. 석가모니의 무덤이었기 때문에 중국의 전통적인 상층 계급 무덤 형식으로 조성한 것이다. 무덤길을 따라 지하로 내려가면 4개의 문을 차례로 지나 마침내 탑의 중심에 이른다. 이곳에 부처의 어금니 사리를 넣은 8겹의 보함[八重寶函팔중보함]이 놓여 있었다.

이처럼 중국의 탑은 지하는 중국식 석실 무덤의 형태로 꾸며 석가의 사리를 놓고, 지상에는 견고한 벽돌을 이용해 탑을 쌓아올림으로써 불법의 영원성을 기원했다. 그런 바람대로 불탑과 사리는 사라지지 않고 현재까지도 우리와 만나고 있는 것이다.

땅 위로 솟은 탑과 하늘을 나는 탑

탑은 지상에만 건설된 것은 아니었다. 위에서 살펴보았듯이 공양을 위해 만들어진 북량석탑 같은 소형 탑도 있었다. 5세기 후반에 조성된 산서성 대동(大同)의 운강석굴 안팎의 벽면에는 소형의 단층탑(單層塔)이 줄지어 새겨져 있는데, 이 탑 역시 공양을 위한 것이었을 가능성이 크다. 그런데 6세기에 들어서면 기존의 탑과는 성격이 다른 새로운 탑이 출현해 유행한다.[14]

14 蘇鉉淑, 「東魏北齊寶塔紋研究」, 『藝術史研究』 제8집(廣州: 中山大學出版社, 2006), 323-363쪽; 蘇鉉淑, 『東魏北齊莊嚴紋樣研究 – 以佛教石造像及墓葬壁畵爲中心』(北京: 文物出版社, 2008), 82-132쪽.

이 탑들은 지상에 건설된 것도 아니며, 공양을 위해 조그맣게 만든 탑도 아니다. 주로 불교 조상(造像)이나 석굴의 한 제재(題材, Motif)로서 돌 위에 부조(浮彫)되었다. 탑이 묘사되는 위치는 비교적 고정되어, 불상이나 보살상의 광배나 비석형 조상[造像碑조상비] 상단의 정중앙에 위치하기도 하며, 석굴 입구 상단의 아치형 문액(門額)이나 석굴 안 중심 기둥 상단의 정중앙에 출현하기도 했다. 탑만 단독으로 출현하는 경우는 적으며 일반적으로 하늘을 나는 천인, 즉 비천(飛天)들과 함께 출현하는 경우가 많다. 탑 좌우의 비천은 탑을 손으로 받들며, 나머지 천인들은 춤을 추거나 악기를 연주하며 탑을 찬미하고 있다. 또한 구름이 등장하는 경우도 있는데, 이처럼 표현되는 위치나 함께 등장하는 천인들로 미루어, 이 소형 탑은 지상의 탑이 아니라 하늘에 떠 있는 탑임을 쉽게 짐작할 수 있다.

하늘에 이처럼 떠 있는 탑을 6세기 사람들은 '보탑(寶塔)'이라 불렀다. 미국 넬슨 아트킨스 미술관 소장 북제 천통(天統) 5년(569) 조상의 상단에 천인들이 손으로 받든 소형 탑이 하나 새겨져 있는데, 이 상의 명문에 "보탑이 공중에 걸렸다[寶塔空懸]."는 내용이 나와 상단의 소형 탑이 보탑임을 알 수 있다.

공중 보탑은 현재 100개가 넘을 정도로 수량이 많다. 특히 6세기 중후반 남조 영역과 북중국의 동부 지역에서 집중적으로 출현한다. 나아가 바다를 건너 한반도로 전래되었다. 유독 백제 지역에 집중되어 있는데, 현재 일본 동경국립박물관 법륭사헌납보물관(法隆寺獻納寶物館)에 소장된 〈갑인년 왕연손광배(甲寅年王延孫光背)〉와 부여 규암면 신리 출토 광배 조각(부여국립박물관 소장), 그리고 백제 멸망 후 충남 연기 지역 유민들에 의해 제작된 〈계유년(673년 추정) 아미타구존상조상비〉 등의 상

[도15] 북제 시대 백석제 불교 조상의 광배 위에 표현된 공중을 나는 보탑.

단에 출현한다.[15] 백제의 영향은 일본에 미쳐, 법륭사 몽전(夢殿) 관음상의 광배 등 수 점의 광배에서도 유사한 형태의 공중 보탑이 출현한다.

공중 보탑은 형태가 비교적 특수하다(도15). 중국의 전통적인 누각식 다층탑도 아니며, 간다라나 인도 지역에서 유래하는 탑과도 차이가 있다. 일반적으로 단층(單層)의 사각 탑신 위에 둥근 발을 엎어놓은 듯한 복발형 지붕을 가지고 있다. 지붕 위에는 탑찰이 서 있는데, 탑찰은 지붕 중앙에 하나가 서기도 하지만, 포크 형식으로 이뤄진 3개가 가장 많다. 탑찰이 5개인 경우도 있는데 지붕 중심에 하나, 그리고 지붕의

---

15 蘇鉉淑, 「法隆寺 獻納寶物 甲寅銘金銅光背 硏究 – 장엄의장을 통한 연원과 제작국 고증」, 『韓國古代史硏究』 54(2009), 504–549쪽.

네 모서리에 각각 하나씩 세운다. 5개의 탑찰은 화북 지역에서는 매우 드물며, 남조 영역과 산동성(山東省) 일부 지역에서 출현한다.

당시의 문헌 자료를 보면, 공중 보탑에는 두 종류가 있다. 하나는 '땅에서 공중으로 솟아오른 탑'이며, 하나는 '비행(飛行)하는 보탑'이다. 그러나 양자가 확실히 구분되는 것은 아니며, 땅에서 솟아 공중을 나는 보탑도 존재한다. 전자는 불교 경전에서 유래하며, 후자는 5~6세기 중국에서 전승되던 고사를 바탕으로 한 것이다.

땅에서 공중으로 솟은 탑은 『법화경(法華經)』「견보탑품(見寶塔品)」에 출현하는 다보탑(多寶塔)이다. 경전에 의하면 석가모니불이 『법화경』을 설법하자 과거불인 다보불의 사리탑이 공중에 출현해 찬미한다. 그리고 탑 안의 다보불은 석가모니불에게 자신의 탑 안에 들어와 앉으라고 한다. 그리하여 두 부처는 다보탑 안에 나란히 앉게 된다(제8장 참조). 경전대로라면 다보탑 안에는 석가모니불과 다보불의 '두 부처가 나란히 앉은 모습[二佛竝坐이불병좌]'으로 출현해야 한다. 그러나 공중 보탑 안에 이불병좌상을 표현한 경우는 많지 않다. 공중 보탑은 일반적으로 사면에 각각 하나의 감을 파고 여기에 한 구의 불상을 조각하는 형식을 가지고 있다. 그러므로 나란히 앉은 두 부처가 출현하지 않는 공중 보탑은 다보탑이 아니다. 이와 관련해 주목할 만한 것은 북주의 승려 명개(明槩)가 쓴 「부혁의 불법승을 폐하자는 주장에 대한 반론[決對傅奕廢佛法僧事결대부혁폐불법승사]」이다.

> 듣자 하니 법신은 형태가 없어도 사물에 응하며 사방에 있다. 그러므로 온몸을 거짓으로 드러내 다보탑 안에 두었고, 임시방편으로 사리를 부숴 나누어 아육왕의 감으로 전파시켰다.[16]

문장 속 '아육왕의 감'이란 아육왕탑(阿育王塔)이라 불리는, 인도 아소카왕이 건립했다고 하는 '8만4천탑'이다. 몇개의 말을 통해 6세기 중국인들 인식 속의 불탑은 다보불의 사리탑인 다보탑과 석가모니 진신사리탑인 아육왕탑이었음을 알 수 있다.

고대 중국에서 상서(祥瑞)의 출현은 주로 땅에서 솟거나 하늘에서 날아온다. 그러므로 고대인들은 상서 출현의 묘사에서 흔히 "땅에서 솟아나왔다."거나 "하늘 위에서 날아 왔다.", "땅에서 솟아나와 하늘에 이르렀다.", "공중으로 솟았다." 등의 수식어를 덧붙였다. 아육왕탑의 출현은 세상에서 아주 드문 일이었기 때문에 보통 땅에서 솟거나 공중에서 날아오는 것으로 묘사됐다.[17] 7세기 승려 도선(道宣, 596년~667년)의 저작인 『집신주삼보감통록(集神州三寶感通錄)』에 기록된 아육왕탑은 대부분 땅에서 솟거나 공중을 날고 있다.

> ① 아육왕은 석가의 제자로 귀신을 부릴 줄 알았는데, 하루 낮밤에 천하에 팔만사천의 불골(佛骨) 보탑을 만들었다. 이는 모두 땅에서 솟아나왔다.[18]
>
> ② 아육왕과 여러 진인(眞人)들이 탑을 받들고 허공을 비행해 바다 속으로 들어갔다.[19]

---

16 『廣弘明集』 卷12, "概聞法身無像應物有方. 故假現全身, 置于多寶之塔, 權分碎質, 流乎阿育之龕."

17 蘇鉉淑, 「中國 魏晋南北朝時代 '瑞像' 숭배와 그 地域性」, 『中國史硏究』 55(2008), 15-49쪽.

18 『集神州三寶感通錄』 卷上, "阿育王釋迦弟子, 能役鬼神, 一日夜於天下造佛骨寶塔八萬四千. 皆從地出."

19 『集神州三寶感通錄』 卷上, "育王與諸眞人, 捧塔飛行虛空入海."

광배나 석굴 상단의 소형 보탑은 불교적 상서로서 부처 사리탑의 출현을 표현한 것이었다. 특히 당시 아육왕탑 신앙이 성행했으므로 아육왕탑일 가능성이 크다.

그렇다면 6세기에는 왜 이렇게 공중 보탑을 많이 조성했던 걸까. 공덕을 쌓기 위해 석가모니의 사리탑을 만들었을 수도 있지만, 굳이 공중 보탑으로 조성한 데는 특별한 이유가 있었다. 5세기 후반과 6세기 초 남조에서 활동한 심약(沈約)이 쓴 「남제 선림사 비구니 정수의 행장[齊禪林寺尼淨秀行狀제선림사니정수행장]」에는 양나라 천감(天監) 5년(506) 입적한 정수와 관련한 신이로운 사건을 적고 있다.

> 정수가 또 몸이 아파 몹시 위태로웠는데 갑자기 두 손을 들었다. 그 모습이 마치 무언가를 받쳐 든 것 같았다. 옆에 있던 사람에게 말을 했으나 그 사람은 이해하지 못하고 왜 손을 들어 받들었느냐고 물었다. 정수는 "보탑이 땅에서 솟아나는 것을 보고 이를 맞이하고자 한 것이다. 번(幡)과 기악(伎樂), 그리고 온갖 꽃이 없는 게 없다."고 대답했다. 정수는 이후에 병이 씻은 듯이 나았으며, 다시는 근심이 없었다.[20]

공중 보탑은 병을 낫게 해 주는 신통력이 있었다는 것인데, 당시 이런 신통력을 가진 탑은 아육왕탑이었다. 6세기에는 아육왕탑 신앙이 매우 성행했는데, 그 이유가 매우 현실적이다. 『집신주삼보감통록』에

20 『廣弘明集』 卷23, "又於一時復違和, 亦甚危困, 忽擧兩手. 狀如捧物. 語傍人不解. 問言. 爲何所捧. 答云, 見寶塔從地出, 意欲接之. 幡花伎樂無非所有. 於是疾恙豁然而除, 都無復患."

는 "낙양, 산동성 임치(臨淄), 남조의 도성 건강성(建康城), 절강성의 무현(鄮縣), 사천성 성도(成都) 등 다섯 곳에 아육왕탑이 있는데, 이를 예배하는 자는 지옥에 떨어지지 않는다."고 적고 있다. 양나라 간문제(簡文帝, 재위 549년~551년)가 태자 시절 지은 「오군석상비문(吳郡石像碑文)」에서도 "아육왕탑을 공경해 예배하면 무량의 죄가 사라진다."고 해 당시 아육왕탑이 재난 구제 능력이 있다는 믿음이 유포되었음을 알려 준다. 다시 말해 땅 위로 솟은 탑과 하늘을 나는 공중 보탑은 인간을 재난에서 구제하는 상서였으며, 이 때문에 사람들은 이 탑을 불교 조상과 함께 표현하여 불상과 탑을 함께 예배했던 것이다.

승려와 속인들의 묘탑(墓塔)

무술로 유명한 하남성 소림사(少林寺)에는 '탑림(塔林)'이란 곳이 있다. 말 그대로 '탑이 숲을 이룬 곳'이다. 당대부터 조성된 이곳에는 250여 개의 석탑 혹은 벽돌탑이 있는데, 모두 승려들의 유골을 매장한 묘탑(墓塔)이다. 당나라 장안성의 남쪽 교외에 위치한 종남산(終南山) 백탑사(百塔寺)에도 6세기 말부터 10세기까지 400년 동안 건립된 삼계교(三階教) 승려와 속인들의 묘탑이 집중되어 있다. 이 밖에도 웬만한 대형 사찰에는 승려들의 묘탑이 집중된 탑림이 존재한다.

한국에도 유사한 곳이 있다. 승려들의 묘탑을 모아놓은 이른바 '부도원(浮屠院)'이다. 우리는 승려들의 묘탑을 '부도(浮屠)'나 '부도탑' 등으로 부르는데, '부도'란 부다(Buddha)의 한자 번역어로, 중국에서는 6세기부터 '탑'의 의미로도 쓰였다. 그러므로 승려의 묘탑을 '부도'라 부르는 것은 잘못이다. 또한 '부도탑'이란 명칭은 '불탑'을 의미하기 때문에 더욱더 적절하지 않다. 승려의 묘탑이므로 '승탑(僧塔)' 정도로 부르는 게 적합하다.

인도에서는 석가모니뿐 아니라 제자들도 입적 후에는 화장하여 그 유골을 묻고 그 위에 탑을 건립했다. 중국에서도 서진(西晉, 266년~316년) 말기부터 승려들의 묘탑이 건립되기 시작했다. 그러나 중국의 묘탑은 인도와 조금 달랐다. 『속고승전(續高僧傳)』 「지장전(智藏傳)」을 보자.

> 성승(聖僧) 보지(寶誌)가 운명하자 남경의 종남산 언덕에 구덩이를 파서 묻었다. 그리고 무덤 앞에 탑을 세우고 사찰 이름을 개선사(開善寺)라 했다. 황제가 칙명을 내려 지장에게 이곳에 거처하라고 했다.[21]

인도와 달리 보지는 중국의 전통적인 매장법에 따라 화장 없이 그대로 땅에 묻혔다. 그리고 탑은 그의 무덤 위가 아니라 앞에 세워졌다. 보지 무덤에는 탑 이외에도 사찰이 건립되었는데, 그렇다면 그의 무덤 앞에 세워진 탑은 목탑이었을 가능성이 크다. 이 목탑이 한대 이래로 무덤 앞에 만들어졌던 사당의 기능을 했을 것이다. 그러므로 보지의 무덤에 조성된 사찰의 가장 중요한 건축물은 사당 역할을 하는 이 묘탑이 된다.

중국의 전통적인 매장법은 땅에 묻는 토장(土葬)이다. 보지와 같은 고승조차 중국 고래의 장법을 따랐다면, 보통의 승려들 역시 마찬가지

---

21 『續高僧傳』 권5, 「智藏傳」, "聖僧寶誌遷神, 窀穸于鍾阜. 於墓前建塔, 寺名開善. 勅藏居之."

였을 것이다. 한편 승려들의 사례를 따라 속인(俗人)들도 무덤 앞에 탑을 건립했다. 북위 정광(正光) 5년(524) 7월 25일 도성 낙양에 묻힌 손부군(孫府君)은 승려가 아님에도 불구하고 이색적으로 화장을 하고 탑을 세웠는데, 탑의 위치는 무덤 위가 아니라 무덤 앞이었다.[22] 다시 말해 인도에서는 '무덤=탑'이었지만, 중국에서는 무덤과 탑이 별개로 존재하고 있었던 것이다.

그런데 무덤과 탑을 별개로 만들지 않고, 탑을 만들어 그 안에 유골을 안치하는 경우가 6세기 중반 이후 급증한다. 이런 묘탑은 대부분 석탑이거나 혹은 절벽에 조성된 마애탑(磨崖塔)이다. 이와 같은 묘탑의 등장은 인도식의 화장이나 임장(林葬)의 매장법과 관련이 있다. 임장은 인도나 중앙아시아에서 행해지던 장례법으로, 인간의 시신을 숲에 내놓아 동물과 조수 등이 먹도록 하는 것이다. 그리고 일정 기간이 경과한 후 뼈를 간추리고 탑을 만들어 유골을 여기에 안치한다. 혹은 이 유골을 화장해 탑에 안치하기도 한다.

하남성 안양(安陽) 영천사(靈泉寺) 주위에는 '보산탑림(寶山塔林)'이라 불리는 곳이 있다(도16). 바위면에 새긴 탑들이 집중 분포되어 있는데, 이곳에 마애 탑림이 조성된 것은 삼계교와 관련이 있다. 영천사의 원래 이름은 보산사로, 이곳은 삼계교의 발원지다. 삼계교는 6세기 중후반 북제(北齊, 550년~577년)에서 발생한 유파로, 자신들이 생존하던 시기를 말세로 보고 극도의 보시(布施)를 실천하는 종파였다. 세상을 말세로 보았기 때문에 많은 황제들의 미움을 사 탄압을 받곤 했는데, 수나라

---

22 羅振玉 撰,『中州冢墓遺文』,『先秦秦漢魏晋南北朝石刻文獻全編 1』(北京: 北京圖書館出版社, 2003), 288쪽.

[도16] 보산탑림의 마애 묘탑.

양제(煬帝, 재위 604년~618년)도 그런 황제 가운데 하나였다.

당시 양제의 탄압을 피해 삼계교의 승려와 신도들이 삼계교의 발원지인 보산으로 은둔했다. 여기에서 생활하다 사망한 이들이 보산에 무덤을 만들었으니, 바로 보산탑림이다. 소림사나 백탑사의 탑림과 달리 보산탑림은 보산과 인근 남봉산(嵐峰山) 일대 산악의 마애면에 조각되었으며, 200여 기에 이른다. 묘탑의 형태는 대부분 광배 위 '공중 보탑'과 유사한 복발형 지붕을 한 단층탑이다.

마애 묘탑 가운데 58개의 승려 묘답에는 세기가 있다. 그늘은 장례 방법과 관련하여 묘탑을 회신탑(灰身塔), 쇄신탑(碎身塔), 산신탑(散身塔), 지제탑(支提塔) 등으로 불렀다. 이런 명칭을 통해 임장을 하거나(散身塔산신탑을 지칭), 혹은 먼저 임장을 한 후 유골을 수습해 이를 다시 화장하거나(灰身塔회신탑을 지칭), 혹은 부수어(碎身塔쇄신탑을 지칭) 이곳에 안치했음을 알 수 있다.

임장은 자신의 시신까지도 보시하는 것으로, 보시를 중시하는 대승불교 사상에서 유래했다. 중국에서는 비교적 이른 시기부터 임장이 출현해, 동진(東晉, 317년~420년)의 고승 혜원(慧遠, 334년~416년)이 가장 먼저 임장을 했다고 한다. 그러나 6세기 중엽까지 임장은 중국에서 환영받은 매장법은 아니었다. 북제 후기에 보시를 강조한 삼계교의 흥기로 임장이 급증하자 묘탑의 건립이 증가한 것이다. 그러나 9세기 삼계교의 쇠락과 함께 임장에 의한 묘탑의 건립도 중단된다.

삼계교는 승려와 속인 또는 남녀 신도를 구분하지 않는, 당시로선 매우 독특한 교단이었다. 그리하여 승려뿐 아니라 신도들도 묘탑을 만들었다. 백탑사와 보산의 탑림에는 삼계교 승려의 묘탑뿐 아니라 가족이나 부부의 묘탑이 적지 않게 분포하고 있다.[23] 특히 백탑사에는 한 집안이 100여 년에 걸쳐 이곳에 묻힌 경우도 있고, 13살 어린이의 묘탑도 존재하는데, 신도들의 가족 묘탑은 일반적으로 승려의 묘탑 주위에 분포한다. 보산탑림에도 승려 이외에 당나라 때 속인 신도들의 묘탑이 12개 정도 확인되는데, 모두 '회신탑'이라 불렸다. 흥미로운 것은 도속의 구분이 크지 않은 반면 남녀의 구분은 비교적 명확하여, 비구와 남성 신도인 우바새(優婆塞, upāsaka)의 묘탑은 보산에, 비구니와 여성 신도 우바이(優婆夷, upāsikā)의 묘탑은 남봉산 일대에 따로 분포한다.

중국의 전통사상 측면에서 보면 부모의 시신을 관곽에 넣지 않고 들에 내놓아 조수에게 보시하는 것은 불효다. 부모의 시신을 훼손하는

23 가족 묘탑에 대해서는 劉淑芬, 「丙. 佛教與喪葬」, 『中古的佛教與社會』(上海: 上海古籍出版社, 2008), 226-239쪽을 참조.

행위기 때문이다. 그런데 승려도 아닌 속인이 임장을 하고 묘탑을 건립한 것은 그런 전통적 사고에 일부 변화가 일어났음을 시사한다. 국가에서도 이와 같은 임장을 금지하지 않았는데, 임장이 전통적인 효도를 위배하는 것이 아니라 생각했음이 틀림없다. 임장이 '육신의 보시'라는, 다시 말해 보시를 최후까지 실천하는 것이며, 이를 통해 죽은 자의 숙업(宿業)을 제거하고 선업(善業)을 쌓도록 하여 좋은 다음 생을 기약하는 것을 지극한 효라고 봤기 때문이었을 것이다.

제 7 장

암벽에서 피어난
부처의 세상

석굴 사원과 마애 각경

절벽 속 부처의 세상

중국에는 불상을 봉안한 석굴이 매우 많다. 절벽 암반의 위아래 층층이 빽빽하게 들어선 동굴이 수백 미터 이어지는 것은 예사다. 중국의 3대 석굴 중 하나라 불리는 돈황(敦煌) 막고굴(莫高窟)은 1.7km에 걸쳐 전개되며(도17), 운강석굴(雲岡石窟)은 1km에 걸쳐 조영되어 있다. 이수(伊水)라는 큰 강을 사이에 두고 동산(東山)과 서산(西山)에 모두 2,345개의 굴과 감(龕)이 조성된 용문석굴(龍門石窟)도 총 길이가 1km에 이른다.

산의 바위 면에 벌집처럼 뚫린 무수한 동굴로 이루어진 석굴은 수많은 부처의 세상이다. 그 때문에 대규모 석굴은 으레 천불동(千佛洞)이나 만불동(萬佛洞)이란 이름으로 불리곤 했다. 실제 부처의 수는 이보다 더욱 많아 용문석굴에 만들어진 불교 조각만 해도 10만 구가 넘는다.

[도17] 탕천하를 앞에 두고 삼위산을 배경으로 조성된 돈황 막고굴의 전경.

하나의 암산에 많은 굴들이 조영되어 있어 오늘날에는 여기에 번호를 붙여 부른다. 많은 석굴 앞에 문패처럼 붙어 있는 '제○굴'이 그것이다. 용문석굴의 경우 번호가 2천을 훌쩍 넘는다. 그러나 석굴은 단순히 동굴이 아니고 사찰이기 때문에 '○○사'란 이름으로 불리기도 했다. 산서성 대동(大同)에 조성된 운강석굴은 북위(北魏, 386년~534년)에서는 그 전체를 영암사(靈巖寺)로 불렀으며, 금(金, 1115년~1234년)에서는 그 가운데 10개의 대형 굴에 각각 '호국사(護國寺)'나 '천궁사(天宮寺)' 등의 이름을 붙였다고 한다. 용문석굴은 북위 때는 운강석굴과 마찬가지로 '영암사(靈巖寺)' 혹은 '이궐석굴사(伊闕石窟寺)'로 불렀다.

석굴이 사찰의 기능을 했으므로, 일반적으로 대형 석굴 앞에는 목조 건축물이 들어서 석굴과 연결되었다. 현재 운강석굴의 제5굴과 6굴이 이런 모습을 잘 보존하고 있다. 용문석굴에서 가장 큰 봉선사동(奉先寺

洞)은 암벽 상단에 파인 네모난 구멍들을 통해 지금은 사라졌지만 그 자리에 원래 목조건축이 들어서 있었음을 알 수 있다. 다시 말해 석굴은 암벽 위에 건립된 사찰이었다. 북위의 역도원(酈道元, 472년~527년)은 그가 본 운강석굴의 모습을 이렇게 적고 있다.

> 무주천의 물은 또 동남쪽으로 흐른다. 천 옆에는 돌로 만든 사찰이 있고, 또 여러 굴이 있는데 비구니가 거처하는 곳이다. 그 천은 또 동쪽으로 돌아 영암의 남쪽을 지난다. 돌을 파서 산을 열고, 바위에 따라 목조 가옥을 만들었다. 부처의 참모습은 장대하니 세상에 보기 드문 것이다. 산당(山堂)과 수전(水殿), 연사(煙寺)가 서로를 마주하고 있다.[24]

역도원은 운강석굴의 거대한 불상과 그 앞에 목조로 만든 가옥들을 보며 지상의 사찰을 연상했다. "여러 굴이 있는데 비구니가 거처하는 곳이다."라고 한 역도원의 말처럼 석굴은 승려들의 거처기도 했다. 당(唐, 618년~907년)나라 시절에는 운강석굴 동쪽 끄트머리에 위치한 사찰에 항상 1천 명에 이르는 승려들이 머물렀다고 한다.

인간의 삶에서 가장 중요한 것이 물이다. 삶을 영위하기 위해 물은 필수 불가결했으므로 석굴 사원은 모두 강이나 하천을 끼고 조성되었다. 인도의 아잔타석굴은 와고라(Waghora)강 위로 솟아오른 절벽의 측면에 조성되었고, 손오공의 화염산(火焰山)으로 유명한 신강 위구르자

24 『水經注』 권13, 「㶟水」, "武州川水又東南流. 水側有石祇洹舍幷諸窟室, 比丘尼所居也. 其水又東轉逕靈巖南. 鑿石開山, 因巖結構. 眞容巨壯, 世法所希. 山堂水殿煙寺相望."

치구 투르판 지역의 베제클릭(Bezeklik)석굴도 목두구강(木頭溝江) 강안 절벽에 초승달 모양으로 자리 잡고 있다. 운강석굴은 무주천을 끼고 있으며, 용문석굴은 이하(伊河)라는 커다란 강을 사이에 두고 조성되었다. 명사산(鳴沙山)에 만들어진 돈황 막고굴 역시 마찬가지다. 하서주랑(河西走廊)의 서쪽 끝에 위치해 평소 물이 적지만, 비가 한 번 쏟아지면 거대한 물 흐름이 장관을 이루는 탕천하(宕泉河)를 앞에 두고 조성되었다.

중국의 초기 석굴 사원은 도시에서 멀리 떨어진 지점에 건설되었다. 감숙성 영정현(永靖縣)에 위치한 병령사(炳靈寺)석굴은 아주 가파른 절벽 위에 만들어져 사람의 접근이 매우 어렵다. 1963년 감숙성 문물공작대(文物工作隊)에서 이곳을 조사할 당시 조사자들이 생명의 위험을 무릅쓰고 밧줄 사다리를 타고 지면에서 60여 m 떨어진 절벽 위 동굴까지 올라갔다고 하니, 생각만 해도 아찔하다.

접근이 용이하지 않은 편벽된 장소가 선택된 것은 당시 승려들의 수행 방법과 밀접한 관련이 있다. 선(禪) 수행을 위해서는 조용한 환경이 필요했다. 불교의 수행법 가운데 하나가 정(定)이다. 선정(禪定)이라고도 부르는데, '정'은 인도 범어 사마디(samādhi: 三摩地삼마지 혹은 三昧삼매로도 번역)에 해당하는 것으로 마음을 한곳에 집중하는 것이며, '선'은 고대 팔리어 자나(jhāna: 禪那선나로도 번역)의 음역어로, '조용히 생각하는 것[靜慮정려]'을 의미한다. 그러므로 선정이란 조용히 앉아 마음을 한곳에 집중해 도(道)에 도달하는 것이다.

선정을 위해서는 마음 집중이 용이한 조용한 환경이 필요했고, 이에 적합한 공간으로 석굴이 선택되었다. 5세기 후반 북위의 승려 담요(曇曜)가 번역한 『부법장인연전(付法藏因緣傳)』에서는 "승려는 석굴에서 좌선을 해야 한다."고 밝히고 있다. '도(道)'에 이르기 위한 좌선에서 또 하나의 수행법은 불상을 조용히 응시하는 것이다. 이를 관불(觀佛) 혹은 관상(觀想)이라 불렀다. 고대에는 불상을 응시함으로써 부처와 일치되는 정신적 경지에 도달하고, 마침내 '무상도(無上道)'를 성취할 수 있다고 믿었다. 그리하여 수많은 불상들이 만들어졌다.

석굴이 승려들의 선정 장소 이상의 의미를 가질 때 입지(立地)가 달라진다. 황제를 위해 조성되거나 많은 사람들의 예배처로서 용도가 바뀌자 석굴은 이제 편벽된 곳이 아니라 인간의 왕래가 잦은 교통로 근처에 만들어졌다. 낙양의 용문석굴은 남조 정벌을 위해 군인들이 오가는 교통로에 위치해 있으며, 북제(北齊, 550년~577년)의 북향당산(北響堂山)석굴은 황제들이 도성 업성(鄴城)과 제2의 도성인 진양(晉陽: 현재의 산서성 太原태원)을 오갈 때 경유하는 노선에 위치하고 있었다. 당나라 정관(貞觀) 2년(628)에 조성된 섬서성 빈현(彬縣)의 대불사(大佛寺) 역시 석굴인데, '관도(官道) 옆'에 위치하고 있었다.[25] 이런 입지로 인해 석굴 사원은 많은 부처들이 거처하는 성소(聖所)이자 행인들의 예배처가 되었다.

황제가 곧 부처로다

중국 불교가 융성기에 접어든 것은 북방 유목민족이 북중국을 다스리던 십육국(十六國) 시대(304년~439년)였다. 유목민족 통치자들은 이민족인 석가모니를 숭배하는 불교에 호감을 가졌고, 승려들의 신통력을 정

25 王子今,「北朝石窟分布的交通地理學考察」,『北朝史研究』(北京: 商務印書館, 2004), 492쪽.

치적으로 이용하며 불교를 급속히 성장시켰다.

중국 화북 지역에 건립된 십육국 시대를 종식시킨 것은 역시 북방 유목민족인 선비족(鮮卑族)의 탁발(拓跋) 부족이 건립한 북위였다. 북위는 439년 북량(北涼, 401년~439년)을 정벌함으로써 마침내 북중국을 통일하는데, 북량의 장인과 승려들을 북위 도성인 평성(平城)으로 대거 이주시켰다. 저 서부 끝 감숙성 일대의 북량 불교문화가 동쪽의 산서성으로 이식된 것이다.

북위 황제들은 승려를 우대하고 사찰을 건립하는 등 불교 숭상[崇佛 숭불] 정책을 펼쳤다. 당시 승려들의 지도자로 4세기 후반에서 5세기 전반에 활동한 법과(法果)는 당시 북위 황제를 '현재의 석가모니불'이라 부르며 직접 황제에게 예(禮)를 올렸는데, "천자에게 예배하는 것이 아니라 부처에게 예배하는 것이다."라고 자신을 변호했다. 이처럼 북위 황제는 '부처의 화신'이라는 자격을 부여받았다. 심지어 북위에서는 황제의 모습을 한 불상을 만들기도 했다. 그러나 불교 교단과 황제의 관계가 항상 우호적인 것은 아니었다.

중국 3대 석굴 가운데 하나인 운강석굴. 이 석굴의 조영은 '왕이 곧 부처[王卽佛왕즉불]'라는 사상이 만들어 낸 산물이었다. 그러나 여기에는 승려들의 위기감도 크게 작용했다. 북위 제3대 황제 태무제(太武帝, 재위 424년~451년)는 매우 강력한 권력을 가진 군주로서 불교를 숭상했다. 그런데 구겸지(寇謙之, 365년~448년)라는 도사(道士)를 만나 도교에 기울더니 연호를 도교식의 '태평진군(太平眞君)'으로 바꾸었다. 446년 개오(蓋吳)의 난을 진압하기 위해 장안(長安)에 간 그는 한 사찰에서 은닉된 무기와 재물들을 발견하자 마침내 사문(沙門) 주살령과 함께 불상 파괴령을 내린다. 7년 동안 행해진 이 조치로 인해 사찰이 문을 닫고 승려들은 강제 환속되었다. 어떤 승려들은 이런 폭압을 피해 승복 위에 속세의 옷을 덧입고 지하로 숨어들었다.

폭압에도 불교의 전등(傳燈)은 쉽게 꺼지지 않았다. 태무제의 죽음과 새로운 황제의 등극으로 452년 다시 불교 부흥[復佛복불]의 기치가 올려졌다. 그럼에도 불구하고 승려들은 여전히 불안했다. 언제 또다시 황제의 탄압을 받을지 알 수 없는 노릇이었다. 이를 위한 안전조치가 필요하다고 생각하는 것은 인지상정일 터. 황제 권력에 의지해야만 불교가 보호될 거라는 데 생각이 미치는 것은 자연스러울 것이다. 새로이 '승려의 지도자[沙門統사문통]'로 임명된 담요는 북위의 다섯 황제를 위해 다섯 개의 굴을 파고 부처를 만들자고 황제에게 건의했다.

> 화평(和平) 초년(460) 승려 사현(師賢)이 입적했다. 담요가 그의 자리를 대신했는데, 이름을 사문통이라 바꾸었다. 담요가 복불이 시작된 다음해(453) 하북성 중산(中山)에서 황제의 명을 받아 도성에 부임했다. 황제가 도성으로 들어오는 길로 나가 담요를 맞이했는데, 당시 황제의 말이 앞으로 나와 담요의 옷을 물었다. 사람들이 이를 보고 말이 선인(善人)을 알아본다고 했다. 황제가 담요를 맞아 스승의 예로 대접했다. 담요가 황제에게 경성(京城)의 서쪽에 있는 무주새(武州塞)의 산을 파서 5개의 굴을 만들고 불상을 각각 한 구씩 새길 것을 건의했다. 높이는 70척에서 60척에 이르며, 조각과 장식의 화려함과 기이함이 당시 최고였다.[26]

---

26 『魏書』 卷114, 「釋老志」, "和平初, 師賢卒. 曇曜代之, 更名沙門統. 初曇曜以復佛法之明年, 自中山被命赴京. 値帝出, 見于路, 御馬前銜曜衣. 時以爲馬識善人. 帝後奉以師禮. 曇曜白帝, 於京城西武州塞, 鑿山石壁, 開窟五所, 鐫建佛像各一. 高者七十尺, 次六十尺, 彫飾奇偉, 冠於一世."

운강석굴은 무주천의 북쪽, 무주산의 남쪽에 조영되었다. 당시에는 '영암사', '석굴사', '북대(北臺) 석굴사' 등으로 불렸으며, '운강'이란 이름을 얻은 것은 근대기다. 명나라 시절 석굴 옆에 방어를 위해 운강보(雲岡堡)를 설치했는데, 이후 사람들이 이 석굴을 조사하면서 운강석굴이라 부르기 시작했다.

운강석굴은 대략 동구(東區), 중구(中區), 서구(西區) 등 세 지역으로 구분한다. 현재 굴의 번호는 동쪽에서 서쪽을 향하여 매겨져 있고, 관람자 역시 동쪽으로 들어가 서쪽으로 굴을 관람해 가는 방식으로 조성되어 있다. 그러나 담요가 만든 가장 초기의 석굴은 모두 중구의 서쪽에 위치하고 있다.

담요오굴(曇曜五窟). 담요가 다섯 명의 북위 황제를 위해 만든 5개의 굴로, 현재 제16굴~제20굴까지를 지칭한다(도18). 담요오굴은 굴의 크기가 거대할 뿐 아니라 여기에 봉안된 불상 역시 장대해 높이가 13m~17m에 달한다. 담요가 '태조 이하 다섯 황제를 위해 조영한' 오굴의 부처는 각각 북위 도무제(道武帝, 재위 386년~409년), 명원제(明元帝, 재위 409년~423년), 태무제, 황제가 아니었지만 사후에 추증된 경목제(景穆帝, 428년~451년), 당시 황제였던 문성제(文成帝, 재위 452년~465년) 등 다섯 황제를 표현한 것이다.

오굴의 평면은 모두 말발굽 형태며, 천장은 둥근 아치형으로 만들어졌다. 입구 말고도 그 위쪽에 구멍을 내 빛이 굴 안으로 들어오도록 했다. 이와 같은 창을 명창(明窓)이라 부른다. 오굴은 불상의 크기가 큰 반면 입구와 불상 사이가 너무 가까워, 만약 예배자가 굴 내부에서 불상을 보려면 고개를 뒤로 젖히고 올려다봐야만 한다. 반면 굴 밖에서는 적당한 거리가 있어 편안한 자세로 명창 너머 부처의 상호를 볼 수

[도18] 운강석굴 담요오굴 가운데 일부. 불상이 노천에 드러나 보이는 것이 제20굴이다(위 사진 맨 왼쪽). 나머지 굴들은 입구와 상부에 명창을 낸 원래 형태를 잘 보존하고 있다.

있다. 원래의 담요오굴은 현재와 달리 앞에 목조건축이 있었다고 한다. 그렇다면 명창은 외부의 빛을 들이기 위해 설치된 게 아니라, 목조건축 안에 들어온 예배자들의 경배를 위해 만들어졌을 것이다.

오굴 속 대불(大佛)은 넓적한 얼굴, 짧은 목, 넓은 어깨, 두터운 가슴으로 매우 강건한 인상을 풍긴다. 당시 황제였던 북위 선비족의 모습이 그랬을 것이다. 오굴 가운데 제19굴이 가장 커서 다른 굴을 압도하는데, 좌불(坐佛)임에도 불구하고 오굴 가운데서 주존(主尊)이 제일 크다. 가장 먼저 만들어진 것도 제19굴이다. 이와 같은 크기나 조성 순서로 미루어 제19굴은 태조 도무제를 위해 조성한 굴로 추정하고 있다. 그 다음으로 제18굴과 제20굴이 만들어졌다. 제18굴 주존의 온몸에는 작은 부처가 가득 조각되어 있어 매우 특이한데, 석가모니로 추정된다. 제20굴은 현재 앞이 확 트여 있지만, 원래는 다른 네 굴과 마찬가지로 입구와 명창이 있었다. 애석하게도 동굴의 앞쪽이 붕괴되면서 지금처럼 노천 형식으로 바뀌었다.

다섯 부처는 제17굴의 부처만 제외하고는 모두 석가모니다. 제17굴의 주존은 다리를 X자로 포개고 앉은 교각(交脚)의 보살상이다. 이 시기 교각보살상은 대부분 미륵보살이다. 미륵은 앞으로 올 미래의 부처로, 현재는 도솔천에서 성불하지 않은 보살의 모습을 하고 설법을 하고 있다. 그래서 제17굴은 문성제의 아버지로서 황제에 오르지 못하고 죽은, 훗날 '경목제'로 추증된 태자 황(晃)으로 추정된다. 황제가 되지 못했으므로 부처의 전 단계인 보살의 모습으로 표현한 것이다.

제16굴은 오굴 가운데 크기가 가장 작고, 최후에 조성되었다. 당시 황제였던 문성제를 위해 만들어진 것으로, 주존의 옷차림이 나머지 굴의 불상과 크게 다르다. 제18·19·20굴의 불상이 모두 건장한 신체를 잘 나타낸 '한쪽 어깨를 드러내는 인도식 옷차림[偏袒右肩편단우견]'에 가까운 데 비해, 제16굴의 불상은 옷을 두껍게 입어 신체 윤곽이 보이지 않는다. 게다가 가슴께에 옷고름의 매듭이 보이는 중국식 사대부의 복

[도19] 담요오굴 가운데 제16굴 불상은 중국 사대부의 복장을 하고 있다.

장을 하고 있다(도19). 494년 선비족들에게 "중국식 의복을 착용하라."는 황제의 명령이 내려진 이후에 만들어졌기 때문이다.

'황제가 곧 부처'임을 통해 불법을 보호하고자 했던 담요는 오굴의 도상(圖像, icon)을 통해서도 불법의 영원성을 드러내고자 했다. 제18·19·20굴은 석가불을 가운데에, 그리고 그 좌우에 각각 부처 한 구씩 모두 삼존불을 안치했다. 석가모니불은 우리가 살고 있는 이 세계에 태어나 불도를 이루고 열반한 현세불이다. 그 좌우에 묘사된 부처는 각각 과거불과 미래불이다. 담요는 과거, 현재, 미래의 삼세불(三世佛)을 조성함으로써 불법이 과거로부터 미래까지 영원히 지속될 것을 염원했던 것이다.

암벽 위에 핀 다문화(多文化)의 꽃

460년부터 시작된 운강석굴의 조영은 북위 멸망 때까지 이어졌다. 그러나 운강석굴의 전성기는 북위가 낙양(洛陽)으로 도읍을 옮기기 전인 494년 전까지다. 비록 낙양 천도 이후 운강석굴의 서쪽 구역에서 작은 굴들이 지속적으로 만들어졌지만, 대굴(大窟)은 모두 천도 이전에 만들어졌다. 당시 무주산 절벽은 돌을 깨고 불상을 화려하게 장엄하는 장인들의 공구 소리와 이를 관리하는 승려들의 목소리로 떠들썩했을 것이다.

많은 인력과 재력을 동원할 수 있는 사람만이 대굴을 조영할 수 있었다. 일반 평민들은 함께 힘을 모으거나, 아니면 자신의 능력이 허용하는 한에서 아주 조그맣게 불감을 만드는 데 만족해야만 했다. 반면 권력과 재력이 풍부했던 귀족들은 자신들의 재력을 과시하는 것에 석굴 조영만큼 좋은 것이 없었다. 그들은 커다랗게 굴을 파서 그곳에 불국토를 만든 후 화려하게 장식하는 것을 공덕(功德)이라 생각했다. 비록 담요오굴에 미치진 못했지만, 그렇다고 크게 뒤지지도 않았다. 불상의 크기는 상대적으로 작아졌지만 굴 안은 더욱 넓어지고 장식은 더욱 화려해졌다. 게다가 전에 없던 쌍굴(雙窟)을 만들었다. 쌍굴이란 두 개의 굴이 한 세트를 이루는 굴로, 제5·6굴, 제7·8굴, 제9·10굴이 여기에 해당한다.

쌍굴 가운데는 굴 중앙에 커다란 돌기둥을 세운 경우가 있는데, 이를 '중심주굴(中心柱窟)'이라 부른다. 인도에서는 석굴 깊숙이 탑을 만들고 이를 오른쪽으로 돌며 경배했다. 시대가 내려오면, 탑 표면에 커다란 불상을 조각했다. 이처럼 탑에 불상을 새기는 형식이 서역에 오면 석굴 안에 중심 기둥을 만드는 형태로 변화했다. 서역인들은 굴 속 기둥의 사방에 감을 파서 불상을 봉안한 후, 이 기둥을 돌며 예배했다. 북위의 귀족들은 이런 서역식 중심주굴을 운강에 옮겨 놓은 것이다.

북위 도성 평성은 다민족 도시였다. 허허벌판의 초원에 북쪽으로부터 내려온 선비족들이 둥지를 틀었다. 이후 북위라는 왕조를 세워 북중국을 통일한 이후에는 대규모의 사민(徙民) 정책을 통해 서부의 감숙성에서는 물론 태항산(太行山) 동쪽에서 대다수 한족(漢族)과 고구려인 등 많은 사람들을 평성으로 강제 이주시켰다. 여기에 페르시아를 비롯한 서역 제국의 사신과 중앙아시아의 소그드족(Sogd族) 상인들이 대제국의 도성에 몰려들었다. 과거 문화적 기반이 전혀 없던 평성은 순식간에 북중국 최대의 문화 도시, 나아가 먼 이역에서 온 문화들이 집결하는 국제 도시가 되어 갔다. 북위의 귀족들은 다양한 문화를 운강석굴 안에 아낌없이 녹여냈다. 페르시아적 요소, 인도의 힌두교적 요소, 그리고 한족의 전통 요소와 북방 민족의 요소 등 다양한 것들을 한데 섞었다.

제9굴과 10굴은 전실(前室)을 공유하고 있는 쌍굴로, 전실 앞에는 중국에서는 보기 드문 돌로 된 장대한 기둥들이 늘어서 이국적인 풍경을 연출하고 있다(도20). 돌로 된 열주(列柱)는 그리스나 페르시아에서 성행한 서방 건축의 특징이다. 당시엔 매우 위풍당당했을 열주지만, 현재는 풍화되어 원래의 모습을 찾기 어렵다. 원래 열주는 코끼리의 등 위에 선 팔각 기둥으로, 그 위에는 작은 부처들이 빼곡히 조각되어 있었다. 그러나 표면에 있던 조각은 대부분 사라졌고 기둥의 밑단은 깊이 패여 방금이라도 쓰러질 듯 아슬아슬하다. 다만 운강석굴 입구에 열주가 복원되어 여행자의 아쉬움을 달래 주고 있을 뿐이다.

[도20] 운강석굴 제9굴과 10굴 앞의 열주는 서쪽으로부터 전래된 문화의 영향을 보여 준다.

이국적인 취향의 건축 형식은 서역에서 유래하는 모줄임 천장[抹角藻井말각조정]에서도 엿볼 수 있다. 모줄임 천장은 천장 사방의 모서리를 줄이며 올라가는 형식으로, 우리나라 초기 고구려 고분에서도 출현한다. 그 기원은 감숙성의 돈황 막고굴, 신강 위구르자치구의 키질(Kizil)석굴을 지나 멀리 아프가니스탄의 바미얀(Bamiyan)석굴까지 거슬러 올라간다. 북위인들은 서역풍 강한 천장에 중국의 전통적인 하늘꽃인 천연화(天蓮花)와 함께 하늘을 나는 비천들을 조각해 화려한 전상의 불국토를 구현해 냈다.

힌두교의 신들도 불국토를 장엄하고 있다. 제8굴의 굴 문 양쪽에는 머리 다섯에 팔이 여섯인 구마라천(鳩摩羅天)이 공작을 탄 모습으로, 그리고 머리 셋에 팔이 여덟인 마혜수라천(摩醯首羅天)이 소를 탄 모습으로 출현한다(도21). 이들은 원래 힌두교의 3대 신 가운데 하나로 마혜수라

[도21] 운강석굴 제8굴의 굴 문 양쪽에는 힌두교에서 유래한 공작을 탄 구마라천(鳩摩羅天)과 소를 탄 마헤수라천(摩醯首羅天)이 출현한다.

천은 시바신의, 구마라천은 비슈누신의 변화된 모습이다. 이런 힌두교의 신들은 불교의 호법신(護法神)으로 변화해 구마라천은 대범천(大梵天)으로, 마헤수라천은 대자재천(大自在天)으로 불리며 부처의 좌우에 출현한다.

운강석굴에 이국적 취향만 있는 것은 아니다. 북위의 장인들은 다양한 문화 요소들 속에 한족 고유의 형식들을 잘 버무려 냈다. 제9굴과 10굴 전실 앞에 서방식 열주들이 늘어서 있지만, 그 안쪽 제9굴의 입구는 전형적인 중국식 가옥으로 표현했다(도22). 굴 문 위쪽은 기왓골이 정연한 기와 지붕이며, 여기에 두공이나 창방 등의 목조건축의 부재가 단정하게 표현되어 있다. 한편 지붕 위 삼각형 모양의 화염은 고구려 고분벽화에도 흔히 나타나는 것으로, 북방 유목민족 문화의 특징이다. 여기에 중앙아시아와 서역에서 전래한 팔메트 문양이 굴 문의 좌우와 상단, 그리고 기둥에 화려하게 장식되었다. 이처럼 운강석굴은 세계 각지의 문화적 요소가 혼합된 문화적 용광로였다.

[도22] 운강석굴 제9굴 열주 뒤 전실의 기와지붕으로 표현한 입구.

황제의 정통성을 보여 주는 '왕조의 기념비'

향당산석굴. 중국에 워낙 거대한 석굴 사원이 많은 탓에 잘 알려지지 않은 낯선 이름의 석굴이다. 그러나 규모가 작을 뿐, 역사성은 물론 조각의 아름다움과 독특한 조형 등 여러 면에서 다른 대형 석굴에 결코 뒤지지 않는다.

향당산석굴은 현재 하북성 한단시(邯鄲市) 봉봉광구(峰峰礦區)에 위치하고 있다. 북향당산석굴과 남향당산석굴로 나뉘는데, 대략 15km 거리를 두고 떨어진 두 굴은 모두 북제 때 조영되었다. 전자는 황제가 만들어 규모가 방대하고 조각이 웅대한 반면, 후자는 승려와 고관대작이 만들어 규모 면에서 북향당산석굴만 못하나. 그러나 조각이 매우 섬세하고 아름답다. 이 때문에 두 석굴은 근대기에 조각들이 약탈되는 아픔을 겪기도 했다.

북향당산석굴은 향당산이 아니라 고산(鼓山)이라 불리는 우뚝 솟은 산의 중턱에 만들어졌다(도23). 원래 '향당'이란 주먹으로 석굴을 치면 커다란 소리가 나기 때문에 붙여진 이름으로, '소리가 나는 공간', 즉

[도23] 하북성 한단시에 소재한 북향당산석굴. 북제 시대에 우뚝한 고산의 중턱에 세 개의 대형 굴이 조성되었다.

석굴을 의미한다. 그런데 어느 때부터인가 사람들이 이곳을 '향당산'이라 부르게 되었고, 이것이 굳어져 '향당산석굴'로 통용되고 있다.

북향당산석굴이 있는 고산은 북제(北齊)의 도성 업성(鄴城)에서 좀 떨어져 있지만, 당시에는 교통의 요지였다. 북제를 건국한 고씨(高氏) 일족의 본거지는 진양이었다. 북방을 수비하던 무장 출신의 고환(高歡)이 북위 조정을 장악하고, 534년 조조(曹操, 155년~220년) 이래 북중국의 정치·경제 중심지로 기능했던 업성으로 천도했다. 이때부터 550년 북제 왕조가 건립되기 전까지를 후세의 역사가들은 '동위(東魏)'라 부른다.

비록 업성으로 왔지만 고씨 일족에게는 진양이 매우 중요했다. 진양을 배도(陪都)라 부르며 제2의 수도로 삼고, 업성과 이곳을 오가며 정치를 폈다. 북향당산석굴을 만든 문선제(文宣帝, 재위 550년~559년) 역시 재위 10년간 무려 16차례나 진양에 갔다. 고산은 바로 두 지점을 왕래하는 사람들이 반드시 거쳐야만 하는 교통의 요지였다.

문선제는 동위로부터 선양을 받아 고씨 왕조인 북제를 개창했다. 그는 고환의 둘째 아들 고양(高洋)으로, 형 고징(高澄)이 요리사의 칼에 찔려 비명에 죽자 25살의 혈기 왕성한 나이에 일인자로 급부상했다. 당시 그가 새로운 왕조를 건립하고자 했을 때, 당시 업성의 주민 대부분은 북위 도성 낙양에서 이주해 온 사람들이었다. 문선제는 북위 황족을 비롯해 옛 왕조에 대한 애정을 여전히 간직하고 있던 이들의 눈을 의식할 수밖에 없었다. 게다가 형의 죽음으로 갑자기 어부지리를 얻었다는 인식도 불식시킬 필요가 있었다. 새 왕조를 여는 황제로서 자신의 정통성을 보여 줄 상징물이 절실했다.

가장 좋은 방법은 당시 중국인의 삶에 커다란 영향을 미치고 있던 불교를 이용하는 것이었다. 문선제는 집권 초기에 '단육금주령(斷肉禁酒令: 고기와 술을 먹지 말라는 명령)'을 내리고 국고의 1/3을 불교에 충당케 했을 정도로 열렬한 숭불 황제였다. 정치적으로도 고승들을 중용하고, 그들을 이용해 석굴을 파고 거주케 하면서 민심을 다독였다. 북향당산석굴의 조영은 문선제의 이런 불교적 통치의 일환이었다.[27]

북향당산석굴에는 세 개의 대형 굴이 있다. 왼쪽부터 북동(北洞), 중동(中洞), 남동(南洞)으로 불리는데 문선제가 만든 것은 북동과 중동이다. 두 굴은 황제라는 최고 권력이 만든 굴답게 규모와 조각이 남동을 압도한다. 특히 북동은 전체 굴의 외부 높이 20m, 너비 20m, 굴 안의 너비 11.5m, 깊이 12m, 높이 11.5m로 가장 크다. 중동은 북동 크기의 절반 정도지만 역시 너비와 깊이가 각각 7m를 넘는다. 문선제는 이 두

27 蘇鉉淑, 「北響堂石窟 北洞의 轉輪聖王 상징」, 『美術史學研究』 255(2007), 167-196쪽.

[도24] 북향당산석굴 남동의 단층탑 형태의 외관.

굴을 조영함으로써 자신이 부처가 인정한 성왕(聖王)임을 온 세상에 알리고자 했다. 그리하여 자신이 성왕임을 보여 줄 새로운 표지(標識)들로 석굴을 장엄했다.

북향당산석굴의 가장 큰 특징은 동굴의 외관이다. 밖에서 보면 북동, 중동, 남동 모두 커다란 복발형의 지붕 위로 찰주(刹柱)를 세운 1층 탑처럼 보이는데, 이런 굴을 탑형굴(塔形窟)이라 부른다. 안타깝게도 중동은 파괴로 인해 원래의 외관을 많이 잃었으며, 남동이 비교적 탑형굴의 모습을 잘 보존하고 있다(도24). 탑형굴은 남향당산석굴과 인근 수욕사(水浴寺) 석굴에도 출현하는 것으로, 다른 지역에는 없고 북제 시대 업성 지역에서만 나타나는 형식이다. 북향당산석굴의 또 다른 특징은 '불꽃을 내는 보주[火焰寶珠화염보주]'를 얹은 기둥의 출현이다. 불교 경전에서는 이런 기둥을 '주주(珠柱)'라 부르는데, 남·북향당산석굴에 다량으로 나타난다.

문선제는 왜 이처럼 독특한 형식으로 북향당산석굴을 만든 걸까. 제6장에서 이미 6세기에 광배 상단에 둥근 복발형 지붕을 가진 단층탑이 아육왕탑으로 인식되었음을 살펴보았다. 아육왕탑은 고대 중국인에게는 왕조가 흥성할 때 나타나는 불교적 상서(祥瑞)였다. 불교적 상서는 왕조에 정당성을 부여하는 정치적 상서기도 했다.

> 황하의 북쪽에 아육왕(阿育王)의 감이 홀연히 출현하고, 총령(葱嶺)의 동쪽에 따로 가유국(迦維國)이 있다. …… 조군왕(趙郡王) 고예(高叡)는 오랫동안 선근(善根)을 쌓은 찰리종(刹利種)의 후예다.[28]

이 비문은 문선제의 사촌인 조군왕 고예가 정국사를 건립한 사실을 찬미하며 북제 천보(天保) 8년(557)에 제작한 〈정국사탑명비문(定國寺塔銘碑文)〉의 일부다. 비문 속 '아육왕의 감'은 '아육왕탑'으로서, 단층의 아육왕탑이 마치 불감처럼 보였기 때문에 이렇게 표현한 것이다. 황하 북쪽은 북제의 영토를, 총령 즉 파미르고원의 동쪽은 중국을 지칭한다. 가유국은 원래 석가모니 탄생지인 가필라성(城)이지만, 후대에 이르면 '부처가 다스리는 세상' 혹은 '정토'의 의미로 전용(轉用)되었다. 여기서는 고예를 찰리종으로 표현했는데, 찰리종은 찰제리종으로 전륜왕종(轉輪王種)이라고도 부른다. 불교에서는 전륜왕종만이 불교의 성왕인 전륜성왕(Cakravartin King)이 될 수 있다. 고예가 전륜왕종이라면 당시

28 〈北齊天保8年(557)趙郡王高叡定國寺塔銘碑文〉, "黃河之北, 忽出育王之龕, 葱□之東, 別有迦維之國. …… 我王夙殖善根, □刹利種." 비록 마손되었지만 '葱□'은 '총령'이 확실하다.

황제였던 문선제는 응당 전륜성왕이 된다. 그러므로 이 비문은 '아육왕탑이 출현한 북제의 영토가 바로 전륜성왕인 문선제가 다스리는 정토'라는 선전성 언어에 다름 아니다.

인도 아소카왕(Asoka王, 기원전 273년~기원전 232년)은 석가모니로부터 그 열반 100년 후에 세상에 나와 전륜성왕의 자격으로 인도를 통일하고 통치하게 될 것이라는 수기(授記)를 받았다. 예언대로 그는 인도를 통일하고, 석가모니 사리탑을 인도 전역에 건립했다. 그리하여 법왕(法王), 즉 불교의 이상 군주인 전륜성왕으로 인식되었다. 불교의 중국 전래와 함께 이와 같은 전륜성왕 관념도 유입되었다. 중국의 전통적인 성왕 관념에 불교적 관념이 입혀지자 군주들은 자신을 전륜성왕으로 미화하기 시작했다. 신라 황룡사 건립을 주도한 법흥왕이 그렇고, 중국의 양 무제(武帝, 재위 502년~549년)와 수 문제(文帝, 재위 581년~604년), 그리고 중국 역사상 유일무이한 여황제 무측천(武則天, 재위 690년~705년)이 모두 그랬다. 문선제 역시 아육왕탑 모양의 석굴을 고산 중턱에 우뚝하니 조영함으로써 전륜성왕의 상징인 아육왕탑이 자신의 땅에 솟아났음을 공표한 것이다.

전륜성왕의 상징물은 더 있다. 기둥 상단에 보주를 얹은 주주다. 주주는 불국토의 표지며, 나아가 전륜성왕의 출현을 알리는 상징이었다.[29] 문선제는 아육왕이 석가모니 사리탑 주변에 세웠던 석주(石柱)를 모방해 북향당산석굴 중동의 지붕 양쪽에 기둥을 조각했다. 그리고 그 상단에 전륜성왕이 출현하면 나타난다는 '칠보(七寶)' 가운데 하나인 구슬, 즉 주보(珠寶)를 올려놓았다.

---

29 蘇鉉淑, 「響堂山石窟 寶珠文 연구 – 珠柱를 중심으로」, 『佛教美術史學』 제4집(2006), 7-36쪽.

> 전륜성왕이 [어느 날] 아침 정전 위에 앉아 있을 때, '신령스런 구슬'이 홀연히 그 앞에 나타났다. 아주 맑은 색으로 흠이 없었다. 이때 왕이 말하기를 "이 보주가 참 묘하구나. 마치 빛이 있는 것처럼 궁 안을 비추는구나." 전륜성왕은 이것을 시험해 보고자 했다. 곧 사방의 병사를 불러 이 보주를 높은 당(幢) 위에 얹어 한밤중에 이것을 들고 성 밖으로 나가게 했다. 이 보주의 광명이 1유순(由旬)을 비추자 성 안의 사람들이 모두 일어나 일을 하기 시작하며 지금이 낮이라고 말했다. 이에 전륜성왕은 기뻐 뛰어올라 "지금 이 신령스런 구슬이 진실로 나의 상서로운 물건이 되었으니, 나는 이제 정말로 전륜성왕이 되었구나. 이것이 신주보(神珠寶)가 성취된 것이다."라고 말했다.[30]

초기 경전인 『장아함경(長阿含經)』을 비롯해 많은 불교 경전에서는 전륜성왕이 통치하는 세상에 칠보 가운데 하나인 구슬이 출현하며, 전륜성왕은 이것을 보당(寶幢), 즉 높다란 기둥 위에 올려놓아 사람들에게 자신이 전륜성왕임을 알린다고 설명하고 있다.

문선제는 전륜성왕과 관련된 두 개의 상징물을 북향당산석굴에 표현했다. 교통의 요지에 위치한 산 위에 아육왕탑 형상으로 석굴을 만들고, 전륜성왕의 상징물인 구슬 얹은 기둥을 조각한 것이다. 북세의 사부대중(四部大衆)들은 이곳을 분주히 오가며 멀리 산중턱의 석굴을

---

30 『長阿含經』 卷18, 「轉輪聖王品」, "時, 轉輪聖王於淸旦在正殿上坐, 自然神珠忽現在前. 質色淸徹, 無有瑕穢. 時, 王見已言, 此珠妙好. 若有光明, 可照宮內. 時, 轉輪王欲試此珠. 即召四兵, 以此寶珠置高幢上, 於夜冥中齎幢出城. 其珠光明照一由旬, 現城中人皆起作務, 謂爲是晝. 時, 轉輪聖王踊躍而言, 今此神珠眞爲我瑞, 我今眞爲轉輪聖王. 是爲神珠寶成就."

보며 자신들의 황제가 전륜성왕이며, 그가 다스리는 이 땅이야말로 바로 정토라고 여겼을 것이다.

단단하고 웅대한 '대불(大佛)'

중국에는 10m를 훌쩍 넘는 거대한 불상이 많다. 비교적 이른 시기에 만들어진 운강석굴 담요오굴의 주존은 13m~17m에 달한다. 대불의 크기는 시기가 내려갈수록 더욱 커져 당나라에 이르면 대불의 전성기를 맞는다.

불교의 발상지 인도 사정은 좀 다르다. 대불이 적다. 현존하는 인도 최대의 불상은 서인도 뭄바이 근처에 위치한 칸헤리(Kanheri)석굴에서 볼 수 있다. 제3굴 정면 좌우에 6세기에 만들어진 고부조의 부처 입상이 각각 한 구씩 서 있는데, 높이가 겨우 7m에 불과하다.[31] 당나라 현장법사(玄奘法師, 602년~664년)가 인도 여행 후 펴낸 『대당서역기(大唐西域記)』에 비록 20m~30m에 달하는 인도 불상을 몇 구 기록하고 있지만, 이 대불들은 현장이 직접 본 게 아니며 대부분 당시 떠돌던 과장된 소문을 적은 것이다. 그중에는 현장이 직접 본 것도 있는데, 이 경우에도 대부분 10m를 넘지 않으며, 날란다사(Nālandā寺: 현재 인도 비하르주에 위치)의 불상만이 유일하게 20m를 넘는다.

대불의 출현은 인도가 아닌 현재의 파키스탄과 아프가니스탄 지역에서 이루어졌다. 이 가운데 가장 유명한 것이 2001년 3월 애석하게도

31 宮治昭,「大佛の出現－グレルと_ミヤ_ンの大佛を中心に」,『佛教藝術』295(2007), 9쪽.

파괴되어 버린 바미얀의 대불이다. 힌두쿠시산맥의 산중에 위치한 바미얀은 상인들이 바삐 오가던 교역의 길목이었다. 1.3km에 걸치는 교통로의 절벽 동서 양쪽에 조성된 대불은 동대불(東大佛)과 서대불(西大佛)로 불린다. 대략 6~7세기에 만들어진 것으로 추정되는데, 대불의 높이가 각각 38m와 55m에 이른다. 대불은 왜 인도가 아닌 그 인근 지역에서 유행한 걸까? '중심이 아닌 변경'이라는 의식, 다시 말해 '인도에는 없는 것'을 만들려 한 주변부 의식의 소산은 아닐까?[32]

중국에서도 금동이나 돌로 대불을 만들었다. 그러나 금속으로 만든 고대의 대불은 이미 흔적도 없이 사라졌으며, 남은 것은 역시 석상(石像)들뿐이다. 용문석굴은 북위 때 처음 만들어졌지만, 전성기는 당대였다. 용문석굴의 랜드마크는 봉선사동(제1280굴로도 불린다. 도25)이다. 지상에서 20m 높이에 건립된 이 굴은 고종 함형(咸亨) 3년(672)에 시작해 3년 9개월의 공정을 거쳐 675년 완공되었다. 당시 고종의 부인이었던 무후가 자신의 화장비 2만 관(貫)을 보탰다고 한다. 이 때문에 봉선사동의 본존이 그녀의 얼굴이라고 주장하는 사람도 있으나, 이는 억측에 불과하다.

대좌(臺座)에 새겨진 명문(銘文)에는 거대한 크기에 걸맞게 이 불상을 '대노사나상(大盧舍那像)'으로 부르고 있다. 불좌상은 전체 높이 17.14m, 앉은 높이 11.35m, 어깨 너비가 6m에 이르며, 좌우에 놓인 보살 입상의 높이도 13.25m에 달한다.

봉선사동의 노사나불은 팔각형의 연화 대좌 위에 앉아 있는데, 연판(蓮瓣) 하나하나에 작은 부처가 조각되어 있다. 이는 『범망경(梵網經)』의

32 宮治昭, 앞의 논문, 11-13쪽.

[**도25**] 용문석굴에서 가장 큰 규모로 조성된 당대의 봉선사동.

"노사나불이 앉은 연화 대좌의 천 개의 꽃잎에 천 명의 석가가 다시 나타난다."는 구절을 묘사한 것이다. 이처럼 연화 대좌 위에 석가모니불을 묘사한 대형의 노사나불은 8세기에 일본에서도 제작되었다. 성무천

황(聖武天皇, 710년~756년)에 의해 조성된 높이 14.7m의 동대사(東大寺) 대불이 그것이다.[33]

노사나불은 화엄(華嚴)의 교주로, 불교의 '법(法)'을 상징하는 법신(法身)이다. 법신은 이 세상에 실존했던 부처가 아니라 이념적 존재로서, 광대무변한 여러 법계에 두루 존재하는 최고의 부처다. 화엄의 교리에 의하면 석가모니는 노사나불이 변화한 몸에 불과하다. 세상에 두루 존재하는 최고의 존재 노사나불은 고대 동아시아 통치사상과 잘 어울렸다. 즉 법신인 노사나불은 한 명의 군주가 천하 여러 주(州)의 인민을 통일해 조화로운 일원적 국가 체제를 이루는 이상을 표현한 부처가 될 수 있었다. 8세기 중앙집권적 통치 체제 아래서 군주에 의해 노사나불이 만들어질 수 있는 사상적 배경이 여기에 있었다.

7세기 말과 8세기 초 당나라 전성기에 만들어진 대불로는 돈황 막고굴의 남대상(南大像: 제130굴에 봉안)과 북대상(北大像: 제96굴에 봉안)이 있다. 북대상은 높이 33m로 7세기 말 무측천 시기에 만들어졌는데, 현재 굴 바깥에 45m에 이르는 9층 누각이 건립되어 막고굴의 상징이 되고 있다. 남대상은 현종(玄宗, 재위 712년~756년) 때 만들어진 것으로, 26m 높이의 대불이다. 돈황의 대불은 순수한 석상은 아니다. 암벽을 파서 몸체의 윤곽을 만든 후 여기에 풀과 진흙 등을 붙여 이목구비를 만든 소상(塑像)이다. 막고굴은 역암(礫巖)으로 된 산에 만들어졌기 때문에 석질이 견고하지 못했다. 그리하여 정교한 조각이 불가능해 대략적인 몸체만 돌로 만든 것이다.

현존하는 중국 최대의 대불은 사천성 낙산시(樂山市)에 있다. 71m 높

---

33 肥田路美, 「龍門石窟奉先寺洞の盧舍那佛像」, 『佛敎藝術』 295(2007), 62쪽.

이로 '낙산대불'로 불린다. 머리 높이만 웬만한 대불 크기인 14.7m에 이르며, 어깨 너비는 24m에 이른다. 발등의 너비가 8.5m로, 이 위에 100인 이상이 앉을 수 있다고 한다. 낙산대불은 대도하(大渡河), 청의강(青衣江), 그리고 민강(岷江) 등 세 강이 합류하는 지점에 건설되었는데, 다른 대불들과 달리 황제가 아닌 승려의 주도로 이루어졌다. 세 강이 합류하면서 만들어 내는 거센 물살에 조난자가 증가하자 물살의 속도를 줄이고 중생을 구제할 목적으로 조성했다. 개원(開元) 원년(713)에 시작했는데, 돈이 부족해 여러 번 중단되었다가 90년 만인 803년에야 비로소 완성되었다.

당대에 만들어진 대불은 대부분 가부좌가 아니라 두 다리를 내려뜨리고 앉은 의좌불(倚坐佛)의 모습으로 만들어졌다. 이런 형태의 부처는 미래에 하생하는 미륵불이다. 돈황의 남대굴과 북대굴의 부처, 그리고 낙산대불이 모두 미륵불이다. 미래불인 미륵이 대불로 만들어진 것은 불교 경전과 관련이 있다.

미륵 경전에 의하면, 미륵은 현재 도솔천에서 설법을 하며 이 세상에 내려올 준비를 하고 있다. '56억 7천만 년'이 지나 마침내 전륜성왕이 사는 지두말성(翅頭末城)의 바라문 집안에 태어난다. 불도를 닦고 마침내 성도한 미륵은 용화수(龍華樹) 아래서 세 번의 설법을 통해 이 세상 사람들을 교화한다. 이때 미륵의 신장은 '천 척(千尺)' 혹은 석가의 '장육(丈六)'보다 열 배나 큰 '16장(丈)'이라고 한다. 미래불 미륵은 거인의 모습으로 이 세상에 오는 것이다. 그렇다면 미륵대불은 경전 속 '거인 미륵'의 시각적 표상이 될 것이다.

돌로 이처럼 거대한 대불을 만드는 데 어느 정도의 인력이 필요했을까. 봉선사동에서는 당시 측천무후가 자신의 화장비 2만 관(貫)을 시주했다고 하는데, 봉선사동이 조영되던 670년대 전반기 용문석굴 내 불상 조각의 수가 현격하게 감소한다. 대부분의 장인이 봉선사동 조영에 집중적으로 투입되었기 때문일 것이다. 일본 미술사학자 요시무라 레이(吉村怜)는 운강석굴의 담요오굴을 상대로 흥미로운 연구 결과를 발표했다. 그는 오굴의 돌을 파내고 조각을 한 후, 여기에 많은 장식과 채색을 하기 위해서는 대략 21년 동안 45만 명 이상의 연인원이 동원되었을 것으로 추정했다.[34]

어둠 속에서 피워 낸 빛과 색의 세계

석굴은 어둡다. 빛이라곤 고작 입구에서 들어오는 자연 채광에 불과하다. 운강석굴의 담요오굴처럼 명창이 있으면 그나마 빛의 양이 많아지지만, 그렇다고 석굴이 밝아지는 것은 아니었다. 담요오굴 앞에는 원래 목조건축이 있었으므로, 석굴 내부는 자연의 빛으로부터 차단되어 있었을 것이다. 현재 운강석굴 제5·6굴과 제7·8굴에 들어가면 어느 동굴보다 어둡다고 느껴지는데, 석굴 앞에 만들어진 목조 누각이 빛을 차단하고 있기 때문이다.

빛이 거의 없는 동굴이지만 인간은 아주 빨리 그 어둠에 익숙해진다. 시간이 경과하면서 어두컴컴한 동굴이 점점 화려한 불국토로 변화하는 체험을 하게 된다. 온갖 다양한 색깔로 장엄(莊嚴)한 부처와 보살, 천장 위의 화려한 연화, 그리고 옷깃을 나부끼며 하늘을 나는 천인(天

34 吉村怜,「雲岡·曇曜五窟の大佛」,『佛教藝術』295(2007), 50쪽 표1.

人)들이 동굴 안을 전혀 다른 세상으로 변화시키고 있다.

불교 경전에 의하면 부처는 머리카락은 파란색이며, 금빛 몸에 붉은 색 대의(大衣)를 걸친다. 그리하여 장인들은 불상을 만든 후에 머리는 파란색으로, 몸은 금빛으로, 그리고 대의는 붉은색으로 칠했다. 보살상은 더욱 화려했다. 금빛 신체에 화려한 장신구를 걸치고, 다양한 문양으로 치장한 화려한 옷을 입었다. 불상과 보살상의 몸이 빛어내는 금빛과 화려한 색상은 어둠을 몰아내고 석굴을 빛과 색의 세계로 변화시켰다. 차안(此岸)에는 존재하지 않는 금빛 세상, 이것이 바로 피안의 불국토였다.

불국토를 빛의 세계로 만들어 주는 또 다른 요소는 보주(寶珠)다. 보주는 명월주(明月珠), 마니보주(摩尼寶珠), 여의보주(如意寶珠) 등 다양한 이름으로 불린 데서 보듯, 빛을 상징하기도 하고 모든 소원을 성취시켜 주기도 했다. 불교 경전에는 보주에 대한 언급이 매우 많은데, 다양한 이름만큼이나 기능이나 공덕도 다양하며 의미도 제각각이다. 동위의 업성에서 번역된 『정법염처경(正法念處經)』에는 "일체의 갈증과 병을 없애고 악룡(惡龍)을 퇴치해 비를 내리게 하는" 등 보주의 여덟 가지 공덕이 자세히 설명되어 있다. 이 가운데 첫 번째로 언급된 것은 '어둠 속에서 세상에 빛을 밝히는' 기능이다. 다시 말해 보주의 가장 중요한 기능은 빛을 내는 것이다. 그러므로 일반적으로 빛을 상징하는 화염(火焰)과 함께 표현되었다. 보주와 화염이 결합된 문양, 즉 화염보주문(火焰寶珠文)은 동아시아 불교미술에서는 매우 흔한 소재였다.

빛을 상징하는 화염보주문이 가장 성행한 시기는 6~8세기다. 불교예술뿐 아니라 무덤의 벽화에서도 다수 등장한다. 북제 문선제의 무덤으로 추정되는 하북성 자현(磁縣) 만장촌(灣漳村)의 대묘(大墓)는 황릉답게 여느 무덤보다 화려하다. 무덤 입구에서 묘실 앞 문[墓門묘문]에 이르는 긴 묘도(墓道)의 양쪽 벽 상단에는 약동하는 빛을 발하는 붉은색의 보주들이 힘차게 날고 있으며, 묘문 상부에도 커다란 화염보주가 무덤 입구를 훤히 밝히고 있다. 이 보주들로 인해 무덤길은 빛으로 가득한 세계가 된다.

석굴을 빛의 세계로 장엄하는 화염보주문이 가장 화려한 곳은 6세기에 만들어진 북향당산석굴과 맥적산(麥積山)석굴이다. 보주의 크기가 이전보다 커졌으며, 보주의 수량도 크게 증가한다. 그리고 출현하는 공간도 다양해져서, 석굴의 기둥에 장식되기도 하고, 기둥의 상단에 놓이기도 했다. 그리고 단층탑의 복발형 지붕이나 탑찰 위에 표현되기도 했다. 이처럼 보주로 장식되거나 상단에 보주를 얹은 기둥은 주주(珠柱) 혹은 명주주(明珠柱)로 불렸다.

> 양나라 천감(天監) 초년(502)에 개선사의 지장법사(智藏法師)가 진망산(秦望山)에서 하윤(何胤)을 만났다. 법사는 후에 도성으로 돌아가 종산(鍾山)에서 원적했는데, 그가 임종하는 날 하윤은 파약사(波若寺)에서 한 승려를 보았다. 그 승려는 하윤에게 향로가 든 그릇과 글이 들어 있는 함(函)을 주면서 자신은 도성 건강성에서 왔는데 하윤에게 준다고 말한 후 사라졌다. 하윤이 그 함을 열어 보니 『대장엄론(大莊嚴論)』이 있었다. 아직 세상에 없는 책이었다. 향로를 보니 지장법사가 평소에 쓰던 것이었다. 하윤이 사찰 안에 명주주를 세웠는데 이 기둥이 7일 낮밤으로 빛을 냈다. 태수 하원(何遠)이 이 사실을 소명태자(昭明太子)에게 아뢰니 태자가 그 덕을 공경해 사인(舍人) 하사징(何思澄)을 보내 이 사실을 찬미해 기리게 했다. 하윤은

중대통(中大通) 3년(531) 86세의 나이로 사망했다.[35]

불교 경전에도 명주주에 대한 언급이 있다. 후진(後秦)에서 구마라집(鳩摩羅什, 344년~413년)이 번역한 『미륵하생성불경(彌勒下生成佛經)』에 다음과 같은 기록이 있다.

> 이때 지두말이라 불리는 커다란 성이 하나 있었다. 성의 길이 12유순(由旬), 너비 7유순으로, 단엄하고 아주 뛰어나며 장엄이 청정했다. 그리고 이곳에는 복덕(福德)이 있는 자들이 가득 있고 이들 때문에 아주 안온하고 풍요로웠다. …… 이때 이곳 사람들이 복덕이 있어 거리 곳곳에 명주주가 있었다. 그 높이는 모두 10리(里)에 이르며, 그 빛은 낮밤이 다르지 않았으며, 하도 밝아 등을 밝힐 필요가 없었다.[36]

길장(吉藏, 549년~623년)이 저술한 『미륵경유의(彌勒經遊意)』에서는 "명주를 재료로 했거나 혹은 명주로 장엄한 기둥이 명주주"라고 설명하고 있다. 두 기록을 종합해 보면, 기둥에 보주를 장식하거나 기둥 상단에 보주를 얹은 명주주는 미륵이 하생하는 세상의 상징물이었다. 미륵불의 세상이란 다름 아닌 불국정토다. 그러므로 기둥과 결합한 보주는

---

35 『南史』卷30,「何胤傳」, "初, 開善寺藏法師與胤遇於秦望山. 後還都, 卒於鍾山, 死日, 胤在波若寺見一名僧. 授胤香爐奩并函書, 云貧道發自揚都, 呈何居士, 言訖失所在. 胤開函, 乃是大莊嚴論. 世中未有. 訪之香爐, 乃藏公所常用. 又於寺內立明珠柱, 柱乃七日七夜放光. 太守何遠以狀啓昭明太子, 太子欽其德, 遣舍人何思澄致手令以褒美之. 中大通三年卒, 年八十六."

36 『彌勒下生成佛經』, "是時有一大城, 名翅頭末. 長十二由旬, 廣七由旬. 端嚴殊妙, 莊嚴清淨. 福德之人充滿其中, 以福德人故, 豐樂安隱. ……時世人民, 福德所致, 巷陌處處, 有明珠柱. 皆高十里, 其光明曜, 晝夜無異, 燈燭之明, 不復爲用."

불국토를 상징하는 물건이었다.

불국토에서는 기둥 말고도 곳곳을 보주로 장식했다. 6세기 초 낙양에서 번역된 『대살차니건자소설경(大薩遮尼乾子所說經)』에서 묘사된 불국토는 건물은 물론 땅까지 온통 보주로 장식된 빛의 세상이었다.

> [실혜당왕불이 머무는 세계의] 장엄은 아주 특수하고 오묘해 즐거울 만하다. 그 땅은 칠보로 장엄했으며 성곽 주위는 칠보 담으로 백천만 겹을 둘렀다. 또한 이곳에는 칠백천만의 대향수해(大香水海)가 주위를 두르고 있다. 칠백천만 대비유리(大毘琉璃) 마니보주로 문궐(門闕)을 삼았으며, 십백천만 염부단금(閻浮檀金)으로 이 세계를 뒤덮었다. 십백천만 마니보주로 그 궐 사이사이를 장식했다. 십백천만 사자애(師子愛) 마니보주를 걸어 궁전들을 장엄했으며, 십백천만 사자당(師子幢) 마니보주로 길거리를 장엄했다. 십백천만의 화당(火幢) 마니보주가 밤낮으로 이 세계를 항상 비추고 있다. 십백천만의 칠보 방울이 항상 이 세계에 오묘한 소리를 낸다. 십백천만의 마니보주로 만든 높은 당을 이 세계에 세웠으며, 십백천만의 금으로 만든 번(幡)을 그 당 위에 걸었다.[37]

북향당산석굴 북동에는 불상과 보살상 이외에 다른 석굴에서는 볼

---

37 『大薩遮尼乾子所說經』 卷10, 「授記品」, "(佛名實慧幢王, 世界名善觀名稱, 彼世界中無諸怨敵. 文殊師利, 彼善觀名稱世界) 莊嚴希有殊特極妙可樂. 其地七寶間錯莊嚴, 城郭周匝七寶牆障百千萬重. 其中復有七百千萬重大香水海, 周匝圍遶. 七百千萬大毘琉璃摩尼寶珠, 以爲門闕, 十百千萬閻浮檀金, 以爲羅網遍覆世界. 十百千萬摩尼寶, 間錯其闕. 懸十百千萬師子愛摩尼寶, 遍諸宮殿以爲嚴飾, 十百千萬師子幢摩尼寶, 莊嚴街道. 十百千萬火幢摩尼寶, 日夜常然普照世界. 十百千萬七寶和鈴, 常出妙聲遍諸世界. 竪十百千萬摩尼寶高幢, 普遍世界, 懸十百千萬金幡, 置在高幢."

[도26] 북향당산석굴 북동 벽면에 묘사된 16개의 부조탑 일부. 지붕과 찰주 위에 묘사된 화려한 화염보주가 인상적이다.

수 없는 조각이 있다. 석굴 양쪽 벽과 앞뒤 벽에 새겨진 16개의 탑이다 (도26). 이렇게 석굴 벽면을 모두 탑으로 장식한 경우는 매우 드물다. 복발형 지붕을 가진 단층탑이 벽면 가득 조각되었는데, 탑신부에는 감을 만들고 불상을 봉안했다. 안타깝게도 북제 시대 불상은 1920년대에 모두 약탈당하고, 현재는 후대에 만든 불상들이 봉안되어 있다. 이 16개의 탑에서 가장 아름다운 것은 지붕과 세 개의 찰주 위에 표현된 커다란 보주와 그 보주들이 내뿜는 빛, 즉 불꽃 형상이다. 찬란한 보주와 불꽃은 어두운 석굴을 일시에 무량한 광명의 세계로 변화시킨다. 경전에서 말한 것처럼 석굴 안은 이런 화염보주로 인해 '특수하고 오묘한' 부처의 세상으로 변화하는 것이다.

암벽 속 불국토(佛國土)에 묻힌 사람들

석굴은 인간의 종교적 삶이 전개되는 공간이지만, 죽음과 관련된 공간이기도 했다. 종교가 죽음이라는 인간의 한계를 토대로 만들어진 것인 만큼, 그것은 생사의 경계를 넘나드는 것이었다. 산 자의 복을 기원하거나, 죽은 자에 대한 기원으로 가득 찬 불당 안의 등(燈)과 문자들은 사찰이 삶과 죽음이라는 두 공간과 밀접하게 관련되어 있음을 체감케 해 준다. 승려들의 글에도 죽음과 매장에 대한 언급이 다수 있다. 도선(道宣, 596년~667년)은 『속고승전(續高僧傳)』에서 당시 승려들의 시신처리 방식을 다음과 같이 서술하고 있다.

> 사망에 임해 시신과 이별한 후 이를 숲속에 노천 상태로 놓거나, 혹은 물속에 가라앉혀 물속에서 떠다니게 한다. 또는 깊이 땅을 파고 높은 봉분을 세우고 비석을 세워 그 덕을 기록하며, 혹은 절벽에 굴을 파서 멀리서도 사람들에게 그 존재를 알린다. 혹은 전신을 화장하여 같은 날 함께 태어난 신[同生神동생신]에게 더 이상 얽매이지 않게 하며, 혹은 뼛가루로 상을 만들어 공양을 받도록 진열해 놓는다.[38]

임장(林葬), 수장(水葬), 토장(土葬), 굴장(窟葬), 화징(火葬) 등을 언급하고 있는데, 임장과 수장, 그리고 화장은 인도에서 연원한다. 토장은 묻는

38 『續高僧傳』 卷27, 「遺身篇」, "又有臨終遺訣露骸林下, 或沈在溷流, 通資翔泳. 或深瘞高墳, 豊碑紀德, 或乘崖漏窟, 望遠知人. 或全身化火, 不累同生之神, 或灰骨塗像, 以陳身奉之供."

것이니, 중국의 전통적인 매장법이다. 굴장은 굴 안에 시신을 안치하는 것으로, 인도에는 없으며 서역(西域)에서 유래한 것이다.[39] 외래 장법 가운데 수장을 제외한 임장, 굴장, 화장 등이 모두 중국에 전래되었다.

중국에서는 무덤굴을 석감(石龕)이나 예굴(瘞窟)로 부르는데, 불교의 전래와 함께 화북 지역에서 무덤굴이 출현한다. 3세기부터 선정(禪定) 수행을 하던 승려들이 석실이나 굴 안에서 수행하다가 입적하는 경우가 많았는데, 그곳이 바로 승려의 매장지가 되곤 했다.

대형 석굴은 사찰이었으므로 많은 승려가 거처했으며, 그들이 입적하면 중심 구역의 굴에서 좀 떨어진 지점에 예굴을 파서 안치하는 경우도 많았다. 신강 위구르자치구 투르판에 위치한 베제클릭석굴의 경우, 상단부에는 예배굴이 분포하며 그곳에서 계단을 타고 하안(河岸) 근처로 내려가면 승려들의 무덤굴이 조성되어 있다. 돈황 막고굴에도 예굴이 있다. 남쪽 지역은 예배굴이 집중적으로 분포하고, 북쪽 지역은 대부분 막고굴 조성에 참여한 장인들의 남루한 생활 구역, 혹은 승려나 신도들의 무덤굴로 사용되었다(도27). 현재까지 알려진 무덤굴은 25개 정도다.[40]

속인(俗人)으로서 석굴에 무덤을 쓴 가장 이른 사례는 서위(西魏, 535년~556년) 시대 비운의 황비 을불씨(乙弗氏)다. 『북사(北史)』에 의하면 서위가 장안에 도읍을 정한 후, 동쪽의 동위와 경쟁을 해야 했으며, 또 북방으로부터는 유연(柔然)의 침공을 막아 내야 했다. 초대 황제인 문제(文帝, 재위 535년~551년)는 이와 같은 국제 정세 속에서 조정의 압력을 못 이

---

39 劉淑芬, 「丙. 佛教與喪葬」, 『中古的佛教與社會』(上海: 上海古籍出版社, 2008), 255쪽.
40 倪潤安, 「敦煌隋唐瘞窟形制的演變及相關問題」, 『敦煌莫高窟北區石窟研究(上冊)』(蘭州: 甘肅教育出版社, 2011), 66쪽.

[도27] 돈황 막고굴 북구에 조성된 무덤굴.

기고 유연 왕 아나회(阿那懷)의 큰딸 욱구려(郁久閭)를 황후로 맞았다. 그리고 원래 황후인 을불씨는 출가시켜 비구니로 만들어 별궁에 거주케 했다. 그러나 욱구려의 질투가 심하자 을불황후를 진주(秦州)로 보냈다. 540년 욱구려가 난산 끝에 16살의 나이로 사망하자 유연이 서위와 결전을 선포했다. 결국 문제는 을불씨를 자진토록 했고, 을불씨가 죽은 후에는 맥적산 절벽에 감을 만들어 묻었다. 후에 이 굴을 적릉(寂陵)이라 불렀다고 한다.[41]

마치 보릿단을 쌓아 놓은 것 같다고 해 이름 붙여진 맥적산은 세계문화유산으로 감숙성 천수시(天水市)에 위치하고 있다. 4세기 말부터 천여 년에 걸쳐 석굴이 조성되었는데, 현재 221개의 동굴과 만여 구의 불

41 『北史』 卷13, 「文帝文皇后乙弗氏傳」.

교 조각, 1,300여 m²의 벽화가 남아 있다. 을불씨의 무덤인 적릉은 맥적산석굴 제43굴이다. 기와 지붕과 4개의 주주를 새겨 놓은 3칸짜리 목조 가옥 형태의 외관을 하고 있는데, 굴 안에는 뒷벽과 좌우 벽을 각각 오목하게 감을 파고 불상을 봉안했다. 언뜻 보면 일반적인 굴과 다름없다. 그런데 뒷벽의 아래쪽에서 길이가 3m에 조금 못 미치고, 높이와 폭이 2m가 조금 안 되는 크기의 인공 동굴이 하나 발견되었다. 을불씨가 묻혔던 곳이다. 이곳에서는 아무것도 발견되지 않았는데, 문제 사망 후 을불씨가 장안의 문제 능(陵)에 합장되었기 때문으로 보인다.

황제의 무덤굴도 있다. 북향당산석굴 북동은 '석굴사'라는 이름의 사찰이면서, 석굴을 건립한 북제 초대 황제 문선제의 무덤이기도 하다. 북향당산석굴이 무덤굴임을 밝힌 가장 이른 기록은 도선이 당 인덕(麟德) 2년(665)에 완성한 『속고승전』이다.

> 자주(磁州)의 석굴사는 문선제가 건립했다. 대굴상(大窟像) 뒤에는 문선제의 능이 있는데, 그곳의 조각은 사람과 귀신들을 놀라게 할 정도다.[42]

'자주의 석굴사'는 북향당산석굴 북동을 지칭한다. 한편 이보다 400년 정도 늦은 1084년 완성된 사마광(司馬光, 1019년~1089년)의 『자치통감(資治通鑑)』에서는 다른 내용을 전하고 있다.

---

42 『續高僧傳』 卷26, 「明芬傳」, "慈州之石窟寺, 寺即齊文宣之所立也. 大窟像背文宣陵藏中諸雕刻駭動人鬼."

> 제(齊) 헌무왕(獻武王)을 장수(漳水)의 서쪽에 거짓으로 묻고, 몰래 성안(成安)의 고산석굴(鼓山石窟) 부처의 정수리 옆에 구멍을 파 운구를 넣고 구멍을 막았다. 그리고는 이에 참여한 장인들을 죽였다. 제나라가 멸망하자, 그 가운데 한 장인의 아들이 이 사실을 알고 돌을 빼고 금을 훔쳐 도망쳤다.[43]

'제의 헌무왕'이란 문선제의 아버지 고환이다. 사마광은 북향당산석굴 북동을 고환의 무덤으로 보고 있는 것이다. 그러나 당시의 정치·경제 상황, 그리고 석굴 조각의 양식 등으로 미루어 북동은 북제 시대에 조영된 것으로 보아야 한다. 게다가 문선제의 무덤으로 기록된 무녕릉(武寧陵)으로 추정되는 곳이 하북성 임장현 만장촌에서 발굴되었는데, 이곳에는 목관만 있을 뿐 유골이 없었다. 다시 말해 이 무덤은 가묘(假墓)며, 진짜 매장지는 북향당산석굴 북동이 될 것이다.

을불황후는 석굴의 뒷벽에 무덤을 조성했는데, 문선제의 무덤은 북동의 어디에 있는 걸까. 『속고승전』에서는 '뒤[背배]'라 했고, 『자치통감』에서는 '부처의 정수리 옆'이라 했는데, 북동의 뒷벽이나 부처의 정수리 옆에서는 무덤으로 추정되는 구멍을 발견할 수 없었다. 그런데 20세기 말 북경대학(北京大學) 고고(考古) 조사팀이 북동을 조사하면서 신비로운 구멍 하나를 발견했다. 사다리 두 개를 이어야 겨우 닿을 수 있는, 높이 10m를 넘는 중심 기둥의 최상단에서였다(도28).

중심 기둥의 남벽(南壁), 즉 우리가 석굴에 들어가 기둥을 보며 설 때

43 『資治通鑑』 卷160, 「梁記16 · 武帝太清元年(547)」, "虛葬齊獻武王於漳水之西, 潛鑿成安鼓山石窟佛頂之旁爲穴, 納其柩而塞之. 殺其群匠. 及齊之亡也, 一匠之子知之, 發石取金而逃."

[도28] 북향당산석굴 북동 중심 기둥 위 문선제의 능묘로 추정되는 굴(사진 왼쪽에서 세 번째).

오른쪽에 해당하는 벽 최상단의 앞에서 세 번째 감이 특이했다. 다른 감들과 달리 감의 뒤쪽에 깊이 3.87m, 폭 1.35m, 높이 1.77m의 굴 하나가 인공적으로 파여 있었다. 원래는 굴 입구를 돌로 막은 후 앞에 불상과 보살상을 안치했기 때문에 그 뒤에 작은 동굴이 있을 거라고는 아무도 예상치 못한 곳이었다. 조사 당시 굴 안에는 아무것도 남아 있지 않았다. 『자치통감』에 언급된 대로 북동의 능묘는 진작에 도굴되었던 것이다.

그렇다면 왜 문선제는 지궁(地宮), 즉 땅속의 지하 궁전이 아닌 석굴이라는 장소를 자신의 장지로 선택한 걸까. 불상이 안치된 석굴은 바로 부처의 세상인 불국정토기 때문이었을 것이다. 게다가 문선제는 석굴 내 중심 기둥의 상단인 '천궁(天宮)'에 묻혔는데, 고대인들에게 천상의 세계 역시 불국토였다. 시신이 안치된 공간이 바로 불국토였으니,

그처럼 손쉬운 정토왕생이 어디 있겠는가.

낙양의 용문석굴에는 속인들의 무덤굴이 다수 분포해 있다. 대부분 당대에 만들어졌는데, 현재 40여 곳 정도가 알려져 있다. 이런 무덤굴은 상당한 크기의 암벽을 파고 들어가야 했으므로, 웬만한 재력이 없으면 조성할 수 없다. 이 때문에 용문석굴 내 무덤굴의 주인공은 대부분 귀족이다. 용문석굴 동산에 위치한 향산사(香山寺) 북쪽 암벽면에 만들어진 북애 3호굴은 당대 말기에 조성되었는데, 굴의 깊이 4m, 너비 7m, 높이 4.3m로 상당히 크다.[44] 시신은 일반적으로 석굴의 뒷벽 하단에 석상(石床)을 놓고 그 위에 안치했으며, 굴 바깥에는 굴을 수호하기 위한 역사(力士)를 조각해 놓았다. 마치 동 시기 무덤에서 시신을 묘실에 안치하고 입구에는 문을 지키는 수호 도용(陶俑)을 만들어 놓은 것과 같다. 향산사의 북애 3호굴과 같은 대형굴은 나무로 문을 달아 개폐(開閉)가 가능하도록 했으며, 이곳에서 추모와 제사를 거행하기도 했다.

재력이 못 미치는 사람들은 암벽에 조그만 구멍을 내고 화장한 골회(骨灰)를 매장했다. 현재 용문석굴에만 100개 정도가 있고, 감숙성 병령사석굴에도 송대(宋代)~명청대(明清代)에 만들어진 25곳 정도가 있으며, 사천성 파중석굴(巴中石窟)에도 있다. 이처럼 무덤굴과 골회를 매장한 구덩이는 제6장에서 언급한 삼계교(三階教)의 장례 풍습인 임장이나 화장의 유행과 밀접한 관련이 있다.[45] 인간적인 도리 때문에 가족의 시신이 들판의 조수(鳥獸)에게 뜯어 먹히는 것을 차마 볼 수 없었던 사람들은 석굴을 만들어 시신을 안치하거나, 유골을 화장해 바위에 구멍을

44 倪潤安, 앞의 글, 70-71쪽.

45 劉淑芬, 『中古的佛教與社會』(上海: 上海古籍出版社, 2008), 260-269쪽.

파 매장한 것이다.

속인들의 무덤굴과 달리 승려들의 무덤굴은 종교적 성지였다. 많은 신도들의 순례와 예배의 발길이 끊이지 않았다. 수(隋, 581년~618년)의 국사(國師)였던 천태대사 지의(智顗, 538년~597년)의 유골이 안치된 석감에서는 매년 기일마다 황제가 보낸 사신이 제물을 올리며 의례를 행했으며,[46] 당나라 초기에 활동한 승려 법순(法順, 557년~640년)의 석감에는 항상 사부대중이 몰려들었는데, 그의 제자 지엄(智儼, 602년~668년)은 여기에서 불경을 강설하며 대중을 교화했다고 한다.[47]

석굴에 담긴 또 다른 목소리: 공양인과 장인

석굴의 주인공은 단연 부처다. 여기에 부처를 옆에서 보좌하는 보살상, 그리고 하늘을 나는 비천(飛天)과 악기를 연주하며 춤을 추는 주악천(奏樂天)과 무악천(舞樂天) 등이 출현한다. 빈 공간에는 기이한 꽃과 새, 그리고 장식 문양이 온갖 색깔로 치장되어 있다. 이처럼 화려한 세계는 차안이 아닌 피안, 즉 인간 세계가 아닌 부처가 상주하는 불국토며 정토다. 그런데 이와 같은 신의 공간에 인간의 목소리가 담겨 있다. 다름 아닌 석굴을 만든 사람들, 즉 공양인(供養人)과 장인(匠人)이다.

석굴 조영은 불교에서 말하는 공덕을 쌓는 방법 가운데 하나였다. 사람들이 공덕을 쌓는 목적은 매우 간단하다. 살아생전에는 복덕을

46 『續高僧傳』 卷17, 「智顗傳」, “每年諱日, 帝必廢朝, 預遣中使, 就山設供.”

47 『續高僧傳』 卷25, 「法順傳」, “四衆良辰, 赴供彌滿. 弟子智儼名貫至相, 幼年奉敬雅遵餘度. 而神用淸越振績京皐. 華嚴攝論, 尋常講說. 至龕所化導鄉川. 故斯塵不終矣.”

누리고, 죽어서는 좋은 곳에 높은 신분으로 태어나고자 하는 것이었다. 인과(因果)와 윤회(輪回) 사상을 기초로 하는 불교에서는 선(善)한 공덕을 많이 쌓아야만 두 가지 복덕(福德)을 다 누릴 수 있다고 강조한다. 석굴의 조영은 바로 이런 공덕 쌓기의 일환이었다. 그러므로 사람들은 자신의 공덕을 부처와 세상 사람들에게 알리기 위해 자신의 존재를 각인시키고자 했다.

자신의 공덕을 오래오래 잊히지 않고 기억되도록 하는 방법은 두 가지였다. 문자와 그림이다. 자신의 이름을 써넣거나 자신의 모습을 남겨 놓는 것이다. 한 가지 방법만을 사용하기도 하고, 혹은 두 가지를 동시에 사용하기도 했다.

운강석굴의 제11굴에는 북위 태화(太和) 7년(483) 이른바 '청신사(清信士)·청신녀(清信女)'라 부르는 세속의 남녀 신도 54명이 함께 만든 불교 조상이 있다. 명문에 의하면 그들은 세 승려의 지도 아래 '부처의 형상(形像) 95구와 문수사리보살(文殊師利菩薩), 대세지보살(大勢至菩薩), 관세음보살(觀世音菩薩) 등의 보살'을 굴 벽에 조각하고 이런 사실을 문자로 새겨 놓았다. 그리고 세 승려와 남녀 신도 54명의 모습을 글자 주위로 질서정연하게 배열했다. 남녀 공양인들은 오랜 세월 동안 그렇게 석굴 속에서 불상을 예배하고 있었으니, 육신은 진작 사라졌지만 형상만은 영원한 공양인으로 돌 위에 남은 것이다.

일반적으로 석굴 속 공양인은 굴의 가장 하단부에 등장한다. 그가 비록 권력 있는 세가대족(世家大族)이라 하더라도 부처의 세상인 석굴 안에서는 가장 미미한 존재에 불과하다. 그들은 부처도 보살도 아니며, 하늘 세계 사람인 천인도 아니고, 석굴을 수호하는 호법신도 아닌 인간일 뿐이다. 그러므로 불상과 보살상의 아래쪽이나, 지면에서 가장 가까운 석굴 하단에 표현되었다.

예외도 존재한다. 황제와 황후다. 존격(尊格)이 남달랐던 만큼, 불국토에서도 그들의 위상은 남달랐다. 인간 세계의 지존(至尊)이었으므로 석굴의 하단이 아닌, 부처의 눈높이에 맞게 묘사되었다. 그리하여 일반적으로 석굴 입구의 안쪽 벽 상단에 새겨졌다. 그들은 승려의 인도 아래 좌우에는 시종을, 뒤에는 여러 신하들을 거느리며 긴 행렬을 이끌고 있는데, 손에 향로를 들고 부처에게 예배를 드리러 가는 중이다.

황제와 황후의 예불도가 처음 출현하는 것은 북위 때 만들어진 용문석굴의 빈양중동(賓陽中洞)에서다. 용문석굴은 경명(景明) 초년(500)에 선무제(宣武帝, 재위 499년~515년)가 죽은 부모를 위해 평성의 운강석굴을 모방해 조성한 것이다. 그런데 영평(永平) 연간(508년~512년)에는 선무제 스스로를 위해서도 석굴 하나를 추가로 만들고자 해 굴은 모두 3개로 늘어났다. 이 석굴들을 빈양삼동이라 부른다. 빈양삼동은 거대한 공정이었다. 공사 기간만 20여 년이 소요되었으며, 동원된 인원은 80여 만 명이었다. 그러나 북위 말 정치 상황의 혼란으로 중동(中洞) 하나만 완성되고 나머지 좌우 두 석굴은 공사가 중단되었다. 좌우의 남동과 북동은 당나라 초기에야 비로소 완성되었다.

빈양중동은 황제가 조성한 굴답게 매우 화려하다. 바닥은 연꽃과 물고기 등이 섬세하게 조각되어 굴 내부를 연화(蓮華) 정토로 만들어 주고 있다. 황제와 황후는 원래 굴 입구의 안쪽 벽 좌우에 각각 시종들을 거느리고 예불(禮佛)하는 모습으로 묘사되었다. 그러나 애석하게도 1930년대에 뜯겨나간 탓에 석굴에는 파손의 생채기만이 남아 있을 뿐이다. 원래의 돌은 현재 미국 메트로폴리탄 미술관과 넬슨 아트킨스 미술관에 분산 소장되어 있다.

[도29] 공현석굴에 표현된 북위 시대 황제의 예불도.

다행히 낙양에서 약 52km 떨어진 곳에 위치한 공현(鞏縣)석굴에서 아쉬움을 달랠 수 있다. 동서 방향으로 75m에 걸쳐 5개의 대형 굴과 238개의 작은 불감으로 조성된 이 석굴에서 대형 굴인 제1·3·4굴의 굴문(窟門) 입구 안쪽 좌우 벽에 황제와 황후의 예불도가 부조되어 있다(도29). 굴은 모두 북위 황실이 만든 것이다. 과거 운강석굴의 담요오굴에서 본 '부처 모습을 한 황제'는 이제 부처를 예배하는 인간, 즉 공양인으로 변화했다.

석굴 조영의 또 다른 주인공은 장인이다. 굴을 파고 불상과 보살상을 조각한 석공(石工), 그리고 벽면을 화려한 색채로 장엄한 화공(畫工)들이다. 중세 이전 역사 기록에 남은 장인들은 신분이 높은 소수의 예술가들에 불과할 뿐, 대부분의 민간 장인들은 무명이었다. 실질적으로 굴을 만든 사람들임에도 불구하고 장인의 형상은 석굴에 남아 있지 않다. 오직 그들의 손길만 예술품 속에 녹아들었을 뿐, 그들의 이름과 모습은 어디에도 없다. 그나마 돈황 막고굴에서 무명 장인들의 행적을 조금이나마 찾을 수 있다.

막고굴은 1.7km에 걸쳐 있는 데다 흙을 이용해 만든 소상이 많고 벽화가 화려해 약탈이 매우 용이하다. 그리하여 현재는 주위에 철책을 두르고 군인들을 주둔케 하여 밤낮으로 보호하고 있다. 관광객이 모두 빠져나가는 밤이 되면, 막고굴 전체에 조명이 들어오고 인간의 움직임은 모두 통제된 적막강산이 된다. 그런데 훤한 대낮에도 일반인의 발길을 허(許)하지 않는 곳이 있으니, 북구(北區)다.

1km에 걸쳐 487곳의 동굴이 소재한 남구와 700여 m에 이르는 북구 사이에는 철책이 설치되어 있다. 관람객은 남구의 북단에서 멈춰야 하며, 북구 진입이 불가능하다. 북구 전체에는 앞쪽에도 철책이 둘러져 있으며, 그 북단에는 철책과 함께 군견(軍犬)이 밤낮으로 지키고 있다. 북구에도 역시 수백 개의 동굴이 있는데, 현재까지 정리된 동굴은 대략 250곳 정도다. 그런데 남구와 달리 벽화나 소상이 있는 예배굴은 매우 적고, 승려들의 거처나 선정(禪定) 수행을 위한 굴로 사용한 경우가 많다. 유골이 지금도 그대로 남아 있는 무덤굴과 물건을 저장하는 창고굴도 있다. 이 가운데 화공들의 흔적이 남은 굴도 있다.

장인의 흔적이 남은 소형 굴에서는 물감 푸는 접시 도기와 안료 조각들이 발견되었다. 막고굴에서 돈황의 마을까지는 20km 정도 떨어져 있는데, 다량의 벽화를 제작하기 위해 화공은 굴 가까이 있는 게 유리했다. 그리하여 사다리를 타고 올라가야만 닿을 만한 높이의 북구 절벽에 사방 3m, 높이 2m 정도의 작은 굴을 팠다. 그리고 뒷벽 근처에 나뭇가지를 섞은 흙을 돋워 침상을 만들고, 그 옆 벽면을 조금 파서 등잔을 놓고 생활했다. 그들의 생활은 매우 열악했다. 안쪽은 천장이 더 낮아 몸을 굽혀야만 생활이 가능했으며, 조금만 움직여도 굴 안의 흙이 날렸으므로 조심조심 걸어야만 했다. 이처럼 열악한 환경 속에서도 장인들은 아름다운 불국토를 꽃피워 냈다.[48]

말법의 시대에 영원한 불법(佛法)을 새기다

불교 경전에 의하면, 석가모니 열반 후 세상은 정법(正法) 시대를 거쳐 상법(像法) 시대로, 그리고 말법(末法) 시대로 변화한다. 정법 시대는 석가모니 사후 500년으로 부처의 가르침[教교]과 실천[行행], 그리고 증과(證果)가 모두 갖춰져 석가모니의 가르침이 잘 계승되는 시기다. 상법 시대는 정법 시대가 끝난 후 천 년 동안 이어지는데, 가르침과 실천은 있지만 증과는 없으며, 사람들은 단지 탑이나 불상을 만들며 복(福)을 구하는 일에 열중할 뿐, 지혜의 보고인 불법(佛法)에는 크게 관심이 없다. 그래도 이때는 불법이 완전히 쇠약해진 것은 아니다. 상법 시대가 끝나고 도래하는 1만 년의 말법 시대에 이르러 비로소 경전이 파괴되고 불법이 사라진다.

6세기 중반, 중국인들은 이미 말법 시대가 도래한 것으로 믿었다. 말법에 대한 위기감은 중국을 넘어 고구려까지 전해졌다. 고구려의 대승상(大丞相)은 6세기 중반 북제의 최고위 승려였던 법상(法上, 495년~580년)에게 언제 말법 시대가 시작되는지를 묻기도 했다.[49] 말법 시대에 처한

48 타가와 준조 지음 · 박도화 옮김, 『돈황석굴』(개마고원, 1999), 149-150쪽.
49 『續高僧傳』 권8, 「法上傳」.

[도30] 북향당산석굴 남동 내부 각경.

사람들은 불교의 가르침이 사라지는 것을 막기 위해, 견고한 바위에 경전을 새기기 시작했다. 이를 '마애 각경(刻經)'이라 하는데, 북제 시대에 매우 유행했다.

마애 각경이 가장 빨리 출현한 곳은 북향당산석굴의 남동(南洞)이다. 앞서 언급했듯이 북동과 중동이 황제의 정통성을 보여 주는 정치적인 석굴이라면, 남동은 말법 시대에 처한 사람들의 깊은 신앙심을 보여 주는 공간이다. 남동의 굴 내부 세 벽(壁)에도 물론 불상이 봉안되어 있지만, 남동의 가장 중요한 특색은 동굴 안팎으로 가득 새겨진 불교 경전이다(도30).

북향당산석굴 남동에 각경의 대사업을 벌인 인물은 북제의 고관(高官)이었던 당옹(唐邕)이다. 남동 바깥 진입로 입구에는 그가 각경을 하게 된 연유를 서술한 비석이 세워져 있다. 북제 무평(武平) 3년(572)에 조성한 이 비석에서 그는 4년 동안 진행된 각경 사업에 대해 이렇게 적고 있다.

> 비단은 쉽게 훼손되고, 간책(簡冊)은 오래가지 않는다. 그리고 금첩

> (金牒)은 진귀하므로 구하기 어렵고, 가죽이나 종이는 쉽게 사라진다. 이에 …… 부처가 말한 바를 이름난 산에 모두 새기고자 하여 고산(鼓山)의 석굴에는 『유마힐경(維摩詰經)』 1부, 『승만경(勝鬘經)』 1부, 『패경(孛經)』 1부, 『미륵성불경(彌勒成佛經)』 1부를 새긴다. 천통 4년(569) 3월 1일 시작해, 무평 3년(572) 임신년 5월 28일 마쳤다.[50]

돌을 제외한 모든 재료들은 쉽게 썩거나 파괴되고, 또 너무 비싼 탓에 구하기가 어려워 불법을 남기기 어려웠다. 그리하여 이름난 산의 돌 위에 경전을 새겼다는 것이다. 당옹의 부인도 각경 사업에 참여했다. 남동 인근에 위치한 하북성 섭현(涉縣) 중황산(中皇山)에 13만 자를, 그리고 산동을 포함한 북제 영역 안의 명산 곳곳에 경전을 새겼다. 당옹 부부가 진행한 마애 각경은 중복되는 경전이 하나도 없는데, 그들이 불교 대장경을 북제 영역 안에 골고루 새기고자 하는 계획을 수립했기 때문이었을 것이다.

경전을 새긴 굴로 또 대주성굴(大住聖窟)이 있다. 고승 영유(靈裕, 518년~605년)가 수 개황(開皇) 9년(589) 하남성 안양(安陽) 보산(寶山)의 암벽을 파고 조영했다. 영유는 북주 무제(武帝, 재위 561년~578년)의 폐불 정책을 겪은 터라 말법에 대한 위기감이 더욱 컸다. 그리하여 굴 안에 과거 7불, 현재불인 노사나불과 아미타불, 그리고 미래불인 미륵불 등을 만들고, 과거·현재·미래의 여러 부처 이름을 벽면에 새겼다. 나아가 석가모니 열반 이후 불법 전승의 중대한 역할을 해 온 24명의 조사상(祖

50 "縑緗有壞, 簡策非久. 金牒難求, 皮紙易滅. 於是……一音所說, 盡勒名山, 於鼓山石窟之所, 寫維摩詰經一部, 勝鬘經一部, 孛經一部, 彌勒成佛經一部. 起天統四年三月一日, 盡武平三年歲次壬辰五月廿八日."

師像)을 벽면 한쪽에 깊이 새겼다. 굴 바깥에는 불법이 곧 사라질 것을 경고한 『대집경(大集經)』「월장분(月藏分)·법멸진품(法滅盡品)」을, 굴 문 위쪽에는 여래의 수명이 무량해 정법이 영원히 세상에 상주함을 설명한 『묘법연화경(妙法蓮華經)』「여래수량품(如來壽量品)」을, 그리고 굴 안에는 정법을 지키고 지니면서 여래를 신봉하면 무량의 공덕을 얻을 수 있음을 설명한 『묘법연화경』「분별공덕품(分別功德品)」 등을 새겨 놓아 말법에 대한 위기감과 불법의 영원을 염원하는 열망을 고스란히 담아냈다.

불법을 영원히 남기고자 하는 염원은 목판이 아니라 석판에 경전을 새기는 석경(石經) 제작으로도 발전했다. 말세에 산다고 믿었던 6세기 중국인들은 불법의 소멸을 방지하기 위해 단단한 돌에 불교 대장경을 새겼다. 그 결실이 방산석경(房山石經)이다.

방산석경은 세계문화유산으로, 북경시 방산구 운거사(雲居寺)와 사찰 주변의 석경산(石經山: 石景山으로도 씀)에 분포하고 있다. 석경 사업은 북주의 폐불 정책을 몸소 겪은 승려 정완(靜琬, ?~639년)에 의해 수 대업(大業) 연간(605년~617년) 양제(煬帝, 재위 604년~618년)의 후원 아래 시작되었다. 그때의 자취가 경전을 새긴 석판으로 사방 벽면을 꾸민 뇌음동(雷音洞)이다. 석경 사업은 당나라에서도 지속되었으나 오대(五代, 907년~960년)에 일시 중단되었다. 요(遼, 916년~1125년)에서 다시 시작되었고, 원대(元代, 1271년~1368년)에 또다시 중단되었다가 명(明, 1368년~1644년)에 이르러 황실의 후원 아래 재개되었다. 당시 관료이자 유명 화가인 동기창(董其昌, 1555년~1636년)도 석각 작업에 참여했는데, 석경은 명나라 말기에 이르러 기본적으로 종료되었다.

방산석경 제작에는 고려의 승려도 참여했다. 석경 사업이 중단됐던 원 지정(至正) 연간(1341년~1370년)에 혜월(慧月)이라는 고려 승려가 뇌음동에 왔다가 정완이 벌인 석경 사업을 보았다. 당시 석경 일부가 파손된 것을 보고 안타까운 마음이 들어 곳곳을 돌며 돈을 모았고, 그 돈으로 파손된 뇌음동의 5개 경판을 다시 제작한 후 이곳에 자신의 행적을 문자로 남겼던 것이다.

1천 년 대역사의 산물인 방산석경은 14만 개의 석판으로 남아 현재 뇌음동을 비롯한 9개 동굴과 운거사 탑 아래 지하 석실 등에 보관되고 있다. 가장 이른 시기에 만들어진 뇌음동은 돌로 된 문이 있어 출입이 가능하나, 나머지 8개 동굴은 폐쇄되었다. 석경의 판석을 넣은 후, 입구를 돌로 막고 그 틈에는 녹인 쇠를 부어 단단히 막았다. 어떤 불교 탄압에도 살아남기를 기원하며.

제 8 장

석상에 담긴
민중의 원망(願望)

조상과 조상비

산과 들에 구현한 불국정토

'산에도 들에도 부처의 빛이.' 중국 불교미술 문화의 흥성을 웅변하는 표현이다. 산에는 석굴 사원이 가득하고, 들에는 부처와 불교 경전을 새긴 비석 형태의 조각[造像碑조상비]과 경당(經幢)이 도처에 우뚝 솟아 있었다. 파고 들어간 산의 암벽 안은 온통 부처의 세상이고, 돌에 새긴 불상과 불법은 들판과 길가에 가득했으니, 불국의 빛은 어디서나 충만해 있었던 것이다.

석굴 사원은 비록 안의 불상이 뜯겨 나간 경우도 있지만, 제자리에서 위용을 간직하고 있는 경우가 많다. 경주 남산의 마애 돌부처들이 천 년이 지난 지금도 그 자리를 굳건히 지키고 있는 것처럼. 그러나 돌로 만든 환조 및 부조의 조각이나 조상비, 그리고 경당은 제자리에 남아 있는 게 많지 않다. 박물관으로, 또는 인근 공공기관이나 문물 보관소로 자리를 옮겼다. 경주 남산과 시내에서 옮겨온 많은 불상들이 국립경주박물관 야외 전시장을 채우고 있는 것처럼 말이다. 석굴에서 뜯겨진 상을 비롯해 상당량의 석불이 근대기에 미국이나 일본 등 해외로 반출되기도 했다. 아마 이렇게 흩어진 각지의 석상들을 원래의 자리로 되돌려 놓는다면, '부처의 빛'은 어디에나 가득할 것이다.

중국에서 돌로 불상을 만드는 게 성행한 것은 5세기 말에서 6세기부터다. 운강석굴(雲岡石窟)의 조영에서 보듯, 불교도들이 돌에 주목한 것은 북위 태무제(太武帝, 재위 423년~452년)의 폐불(廢佛) 정책을 겪으면서였다. 금동으로 만든 불상은 모두 녹여져 오히려 인간을 살상하는 무기가 되어 버렸고, 흙으로 만든 소상(塑像)은 산산이 부서져 흔적도 없이 사라졌다. 이를 대신한 것이 어떤 상황에서도 영원할 수 있는 돌로 만든 석상이었다.

석상의 유행은 특히 북방 유목민족이 통치했던 북조에서 두드러졌다. 황제에 의한 불교 탄압을 경험하지 않은 남조에서는 말법(末法)에 대한 인식이 약했던 때문인지 석굴과 석상이 매우 적다. 불교의 흥성이 북조에 뒤지지 않았음에도 불구하고 현존하는 남조의 석굴은 도성 건강성(建康城)이 소재했던 남경(南京)의 서하산석굴(棲霞山石窟)과 절강성 신창(新昌)의 미륵대불(彌勒大佛) 정도다. 단독 석상도 현존하는 사례가 매우 적어, 사천성 성도(成都) 일대를 제외하면 찾아보기 어렵다. 남조 불교의 2대 중심지였던 건강성과 호북성 형주(荊州)에서 이루어진 대형 사찰 건립과 수많은 불상 제작은 문헌에서만 다량으로 전할 뿐, 현존하는 사례는 극소수다. 건물은 목조였고, 불상은 대부분 금동상이었기 때문이다.

북위 도성 평성(平城: 현재 산서성 大同市대동시에 소재)을 중심으로 이루어진 석상의 유행은 다른 지역으로 확대되었다. 섬서와 하북을 거쳐, 정광(正光) 연간(520년~525년)이 되면 남조의 영향을 강하게 받았던 산동에서조차 석상이 활발히 제작되기에 이른다. 530년대 중반을 넘어서면 석상이 현존하는 전체 조상의 70%를 차지할 정도로 압도적인 수량 증가가 눈에 띈다.[51] 석상이 많이 제작되었음은 10세기부터 이루어진 대량의 조상기(造像記) 수집을 통해서도 확인할 수 있다. 여기에 고고학이라는 새로운 학문이 동아시아에 도입되면서 땅에 묻힌 수많은 석상들이 실체를 드러내기 시작했다.

중국에서는 수백 건에서 수천 건에 이르는 청동기나 금은기, 그리고 불상이 지하 구덩이에 묻혀 있다가 발굴되는 경우가 드물지 않다. 마치 땅속 보물처럼 말이다. 이런 구덩이를 교장갱(窖藏坑)이라 부른다.

교장갱에선 청동기 출토 사례가 가장 많지만 불상도 적지 않다. 1953년 하북성 곡양현(曲陽縣) 수덕사지(修德寺址)에서 2천 건 정도의 백석제(白石製) 불상이, 1996년 산동성 청주(青州) 용흥사지(龍興寺址)에서 400여 점의 석회암 불상이 출토되었다. 2012년~2013년 감숙성 경주(涇州)의 사지에서는 270여 건의 불교 유물이 쏟아져 나왔다. 그런데 지금까지 중국에서 가장 많은 불상이 출토된 것은 2012년 진행된 발굴에서였다(도31). '2012년 중국 10대 발굴' 가운데 하나로 기록된 이 발굴은 하북성 임장현(臨漳縣) 경내를 흐르는 장하(漳河)의 모래밭에서 이루어졌다. 현재는 비록 물 옆이지만, 원래는 동위(東魏, 534년~550년)와 북제(北

51 佐藤智水, 「北朝造像銘考」, 『日本青年學者論中國史－六朝隋唐卷』(上海: 上海古籍出版社, 1995), 65쪽(原載『史學雜誌』86-10, 1977).

[도31] 하북성 임장현 북오장에서 이루어진 북조 시대 불교 조상의 발굴 모습.

齊, 550년~577년)의 도성인 업성(鄴城)의 성 안쪽에 해당하는 지역이었다. 처음에는 그저 물살에 떠내려 왔을 것이라 생각되는 한 구의 불상을 발굴하는 것에서 시작되었다. 그런데 그 불상을 들어내자, 아래에 한 변의 길이가 대략 3.3m, 깊이 1.5m 정도에 이르는 크기의 구덩이가 있었다. 그곳에서 3천 건에 이르는 크고 작은 불상들이 쏟아져 나왔다.

이렇게 출토된 불상과 보살상은 대부분 석상으로, 온전한 경우는 없으며 모두 파손된 상태였다. 머리가 잘려 나간 것은 기본이고, 머리와 몸체, 그리고 대좌를 따로따로 구분해 묻은 경우가 많았다. 이렇게 많은 불상들이 한꺼번에, 그것도 파괴된 채로 매장된 것은 중국 역사상 네 차례 있었던 황제들의 불교 탄압과 밀접한 연관이 있다. 북위 태무제와 북주의 무제(武帝, 재위 560년~578년), 그리고 당의 무종(武宗, 재위 840년~846년)과 오대 후주(後周, 951년~960년)의 세종(世宗, 재위 954년~959년)

이 행한 이른바 '삼무일종(三武一宗)'이라 불리는 폐불 정책으로 승려는 환속되고 금동상은 녹여졌으며, 석상은 파괴되어 매장되었다. 물론 이런 정황과 부합하지 않는 것들도 있다. '사람이 죽으면 무덤에 묻듯 수명이 다한 불상을 땅속에 묻은' 경우다. 이유야 어찌되었든 지하에 묻힌 수많은 돌부처는 고대 중국인들의 일상에 깊이 스며든 불교의 영향을 생생하게 보여 주고 있다.

불교 조상에 새겨진 문자: 조상기(造像記)

고대 중국에서는 불교 조상뿐 아니라 도교 조상도 돌로 만들어졌다. 혹은 '두 종교가 혼합된 불도(佛道) 조상'도 제작되었다. 민중들이 이런 석상을 만든 것은 소망을 이루기 위해서였다. 그들은 자신의 바람을 석상에 적어 영원히 남기고자 했다. 그리하여 석상의 광배 뒷면이나 대좌 등 넓적한 면에 조상의 제작 시기, 제작지, 참여자의 성명, 제작 배경과 서원(誓願) 등의 발원문(發願文)을 새겼다. 이런 글을 '조상기'라 부른다.

현재 남아 있는 조상기의 수량은 너무 많아 정확히 알 수 없다. 이 가운데는 실물이 현존하는 경우도 있으나, 실물은 일찍이 사라지고 조상기만 탁본으로 전해 오는 사례도 많다. 남북조 시대(420년~589년) 조상기 가운데 정확히 연대를 알 수 있는 것만 해도 1,800개 이상이라고 하니,[52] 그 규모가 매우 방대하다. 이 가운데 대부분이 석상의 조상

52 鄭在均, 「5-6世紀 中國 造像記 자료 및 연구 성과의 소개와 과제」, 『중국고중세사연구』

기다. 조상기 수집은 구양수(歐陽修, 1007년~1072년)의 『집고록발미(集古錄跋尾)』, 조명성(趙明誠, 1081년~1129년)의 『금석록(金石錄)』에서 보듯 이미 송대부터 활발히 이루어졌다. 청대에 이르면 고증학의 영향으로 왕창(王昶, 1725년~1806년)의 『금석췌편(金石萃編)』과 육증상(陸增祥, 1816년~1882년)의 『팔경실금석보정(八瓊室金石補正)』을 비롯한 다량의 조상기를 모아 놓은 서적이 선을 보였다. 현재 새롭게 발굴되거나 발견되는 석상으로 인해 조상기의 수집과 정리는 아직도 진행 중이며, 새로운 집록서(集錄書)도 활발히 출간되고 있다.

금동상에도 조상기가 있지만, 현존하는 금동상은 크기가 매우 작기 때문에 조상기도 대부분 50글자를 넘지 않는다. 반면 석상은 손 한 뼘 정도의 작은 것도, 그리고 몇 미터를 넘는 것들도 적지 않기 때문에 조상기 역시 길고 짧은 것이 다양해 10자 안팎에서부터 수천 자에 이르는 것까지 있다.

> ① 북위 효창(孝昌) 원년(525) 12월 16일 불래국(佛來㔶)이 돌아가신 어머니를 위해 관세음석상 한 구를 만들었다.[53]
>
> ② 동위 흥화(興和) 4년(542) 5월 15일, 청신사 불제자 저월광(邸月光)이 초발심을 내어 관세음상 1구를 만들었다. 위로는 황제 폐하를 위해, 뒤로는 7세의 부모와 현재 나를 낳아 준 부모, 그리고 나와 내 권속(眷屬)이 널리 묘락(妙樂)의 국토에 오르고 용화삼회(龍華三會) 가운데 첫 번째 설법에 참여할 수 있기를.[54]

44(2017), 88쪽.

53 "孝昌元年臘月十六日, 佛來㔶爲亡妣, 敬造觀世音石像一軀."

54 "興和四年五月十五日, 淸信士佛弟子邸月光中初發願造請觀世音像一區. 上爲皇帝陛下, 後爲

③ 숭고하고 위대하신 대성존(大聖尊)은 천지만물의 뿌리로다. 은혜로 세상을 적시고 무위(無爲)에 몸을 맡기었으며, 우주의 근원으로부터 나오셨다. 이에 신묘한 조화를 이루니 물과 같다. 스스로 그러함이 검은 가운데서도 검도다. 세속의 제자들이 근본으로 마음을 향해 도교에 의탁했다. 무위가 항상 일정해 변함이 없다는 가르침을 배워 …… 다섯 집의 재산을 덜어 재(齋)를 열고 신선이 되기를 구했다. 삼보(三寶)를 받들고 따르며 공경한다. …… 지금은 대국(大國) 위(魏)나라의 시대로, 신구 2년 무인일이 초하루인 7월 7일, 돌을 새겨 진용(眞容)을 드러내고, 도로의 입구 변에 놓았다. 만대 동안 훼손되지 말고 천년 동안 더욱 견고하기를.[55]

①번은 가장 간단한 경우다. ①번과 ②번이 다른 것은 '무슨 목적으로 만들었는지', 즉 염원과 소망이 나타나느냐의 여부다. 연구에 의하면 ②번과 같은 형태의 조상기, 즉 '언제, 누가, 무슨 상을, 누구를 위해, 무슨 목적으로 만들었다'는 기본적인 내용을 서술한 것이 고대 조상기의 90%를 차지한다.

글자 수가 많은 것은 소형 금동상에는 출현하지 않고 석상에서만 나타나는데, 대략 전체 조상기의 10% 정도를 차지한다. ③번이 여기에 해당한다. 본서에서는 뒷부분을 생략하고 실었는데, 위 명문에는 불교와 도교가 혼재해 있다. 이런 사례에서는 일반적으로 불법이나 도(道)

七世先亡所生父母己身眷屬普□一切同登洛妙三會初首."

55 "巍巍大聖尊, 天地萬物根. 惠洽任无爲, 出于太空. 是神化而並水, 自然玄中玄. 俗帝歸鄕宗, 託身投道門. 受無爲常定……減割五家財, 建齋求神仙. 奉師敬三寶. ……當今大魏世, 神龜初二年七月戊寅朔七日至申, 刊石出眞容, 輟於路首邊. 万代不可敗, 千載而彌堅."

의 의의와 조상의 목적을 앞에 장황하게 서술하고 문장의 말미에는 이른바 삼보 등을 찬양하는 찬송의 사(詞)가 붙는다.[56] 이런 조상기는 불법이나 도교의 교리를 잘 아는 승려나 도사들의 지도 아래 제작되었을 것이다. 한편, 긴 조상기에서는 비슷한 어구가 많이 반복되고 있는데, 이는 본래 일정한 형식이 있었으며 사람들이 이를 조금씩 변형해 사용했음을 시사한다. 그럼에도 불구하고 조상기 내용이 완전히 같은 경우는 매우 적다.

조상기의 주인공, 다시 말해 석상을 만든 '공양인(供養人)' 가운데는 황실 가족이나 귀족, 고관도 있지만 대부분은 역사에 이름이 전하지 않는 무명씨들이다. 게다가 석상은 남방을 제외한 북방의 거의 모든 지역에서 출현하므로, 조상기야말로 중국 고대 민중의 원망(願望)을 가장 잘 알 수 있는 훌륭한 사료(史料)다. 지식인들이 정교하게 다듬은 역사서나 문장과 달리, 조상기는 아주 간단한 형태로 자신의 바람을 솔직하게 표현하고 있다. 이제부터 고대인의 생생한 목소리를 들을 수 있는 창구(窓口), 즉 조상기 속의 세계로 들어가 보자.

석가는 가고 미륵은 아직 오지 않았다

조상기에는 만든 자의 염원뿐 아니라 '어떤 상(像)'을 만들었는지 새겨 놓은 게 많다. 이를 '도상(icon)'이라 한다. 시대마다 유행하는 도상이 달랐다. 도상의 변화는 곧 신앙의 변화를 의미한다. 전반적으로 고대

56 조상기의 이런 특징에 대해서는 佐藤智水, 앞의 논문, 59-61쪽 참조.

중국에서 가장 많이 만들어진 불교 도상은 석가모니불, 미륵불, 아미타불, 관세음보살 등이다. 그러나 이런 도상도 시대에 따라 변화했다.

남북조 시대에는 석가모니상과 미륵상을 많이 만들었다. 석가모니는 불교를 창시했기 때문에 당연히 불교 예술사상 가장 먼저 만들어졌다. 또한 가장 많이 만들어진 상이기도 하다. 미륵을 만든 것은 그가 미래에 우리를 구원해 줄 존재이기 때문이다. 미륵은 산스크리트로는 마이트레야(Maitreya)로 부르는데, 마이트레야는 성씨며 이름은 아지타(Ajita: 한자로는 阿逸多아일다로 번역되었다.)다. 미륵은 이란 등의 중근동에서 널리 신앙되었던 미투라 신(神)에서 유래하는데, 동아시아에서는 자씨(慈氏)로도 번역되어 자씨보살이나 자씨불로 불렸다.

『현우경(賢愚經)』「우바리품(波婆離品)」에는 석가모니의 16제자 가운데 하나인 미륵의 일생에 대해 자세한 설명이 실려 있다. 이 경전에 의하면, 미륵은 인도의 바라문 집안에서 태어나 석가모니로부터 미래에 성불(成佛)하리라는 수기를 받고 석가모니보다 먼저 입멸(入滅)해 현재 도솔천(兜率天)에서 보살의 모습을 한 채 천인(天人)들을 교화하고 있다. 그러다가 석존 입멸 후 56억 7천만 년을 지나 다시 이 세상에 내려와 화림원(華林園)의 용화수(龍華樹) 아래서 성도한다. 그리고 세 차례의 설법을 통해 석가모니의 교화에서 빠진 중생을 모두 구제하도록 되어 있다.

> 앞으로는 석가를 만나지 못한 것이 슬프고, 뒤로는 미륵의 세 차례 설법을 보지 못하는 것을 슬퍼한다. 두 성인의 사이에 끼어 지금의 세월을 만났으니 매우 암울하구나.[57]

---

57 〈北魏年間沙彌法生造龕記〉, “自慨進不值釋迦初暉, 退(不)蒙慈氏三會, 兩宜中間, 逢玆季運, 添荷□□, 稟報貧闇.”

북위의 승려 법생(法生)은 감숙성 맥적산에 석굴을 조성하면서 이렇게 썼다. 이런 생각은 법생뿐 아니라 남북조 시대 사람들에게 공통된 것이었다. 그들은 자신들이 '석가모니는 이미 가고, 미륵은 아직 오지 않은' 세상에 사는 것을 가슴 아파했다.

석가는 이미 입멸했으므로 만날 수 없는 존재였다. 그러나 미륵은 앞으로 올 구세주였다. 게다가 현재 미륵은 천궁(天宮)에서 설법을 하고 있다. 불교 경전에서는 28개의 하늘[天천]이 있다고 설명했지만, 고대인들이 죽어서 가고자 했던 하늘은 오직 미륵이 설법하고 있는 도솔천 하나였다. 도솔천은 모든 것을 만족시키는 지족천(知足天), 혹은 온갖 즐거움이 가득한 희락천(喜樂天)이었다. 많은 사람들은 죽으면 미륵보살이 있는 도솔천에 태어났다가, 미륵이 세상에 내려올 때 동행해 '용화수 아래 세 번의 설법[龍華三會용화삼회]'에 참여하기를 꿈꾸었다. 그것도 앞에 서술한 저월광의 경우처럼 첫 번째 설법인 초회(初會)에 참여해 먼저 성불하는 것을 가장 큰 희망으로 꼽았다.

미륵은 성불하기 전과 성불 이후의 두 모습이 있으므로, 고대 미륵상은 보살과 부처의 두 가지 형상으로 만들어졌다. 미륵보살은 화려한 장식을 한 보관(寶冠)을 쓰고 몸에 귀족들이 걸던 장신구를 걸치고 있는데, 5~6세기에는 일반적으로 두 다리를 앞에서 X자로 겹친 교각(交脚)의 형태로 제작되었다. 운강석굴 담요오굴 가운데 하나인 17굴의 본존이 대표적으로, 동아시아 불교 조각에서 교각 보살상은 대부분 미륵보살이다. 5세기 후반과 6세기 전반에는 석굴이나 단독 석상으로 교각의 미륵보살상이 매우 유행했지만, 6세기 중반이 되면 정토 신앙의 흥기와 함께 점점 사라진다. 대신 미륵 정토의 주재자로서 미륵불이 미륵보살을 대신한다. 미륵불은 성불했으므로 온몸에서 장신구

[도32] 의자에 앉은 형태로 표현된 불상은 대부분 미래에 중생을 구제할 미륵불이다. 사진은 당대에 조성된 용문석굴 혜간동의 미륵불.

를 뗀 부처의 모습으로 표현되며, 의자 위에 두 다리를 내려뜨리고 앉은 의좌불(倚坐佛)인 경우가 많다(도32).

관음보살상도 많이 만들어졌다. 관음은 관세음(觀世音), 관자재(觀自在) 등으로도 불리는 보살로, 그를 부르는 중생의 소리를 듣고 화답해 중생이 원하는 바를 들어준다. 관음보살상의 유행은 『법화경』의 「관세음보살보문품(觀世音菩薩普門品)」에서 유래한다. 이에 의하면 관음은 '모든 방향으로 얼굴을 향하여 각각의 장소에서 고통당하고 있는 인간을 보고 각각의 사람들에 맞게 자신의 모습을 33개로 바꿔 가르침을 말하고 그들의 고통을 구제'한다. 다시 말해 관음은 불과 물 등의 온갖 재난과 병고(病苦)에서 사람을 구제해 주는 보살이다. 게다가 관음은 이름만 염송해도 효과가 있다. 이런 다양한 능력과 신앙의 편리함 때문에 관음 신앙은 민간에서 급속히 유포되었다. 그리하여 관음과 관련한 신비한 영험 고사가 일찍부터 출현하고, 관음상이 다량으로 제작되었다. 하북성 수덕사지에서 출토된 5~6세기 석상 가운데 보살상은 모두 '관음'의 이름을 가지고 있을 정도다.

서방정토 왕생을 꿈꾸는 사람들

석가모니와 미륵의 모습을 만들던 중국인들이 6세기 중반에 이르면 부처가 상주(常住)하는 이상 세계인 불국토를 돌에 담기 시작했다. 먼저 존상(尊像)의 수가 늘어났다. 부처와 보살은 물론, 부처의 제자와 역사(力士) 등 불국토에 거처하는 도상들이 출현한다. 그리하여 부처와 두 협시보살로 이루어지던 삼존상(三尊像)을 대신해 오존상, 칠존상, 구존상 등이 만들어졌다. 그리고 그들 주변은 화려하게 장엄되었다. 미국 펜실베이니아대학 박물관 소장의 북제 천보(天保) 2년(551) 조상을 보면, 9존상의 앞에 연지(蓮池)가 있고, 불감(佛龕)의 위에는 공중을 나는 괴수(怪獸)를, 그리고 불감 바깥에는 악기를 연주하거나 춤을 추는 주악천과 무악천 등의 천인을 배치해 불국토를 묘사하고 있다.

동아시아 불교는 대승불교다. 소승불교에서는 부처의 교화가 위대해 두 부처가 동시에 출현할 필요가 없다고 생각한다. 그리하여 석가모니 1불(佛)의 입장을 취하여, 열반한 석가모니 이외에는 현존하는 부처를 인정하지 않는다. 그러나 대승불교는 중생의 구제를 기본으로 하기 때문에, 현재에도 여전히 존재하면서 중생을 구제하는 힘을 갖춘 초역사적 불타의 존재를 필요로 한다. 다시 말해 대승의 기본적인 불신관(佛身觀)은 시방세계(十方世界)에 현존하는 무량한 부처를 기본으로 하고 있다. 그러므로 대승불교 아래서는 수많은 불국토, 즉 다수의 정토가 존재한다.

모든 정토는 아름답게 장엄되고 온갖 즐거움이 있는 곳이지만, 대다수 사람들이 가고자 했던 정토는 그중에서도 단연 아미타불이 있는 서방의 정토였다. 6세기 중후반 북제에서 활동한 승려 진옥(眞玉)은 사람들이 "서방정토에만 가려 하지, 동방의 정토에는 가려 하지 않는다."라고 당시의 세태를 비판하며, 정토에는 차별이 없으므로 자신은 동방의 연화불국(蓮華佛國)에 태어나기를 바랐다고 한다.[58] 당대에 이르면 서방정토 신앙의 성행으로 아미타불이 석가불과 미륵불을 대체하기 시작했다.

'곳곳에 아미타불, 집집마다 관세음.' 아미타불과 관음 신앙의 유행을 단적으로 표현해 주는 말이다. 신앙의 변화는 아미타불상의 수량 증가로 표현되었다. 북위에서 당대까지 만들어진 용문석굴의 조상기를 살펴보면, 북위 시대에는 석가와 미륵의 조상이 압도적으로 많은 반면, 7세기 중반부터 아미타불의 급격한 증가가 두드러져 석가모니불의 12배, 미륵불의 10배에 이르렀다.[59] 물론 관음상도 여전히 많이 만들어졌다.

> 사리불이여. 여기에서 서방으로 백만억의 불국토를 지난 곳에 '행복이 있는 곳'이라는 이름의 세계가 있다. 여기에 무량수라 불리는 여래, 존경할 만한 사람, 바르게 볼 수 있는 사람이 현재 거주하며

58 『續高僧傳』 卷6, 「眞玉傳」.

59 塚本善隆, 『支那佛教史研究 北魏佛教編』(東京: 清水弘文堂, 1969 제3판), 371-382쪽; K.S. 케네쓰 첸 · 박해당 옮김, 『중국불교 상』(민족사, 1991), 193쪽.

몸을 기르고 날을 보내며 법을 설하고 있다. …… 이 세계는 행복의 요소가 무량하게 있을 뿐이다. …… 저 여래(무량수여래를 지칭)와 이 세계 사람들의 수명의 양은 무량하다. 그리하여 이 여래를 무량수라 이름하는 것이다. …… 저 여래의 빛은 일체의 불국토에서 막힘이 없다. 이런 의미에서 저 여래를 무량광(無量光)이라 부르는 것이다(산스크리트본 『아미타경』).[60]

아미타(Amita)는 '무량'의 뜻을 가진 형용사로, 아미타불은 무량한 수명과 빛을 의미하는 무량수불(無量壽佛)이나 무량광불(無量光佛)로 번역되었다. 아미타불은 지금 서방정토에 거처하고 있는데, 이곳은 극락(極樂)이나 안양(安養) 혹은 서방안락세계(西方安樂世界) 등의 이름으로 불렸다.

정토는 깨달은 부처와 깨달음을 향하는 보살이 있는 곳, 다시 말해 부처와 보살의 청정한 세계로 시방(十方)에 무수히 존재한다. 불교 경전에는 '210억의 여러 불국'이라 해 매우 많은 정토가 있다고 하지만, 사람들은 특히 아미타불이 있는 서방정토에 가고자 했다. 아미타불의 이름만 염송해도 손쉽게 갈 수 있는 불국토였기 때문이다.

서방정토는 또 사람들을 온갖 재난에서 구제해 주는 신통력을 가진 관음보살이 거처하는 곳이기도 했다. 『관무량수경(觀無量壽經)』에 의하면 관음보살은 대세지보살과 함께 아미타불의 협시보살로서, 인간계와 천상계 그리고 중생과 부처를 연결하는 중개자였다. 혹은 극락왕생을 위한 생사의 중개자 역할을 하는 신이었다. 서방정토 신앙의 유행과 함께 관음에 대한 신앙은 더욱 커져 갔다. 게다가 7세기 후반부

---

60 光森正士, 『日本の美術 No.241 阿彌陀如來像』(東京: 至文堂, 1986), 17쪽.

터 8세기 전반에 걸쳐 관음이 가진 구제의 힘과 공덕의 확대를 강조하는 경전이 집중적으로 번역되면서 초인적인 관음이 다수 등장했다.[61] 이른바 '변화관음(變化觀音)'이라 불리는 것으로, 십일면관음(十一面觀音), 마두관음(馬頭觀音), 천수관음(千手觀音), 불공견삭관음(不空羂索觀音) 등 다양한 모습으로 조성되어 사람들의 경배를 받았다.

나란히 앉은 두 부처와 두 보살

고대 중국에서는 나란히 앉은 두 부처를 표현한 불교 조각이 상당히 많다. 두 부처는 누구이고, 어쩌다 함께 앉아 있게 되었을까. 『법화경』「견보탑품(見寶塔品)」에 그 내력을 상세하게 설명하고 있다. 석가모니가 인도 마가다국의 왕사성(王舍城) 영취산(靈鷲山)에서 『법화경』을 설법하고 있었다.

> 이때 석가모니 부처 앞에 칠보탑이 있었다. 높이 500유순, 가로세로 250유순 되었는데, 땅에서 솟아나와 공중에 떠 있었다. 이 탑은 여러 가지 보물로 장식되어 있었다. …… 이때 보탑 안에서 커다란 음성이 나오며 찬탄했다. "아름답구나, 아름답구나. 석가모니 세존께서 평등의 커다란 지혜로써 보살의 법을 가르치시고, 이처럼 『법화경』을 대중에게 설법하시니. 석가모니 세존께서 설법하신 것들은 모두 진실하다." …… 이때 사부대중이 공중에 보탑이 있는

61 賴富本宏, 『中國密教』(東京: 春秋社, 1999), 19-21쪽.

것을 보았다. …… 이때 부처께서 대악설보살(大樂說菩薩)에게 다음과 같이 말했다. "이 보탑 안에 여래의 전신이 있다. 옛날 동방으로 무량의 천만억 아승지 세계를 지나면 보정(寶淨)이라는 나라가 있다. 그곳에 다보(多寶)라 불리는 부처가 있다. 그 부처가 보살도를 행할 때, 커다란 서원을 세웠다. '만약 내가 성불해 입멸한 후, 시방국토 가운데 『법화경』을 설법하는 곳이 있으면 나의 탑이 이 경전을 듣기 위해 그 앞에 솟아나 증명하고, 아름답다고 찬탄할 것이다.' 이 부처가 성도하고 입멸하기 바로 전 천인과 대중들에게 고했다. '내가 입멸한 후 내 전신을 공양하고자 하는 자는 반드시 커다란 탑 하나를 세워야 한다.' 그 부처가 신통한 원력(願力)으로 시방세계의 곳곳에 계시다가 만약 『법화경』을 설법하는 곳이 있으면, 그의 보탑이 모두 그 앞에 솟아나고, 여래의 전신이 탑 안에서 아름답다고 찬탄할 것이다. 대악설보살이여, 지금 다보여래의 탑이 『법화경』의 설법을 들었기 때문에 땅에서 솟아나와 아름답다고 찬미한 것이다."[62]

보탑이 출현한 이후 시방세계의 많은 부처들이 모두 『법화경』을 듣

62 『法華經』 卷11, 「見寶塔品」, "爾時佛前有七寶塔. 高五百由旬, 縱廣二百五十由旬, 從地踊出, 住在空中. 種種寶物而莊校之. ……爾時寶塔中出大音聲歎言. 善哉善哉, 釋迦牟尼世尊能以平等大慧, 教菩薩法, 佛所護念, 妙法華經, 爲大衆說. 如是如是, 釋迦牟尼世尊, 如所說者, 皆是眞實. ……爾時四衆, 見大寶塔住在空中. ……爾時佛告大樂說菩薩. 此寶塔中有如來全身. 乃往過去東方無量千萬億阿僧祇世界, 國名寶淨. 彼中有佛, 號曰多寶. 其佛行菩薩道時, 作大誓願. 若我成佛滅度之後, 於十方國土有說法華經處, 我之塔廟, 爲聽是經故, 踊現其前, 爲作證明, 讚言善哉. 彼佛成道已, 臨滅度時, 於天人大衆中告諸比丘. 我滅度後, 欲供養我全身者, 應起一大塔. 其佛以神通願力, 十方世界在在處處, 若有說法華經者, 彼之寶塔皆踊出其前, 全身在於塔中, 讚言善哉善哉. 大樂說, 今多寶如來塔, 聞說法華經, 故從地踊出, 讚言善哉善哉."

기 위해 모여들자, 다보불은 보탑 안의 자리 반쪽을 석가모니에게 내어 주면서 앉으라고 권한다. 석가모니는 그 탑 안에 들어가 결가부좌하고 다보불 옆에 앉게 되는데, 이렇게 해서 두 부처가 나란히 앉는 모습이 탄생했다. 이런 불상을 일반적으로 '이불병좌상(二佛竝坐像)'이라 부른다.

『법화경』은 중국에서 아주 이른 시기부터 유행했다. 그러므로 이 경전에 의거한 이불병좌상은 이미 4세기부터 출현해 6세기 화북 지역에서 크게 유행했다. 조상기에서는 이런 불상을 '석가와 다보상'이라 쓰기도 했으며, 그냥 '다보상'으로 줄여 쓰기도 했다.[63]

그런데 6세기 초가 되면 함께 앉은 두 부처 이외에 나란히 선 두 부처, 혹은 나란히 서거나 앉아 있는 보살상들이 출현한다. 게다가 나란히 앉아 있는 두 불상의 조상기에 두 부처를 '석가와 다보', 혹은 '다보'가 아닌 다른 부처의 이름을 써넣는 경우가 많아진다(도33). 6세기 중엽에 이르면 이런 석상이 매우 유행하는데, 그 사례가 가장 많은 것은 하북성 수덕사지 출토 불교 조각이다.

> ① 북제 천보 10년(559) 3월 26일, 양중량(楊仲良)이 돌아가신 조상을 위해 옥석(玉石)으로 된 쌍관음상(雙觀音像) 1구를 만듭니다. 뒤로는 현재 사는 곳에서 부처를 만날 수 있기를.[64]
>
> ② 북제 하청(河淸) 원년(562) 6월 10일, 유근사(劉懃寺)의 비구니 담적(曇籍)이 옥석(玉石)으로 된 쌍사유상(雙思惟像) 1구를 만들었습니

---

63 하북성 곡양 수덕사지에서 출토된, 북제 천보 10년(559)에 왕화(王和) 등이 만든 이불병좌상은 명문에 '다보상'으로 기록되어 있다.

64 "天保十年三月廿六日, 楊仲良爲忘祖造雙觀音玉像一軀, 後爲見在居時見佛."

[도33] 6세기 남조 양나라에서 조성된 석가쌍신상(사천대학박물관 소장).

> 다. 위로는 황제 폐하를 위해, 뒤로는 7세 부모와 현세의 부모가 부처를 만나고, 형태가 있는 모든 것들도 염원하는 바가 이루어지기를.[65]
>
> ③ 당 개원(開元) 10년(722) 정월 23일, 유삼랑(劉三娘) 등이 돌아가신 부모와 7세 부모를 위해 옥석으로 된 쌍신(雙身) 아미타상 1구를 만들었습니다.[66]

만들어진 것은 관음상, 사유상, 아미타상 등으로 『법화경』과 무관하다. 불교 경전에서는 다보와 석가 이외에 두 부처나 관음보살이 나

---

65 "河淸元年六月十日, 劉懃寺尼曇籍敬造雙思惟白玉像一區, 上爲皇祚陛下, 後爲七世先亡現存直佛, 有形之類等同思願."

66 "開元十年正月卄三日, 劉三娘妹五娘嫂郭, 爲亡過父母七代先亡, 敬造玉石雙身彌陁象一區."

란히 출현하는 내용을 언급한 게 없다. 그런데 출토된 상들을 보면 이런 상을 '쌍신상(雙身像)'이라 부르는 경우가 많고, 또 두 상을 만든 경우 대부분 존명(尊名) 앞에 '쌍'의 접두사를 붙이고 있어 이런 상이 존명이 같은 상을 두 개 만든 것임을 알 수 있다. 쌍신상 가운데는 관음보살이 가장 많으며, 그 밖에 반가사유보살상, 미륵불, 다보불, 무량수불(혹은 아미타불) 등 다양한 도상이 한 쌍으로 만들어졌다. 경전에도 안 나오는 이런 상들은 어떤 이유로 만들어졌으며, 왜 그리도 성행했던 걸까.

현재까지 이에 대한 명확한 답은 없다. 경전에도 설명이 없고, 쌍신상을 조성한 이유를 설명한 조상기나 문헌 기록도 없기 때문이다. 다만 두 개의 상을 만드는 것이 공덕을 배가시키기 위한 게 아니었을까 하고 막연히 추론하는 정도다. 불상의 제작이 공덕을 쌓기 위한 것이고, 한 번에 두 상을 만들면 공덕도 배가될 거라 생각하지 않았을까.

한편, 발원 대상이 두 명일 때 두 구의 불상이나 보살상을 만들기도 했다. 하남성 언사(偃師)에 있는 수천(水泉)석굴에는 3m~5m에 이르는 두 부처가 나란히 서 있는데, 조상기에 의하면 이 두 상은 승려 담복(曇覆)이 당시 북위 황제인 효명제(孝明帝, 재위 515년~527년)와 황태후인 호태후(胡太后)를 위해 만든 것이다. 또한 "부모상(父母像)을 만든다."면서 쌍신상으로 제작한 경우도 있다.[67]

67 두 부처가 나란히 출현하는 사례에 대해서는 소현숙, 「泰安마애삼존상의 도상과 성격 – 竝立한 二佛의 존명 추정과 '정치적 서상'으로서 가능성 탐색」, 『백제문화』 54(2016), 45-69쪽 참조.

불상 제작은 공덕의 실천행(實踐行)

불교나 도교 조상을 만드는 것은 공덕과 복업을 쌓는 불교적 실천 활동, 즉 복전(福田) 활동이었다. 북제 천통(天統) 5년(569) 장담귀(張啖鬼) 등 100인이 만든 천궁상(天宮像)의 조상기에서는 조상을 만드는 행위를 '복을 세우는 것[建德건덕]'이라 표현하고 있다.[68] 그렇다면 이런 공덕을 쌓으면 어떤 좋은 결과가 있는 것일까. 공덕의 결과는 조상기 속에 표현된 사람들의 염원으로 표현되었다.

> 북위 태화(太和) 7년(483) 10월 초하루, 제주(齊州) 역성(歷城)의 최승종(崔承宗)이 위로는 돌아가신 부모를 위해 석가상 한 구를 만들었습니다. 돌아가신 부모께서 하늘나라의 안락한 곳에 태어나시기를. 부처의 빛이 십지(十地)를 널리 비추니, 효심을 풀어낸 것이 가득합니다. 널리 왕조가 영원하기를. 또 모든 집안 식구들 가운데 나이 든 분은 장수하고, 젊은이는 재산이 증식되기를 소망합니다. 가문에 영화가 넘치고 복이 대대로 흘러넘치며, 항상 여래로부터 멀리 떨어지지 않기를 기원합니다. 삼계(三界)의 여러 살아 있는 것 모두 이런 경사가 있기를. 대상(大像)을 만든 최승종과 그의 처 양숙비(楊淑妃)가 공경해 세웁니다.[69]

첫째, 죽은 자가 즐거움이 가득한 천당이나 정토에 왕생할 수 있었

---

68 河南博物院,『河南佛教石刻造像』(鄭州: 大象出版社, 2009), 198쪽.

69 "大魏太和七年歲次癸未十月朔日, 齊州歷城崔承宗, 上爲亡父母敬造釋迦像一軀. 使亡父母託生紫府安樂之鄉. 神飛三光, 普照十地. 展孝思於靡涘. 曠國祚之永隆. 又願闔家眷屬, 老者延齡, 少者益算. 門騰榮華, 福流累葉, 動不遠於如來. 三有群生, 咸臻斯慶. 大像主崔承宗, 妻楊淑妃敬立."

다. 공덕은 나를 위해서도 쌓았지만, 효도 관념이 매우 강했던 동아시아에서 죽은 부모를 위한 공덕은 매우 중요했다. 죽은 자를 위해 산 자가 공덕을 쌓으면 그 힘이 죽은 자에게까지 미친다고 생각한 것이다. 북위 신구(神龜) 3년(520) 적만(翟蠻)이란 인물이 불상을 만들면서 "복업을 쌓는 자는 천당의 쾌락뿐 아니라 지옥의 고통도 안다."고 쓴 데서 보듯,[70] 6세기부터 지옥에 대한 공포는 무척 컸다. 부모가 이런 지옥에 떨어지지 않고 즐거움이 가득한 묘락(妙樂) 불국토에 태어나기를 기원하는 것은 매우 훌륭한 효도 가운데 하나였다.

불교에서 가장 중요한 것은 윤회의 고리를 완전히 끊고 해탈하는 것이다. 그러기 위해서는 부처가 상주하는 불국정토에 태어나야 한다. 불교에서 '하늘[天천]'은 정토보다 단계가 낮은 곳으로 윤회의 고리가 끊어지지 않고 반복된다. 그런데 5~6세기 중국인들은 죽어 하늘에 태어났다가 다시 이 세상에 태어난다고 생각한 경우가 많았다. 그리하여 '위로는 천당에 태어나고, 아래로는 재산 많은 높은 신분으로 인간 세계에 태어나기를' 기원하곤 했다.[71]

둘째, 살아 있는 자들이 복덕을 누릴 수 있다. 본인 혼자만을 위해 불상을 만든 경우도 있는데, 이는 보통 승려 계층에서 출현할 뿐이다. 일반 민중은 대개 가족을 위해 불상을 만들었다. 그러므로 가족에 대한 염원이 가장 강하게 출현한다. 죽은 부모를 위한 기원 역시 '가족'의 범주를 벗어나지 않는다. 최승종처럼 고대 중국인들은 불상을 만든 공덕으로 산 자가 장수하고 건강하기를, 그리고 가문에 영화와 복이

---

70 韓理洲 等 輯校編年, 『全北魏東魏西魏文補遺』(西安: 三秦出版社, 2010), 485쪽.

71 『全北魏東魏西魏文補遺』, 〈北魏景明3年(502)劉未等造像記〉, 446쪽.

넘치기를 기원했다.

셋째, 대승사상에 기인한 염원의 성취다. 나와 가족뿐 아니라, 현실에 내가 발 딛고 있는 왕조나 황제의 무궁에 대한 기원이다. 그리고 개인의 사리(私利)를 초월해 일체 중생의 기복을 서원하는 문장이 많아 전체 조상기의 90% 정도가 이 염원을 포함하고 있다.[72] 한편, 전쟁이 멈추고 천하가 태평하기를 기원하는 내용도 적지 않은데, 이는 당시 남북으로 혹은 동서로 분열되어 전란이 끊이지 않았던 시대 상황을 반영한다. 오곡이 풍양해 인민이 안락하기를 기원하는 내용도 적잖이 출현한다.

장문(長文)의 조상기는 대부분 대형 조상에 많다. 이 경우 상을 만드는 데 상당한 시간이 걸렸을 것이다. 그렇다면 조상기 속에 나타난 제작 시점은 언제를 지칭할까. 조상을 만들기 시작한 날인가, 아니면 완성한 날인가.

조상은 공덕을 쌓는 방법이었으므로 제작일은 신중하게 선택되었다. 조상기에 나오는 제작일 가운데 가장 많은 것은 4월 8일이다. 이 날은 불교의 가장 큰 기념일인 교조(教祖) 석가모니의 탄생일이다. 숫자는 많지 않지만 당시에 석가의 성도일(成道日)이나 탄생일로 알려지기도 했던 2월 8일에도 불상이 조성되었다. 두 날은 모두 석가모니를 기념하기 위해 선택된 것이다.

조상기 속의 제작일은 조상이 완성된 날이기도 한데, 일반적으로 그 날에는 완성을 기념하는 의례가 열렸다. '재회(齋會)'라 불리는 이 의례에서 사람들은 불상 앞에서 참회를 하면서 자신의 죄가 없어지기를 기

72 稻本泰生, 「北朝の造像記」, 『世界美術大全集 東洋編3 三國 · 南北朝』(東京: 小學館, 2002), 336쪽.

원하곤 했다. 그러므로 불교 조상은 일반적으로 불교의 재일(齋日)인 육재일(六齋日), 즉 8·14·15·23·29·30일에 조성된 경우가 많다. 육재일에 상을 만든 것은 사천왕(四天王)과 사천왕의 태자(太子) 및 사자(使者)가 이날 인간들의 선악(善惡)을 살피는 것과 관련이 있다. '입춘, 춘분, 입하, 하지, 입추, 추분, 입동, 동지' 등 음양이 교대하는 팔왕일(八王日)에도 조상이 제작되었는데, 이날 역시 '천왕이 사람들을 돌아보고 죄와 복 등을 살펴 증감을 결정'하기 때문이었다.[73] 사람들은 이런 날에 재계(齋戒)를 하고 선한 일을 해 자신의 선업(善業)을 부각시켜야만 했다.[74] 조상의 제작은 바로 자신의 선업을 드러내는 행위였다.

한편 두 경우에 해당되지 않는 날들도 상당수 존재한다. 이 경우는 부모의 사망일 등 특정한 날을 기리며 만든 것이기 때문에, 조상기 속의 날짜는 바로 만든 사람들에게 의미 있는 '특정한 날'이 될 것이다.

함께 만들면 공덕도 크다: 의읍(義邑) 조상

돌로 된 불교 조각은 한 사람이 혹은 가족이 힘을 합쳐 만든 경우도 많지만, 불교나 도교 등을 믿는 사람들이 신앙 결사단체를 만들어 제

73 『經律異相』 卷49, 「地獄部 上」, "八王日者, 天王案行以比諸天民隷之屬, 有福增壽有罪減算, 制命長短毛分不差. 人民盲冥了自不知, 不預作善收付地獄"; "八王曰, 謂天帝釋鎭臣三十二人, 四鎭大王司命司錄, 五羅大王八王使者, 盡出四布覆行, 復値四王十五日三十日所奏, 案挍人民立行善惡. 地獄王亦遣輔臣小王, 同時俱出有罪即記. 前齋八王日, 犯過福强有救安隱無他用福原赦, 到後齋日重犯, 罪數多者減壽條名剋死, 歲月日時關下地獄. 地獄承文書即遣獄鬼持名錄召, 獄鬼無慈死日未到, 强推作惡令命促盡, 福多者增壽益算, 天遣善神營護其身, 移下地獄拔除罪名, 除死定生, 後生天上." 불교 조상의 조성일에 대해서는 蘇鉉淑, 「6世紀 北朝의 宗教造像과 鄕村景觀－銘文 分析을 통해 본 公共的 佛道造像碑의 立地와 性格」, 『中國古中世史研究』 42(2016), 388-390쪽 참조.

74 劉淑芬, 『中古的佛教與社會』(上海: 上海古籍出版社, 2006), 92쪽.

작한 경우도 적지 않다. 조상기에는 이런 신앙 결사단체를 '읍(邑)', '읍의(邑義 혹은 邑儀)', '합읍(合邑)', '법의(法義 혹은 法儀)' 등으로 다르게 기록하고 있는데, 현재는 일반적으로 '의읍'으로 부르고 있다.

의읍은 적게는 2~4명, 많게는 천여 명으로 구성된 것도 있으며,[75] 그 구성원은 '온 집안'이나 '종족(宗族)' 등의 혈연 관계나 촌락을 중심으로 뭉친 지연 관계를 기반으로 하는 경우가 많다. 의읍은 기본적으로 지역의 유력자나 관료가 맡는 의읍의 대표자 격인 읍주(邑主), 지도 승려 읍사(邑師), 총무 역할을 하는 유나(維那), 그리고 일반 회원인 읍자(邑子) 등으로 구성되어 있다. 읍자는 조상비 속 공양인의 대부분을 차지하는데, 그들은 지역의 교화 승려인 읍사의 지도 아래 신앙 활동을 함께 했다.[76]

6세기 화북 지역에서 찬술된 『상법결의경(像法決疑經)』은 비록 인도에서 유래한 경전이 아니라 중국에서 만들어진 위의경(僞疑經)이지만, 화북 지역에 미친 영향력은 지대했다. 6세기 후반에서 7세기 초에 걸쳐 활동했던 천태 지의(天台智顗, 538년~597년)나 길장(吉藏, 549년~622년) 등 고승들의 책에 이 경전의 문구가 인용될 정도였다. 이 경전에서는 성불(成佛)하기 위한 가장 중요한 방법으로 보시(布施)를 들고 있는데, 그 가운데서도 나무를 심고 우물을 건설하거나 교량을 건설하는 것 등의 공덕을 가장 뛰어난 것으로 강조하고 있다.

보시를 강조하는 대승사상을 기반으로 의읍은 지역사회에서 각종

---

75 〈北齊天保9年(558)魯思明等造寺塔記〉.

76 중국 남북조 시대 의읍과 의읍 조상의 성격에 대해서는 劉淑芬, 「五至六世紀華北鄉村的佛教信仰」, 『中央研究院歷史語言研究所集刊』 63-3(1993)(『臺灣學者中國史研究論叢: 禮俗與宗教』, 北京: 中國大百科全書出版社, 2005, 216-261쪽에 수록); 侯旭東, 『北朝村民的生活世界－朝廷, 州縣與村里』(北京: 商務印書館, 2005)를 참조.

공공사업을 했다. 북위 후기부터 빚어진 전란 상태에서 지방의 공공 건설에 각 정권이 대처할 수 없게 되자 촌민(村民)들이 의읍을 구성해 우물, 도로, 교량 건설 등의 공공사업에 적극적으로 참여한 것이다. 그리고 이를 기념하기 위해 석상을 만들어 세웠다(아래 '조상비' 항목 참조). 특히 북제에서는 노역과 전쟁으로 인한 의읍이 발달했는데, 현존하는 6세기 후반 의읍 조상이 하남과 산서 등지에 집중되어 있는 것은 그 때문이다.

의읍 조상은 북조의 특징이다. 남북조 시대의 남조에서 불교가 흥성했음에도 불구하고, 의읍 조상은 출현하지 않는다. 남조에는 근본적으로 신앙 결사단체가 존재하지 않았기 때문이다. 이는 남조의 사회제도와 관련이 있다. 남조는 5가(家)를 하나의 단위인 오(伍)로 만들어 이들이 서로 감찰하고 연좌하는 '부오연좌제(符伍連坐制)'를 실시했다. 이런 사회통제 정책 아래서는 오제(伍制) 이외의 사람과 접촉하면 같은 오의 사람에게 해가 미쳤기 때문에 다수의 향민이 참여하는 신앙 결사단체의 조직이 근본적으로 불가능했다.[77] 그리하여 의읍 조상이 출현하지 않았다.

반면, 북조에서는 5세기 후반 다수의 의읍 조상이 출현하는데, 이는 북방 유목민족 정권인 북위가 439년 북중국을 통일한 후, 지방 통제와 사회 통합을 위해 불교를 적극적으로 이용했기 때문이다. 북위는 불교를 국가적 종교로 채택하여 분열된 사회에 통일적 이데올로기를 제공함으로써 종족과 사회적 분열을 극복하고 통합을 이루고자 했다. 그

77 劉淑芬, 「從造像碑看南北朝佛教的幾個面相－碑像·義邑和宗教撰述經典」, 『中國史新論: 宗教史分册』(臺北: 臺灣中央研究院, 2010), 221쪽, 234-235쪽.

리고 국가의 지방 향촌에 대한 지배와 통제에 불교 교단을 적극적으로 활용하는데, 이 과정에서 의읍 등의 신앙단체들이 출현했다.

의읍의 형성은 국가의 향촌 지배와 밀접한 관련을 가지고 있었기 때문에 조상기에도 이와 관련된 내용이 출현한다. 개인 조상기가 개인의 이익을 위해 만들었다고 적은 반면, 의읍 조상기에는 개인 조상기에 비해 국가나 국왕에 대한 기원의 비중이 매우 높다.[78]

> ① 어떤 중생이 오로지 혼자만 선(善)을 행하려 하고 뭇사람들을 교화하지 않으면, 그리고 혼자만 선을 행하고 많은 사람이 선을 행하도록 돕지 않으면, 이런 사람들은 그 복(福)이 열등할 것이다.[79]
>
> ② 만약 어떤 사람이 태어나서 늙을 때까지 많은 재물을 가지고 혼자서만 보시를 한다고 하자. 이는 많은 사람들이 빈부귀천이 다름에도 불구하고, 그리고 도속(道俗)을 가리지 않고 함께 교화를 권하고 조금씩 재산을 갹출해 한곳에 모은 다음, 가난하고 외롭고 나이 든 사람들, 질병에 걸리거나 액을 당한 사람들이 생겼을 때에 각각의 경우에 맞게 보시를 행하는 복만큼 복이 크지 않다.[80]

『상법결의경』에는 이처럼 공동으로 선을 행하는 것이 혼자만 행하는

---

78 鄭在均은 390년에서 557년까지 중국 내 화북 지역 조상 주체들 내에서 국가 기원의 비중을 살펴보았다. 그의 통계에 의하면, 宗室은 22.2%, 官吏는 33.3%, 僧侶는 28.5%, 平民은 13.0%, 義邑은 57.0%, 未詳은 2.4%이다. 각 조상 주체 내에서 국가에 대한 기원의 비중은 의읍을 제외하면 대체로 낮다. 특히 民의 경우 13%로 未詳을 제외한 다른 조상 주체 가운데 가장 낮은 비중을 보이고 있으며, 의읍은 57%로 각 조상 주체들 가운데 가장 높은 비중을 보이고 있다. 鄭在均, 「北朝 시기 山西 西南部 지역의 義邑의 활동과 구성에 관해」, 『동양사학회 학술대회 발표논문집』 (2016), 5쪽.

79 『像法決疑經』, "復有衆生專欲獨善不化衆生, 見他作善不能隨喜助其少多, 如此人輩其福微劣."

80 『像法決疑經』, "若復有人, 多饒財物獨行布施, 從生至老. 不如復有衆多人衆, 不同貧富貴賤, 若道若俗, 共相勸他各出少財聚集一處, 隨宜布施貧窮孤老惡疾重病困厄之人, 其福甚大."

것보다 복덕이 훨씬 크다고 설명하고 있다. 양 무제(武帝, 재위 502년~549년)의 명으로 편찬된 『대반열반경집해(大般涅槃經集解)』「순타품(純陀品)」에서도 "한 사람의 정성으로는 부처의 감응(感應)을 불러일으킬 수 없으므로, 많은 사람들이 함께 부처를 청해야 한다."고 해,[81] 집단에 의한 조상과 의례 활동을 강조하고 있다. 이를 반영하듯 의읍 조상기에서도 "혼자서만 선을 행해서는 안 된다."고 적고 있다.[82] 북제 천통(天統) 3년(567) 장정유(張靜儒)란 인물은 자신의 병을 고치기 위해 탑을 건립했다. 그런데 건립 지점이 집이나 사찰 같은 닫힌 공간이 아니라, 고지대이면서 사람들의 눈에 잘 띄는 개방적 공간인 산등성이였다.[83] 이는 탑을 보고 많은 사람들이 예배하게 되면 건립자인 자신의 선업이 커지고, 그로 인해 병이 빨리 치유될 수 있다는 관념을 반영한 것이다.

의읍 조상에서 가장 중요한 요소는 제작에 참여한 읍자들의 모습과 그들의 이름이다. 일반 평민이 불상을 제작하는 주요 목적은 자신을 비롯한 가족을 위해 공덕을 쌓고 죄업을 해소해 복보(福報)를 얻기 위한 것이었으므로, 읍자들은 "자신의 이름과 모습을 통해 자신이 출자자(出資者)라는 것, 즉 과보(果報)를 입을 자임을 명시했다."[84] 그리하여 적게는 수십 명에서 많게는 수백 명에 이르는 공양인의 모습과 이름이 조상비 정면은 물론, 측면과 배면까지 빼곡히 묘사되거나 새겨진다. 북위 영안(永安) 3년(530)에 제작된 조상비에는 조상을 주도한 승려와 읍

81 『大般涅槃經集解』 권5, 「純陀品」, "僧亮曰, 恐一人之誠, 不能仰感. 故憑大衆令共請."

82 〈隋開皇5년(585)建天宮義井造像記〉, "又邑我等覩□希奇, 人各修心例, 邑共崇此福, 冀隆發行, 許不獨善."

83 〈北齊天統3년(567)張靜儒造塔記〉, "佛弟子張靜儒, 身遇時疹, 願患除愈, 在黃崗上造浮圖壹軀."

84 이시마츠 히나코(石松日奈子) 글·서남영 번역, 「中國의 佛教供養者像에 관해 – 北朝期의 作例를 중심으로」, 『佛教美術史學』 21(2016), 149쪽.

주는 물론, 무려 500여 명에 이르는 읍자들의 이름이 가득 쓰여 있다.[85]

흥미롭게도 공양인의 모습은 천편일률적이다. 여성과 남성은 좌우를 엄격히 나누어 배열되고 복장에서도 차이가 나타나지만, 남녀의 특징 이외에 공양인 개개인의 개성은 드러나지 않는다. 거의 동일한 모습으로 표현되고, 공양인의 형상 옆에는 그의 이름이 새겨져 있다. 다시 말해 어떤 이를 특정 짓는 것은 얼굴이라는 형상이 아니라 이름, 즉 문자였던 것이다.

조상비(造像碑): 중국적 물질에 담아낸 불교문화

초기의 불교미술은 불교 탄생지인 인도와 불교의 중국 전래 노선에 위치한 서역 지방의 영향을 강하게 받았다. 커다란 '배 모양[舟形주형]'의 광배를 배경으로 인도인이나 서역인의 외모와 복장을 한 불상과 보살상을 만들었다.

시간이 지남에 따라 불교예술은 중국의 전통 예술과 결합하기 시작했다. 이른바 '불교미술의 한화(漢化)'다. 먼저 변화는 얼굴에서 시작되었다. 인도인이나 서역인의 외모가 아닌 넓적하고 평평한 동양인의 얼굴로 변화했다. 뒤이어 복장이 바뀌었다. 인도의 전통적인 옷차림에서 유래한 두 어깨를 덮는 통견(通肩. 도34)이나 한쪽 어깨만 드러내는 편단우견(偏袒右肩. 도35)의 겉옷 대신, 넓은 소매에 앞에서 끈을 매는 중국 사인(士人)들의 옷차림인 '포의박대식(褒衣博帶式. 도36)'으로 바뀌어 갔다.

---

85 顏娟英 主編, 『北朝佛教石刻拓片百品』(臺北: 中央研究院歷史語言研究所, 2008), 71-76쪽.

[도34] 통견식 대의를 입은 불상(가운데). 사진은 하북성 임장현 출토 북제 시대 불상.

[도35] 편단우견식 대의를 입은 불상. 사진은 산동성 박흥 출토 6세기 불상.

옷차림의 변화는 신체에 대한 인식의 차이에서 유래하는 것이기도 하다. 인도와 서역에서는 인간의 육체를 드러내는 데 금기가 없어 편단우견에서 보듯 어깨를 그대로 드러내기도 했다. 그리고 옷을 입은 인체의 윤곽선이 잘 드러나도록 조각했다. 그러나 중국에서는 어깨를 드러내는 것은 수인(囚人)이나 하는 것이었다. 게다가 의복은 신체를 드러나지 않게 몸을 여러 번 감싸는 것이라 생각했다.

불교 조상을 담아내는 형태도 변화했다. 주형 광배를 배경으로 불상과 보살상을 만들던 방식에서, 중국 전통의 석비(石碑) 형태에 불교 도상을 묘사하기 시작했다. 조상비의 탄생이다. 조상비에는 불교나 도교 도상을 조각했을 뿐 아니라, 문자를 석비에 기록하듯 조상을 만든 사람들의 성명과 제작 동기 등을 써넣었다. 또한 제작에 참여한 사람

[도36] 중국 사대부 복장이라고 할 수 있는 넓은 소매 형식에 가슴에 끈을 맨 포의박대식 불의를 입은 불상. 사진은 사천박물원 소장의 남제 영명 원년(483) 조성된 미륵불.

들, 즉 공양인의 형상을 가득 새겨 넣기도 했다. 이처럼 넓적한 판형(板形) 석재에 도상과 문자를 함께 새겨 넣은 조상을 당시에는 '비상(碑像)', '사면상(四面像)' 등으로 불렀다. 12세기 송대에 이르러 이런 상들을 '조상비'란 이름으로 통칭하기 시작했다.[86]

조상비는 5세기 말에 등장해 6세기에 번성하다가 7세기에 이르러 점점 쇠락을 길을 걷는, 시대성이 분명한 예술 형식이다. 또한 남조에서는 거의 출현하지 않으며 주로 화북 지역, 즉 북조의 섬서, 산서, 하남, 감숙, 영하(寧夏) 등지에서 그 지역 석재를 사용해 조성되었다. 붉은 기가 감도는 황색 사암은 일반적으로 산서와 감숙 및 영하의 일부 지역에서, 연한 회색의 단단한 석회암은 하남과 섬서 등지에서 사용했다. 고래로 아름다운 돌인 옥(玉)을 숭상하는 전통은 색깔이 매우 고운 노란 황화석(黃華石)이나 대리석처럼 하얀 백석(白石) 등의 석상 제작을 불러왔다. 황화석 조상은 장안을 중심으로 한 서쪽에서, 백석 조상은 하북성 일

---

86 중국 조상비 문화에 대해서는 蘇鉉淑, 「中國 南北朝時代 佛教造像碑 연구」, 『東아시아 古代學』 47집(2017), 107-137쪽을 참조.

대의 동부 지역을 중심으로 유행했는데, 두 종류의 상은 당시에 '옥상(玉像)'으로 불렸다.

조상비는 크게 '사면체의 기둥형'과 '납작한 석비형'으로 구분된다(도37).[87] 사면체형은 네 면의 폭이 거의 동일하거나 혹은 측면이 조금 좁은 장방형 돌의 사방에 모두 감을 파고 불상을 조각한 것이다. 비석형은 앞뒷면의 폭이 넓고 양 측면의 폭이 좁은 중국의 전통적인 석비 형식으로, 주로 전면과 뒷면에만 불상을 조각한다.

조상비는 대부분 비좌(碑座), 비신(碑身), 비수(碑首) 등 세 부분으로 구성되며, 종교적 도상인 불상이나 보살상 등은 비신 부분에 조각한다. 비수는 용들이 서로 몸을 엉킨 이수형(螭首形)과 기와 지붕 형식의 옥개형(屋蓋形) 등으로 표현되었으며, 이수형에서는 문자를 새긴 석비의 비수처럼 '제액(題額)'을 써넣기도 했다.

조상비가 기록적 성격을 가진 중국의 전통적인 석비 형식에서 유래한 만큼, 조상비에는 문자의 비중이 석굴 사원이나 단독 조상에 비해 월등히 높다. 장문의 조상기가 비교적 많으며, 조상기 말미에는 중국 묘비나 공적비 등에서 전형적으로 등장하는 4자로 구성되는 명사(銘辭)나 송문(頌文) 등 문학성 강한 문장이 덧붙여졌다. 불교 조상비가 형태뿐 아니라, 명문까지도 중국 석비문화와 밀접한 관계를 가지고 있는 것이다.

조상비는 일반적으로 민중들의 신앙 결사단체인 의읍에 의해 조성된 경우가 많기 때문에 건립 지점도 비교적 특수했다. 개인이 만든 석상이 집이나 사찰의 내부 공간에 놓여 예배를 받았다면, 의읍 조상비

87 楊泓, 「造像碑」, 『中國大百科全書· 考古學』(北京: 中國大百科全書出版社, 1986), 639-640쪽.

[도37] 사면체의 기둥형 조상비와 납작한 석비형 조상비가 6세기 중국에서 유행했다. 사진은 두 유형의 조상비가 진열된 섬서성 서안의 비림박물관 전경.

는 개방적이고 공공적인 공간에 세워지곤 했다. 사람들은 우물이나 도로, 그리고 교량 건설 등의 공공사업 후에 "돌을 새겨 공적을 기록해 후대에 그 영예를 전하고자 했다."[88] 그리하여 사찰의 외부 공간, 교통로, 촌락의 중심 구역이나 마을 입구 혹은 고지대 등에 세워 오가는 많은 사람들이 볼 수 있도록 했다. 그런데 이런 조상비는 단순히 기념의 목적만을 가지고 있었던 걸까.

불교 경전에서는 교통의 요지에 불탑 등을 건립해서 많은 사람들이 예배할 수 있도록 해야 한다는 기록들이 많다. 실제로 인도에서 탑은 일반적으로 대로, 특히 교통 요지라 할 수 있는 사거리 등에 건립되었다. 서역 쿠차[龜玆구자]에도 "대성(大城)의 서문 밖, 길의 좌우에 각각 높

88 〈東魏興和4年(542)李氏合邑造像記〉, "刊石記功, 聲傳後代."

이 90여 척의 불상이 서 있었다."[89] 중국의 경우도 유사했다. 북위 도성 낙양 평등사(平等寺)의 1장 8척의 정광상(定光像)은 5m가 넘는 대형 석상인데, 사찰 안이 아니라 사찰 문 바깥 노천에서[90] 이곳을 오가는 도성 민들을 만났다.

공공적 공간에 세워지는 북조의 조상비 역시 비슷한 기능을 가지고 있었을 것이다. 이와 관련해 주목해야 하는 것은 이런 조상기에서 '보는 것[觀관]'의 공덕을 강조하고 있는 점이다. 『화수경(華手經)』에서는 사람들이 많이 보는 곳에 탑과 불상을 만들어 그들로 하여금 부처를 생각게 하는 선복(善福)의 연(緣)을 만들어야 한다고 설명하고 있는데,[91] 조상비에도 이와 유사한 내용이 있다. 길을 가는 자는 걸음을 멈추고 이와 같은 조상비를 돌아볼 수 있으며,[92] 구태여 걸음을 애써 돌리지 않고도 길목에서 부처의 존용을 볼 수 있고, 일을 하다 중간에 휴식을 취하는 사람 역시 길을 돌아가지 않고도 불상을 보고 예배할 수 있다는 것이다.[93] 예배의 편리함 이외에도, 조상비를 봄으로써 재앙을 제거하고 죄장(罪障)을 소멸시킬 수 있었다.[94] 이와 같은 이유로 조상비는 산과 들 곳곳에 우뚝 세워져 많은 지역민들과 외지에서 온 행인들의 경배를 받았다.

---

89 『大唐西域記』 권1, '屈支國'조, "大城西門外, 路左右各有立佛像, 高九十餘尺."

90 楊衒之 撰, 周祖謨 校釋, 『洛陽伽藍記校釋』(上海: 上海書店出版社, 2000), 79-88쪽.

91 『法苑珠林』 권33은 鳩摩羅什이 번역한 『華手經』을 다음과 같이 인용하고 있다. "佛告舍利弗, 菩薩有四法終不退轉無上菩提. 何等爲四. 一者, 若見塔廟毁壞當加修治, 若塊若泥乃至一塼. 二者, 若於四衢道中多人觀處, 起塔造像爲作念佛善福之緣. 塔中畫作若轉法輪及出家相, 乃至雙樹入涅槃相……"

92 〈北魏神龜2年(519)70人造像記〉, "行夫輟足顧."

93 〈北魏神龜3年(520)李僧智王阿全合邑造像記〉, "行途者 不紆步而具瞻景容, 息肩者, 不曲徑式敬信像."

94 〈隋開皇5年(585)寶泰寺碑記〉, "見者與見而淸殃, 禮者共禮而除障."

돌기둥[石柱석주]과 경당(經幢)

산서성 심현(沁縣)의 이랑산(二郞山) 정상에 위치한 진열관에는 다른 지역과는 다른 색다른 정경이 펼쳐져 있다. 불상이나 비석이 아닌, 마치 블록을 높이 쌓아 올린 듯한 조각 기둥이 줄지어 서 있다. 1959년 이래 심현의 남열수촌(南涅水村)에서 출토된 2,139건의 석각 조상으로 쌓아 올린 돌기둥이다.[95]

남열수촌은 열하(涅河)의 남안에 위치해 얻어진 이름이다. 춘추전국시대 이래로 상당히 번화했던 곳으로, 인근에 6세기 현성(縣城)의 소재지로 사용된 것으로 보이는 고성(古城)이 남아 있다. 이런 번성함이 다량의 석주(石柱)가 출현할 수 있었던 배경이 되었을 것이다.

남열수촌의 돌기둥은 7~8개의 사다리꼴 모양 석조 입방체를 한 층 한 층 쌓아 올린 것이다. 가장 아래 돌의 밑변은 대략 70cm 정도인데, 위로 쌓아 가면서 사다리꼴 형태의 돌 크기가 점점 줄어들어 가장 상단에 놓인 돌의 한 변은 20cm에 불과하다. 그리하여 전체적으로도 사다리꼴 기둥 형상이 된다.

사다리꼴 형상의 돌 사면에는 모두 불상과 보살상 등 다양한 불교 도상을 새겨 놓았다. 각 면의 중심에 감을 파고 존상을 새겨 넣은 다음, 감 좌우에는 많은 소형 불상[千佛천불]을 가득 조각했다. 불감 안의 불상에는 단독의 석가모니상이 가장 많으며, 다음이 석가와 다보가 나란히 앉은 이불병좌상이다.

이런 돌기둥을 탑이라 부르기도 하지만, 남열수촌의 그것은 탑이 아

---

95 張明遠 主編,『山西石刻造像藝術集萃』(太原: 山西科學技術出版社, 2005), 51쪽.

니다. 탑이 되려면 탑신(塔身) 위에 지붕이 있어야 하고, 가장 상단에는 인도식의 복발형 탑을 모방한 상륜부가 있어야 한다. 남열수의 돌기둥은 그저 사면체형의 돌을 차곡차곡 쌓았을 뿐, 지붕도 상륜부도 없다. 그렇다면 이런 돌기둥은 왜 만들었으며, 당시에 뭐라고 불렸을까. 안타깝게도 관련된 문자 기록이 남아 있지 않아 정확히 알 수 없다. 게다가 현재 복원된 모습이 원래의 모습인지도 확실치 않다. 발견될 때 사면체형의 돌들이 무너진 상태로 뒤섞여 있었기 때문이다.

당대(唐代, 618년~907년)에 오면 도시는 물론 향촌 곳곳에 새로운 형태의 돌기둥이 들어서기 시작했다. 돌로 된 석당(石幢)이다. '당'은 원래 기다란 나무 막대로, 여기에 부처의 이름이나 간단한 주문을 썼으며, 또한 직물로 만든 번(幡)을 달아 불교 의식에 사용되곤 했다. 그리하여 당과 번을 합해 '당번'이라 부르기도 했다.

석당은 높이 2m~5m에 이르는 돌기둥이다(도38). 일반적으로 가장 하단부의 받침대인 당좌(幢座), 몸체부인 당신(幢身), 그리고 최상단의 당정(幢頂) 등 세 부분으로 구성되어 있다. 석당은 당신에 불교 경문을 새겨 넣기 때문에 일반적으로 '경당(經幢)'이라는 이름으로 불렸다. 경당은 명대(明代, 1368년~1644년)까지 오랜 세월 동안 제작되었는데, 당좌와 당정의 모양은 변화했지만 경전을 새기는 당신만은 팔각의 형태를 비교적 일관되게 유지했다. 경당의 높이는 시대가 내려갈수록 높아져, 송나라 건덕(乾德) 3년(965) 제작된 절강성 항주(杭州)의 범천사(梵天寺) 석당은 15.67m, 경우(景祐) 5년(1038)에 건립된 하북성 조현(趙縣)의 경당은 18m에 이른다.[96]

96 경당에 대한 상세한 논의는 劉淑芬, 『滅罪與度亡: 佛頂尊勝陀羅尼經幢之研究』(上海: 上海古

[도38] 팔각형 비신에 불교 경전을 새긴 경당. 사진은 산서성 분양(汾陽)에 위치한 태부관(太符館) 앞에 서 있는 경당.

현존하는 가장 이른 시기의 경당은 북제 천보(天保) 9년(558)에 제작되었지만, 경당의 전성기는 당대다. 북제의 경당에는 『시등공덕경(施燈功德經)』과 『대비경(大悲經)』 등이 새겨져 있었지만, 당대부터는 대부분 고종 연간(679년~683년) 인도 승려 불타파리(佛陀波利)에 의해 번역된 2,655언(言)의 『불정존승다라니경(佛頂尊勝陀羅尼經)』 전문(全文)이 새겨졌다. 그리하여 경당은 '존승다라니당', '존승당', '다라니당', '승당(勝幢)' 등의 이름으로도 불렸다.

『불정존승다라니경』은 초기 밀교 경전 가운데 하나다. 그러나 내용이 밀교에 한정되지 않았기 때문에 사회 각계각층으로 보급되었다. 사람들은 이 경전에 '산 자나 죽은 자 모두를 지옥에서 벗어나게 해 주고, 병을 제거하고 장수하게 해 주며, 악도(惡道)에서 벗어날 수 있게 해 주는 기능'이 있다고 믿었다. '불정존승다라니'는 단명(短命)한 후에 가축의 몸을 받고 지옥의 고통을 당해야 하는 선주천자(善住天子)를 구제하기 위한 방법을 석가모니가 설명한 내용이다. 경전에서는 이런 고통에서 벗어나기 위해 이 다라니(dharani)를 수지(受持)해야 한다고 말하고

籍出版社, 2008)를 참조.

있다. 경전은 크게 다라니, 즉 진언(眞言: 神呪신주라고도 함)의 위력을 찬양하는 부분과 '존승다라니' 등 두 부분으로 구성되어 있는데, 경전의 위력에 대해 다음과 같이 설명하고 있다.

> 부처가 천제(天帝)에게 말했다. 만약 사람들이 이 다라니를 써서 높은 당 위에, 혹은 높은 산이나 누각 위에 놓거나, 혹은 탑 안에 놓는다고 합시다. 천제여, 만약 비구, 비구니, 우바새, 우바이, 그리고 동족(同族)의 남녀가 당을 보거나 혹은 당에 가까이 가면, 그 그림자가 그들의 몸에 비치게 됩니다. 또 바람이 불어 다라니 경당의 위에 있던 먼지가 사람들의 몸에 묻기도 합니다. 천제여, 그렇게 되면 그 중생들의 모든 죄업, 그리고 악도, 지옥, 축생, 염라왕계, 아귀계, 아수라신 등에 빠지는 악도의 고통을 모두 받지 않을 것입니다. 또한 죄의 더러움에도 물들지 않을 것입니다. 천제여, 이 중생이 모든 부처의 수기를 입어 불퇴전(不退轉)을 얻으면, 아뇩다라삼먁삼보리[無上正等覺무상정등각]를 이룰 것입니다.[97]

경당을 보거나 혹은 당에 가까이 다가가는 것은 물론이고, 당의 그림자가 몸에 비치거나 당 위의 먼지가 몸에 떨어지는 것만으로도 지옥 등 악도의 고통에 빠지는 것을 막아 준다니 이 얼마나 손쉬운 방법인가. 이런 편의성으로 인해 존승당의 건립은 중국 전역, 도시와 향촌을

97 『佛頂尊勝陀羅尼經』, "佛告天帝, 若人能書寫此陀羅尼, 安高幢上, 或安高山或安樓上, 乃至安置窣堵波中. 天帝, 若有苾芻苾芻尼優婆塞優婆夷族姓男族姓女, 於幢等上或見或與相近, 其影映身. 或風吹陀羅尼, 上幢等上塵落在身上. 天帝, 彼諸衆生所有罪業, 應墮惡道地獄畜生閻羅王界餓鬼界阿修羅身惡道之苦, 皆悉不受. 亦不爲罪垢染污. 天帝, 此等衆生爲一切諸佛之所授記, 皆得不退轉, 於阿耨多羅三藐三菩提."

가리지 않고 심산(深山)에까지 확산되었다. '손쉬운 방법'의 효과는 매우 대단했다. 『불정존승다라니경』은 여러 차례 번역되었지만, 경당에 새겨진 것은 거의 대부분 고종 때 이루어진 불타파리의 번역본이었다. 훗날 현종(玄宗, 재위 712년~756년) 때 유명한 밀교 승려 금강지(金剛智, 669년~744년)가 이 경전을 다시 번역했지만, 의궤(儀軌) 등이 복잡해 환영받지 못했다.

존승당의 유행에는 황제도 커다란 역할을 했다. 당 대력(大曆) 11년(776) 대종(代宗, 재위 762년~779년)은 "천하의 비구와 비구니들이 매일 21번씩 『불정존승다라니경』을 읽으라."고 명령했다. 이로 인해 종파를 불문하고 『불정존승다라니경』은 가장 유행하는 경전이 되었고, 이 경전을 새긴 경당은 당나라의 광범위한 영역에서 유행했다.

경당은 귀족이나 관료는 물론, 평민들도 제작했다. 그리하여 당의 도성 장안성과 동도(東都) 낙양성의 대로(大路)는 물론 향촌 곳곳에도 섰다. 경당이 가장 많이 건립된 지점은 사찰이었다. 사찰에서는 일반적으로 두 개가 짝을 이루는 쌍석당(雙石幢)으로 문이나 불전 앞의 뜰 양쪽에 나누어 세웠다. 이 밖에 교통 요지, 신도의 집 안, 그리고 묘 옆에도 경당이 섰다. 사찰과 교통 요지에 선 경당은 경당을 만든 자의 악업을 없애 주었을 뿐 아니라, 사찰을 드나들거나 교통로를 오가는 행인들에게도 동일한 복을 주었다. 한편, 죽은 자가 악도에 빠지지 말고 지옥에서 벗어날 수 있도록 무덤 옆에 석당[墓幢묘당]을 세우기도 했다.

당나라 황제들은 자신과 성씨가 같은 노자(老子) 이담(李聃)을 존숭해 도교를 적극 장려했다. 뿐만 아니라 도교를 불교의 우위에 두는 정책을 일관되게 펼쳤는데, 불교 경당의 유행에 자극받은 현종은 이에 대항하기 위해 『도덕경(道德經)』을 새긴 경당을 세울 것을 명령하기도 했다. 그러나 아무리 위에서 강제해도 아래에서 공감하지 않으면 유행할 수 없는 법이다. 도교 경당의 수량은 매우 적어, 불교 경당의 수량에 도저히 미치지 못한다.

경당은 종합 예술품이기도 했다. 경전을 새기는 게 가장 중요한 목적이므로, 누가 그 글을 썼는가도 매우 중요했다. 당시 내로라하는 유명 서예가들이 경당의 제작에 참여했으며, 장안이나 낙양의 유명 사원에 건립된 경당의 멋진 경문은 탁본을 통해 중국 전역으로 유통되기도 했다.

참고
문헌

1. 史書·13經·文集·石刻類

(前漢)司馬遷 撰,『史記』, 北京: 中華書局, 1997.
(劉宋)范曄 撰,『後漢書』, 北京: 中華書局, 1997.
(晉)陳壽 撰,『三國志』, 北京: 中華書局, 1997.
(梁)沈約 撰,『宋書』, 北京: 中華書局, 1997.
(梁)蕭子顯 撰,『南齊書』, 北京: 中華書局, 1997.
(北魏)魏收 撰,『魏書』, 北京: 中華書局, 1997.
(唐)房玄齡 等 撰,『晉書』, 北京: 中華書局, 1997.
(唐)李延壽 撰,『南史』, 北京: 中華書局, 1997.
(唐)李延壽 撰,『北史』, 北京: 中華書局, 1997.
(宋)司馬光 撰·(元)胡三省 注,『資治通鑑』, 北京: 中華書局, 1997.

(戰國)左丘明 傳·(晉)杜預 注·(唐)孔穎達 正義,『春秋左傳正義』, 北京: 北京大, 1999.
(後漢)鄭玄 注·(唐)孔穎達 疏,『禮記正義』, 北京: 北京大, 1999.
(後漢)鄭玄 注·(唐)賈公彦 疏,『儀禮注疏』, 北京: 北京大, 1999.

(後漢)班固 撰,『白虎通義』, 上海: 上海古籍出版社, 1992.
(後漢)王符 撰·(清)汪繼培 箋·彭鐸 校正,『潛大論箋校正』, 北京: 中華書局, 1997.
(後漢)王充 撰,『論衡』, 上海: 上海人民出版社, 1974.
(後漢)許愼 撰,『說文解字』, 北京: 中華書局, 2009.
(後漢)劉熙 撰·(清)渾沅 疏證,『釋名疏證補』, 北京: 中華書局, 2008.
(後漢)應劭 撰·王利器 校注,『風俗通義校注』, 北京: 中華書局, 1981.
(晉)葛洪 撰,『西京雜記』, 西安: 三秦出版社, 2006.
(晉)葛洪 撰,『抱朴子』, 上海: 上海古籍出版社, 1990.

(北魏)酈道元 注 · 楊守敬等 疏,『水經注疏』, 南京: 江蘇古籍出版社, 1999.
(梁)宗懔 撰,『荊楚歲時記』, 長沙: 岳麓書社, 1986.
(梁)僧祐 撰,『弘明集』, 臺北: 新文豐出版, 1986.
(東魏)楊衒之 撰 · 周祖謨 校釋,『洛陽伽藍記校釋』, 上海: 上海書店, 2000.
(唐)封演 撰,『封氏聞見記』, 北京: 中華書局, 2005.
(唐)張彦遠 撰 · 谷口鐵雄 編,『校本 歷代名畫記』, 東京: 中央公論出版, 1981.
(唐)許嵩 撰 · 張忱石 點校,『建康實錄』, 北京: 中華書局, 1986.
(宋)洪括 撰,『隸釋 · 隸續』, 北京: 中華書局, 1986.
(明)李時珍 撰,『本草綱目』, 서울: 法仁文化社, 1988.
(淸)張澍 編輯,『三輔故事』, 臺北: 臺灣商務印書館, 1965.

(北宋) 歐陽修 撰,『集古錄跋尾』(『石刻史料新編 1輯』 수록), 臺北: 新文豊出版公司, 1982.
(淸), 梁玉繩 撰,『誌銘廣例』(『叢書集成初編』 수록), 北京: 中華書局, 1985.
(民國) 羅振玉 撰,『石交錄』(『石刻史料新編 4輯』 수록), 臺北: 新文豊出版公司, 2006.
(民國) 羅振玉 撰,『中州冢墓遺文』(『先秦秦漢魏晋南北朝石刻文獻全編 1』 수록), 北京: 北京圖書館出版社, 2003.
顔娟英 主編,『北朝佛教石刻拓片百品』, 臺北: 中央研究院歷史語言研究所, 2008.
韓理洲 等 輯校編年,『全北魏東魏西魏文補遺』, 西安: 三秦出版社, 2010.

2. 佛典·道經類

『長阿含經』, T1(T는 『大正新修大藏經』의 약칭), No.1.
『妙法蓮華經(法華經)』, T9, No.262.
『大薩遮尼乾子所說經』, T9, No.272.
『彌勒下生成佛經』, T14, No.453.
『四十二章經』, T17, No.784.
『佛頂尊勝陀羅尼經』, T19, No.967.
『根本說一切有部毘奈耶雜事』, T24, No.1451.
『大般涅槃經集解』, T37, No.1763.
『續高僧傳』, T50, No.2060.
『大唐西域記』, T51, No.2087.
『廣弘明集』, T52, No.2103.
『集神州三寶感通錄』, T52, No.2106.
『經律異相』, T53, No.2121.
『法苑珠林』, T53, No.2122.
『像法決疑經』, T85, No.2870.

『上淸道寶經』(『正統道藏』 수록), 臺北: 藝文印書館, 1962.
『正一法文修眞旨要』(『正統道藏』 수록), 臺北: 藝文印書館, 1962.

3. 단행본과 논문

福原啓郎, 「西晉の荀岳墓誌の檢討」, 『京都外國語大学研究論叢』 75, 2010.
K. S. 케네쓰 첸 지음, 박해당 옮김, 『중국불교 상』, 서울: 민족사, 1991.
郭建邦, 「洛陽北魏長陵遺址調查」, 『考古』 1966-3.
光森正士, 『日本の美術 No. 241 阿彌陀如來像』, 東京: 至文堂, 1986.
宮治昭, 「大佛の出現—グレルとーミヤーンの大佛を中心に」, 『佛教藝術』 295, 2007.
吉村怜, 「雲岡·曇曜五窟の大佛」, 『佛教藝術』 295, 2007.
金秉駿, 「'시각문서'에서 '시각석비'로」, 『목간과 문자』 18, 2017.
稻本泰生, 「北朝の造像記」, 『世界美術大全集 東洋編 3 三國·南北朝』, 東京: 小學館, 2002.
羅宗眞, 『六朝考古』, 南京: 南京大學出版社, 1994.
羅宗眞 지음, 정대영 옮김, 『중국고고학—위진남북조』, 서울: 사회평론, 2012.
賴富本宏, 『中國密教』, 東京: 春秋社, 1999.
李發林, 『古代石刻叢話』, 濟南: 山東教育出版社, 1988.
李成九, 「漢代의 死後世界觀」, 『中國古中世史研究』 38, 2016.
馬利清, 「紀功刻石的文本傳統與《任尙碑》反映的"歷史事實"」, 『中國人民大學學報』 1, 2017.
巫鴻 씀, 鄭岩 옮김, 「"玉衣"或"玉人"?—滿城漢墓與漢代墓葬藝術中的質料象徵意義」, 『禮儀中的美術—巫鴻中國古代美術史文編(上)』, 北京: 生活·讀書·新知 三聯書店, 2005.
方詩銘, 「黃巾起義先驅與巫及原始道教的關係」, 『歷史研究』 1993-3.
范文瀾, 『文心雕龍注』, 「誄碑」, 北京: 人民大學出版社, 1962.
肥田路美, 「龍門石窟奉先寺洞の盧舍那佛像」, 『佛教藝術』 295, 2007.
濱田瑞美, 「曹操による建安十年立碑の禁令の實相について」, 『東洋美術史論叢』, 東京: 雄山閣, 2000.
小南一郎, 「壺型の宇宙」, 『東方學報』 61, 1989.
小南一郎, 「漢代の祖靈觀念」, 『東方學報』 66, 1994.
蘇鉉淑, 「響堂山石窟 寶珠文 연구—珠柱를 중심으로」, 『佛教美術史學』 4, 2006.
蘇鉉淑, 「東魏北齊寶塔紋研究」, 『藝術史研究 8』, 廣州: 中山大學出版社, 2006.
蘇鉉淑, 「北響堂石窟 北洞의 轉輪聖王 상징」, 『美術史學研究』 255, 2007.
蘇鉉淑, 『東魏北齊莊嚴紋樣研究—以佛教石造像及墓葬壁畫爲中心』, 北京: 文物出版社, 2008.
蘇鉉淑, 「中國 魏晉南北朝時代 '瑞像' 숭배와 그 地域性」, 『中國史研究』 55, 2008.
蘇鉉淑, 「法隆寺 獻納寶物 甲寅銘金銅光背 研究—장엄의장을 통한 연원과 제작국 고증」, 『韓國古代史研究』 54, 2009.
蘇鉉淑, 「6世紀 北朝의 宗教造像과 鄕村景觀—銘文 分析을 통해 본 公共的 佛道造像碑의 立地와 性格」, 『中國古中世史研究』 42, 2016.

蘇鉉淑, 「泰安마애삼존상의 도상과 성격—竝立한 二佛의 존명 추정과 '정치적 서상'으로서 가능성 탐색」, 『백제문화』 54, 2016.
蘇鉉淑, 「中國 南北朝時代 佛教造像碑 연구」, 『東아시아 古代學』 47, 2017.
始皇陵秦俑坑考古發掘隊, 「秦始皇陵西側趙背戶村秦刑徒墓」, 『文物』 1982-3.
信立祥, 『漢代畫像石綜合研究』, 北京: 文物出版社, 2000.
楊寬, 『中國古代陵寢制度史研究』, 上海: 人民出版社, 2008.
양진성, 「梁代 奉勅撰墓誌를 통해 본 墓誌銘의 定型化—墓誌에 등장하는 王言文書 運營方式의 分析을 兼하여」, 『中國史研究』 105, 2016.
楊泓, 「造像碑」, 『中國大百科全書 · 考古學』, 北京, 中國大百科全書出版社, 1986.
倪潤安, 「敦煌隋唐瘞窟形制的演變及相關問題」, 『敦煌莫高窟北區石窟研究 上冊』, 蘭州: 甘肅教育出版社, 2011.
窪添慶文, 「墓誌の起源とその定型化」, 『立正史學』 105, 2009.
王德剛, 「漢代道教與"買地券" · "鎮墓瓶"」, 『文獻』 1991-2.
王子今, 「北朝石窟分布的交通地理學考察」, 『北朝史研究』, 北京: 商務印書館, 2004.
劉淑芬, 「丙. 佛教與喪葬」, 『中古的佛教與社會』, 上海: 上海古籍出版社, 2008.
劉淑芬, 「五至六世紀華北鄉村的佛教信仰」, 『臺灣學者中國史研究論叢: 禮俗與宗教』, 北京: 中國大百科全書出版社, 2005.
劉淑芬, 『中古的佛教與社會』, 上海: 上海古籍出版社, 2006.
劉淑芬, 『滅罪與度亡: 佛頂尊勝陀羅尼經幢之研究』, 上海: 上海古籍出版社, 2008.
劉淑芬, 「從造像碑看南北朝佛教的幾個面相—碑像 · 義邑和宗教撰述經典」, 『中國史新論: 宗教史分冊』, 臺北: 臺灣中央研究院, 2010.
劉尊志, 『漢代諸侯王墓研究』, 北京: 社會科學文獻出版社, 2012.
尹在碩, 「중국 고대 『死者의 書』와 漢代人의 來世觀—鎮墓文을 중심으로」, 『中國史研究』 90, 2014.
殷光明, 『北涼石塔研究』, 新竹: 覺風佛教藝術文化基金會, 1999.
李松, 『中國美術 · 先秦至兩漢』, 北京: 中國人民大學出版社, 2004.
이시마츠 히나코(石松日奈子) 씀, 서남영 옮김, 「中國의 佛教供養者像에 관해—北朝期의 作例를 중심으로」, 『佛教美術史學』 21, 2016.
林巳奈夫 지음, 唐利國 옮김, 『刻在石頭上的世界』, 北京: 商務印書館, 2010.
禚振西, 「曹氏朱書罐考釋」, 『考古與文物』 1982-2.
張明遠 主編, 『山西石刻造像藝術集萃』, 太原: 山西科學技術出版社, 2005.
蔣英炬 · 吳文祺, 『漢代武氏墓群石刻研究』, 濟南: 山東美術出版社, 1995.
張勳燎 · 白彬, 「中原和西北地區魏晉北朝墓葬的解注文研究」, 『中國道教考古 2』, 北京: 線裝書局, 2006.
鄭岩, 「關於漢代喪葬畫像觀者問題的思考」, 『逝者的面具: 漢唐墓葬藝術研究』, 北京: 北京大學出版社, 2013.
鄭岩, 「山東臨淄王阿命刻石的形制及其他」, 『逝者的面具: 漢唐墓葬藝術研究』, 北京: 北京大學出版社, 2013.

鄭岩,「西漢石槨墓與墓葬美術的轉型」,『逝者的面具: 漢唐墓葬藝術研究』, 北京: 北京大學出版社, 2013.
鄭在均,「北朝 시기 山西 西南部 지역의 義邑의 활동과 구성에 관해」, 동양사학회 학술대회 발표논문집, 2016.
鄭在均,「5-6世紀 中國 造像記 자료 및 연구 성과의 소개와 과제」,『중국고중세사연구』 44, 2017.
趙晟佑,「後漢魏晉 鎭墓文의 종교적 특징과 道敎—五石을 중심으로」,『東洋史學硏究』 117, 2011.
趙超,『古代墓志通論』, 北京: 紫禁城出版社, 2003.
佐藤智水,「北朝造像銘考」,『日本青年學者論中國史—六朝隋唐卷』, 上海: 上海古籍出版社, 1995.
中國科學院考古研究所洛陽工作隊,「東漢洛陽城南郊的刑徒墓地」,『考古』 1972-4.
陳松長,「告地策的行文格式與相關問題」,『湖南大學學報(社科版)』 22, 2008.
塚本善隆,『支那佛教史研究 北魏佛教編』, 東京: 清水弘文堂, 1969.
타가와 준조 지음, 박도화 옮김,『돈황석굴』, 서울: 개마고원, 1999.
蒲慕州,『墓葬與生死』, 臺北: 聯經出版社, 1989.
何介鈞·張維明 編寫,『馬王堆漢墓』, 北京: 文物出版社, 1982.
河南博物院,『河南佛教石刻造像』, 鄭州: 大象出版社, 2009.
洪承賢,「西晉~劉宋時期 墓誌의 構成과 役割」,『中國史研究』 89, 2014.
洪承賢,『禮儀之國—고대 중국의 예제와 예학』, 서울: 혜안, 2014.
洪承賢,「墓碑의 출현과 後漢末 墓碑銘의 정형화」,『중국고중세사연구』 35, 2015.
黃景春,「早期買地券·鎭墓文整理與研究」, 華東師範大學 박사학위논문, 2004.
侯旭東,『北朝村民的生活世界—朝廷, 州縣與村里』, 北京: 商務印書館, 2005.
Lydia Thompson, *The Yi'nan Tomb: Narrative and Ritual in Pictorial Art of the Eastern Han(25-220C.E.)*, Ph. D. dissertation, New York: Institute of Fine Arts of New York University, 1998.
Wu Hung, *The Art of the Yellow Spring: Understanding Chinese Tombs*, London: Reaktion Books, 2010.

찾아보기